Thome / Kostenoptimale Dateiorganisation

Beiträge zur Datenverarbeitung und Unternehmensforschung
Herausgeber Adolf Angermann
Band 1

Kostenoptimale Dateiorganisation

Rainer Thome

1972

Verlag Anton Hain · Meisenheim am Glan

Satz: IBM 360/30 mit einem Programm des Verfassers
für den Randausgleich

Herstellung: Verlag Anton Hain KG - Meisenheim am Glan
Printed in Germany
ISBN 3-445-10950-8 (Lw)

Seite

I n h a l t

TEIL I

Seite

Seite

TEIL II

'W i s s e n i s t M a c h t'

Francis Bacon (1561 - 1626)

1. Einleitung

'Wissen' ist das Verfuegen ueber Informationen. Informationen setzen sich aus Daten zusammen. Wer daher ueber Daten verfuegt und auf diese jederzeit und schnell zugreifen kann hat Wissen und daher die Macht.
Jede Unternehmung und jede Verwaltung sind bestrebt, ihren Machtbereich zu vergroessern oder zumindest zu erhalten. Sie sind somit gezwungen, laufend neue Informationen zu sammeln und bereitzuhalten.Bis vor ca. 20 Jahren konnten Unternehmen und Verwaltungen das Wissen nur in Form von Akten und mittels des Erinnerungsvermoegens der Mitarbeiter aufbewahren. Das Erinnerungsvermoegen der Mitarbeiter wurde dabei haeufig nur gebraucht, um in den Akten eine bestimmte, gesuchte Information zu finden. Seit es Maschinen gibt, die in der Lage sind, Daten zu verarbeiten, moechte man diesen Maschinen auch die Aufbewahrung und das Wiederfinden der Daten ueberlassen. Datenspeicherung und Datenretrieval koennen dann durch die gleiche Maschine erfolgen, ineinander uebergreifen und damit eine bessere Informationsreproduktion gewaehrleisten als das getrennte Verfahren von Gedaechtnis und Aktenarchiv.

Bei dieser Sachlage muessen sich Unternehmen und Verwaltungen zwangslaeufig auf die neue Art der Daten- und Informationsspeicherung umstellen.
Die Speichereinheiten von Datenverarbeitungsanlagen sind teuer. Die Daten sollten daher moeglichst komprimiert - ohne Rendundanz - sein und ausserdem so gespeichert werden, dass die jeweils zur Verfuegung stehenden Speicherplaetze moeglichst gut ausgenutzt werden. Dabei entsteht jedoch ein Zielkonflikt. Je komfortabler ein Informationssystem aufgebaut ist und je schneller damit die Informationen wieder aufgefunden werden koennen, umso groesser und teurer wird damit der fuer eine Information benoetigte Speicherplatz. Da die Zeitspanne, die fuer das Wiederfinden benoetigt wird, aber auch kostenmaessig bewertet werden kann, laesst sich je nach der Groesse des Datenbestandes, nach dem Umfang der Einzelinformationen und der Anfragehaeufigkeit die Speicherungsmethode finden, die die jeweils geringsten Kosten verursacht.

Nach einer Beschreibung der Grundlagen der maschinellen, elektronischen Datenspeicherung (Kapitel 2.) wird der Speicherplatzbedarf und das Zugriffszeitverhalten (Kap. 3. u. 4.) der bekannten Dateistrukturen analysiert und ihre Einsatzfaehigkeit auf den verschiedenen Speichereinheiten geprueft.
Die nebenstehende Matrix zeigt die moeglichen Kombinationen von Speicherungsform und Speichereinheit und verweist gleichzeitig auf die Abschnitte, in denen der

	SEQUENTIELLE SPEICH.FORM	GESTREUTE SPEICH.F.	INDEX-SEQU. SPEICH.FORM	UNTERGLIED. SPEICH.FORM
PLATTENSPEICHER MIT 6 PLATTEN	- 3.1.2. - 4.1.2.	- 3.2. - - 4.2.	- 3.3. - - 4.3.	- - (2.3.4.) -
PLATTENSPEICHER MIT 11 PLATTEN	- 3.1.2. - 4.1.2.	- 3.2. - - 4.2.	- 3.3. - - 4.3.	- - (2.3.4.) -
TROMMEL- SPEICHER	- 3.1.2. - 4.1.2.	- 3.2. - - 4.2.	- 3.3. - 4.3.	- - (2.3.4.) -
MAGNETKARTEN- SPEICHER	- 3.1.2. - 4.1.2.	 -	- 3.3. - - 4.3.	 -
MAGNETBAND- EINHEITEN	- 3.1.1. - - 4.1.1.	 -	 -	 -

- - GUTE KOMBINATION -
- MOEGLICHE ABER NICHT SINNVOLLE KOMBINAT.
- NICHT MOEGLICH

Speicherplatzbedarf (obere Kapitelangabe) und das Zugriffszeitverhalten (untere Kapitelangabe) behandelt werden.

Kapitel 5. bringt einen Kostenvergleich der alternativen Speicherungsformen und Einheiten, der auf den in Kapitel 3. und 4. entwickelten Funktionen der Speicherplatzbelegung und der Zugriffszeiten basiert. Auf Grund dieser Kostenanalyse werden in Kapitel 6. eine Reihe von Vorschlaegen fuer sinnvolle Speicherausnutzung und Dateiorganisation unterbreitet, die zum Teil wesentliche Einsparungen bei der Dateifuehrung erwarten lassen. Die Index-sequentielle Speicherungsform, die sich auch hier als die Methode zur Datenspeicherung mit den groessten Vorzuegen fuer den praktischen Einsatz erweist, hat aber durch den mehrfachen Zugriff auf Indices einen beim Zugriffszeitvergleich in Kapitel 4. offenbar gewordenen Zeitnachteil. Dieser Nachteil der sonst vorzueglichen Speicherungsform wird durch eine in Kapitel 7. unter dem Namen 'Wendeltreppen-Verfahren' vorgeschlagene Methode zur Datensatzanordnung ganz erheblich gemildert. Ohne mehr Speicherplatz zu belegen, verringert das Wendeltreppen-Verfahren die Aufsuchzeit je nach Speichermodell um 3/4 des ueblichen Zeitbedarfs.

Die verschiedenen in TEIL I entwickelten Moeglichkeiten, Dateien kostenguenstig zu speichern, koennen nur praktische Anwendung finden, wenn schon waehrend der Konzipierung einer Dateistruktur die Kostenentwicklung der jeweils in Frage kommenden alternativen Ausfuehrungsformen bekannt ist.
Eine Uebersicht, die vergleichende Untersuchungen zulaesst, sollen die tabellarischen Aufstellungen bieten, die als TEIL II in diesen Band mit aufgenommen wurden.

Fuer den Alltag in EDV-Organisationsabteilungen soll dieser TEIL II eine Arbeitsunterlage sein, die helfen soll, die richtige Speicherungsform auszuwaehlen und eine Datei kostenguenstig zu strukturieren.

2. Grundlagen

Grosse Datenmengen lassen sich bis heute nur auf Einheiten speichern, die magnetisch-mechanisch arbeiten. Die Speicherung erfolgt durch verschiedene Magnetisierungen einer Eisenoxydschicht auf einem Band, einer Platte, einer Trommel oder aehnlichen Traegern. Der Zugriff auf die Daten erfolgt entweder durch eine einfache Bewegung des Eisenoxydtraegers (z.B. Magnetband) oder durch kombinierte Bewegungen des Traegers und des Lese/Schreibkopfes der Speichereinheit (z.B. Magnetplatte). Die Weiterentwicklung der Kernspeicher der Zentraleinheiten in Drahtspeicher, Duennschichtspeicher und Monolithspeicher hat es ermoeglicht, Hauptspeicher mit groesseren Kapazitaeten als bisher zu verwenden. Die groessten angebotenen Rechenanlagen kommen damit auf eine Hauptspeicherkapazitaet von bis zu 3×10^7 Bit. Bei diesen Groessenordnungen werden die Hauptspeicher aber wieder aufgeteilt in ein small core memory und ein large core memory, um die Verwaltung und Organisation des Speichers zu erleichtern.

Grosspeichersysteme, wie sie hier untersucht werden, haben einen Umfang von mehreren Millionen bis zu einigen Milliarden Bits, eine Groessenordnung, die sich mit dem Arbeitsprinzip der Hauptspeicher, d.h. ohne mechanische Bewegung, in naechster Zeit nicht realisieren lassen wird.

Bei den magnetisch-mechanisch arbeitenden Speichereinheiten treten technische Probleme derart auf, dass bei hoechsten Bewegungsgeschwindigkeiten genau fixierte Endpositionen nach einer Bewegung eingenommen werden muessen, und die Daten moeglichst ohne mechanische Abnuetzung der Eisenoxydschicht des Datentraegers abgetastet werden sollen. Unter Beruecksichtigung der mechanischen Moeglichkeiten der Speichereinheiten und der Anforderungen der Benutzer muessen Zugriffsverfahren zur Verfuegung gestellt werden, die das Absetzen und Wiederauffinden von Informationen steuern.

Vorzugsweise sind drei Speicherungsmethoden in Anwendung, bei denen der Computerbenutzer nur angibt, nach welchem Verfahren er arbeiten moechte und das Betriebssystem die gesamte Dateiverwaltung uebernimmt.

1- Die einfachste Methode ist die sequentielle Speicherung, hierbei muss auch in der gleichen Reihenfolge wieder gelesen werden.

2- Die gestreute Speicherung erlaubt ein ungeordnetes Einfuegen oder Lesen von bestimmten Datensaetzen. Zum Auffinden des Platzes, an den ein bestimmter Satz geschrieben oder von dem ein bestimmter Satz gelesen werden soll, muss die physikalische Adresse dieses Speicherplatzes bekannt sein, das heisst: der Benutzer muss genau wissen oder errechnen koennen, an welcher Stelle der Oberflaeche des Eisenoxydtraegers der gewuenschte Platz liegt.

3- Die Index-sequentielle Speicherung ist die bei weitem kompliziertest, da sie den direkten Zugriff auf einen bestimmten Datensatz wie bei der gestreuten Speicherungsform erlaubt, ohne dass der Benutzer die physikalische Adresse des Speicherplatzes kennt. Nur das Betriebssystem kann ueber ein von ihm erstelltes Inhaltsverzeichnis (Index-) auf einen bestimmten Teil des Datentraegers zugreifen und innerhalb dieses Teils schnell den gewuenschten Datensatz sequentiell auffinden.

2.1. Die Hardware der Grosspeicher

Die auf dem Markt erhaeltlichen Grosspeichersysteme koennen in 4 Geraetegruppen eingeteilt werden. Magnetbandeinheiten, Plattenspeicher, Trommelspeicher und Kartenspeicher. Innerhalb dieser Gruppen gibt es verschiedene Verfahren und Techniken, die sich von Hersteller zu Hersteller unterscheiden und auch zu mehreren Modellgroessen innerhalb des Angebots eines Herstellers gefuehrt haben.
In diesem Abschnitt werden die Arbeitsprinzipien dieser vier Geraetegruppen beschrieben sowie die Speicherkapazitaet und die Zugriffsgeschwindigkeit der Hauptmodelle dieser vier Gruppen angegeben.
Die Magnetbandeinheiten (Abschnitt 2.1.1.) unterscheiden sich prinzipiell von den drei anderen Speichertypen

(Abschnitt 2.1.2., 2.1.3. und 2.1.4). Sie koennen die Daten ausschliesslich sequentiell lesen und schreiben, waehrend Platten-, Trommel- und Karten-Speicher sequentiell und/oder mit direktem Zugriff arbeiten.

2.1.1. Magnetbandeinheiten

Magnetbandeinheiten oder Magnetbandspeicher ermoeglichen die Speicherung von grossen Datenmengen zu vergleichsweise geringen Kosten. Die Aufzeichnung erfolgt auf Baender aus plastischer Folie (ca. 0,038 mm dick), die mit Eisenoxyd beschichtet sind. Die Baender haben eine Breite von 12,7 mm und werden in drei Spulengroessen mit Laengen von 730 m, 365 m und 91 m hergestellt. Auf eine Spule mit 730 m koennen bis zu ca. 4×10^8 Bit gespeichert werden. Die Bandenden sind durch fotoelektrisch pruefbare, reflektierende Bandmarken gekennzeichnet, die einige Meter vom jeweiligen Ende des Bandes entfernt auf die nicht beschichtete Seite der Traegerfolie aufgeklebt sind. Die Magnetbaender muessen staubfrei und klimatisiert gelagert werden und duerfen nicht in den Bereich starker Magnetfelder gebracht werden. Ein in einer Einheit geladenes Magnetband kann, wenn es nicht mehr zurueckgespult werden muss, in weniger als einer Minute gegen ein anderes Magnetband ausgetauscht werden.
Das Magnetband wird unter den paarig angeorneten Lese-/Schreibkoepfen der Magnetbandeinheit (Abb. 1) durchgezogen, je nach Geraet mit einer Geschwindigkeit von 47 bis

285 cm/s. Beim 'Schreiben' wird das zu speichernde Binaermuster vom ersten Kopf (Schreibkopf) auf das Band durch entsprechende Magnetisierung aufgezeichnet. Der zweite Kopf (Lesekopf) liest die soeben aufgezeichnete Information sofort wieder und es wird geprueft, ob das Gelesene mit dem Binaermuster, das geschrieben werden sollte, uebereinstimmt. Bei Fehlern wird das Band zurueckgesetzt und der Schreibvorgang wiederholt.

Die meisten Magnetbandeinheiten arbeiten mit neun Paaren von Lese-/Schreibkoepfen - sog. 9 Kanaleinheiten (es gibt auch Einheiten mit nur 7 Kopfpaaren - sog. 7 Kanaleinheiten). Die 9 Kopfpaare sind so untereinander angeordnet, dass auf dem Band neun Aufzeichnungsspuren entstehen. Die jeweils untereinander liegenden Bits ergeben zusammen ein Byte und ein Paritybit.

Fuer die Aufzeichnungen sind zwei Methoden gebraeuchlich.

1- Beim 'Non-Return-to-Zero-Verfahren (NRZ-) wird fuer jede Bitspur ein gleichbleibender Impuls aufgezeichnet, wenn der Bitzustand '0' dargestellt werden soll. Fuer das Schreiben des Bitzustandes '1' wird in der betroffenen Spur die Magnetisierungsrichtung gewechselt. Das NRZ-Verfahren wird nur bei einer Zeichendichte bis zu 320 Zeichen/cm verwendt.

2- Das Phasenverschluesselungsverfahren dient der Aufzeichnung mit Schreibdichten bis zu 640 Zeichen/cm. Den beiden Binaerziffern ist hier je eine Richtung des Schreib-/Lese-Stroms zugeordnet. Fuer die Binaerziffer

'0' wechselt die Spannung von Minus nach Plus, waehrend der Binaerziffer '1' die umgekehrte Spannungsfolge entspricht.
Jede Magnetbandeinheit kann pro Lese- oder Schreibvorgang immer nur einen ganzen Daten-Block bearbeiten. Das

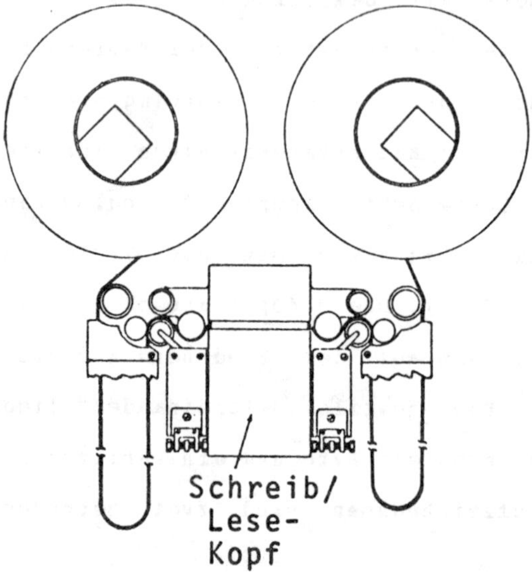

Abb. 1

heisst: beim Schreiben werden sukzessiv ganze Bloecke aufgezeichnet. Beim Lesevorgang koennen immer nur ganze Bloecke abgerufen werden. Ein Block besteht aus einer lueckenlosen Reihe von Zeichen, wobei ein Block einen oder mehrere logische Saetze umfassen kann. Zwischen den einzelnen Bloecken bleibt auf dem Band eine Kluft (gap), in der nichts aufgezeichnet wird. Diese Kluft hat bei 9-Kanaleinheiten ca. 1,5 cm Laenge (bei 7-Kanaleinheiten ca. 2 cm). Die Bloecke haben je nach Hersteller und Geraetetyp eine bestimmte Mindest- und

Maximal-Zeichenzahl. Der Blockungsfaktor gibt an, wieviele logische Saetze pro Block untergebracht sind. Die Daten werden beim NRZ-Verfahren nach der Aufzeichnung und beim Lesen jeweils drei verschiedenen Kontrollen unterworfen.

- Longitudinalpruefung: besteht jedes Byte + zugehoerigem Paritaetsbit aus einer (un)geraden Anzahl von Einerbits?
- Vertikalpruefung: ist die Summe der pro Kanal in einem Block aufgezeichneten Einerbits plus einem am Ende fuer jede Spur aufgezeichneten Bit (un)gerade?
- Zykluspruefung: entspricht die Bitquersumme einem beim Aufzeichnungsvorgang mitgeschriebenen Sonderzeichen am Blockende?

Beim Phasenverschluesselungsverfahren treten beim Lesen eines Blockes mit einem Einbitfehler weniger Schwierigkeiten auf, als beim NRZ-Verfahren. Ein Zykluspruefzeichen ist hier nicht erforderlich. Der Fehler kann schon von der Bandsteuereinheit korrigiert werden, bevor eine Uebertragung zur Zentraleinheit erfolgt, waehrend beim NRZ-Verfahren der Fehler erst mit Hilfe des Zykluspruefzeichens und durch erneutes Lesen des Blockes analysiert und korrigiert werden kann.

2.1.2 Plattenspeicher

Bei Plattenspeichern werden die Informationen auf Aluminiumplatten, die mit Eisenoxyd beschichtet sind, aufgezeichnet. Mehrere solcher Platten sind zu einem Plattenstapel verbunden. Gebraeuchlich sind Stapel mit 6 oder 11 Einzelplatten. Die Platten haben einen Durchmesser von 36,5 cm und sind auf einem Stapel mit 2,5 cm Zwischenraum zu den Nachbarplatten montiert.

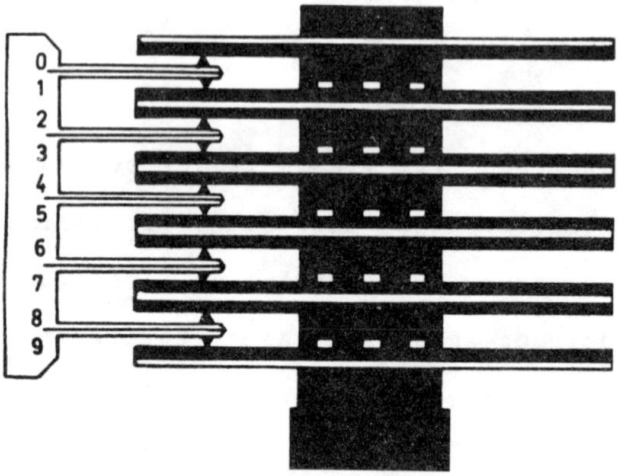

Abb. 2

Die inneren Platten koennen auf ihrer Ober- und Unterseite beschrieben werden. Die aeusseren beiden Platten sind nur auf einer Seite beschreibbar, da die Aussenflaechen wegen der grossen Beschaedigungsgefahr als Datentraeger nicht in Frage kommen (vergl. Abb. 2). Die genannten Stapel mit 6 oder 11 Einzelplatten haben folglich je 10 bzw. 20 beschreibbare Plattenseiten. Die Plattenstapel dieser sog. Wechselplattenspeicher koennen in ca. 1 Minute ausgetauscht werden.

Der Zugriff auf die Speicherplatzbereiche auf den Platten erfolgt ueber eine Art Rechen an dessen 'Zinken' Schreib-/Lesekoepfe sitzen (vergl. Abb.2). Der Zugriffsrechen kann in 203 Stellungen positioniert werden. Auf jeder Plattenoberflaeche liegen folglich 203 kreisfoermige Aufzeichnungsspuren. Die untereinander liegenden Spuren, die jeweils in der entsprechenden Stellung des Zugriffsarms gleichzeitig unter bzw. ueber je einen Schreib-/Lesekopf kommen, nennt man einen Zylinder. Da jede Plattenseite 203 Spuren traegt, hat jeder Plattenstapel auch 203 Zylinder. Von den 203 Zylindern sind nur 200 fuer die Speicherung frei. Die drei restlichen Zylinder enthalten Ersatzspuren, die nur benutzt werden, wenn eine Spur schadhaft ist. Jede Spur kann die gleiche Anzahl Bytes aufnehmen. Fuer die Plattenstapel ergeben sich die in der Tabelle aufgelisteten Speicherkapazitaeten.

Speicherkapazitaet ohne Reservespuren

des 6er Plattenstapels	je Stapel	je Zylinder	je Spur
Zylinder	200		
Spuren	2000	10	
Bytes	7250000	36250	3625

Speicherkapazitaet ohne Reservespuren

des 11er Plattenstapels	je Stapel	je Zylinder	je Spur
Zylinder	200		
Spuren	4000	20	
Bytes	29176000	145880	7294

Technische Daten des Plattenspeichers fuer 6er Stapel

Datenfluss	156	KB/s
Drehzahl	2400	U/min

Positionierungszeit	25	ms(Minimum)
	135	ms(Maximum)
	75	ms(im Mittel)
Umdrehungszeit	25	ms

Technische Daten des Plattenspeichers fuer 11er Stapel

Datenfluss	312	KB/s
Drehzahl	2400	U/min
Positionierungszeit	25	ms(Minimum)
	130	ms(Maximum)
	60	ms(im Mittel)
Umdrehungszeit	25	ms

Es gibt auch Plattenspeicher, deren Plattenstapel fest montiert sind und nicht ausgewechselt werden koennen. Sie haben wesentlich groessere Platten mit einigen hundert Zylindern. Da die Positionierung des Zugriffsrechens von einer weit aussen liegenden Spur bis zu einer innen liegenden Spur zu lange dauern wuerde, hat man zwei getrennte Zugriffsrechen eingebaut, wobei einer die aeusseren, der andere die inneren Spuren beschreibt und liest. Die Speicherkapazitaet dieser Festplattenspeicher reicht bis zu 125 Mio. Bytes.

2.1.3. Trommelspeicher

In Trommelspeichern dient eine mit Eisenoxyd beschichtete Walze als Datentraeger. Die Walzenoberflaeche ist in Spuren eingeteilt, wobei jeder Spur ein fester Magnetkopf zugeordnet ist.

Die Trommel ist also das bewegliche Teil. Eine Kopfpositionierung ist hier nicht erforderlich. Es wird nur

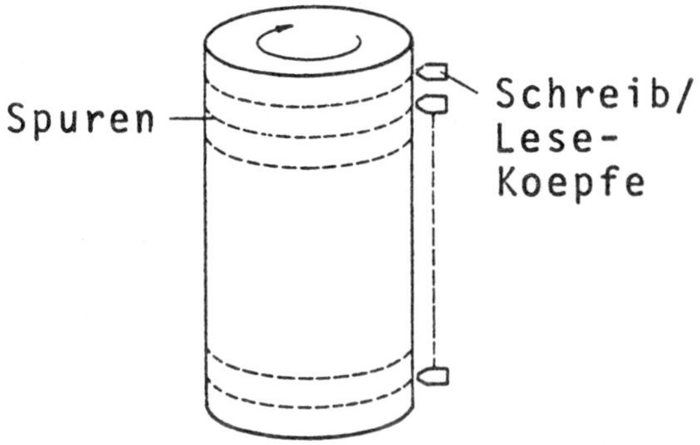

Abb. 3

auf den Kopf der gewuenschten Spur umgeschaltet. Daraus ergeben sich niedrige Zugriffszeiten. Da die Trommel fest eingebaut ist, kann man sie mit sehr hoher Drehzahl fahren. Damit wird die Wartezeit auf den Spuranfang gesenkt und die Uebertragungsgeschwindigkeit sehr hoch.

Speicherkapazitaet ohne Reservespuren der Magnettrommel	je Trommel	je Spur
Spuren	200	
Bytes	4096600	20483

Technische Daten des Magnettrommelspeichers

Datenfluss	1200	KB/s
Drehzahl	3400	U/min
Umdrehungszeit	17,5	ms

2.1.4. Magnetkartenspeicher

Im Prinzip entspricht der Magnetkartenspeicher dem oben beschriebenen Trommelspeicher. Die magnetisierbare Schicht ist hier aber nicht auf die Mantelflaeche der karotierenden Walzen direkt aufgedampft, sondern auf Karten aus Kunststoffolie. Diese elastischen Karten koennen auf die Walze aufgespannt und damit wie in einem Trommelspeicher verarbeitet werden. Der Kartentransport- und Auswahlmechanismus ist allerdings in seinem Aufbau recht kompliziert.

Die Magnetkarten haben an der Ober- und Unterkante Zahnungen,die zur Kennzeichnung und Auswahl der Karten dienen. Die Karten befinden sich in Magazinen, die ihrerseits in Halbmagazine unterteilt sind. Durch die Ein-

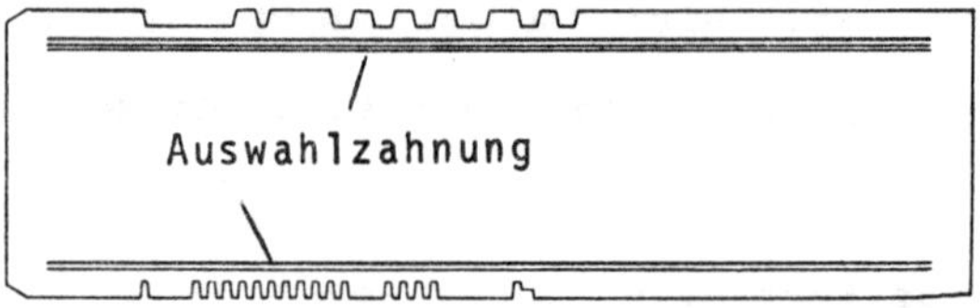

Abb. 4

stellung von Auswahlstaeben werden in dem gewuenschten Halbmagazin acht Karten, die die gleiche Zahnung an der Unterkante aufweisen, angehoben. Ein Greifer zieht aus den 8 Karten mit Hilfe der oberen Zahnung die gewuenschte Karte einige Zentimeter heraus, bis sie von Antriebsrollen erfasst wird.

Ueber Transportbaender wird die Karte auf die Trommel

aufgezogen und an den Schreib-/Lesekoepfen vorbeigefuehrt (vergl. Abb. 5).

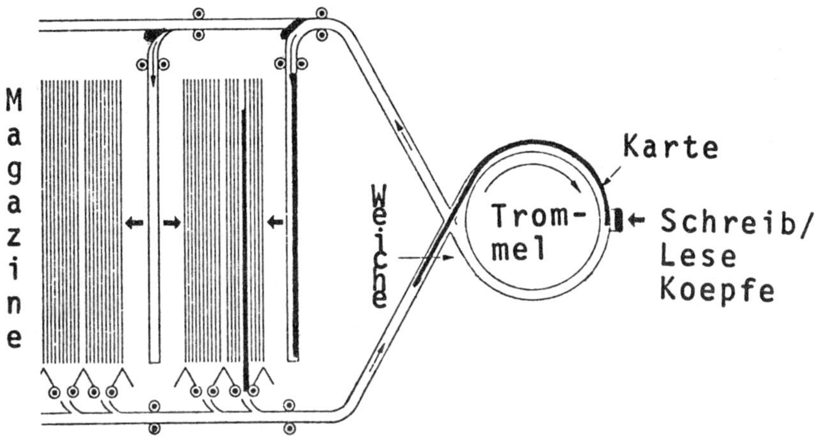

Abb. 5

Jede Karte ist auf einer Seite mit einer magnetisierbaren Schicht ueberzogen. Die Daten werden auf dieser Seite in Laengsrichtung auf 128 adressierbaren Spuren aufgezeichnet. Je 8 Spuren sind in einem Zylinder zusammengefasst. Die Spuren eines Zylinders sind immer gleichzeitig unterhalb der Schreib-/Lesekoepfe (vergl. 2.1.2. Magnetplattenspeicher). Es sind 16 Zylinder vorhanden (16 Zylinder a 8 Spuren = 128 Spuren/Karte). Ein Magazin enthaelt 256 Karten. Ein Kartenspeicher kann insgesamt 8 Magazine aufnehmen, die leicht auswechselbar sind.

Die Schreib- und Lesekoepfe - insgesamt 8 Paare - koennen in 16 Stellungen positioniert werden. Jeder Stellung entspricht ein Zylinder. Das Adressenkonzept gleicht also dem eines Plattenspeichers. Die Adresse auf einer Karte wird durch Zylinder- und Spurnummer beschrieben. Zusaetzlich muss beim Kartenspeicher noch das betroffene Halbmagazin und die gewuenschte Karte definiert werden. Die Positionierungszeit der Koepfe auf den gewaehlten Zylinder betraegt bei Positionierung innerhalb der ersten 8 oder innerhalb der zweiten acht Zylinder 17 ms. Soll jedoch eine Positionierung von einem der ersten acht Zylinder auf einen der zweiten acht Zylinder oder umgekehrt erfolgen, so dauert die Positionierung 34 ms. Ueber eine Weiche wird der Ruecklauf einer Karte ins Magazin bzw. der Verbleib auf der Trommel gesteuert. Solange noch Lese-/Schreib-Befehle fuer eine bereits auf der Trommel aufgespannte Karte anliegen, bleibt die Weiche geschlossen und die Karte dreht sich weiter auf der Trommel an der Lesestation vorbei. Wird ein Lese-/Schreib-Befehl fuer eine andere Karte gegeben,oder ist die Karte 32 mal ohne Bearbeitung auf der Trommel rotiert, laeuft die Karte ueber die geoeffnete Weiche ins Magazin zurueck.

Speicherkapazitaet des Magnetkartenspeichers

	je Speicher	j.Magazin	j.Karte	j.Zylinder	j.Spur
Magazine	8				
Karten	2048	256			
Zylinder	32768	4096	16		
Spuren	262144	32768	128	8	
Bytes	536870912	67108864	262144	16384	2048

Technische Daten des Magnetkartenspeichers

Datenfluss	70	KB/s
Mittlere Zugriffszeit	508	ms

2.2. Datensatzaufbau und Organisation

Die Bestimmung der guenstigsten Zugriffsroutine ist wesentlich von der Struktur der Datensaetze auf den verschiedenen Speichern und ihrer Organisation abhaengig. Daher sollen im folgenden die auf rein sequentiellen Speichern (Magnetband) und solchen mit direktem Zugriff (z.B. Platte) verwendeten Satzstrukturen dargestellt werden.

2.2.1. Datensatzaufbau und Organisation bei rein sequentiellen Speichern

Rein sequentielle Speicher, das heisst: Magnetbandspeicher, haben die einfachste Datensatzstruktur. Die Bitpositionen eines Zeichens werden parallel, die Zeichen selbst werden seriell auf das Band geschrieben. Enthalten alle Saetze einer Datei die gleiche vorher bestimmte Anzahl von Zeichen, so sind dies Saetze mit - fester Satzlaenge. Fuer solche Dateien wird die Satzlaenge per Programm einmal festgelegt und fuer alle Lese-/Schreib-Vorgaenge beibehalten. Saetze mit fester

Satzlaenge koennen einfach geblockt werden, indem man mehrere Saetze aneinanderhaengt und den so neu gebildeten physikalischen Satz als Block schreibt. Beim Lesen wird der gesamte Block in den Hauptspeicher uebernommen und dort erst in die logischen Datensaetze zerlegt.

Bei Datensaetzen, deren Zeichenzahl individuell verschieden ist, spricht man von

- variabler Satzlaenge. In jedem dieser variablen Saetze muss den Daten ein Feld mit vier Bytes vorangestellt sein. Die ersten beiden dieser Bytes enthalten eine Angabe ueber die Anzahl der Bytes dieses variablen Satzes. Der maximal in zwei Bytes darstellbare Wert ist 2^{16} das ergibt 65536. Ein variabler Satz kann folglich hoechstens 65536 Bytes beinhalten. Die zwei weiteren Bytes des vorangestellten Feldes werden nicht benutzt[1].

Sollen Saetze mit variabler Satzlaenge geblockt werden, so muessen die ersten vier Bytes jedes Blocks die Byteanzahl des gesamten Blocks beinhalten, genau wie bei den variablen Saetzen die ersten vier Bytes die jeweilige Laenge der Saetze zum Inhalt haben.

Variable Saetze sind in der Handhabung erheblich komplizierter. Sie sollten daher nur Verwendung finden, wenn damit eine wesentliche Speicherplatzersparnis erreicht werden kann. Eine Einsparung tritt ueberhaupt erst ein, wenn bei ungeblockten Saetzen die Differenz zwischen der

---

[1]) Das Datensatzbeschreibungsfeld umfasst vier Bytes, weil die Wortlaenge der am meisten verbreiteten Zentraleinheiten ebenfalls vier Bytes betraegt. Der eigentliche Datensatz beginnt damit, wenn er in den Hauptspeicher geladen ist, auf einem Wortanfang.

groessten und kleinsten Satzlaenge der Datei mehr als vier Bytes betraegt. Bei geblockten Saetzen muss die Differenz zwischen groesster und kleinster Satzlaenge groesser sein als die Summe aus vier und dem Quotienten aus vier und dem Blockungsfaktor.

Feste Satzlaenge	I Logischer Satz I ungeblockt.(phys.)Satz
Variable Satzlaenge	I LLbb Logischer Satz I ungeblockt.(phys.)Satz
Feste Satzlaenge	I Logischer Satz 1 I Logischer Satz 2 I Logischer Satz 3 I geblockter (phys.)Satz Bl.-Faktor 3
Variable Satzlaenge	I LLbb I LLbb Logischer Satz 1 I LLbb Logischer Satz 2 I geblockter (phys.)Satz Bl.-Faktor 2

Abb. 6

Alle auf Magnetband gespeicherten Dateien werden durch Kennsaetze beschrieben. Diese Standardkennsaetze sind stets 80 Bytes lang. Es gibt zwei Arten von Datentraegerkennsaetzen zur Kennzeichnung einer Magnetbandrolle. Einen Datentraegervorsatz (Volume Label - VOL) am Anfang jedes Magnetbandes und einen Datentraegernachsatz (End of Volume Label - EOV) am Ende des Bandes.
Es gibt ebenfalls zwei Arten von Datenmengenkennsaetzen. Sie beschreiben die Datei selbst. Ein Datenmengenvorsatz (Header Label - HDR) steht vor, ein Datenmengennachsatz (Trailer Label - End of File - EOF) hinter jeder Datei. Von diesen Standardkennsaetzen muss immer mindestens je einer vorhanden sein. Es ist moeglich, dass der Benutzer bis zu achtmal einen Kennsatztyp wiederholt, d.h. hintereinander schreiben laesst. Auch ein

spezieller Benutzervorsatz (User Header Label - UHL) und Benutzernachsatz (User trailer Label - UTL) kann vom Anwender aufgenommen und auch jeweils bis zu achtmal wiederholt werden.

Abb. 7

Unbedingt erforderlich sind fuer jede Datei auf Magnetband der HDR- und der EOF-Datenmengenkennsatz. Ausserdem muss die Datei durch Bandmarken (BM) eingeschlossen sein. Jede Magnetbandrolle muss durch einen VOL-Kennsatz beschrieben werden und durch einen EOF-Kennsatz mit zwei nachfolgenden Bandmarken abgeschlossen werden.

Wenn mehrere Dateien auf einem Magnetband gespeichert sind, dann sind eben entsprechend viele Bandmarken, HDR- und EOF-Kennsaetze mit aufgezeichnet. Wenn ein Datenbestand mehrere Magnetbaender beansprucht, dann steht am Anfang jeder Rolle ein VOL- und HDR-Kennsatz sowie eine Bandmarke, am Ende jeder Rolle eine Bandmarke, ein EOV-Kennsatz und eine zweite Bandmarke. Nur die letzte Rolle des Datenbestandes wird anstelle des EOV-Kennsatzes mit einer nachfolgenden Bandmarke durch einen EOF-Kennsatz mit zwei Bandmarken abgeschlossen.

Die Kennsaetze einer Magnetbanddatei haben folgenden Aufbau:

fuer VOL-Kennsaetze

Byte	Inhalt
1 - 4	'VOLn' (n = 1,2,...,8)
5 - 10	Kennummer der Magnetbandrolle (alpha-numerisch)
11	Sicherungsbyte, fuer 0 ist keine Sicherung vorgesehen - fuer 1 muss eine Identifikation angegeben werden
12 - 41	blank
42 - 51	Benutzer
52 - 80	blank

fuer HDR-, EOV- und EOF-Kennsaetze

Byte	Inhalt
1 - 4	'HDRn' oder 'EOVn' oder 'EOFn' (n = 1,2,...,8)
5 - 21	Datenmengenbezeichnung
22 - 27	Reihenfolgenummer der Datenmenge Kennummer des Magnetbandes
28 - 31	Laufende Nummer des Datentraegers der Datei
32 - 35	Laufende Nummer der Datei des Datentraegers
36 - 39	Laufende Nummer der Generation dieser Datei
40 - 41	Versionsnummer dieser Generation

42	blank
43 - 47	Erstellungsdatum, Jahr (zweistellig) und laufender Tag des Jahres
48	blank
49 - 53	Verfalldatum, wie 43 - 47
54	Sicherungsbyte, fuer 0 ist keine Sicherung vorgesehen - fuer 1 muss eine Identifikation angegeben werden
55 - 60	bei HDR = '000000', bei EOV und EOF = Zaehler fuer Blockanzahl der Datei bzw. des Bandes
61 - 73	Programmsystemschluessel
74 - 80	blank

2.2.2. Datensatzaufbau und Organisation bei Speichern mit direkter Zugriffsmoeglichkeit

Der Aufbau der Datensaetze fuer Direktzugriffspeicher (Randomspeicher) ist dem der Magnetbandspeicher im Prinzip gleich. Allerdings muss bei den Randomspeichern auf den physischen Standort eines Satzes mehr geachtet werden als bei Magnetbaendern.
Ein Magnetband kann vom Anfang bis zum Ende kontinuierlich mit Daten beschrieben werden. Die Stelle, an der ein Datenblock beginnt, ist vom Bandanfang aus gesehen nur durch die Laenge und die Anzahl der vor dem betreffenden Datenblock zu schreibenden Bloecke abhaengig. Bei Randomspeichern ist das ganz anders. Die Einteilung

eines Speichermediums (wie Platte, Trommel, Karte) in Spuren und Zylinder beeinflusst den physischen Speicherplatz der Datenbloecke und den moeglichen Nutzungsgrad der Gesamtkapazitaet des Speichers.

Jede Spur eines Randomspeichers beginnt an einem bestimmten Punkt, dem Indexpunkt. Ein Indexpunkt zeigt den physischen Anfang der betreffenden Spur an. Die Indexpunkte jedes Speichermediums (Platte, Trommel, Karte) sind synchronisiert, d.h. die Anfangspunkte der Spuren aller 203 Zylinder eines Plattenstapels befinden sich auf uebereinanderliegenden Radien.

Die Bloecke sind durch Blockluecken (Kluefte) voneinander getrennt. Die Bloecke koennen je einen oder mehrere Datensaetze mit fester oder variabler Satzlaenge beinhalten. Die Datensaetze koennen mit einem Schluesselfeld versehen werden, das eine fuer den Datensatz kennzeichnende Information enthaelt. Ausserdem muss am Beginn jedes Blocks ein Kennungsfeld stehen.

Daraus ergeben sich folgende Blockzusammensetzungen:

Saetze fester Laenge, ungeblockt, ohne Schluesselfeld

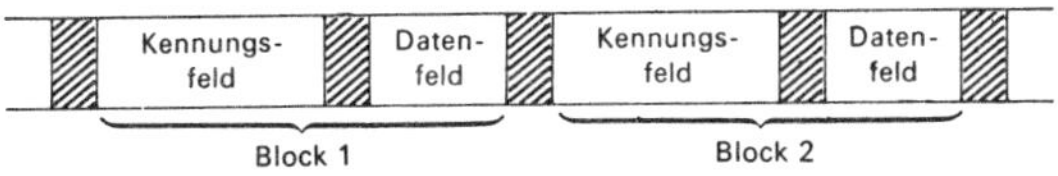

Saetze fester Laenge, ungeblockt, mit Schluesselfeld

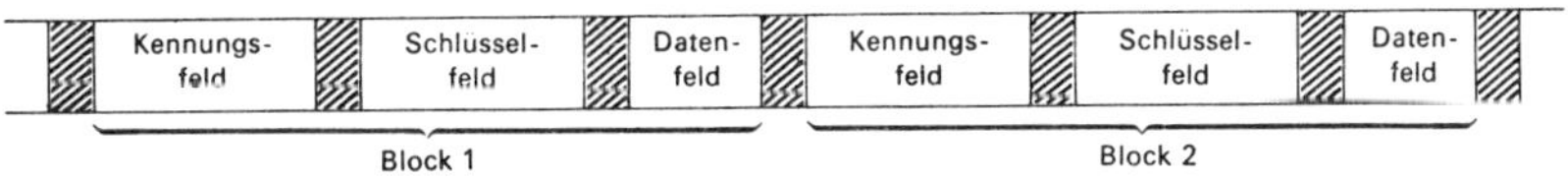

Abb. 8

Saetze fester Laenge, geblock, ohne Schluesselfeld

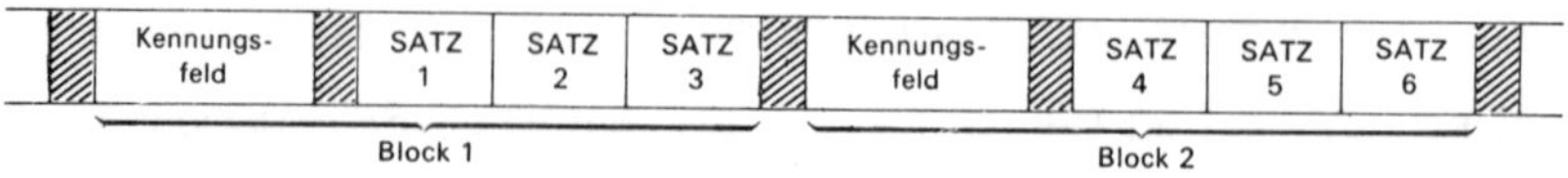

Saetze fester Laenge, geblockt, mit Schluesselfeld

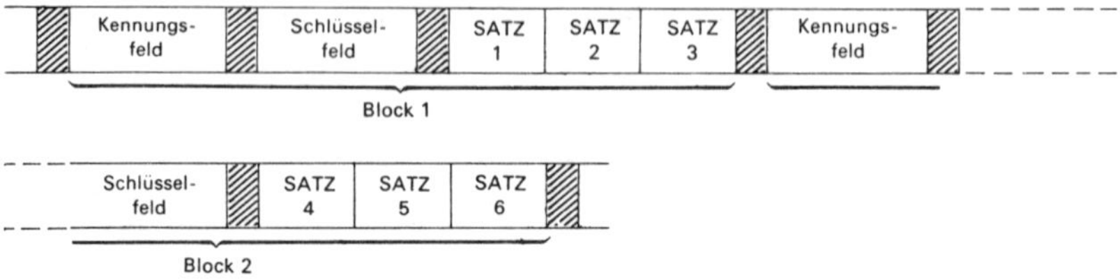

Saetze variabler Laenge, ungeblockt, ohne Schluesselfeld

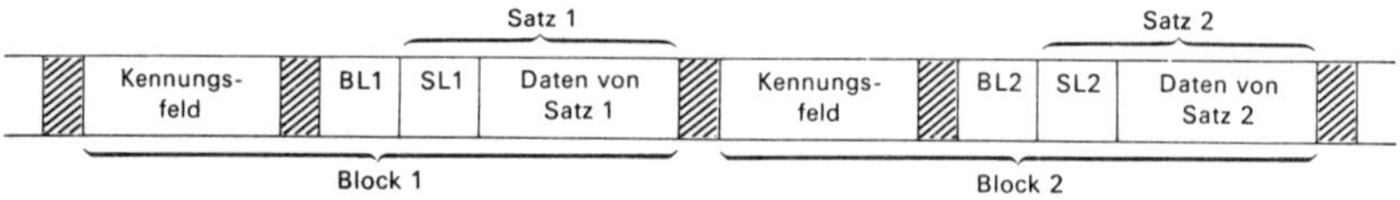

Saetze variabler Laenge, ungeblockt, mit Schluesselfeld

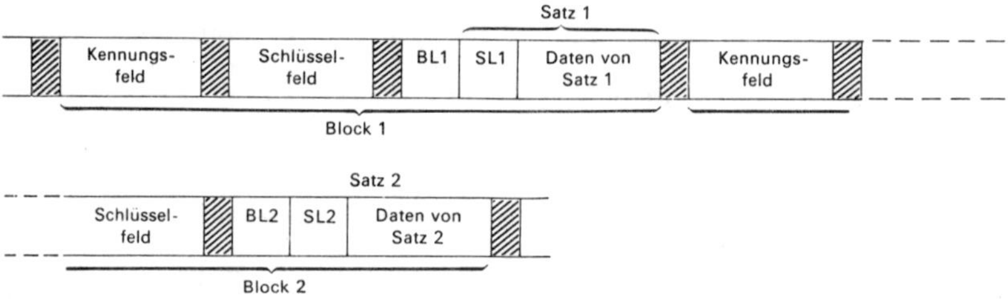

Saetze variabler Laenge, geblockt, ohne Schluesselfeld

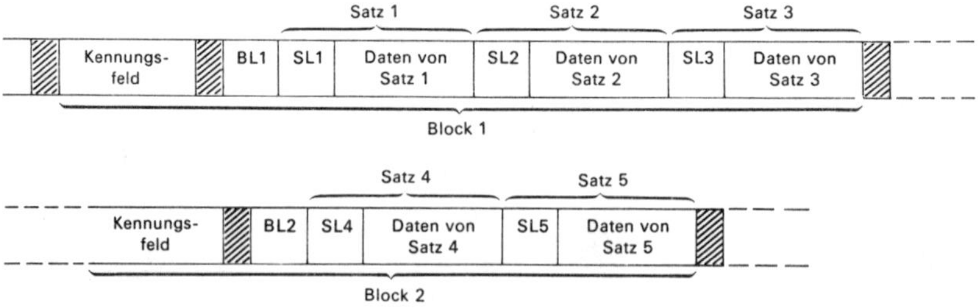

Abb. 8

Saetze variabler Laenge, geblockt, mit Schluesselfeld

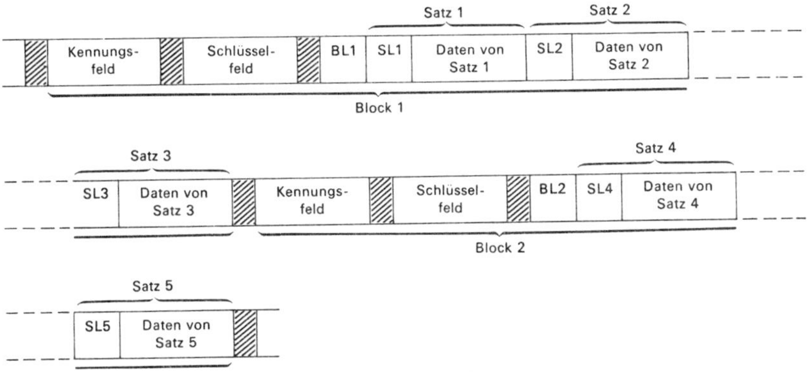

Abb. 8

Platten-, Trommel- und Karten-Speicher sind ueber Grossspeichersteuereinheiten mit den Kanaelen der Zentraleinheit (CPU) verbunden. Diese Steuereinheit bestimmt die Spureinteilung auf den Speichern. Da die genannten Randomspeicher alle an den gleichen Typ von Grossspeichersteuerung angeschlossen werden koennen, besitzen sie auch die gleiche Spureinteilung.

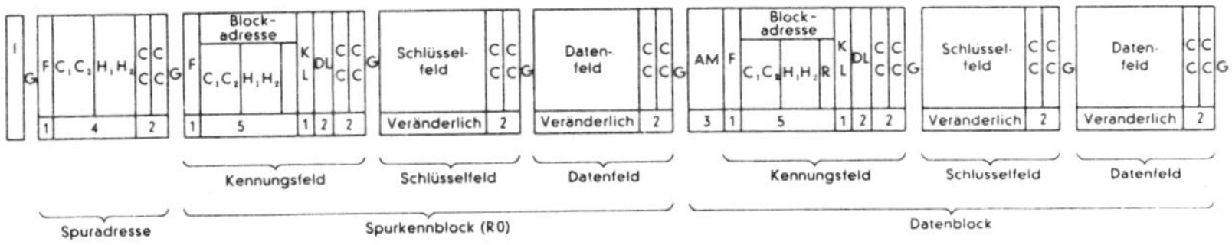

I = Indexpunkt oder Spuranfangsmarke

G = Blockluecke, Kluft oder Gap

R0= Spurkennblock oder R0-Satz

Abb. 9

Jede Spur beginnt mit einem Indexpunkt (I). Nach einer Blockluecke - Kluft oder Gap (G) - folgt die Spuradresse, die die oertliche Lage dieser Spur im Speicher und

den Spurzustand beschreibt. Nach einer weiteren Blockluecke steht der Spurkennblock (R0). Er enthaelt die Adresse einer Ersatzspur. Danach folgen, durch jeweils vorangestellte Kluefte getrennt, die Datenbloecke.
Alle Dateien auf Random-Speichern werden durch Kennsaetze beschrieben. Wie bei Magnetbandspeicherung werden die Datentraeger durch Datentraegerkennsaetze und die Dateien durch Datenmengenkennsaetze erklaert. Die VOL-(Datentraeger-) Kennsaetze fuer Random-Speicher sind im Aufbau den VOL-Kennsaetzen bei Magnetbandspeichern gleich (vergl. Abschnitt 2.2.1.).
Die Stellen 12 bis 21, die bei Magnetbaendern mit Blanks beschrieben werden, tragen bei Random-Speichern die Anfangsadresse des Datentraegerinhaltsverzeichnisses (VTOC). Dieses VTOC (Volume Table of Contents) enthaelt mehrere Saetze, in denen die Speicherplaetze aller Dateien aufgefuehrt sind, die auf dem betreffenden Datentraeger stehen. Das VTOC ist selbst eine Datei, die aus zwei oder mehreren Bloecken besteht. Im ersten Block steht der VTOC-Kennsatz (vom Typ 'Format 4'). Der zweite und die folgenden (vom Typ 'Format 5') enthalten die Adressen der freien Speicherbereiche. Der VTOC kann nicht groesser sein als ein Zylinder des betreffenden Speichermediums.
Die Anfangsadresse des VTOC wird im VOL-Kennsatz in der Form: 'Zylinder, Lese-/Schreibkopf, Satznummer' angegeben. Der VOL-Satz selbst steht bei allen Random-Speichern im Zylinder 0, auf der Spur 0 im dritten Satzbe-

reich. Auf allen Random-Datentraegern, die Dateien beinhalten, sind die beiden Saetze vor dem VOL-Kennsatz mit '0' aufgefuellt.

Aufbau eines VOL-Kennsatzes (Standard-Kennsatz fuer Grossspeicher)[1].

Schluesselfeld

Bytes	Inhalt
1 - 4	'VOLn' (n = 1,2,...,8)

Datenfeld

Byte	Inhalt
1 - 4	'VOLn' (n = 1,2,...,8)
5 - 10	Kennummer des Datentraegers (Plattenstapel, Kartenmagazin)
11	Sicherungsbyte
12 - 16	Anfangsadresse des VTOC (Zylinder-, Kopf- und Blocknummer)
17 - 41	blank
42 - 51	Benutzer
52 - 80	blank

Waehrend es fuer Magnetbanddateien nur jeweils einen Typ von Datenmengen-Vor bzw. Nach-Satz gibt, unterscheidet man bei Random-Dateien sieben Dateikennsaetze, die alle eine Laenge von je 148 Bytes haben.

Fuer jede Datei muss ein Kennsatz vom Typ 'Format 1'[1]

---

1) Vergl. Anhang I

im VTCC-Bereich hinterlegt sein.

Aufbau eines Format 1-Kennsatzes

Schluesselfeld:

Byte	Inhalt
1 - 44	Dateiname (wahlweise auch Generationsnummer und Versionsnummer)

Datenfeld:

Byte	Inhalt
1	Kennsatzformat '1'
2 - 7	Laufende Nummer der Datei des Datenträegers
8 - 9	Laufende Nummer des Datentraegers der Datei
10 - 12	Erstellungsdatum, Jahr (1 Byte), Tag (2 Byte)
13 - 15	Verfalldatum, wie 10 - 12
16	Bereichszaehler
17 - 18	blank
19 - 31	Systemschluessel
32 - 38	blank
39 - 40	Dateityp
41	Satzformat
42	blank
43 - 44	Blocklaenge
45 - 46	Satzlaenge
47	Schluesselfeldlaenge

48 - 49	Schluesselfeldbeginn (vom Anfang des Satzes gerechnet)
50 - 61	blank
62 - 71	Bereichstyp
72 - 81	Bereichstyp
82 - 91	Bereichstyp
92 - 96	Adressfeld des naechsten Kennsatzes fuer diese Datei

Ein Kennsatz vom Typ 'Format 2' enthaelt bei indiziert-sequentiellen Dateien Informationen ueber Indizes und Ueberlaufbereiche. Er wird waehrend der Erstellung der Datei mit aufgebaut.

Schluesselfeld:

Byte	Inhalt
1	Kennsatzformat '2'
2	Indexbeschreibung
3	Anzahl der Zylinder-Ueberlaufspuren
4 - 5	Anzahl der vollen Zylinder des allg. Ueberlaufbereichs
6 - 7	blank
8 - 9	Anzahl der Ueberlaufsaetze
10 - 13	Anzahl der Erstdatensaetze
14 - 17	Adresse des letzten Erstdatenblocks
18 - 21	Adresse des letzten Blocks der hoechsten Indexstufe
22 - 25	Adresse des letzten Ueberlaufblocks

Datenfeld:

Byte	Inhalt
1	Kennsatzformat '2'
2 - 91	blank
92 - 96	Adresse eines Format-3 Kennsatzes, wenn die Datei mehr als drei Speicherbereiche belegt. Sonst Nullen.

Ein Kennsatz vom Typ 'Format 3' [1] wird verwendet, um die Bereiche einer Datei zu beschreiben, die in den 'Format 1'-Kennsatz nicht aufgenommen werden konnten.

Ein 'Format 4'-Kennsatz[1] enthaelt Angaben ueber Speicherplatz und Ausdehnung des VTOC-Bereichs und ueber die Position und Groesse des Ersatzspurenbereichs.

Ein 'Format 5'-Kennsatz [1] beschreibt die freien Bereiche des Datentraegers.

Ein Kennsatz 'Format B' verwaltet auf Magnetkartenspeichern mit Index-sequentiell organisierten Dateien die noch verfuegbaren Bereiche.

Ein Kennsatz 'Format C' ist im VTOC-Bereich des Datentraegers, der die Indizes fuer eine Index-sequentiell organisierte Datei auf einem Magnetkartenspeicher enthaelt.

Jeder Datentraeger kann mehrere Dateien beherbergen. Jeder Datei werden dabei mindestens ein bis maximal 16 Speicherbereiche zugeordnet, was fuer den Speicherbereich 1 bis 3 im 'Format 1'-Kennsatz, fuer die folgenden

---

1) Vergl. Anhang I

Speicherbereiche im 'Format 3'-Kennsatz aufgefuehrt wird.

Der bereits erwaehnte Spurbeschreibungssatz R0 umfasst stets acht Bytes und steht am Anfang jeder einzelnen Spur. Er hat folgende wichtige Funktionen.

- Angabe ueber die Adresse einer Ersatzspur. Wenn die Spur des betreffenden R0-Satzes schadhaft ist, wird in den ersten vier Bytes die Adresse einer Ersatzspur angegeben.
- Angabe der Adresse des letzten Satzes und Anzahl der freien Bytes dieser Spur, bei regionaler (gestreuter) Organisationsform der Daten.
- Angabe der Adresse der Ueberlaufsaetze bei logisch fortlaufend organisierten Daten.

2.3. Dateiorganisationsformen

Die Auswahl der geeigneten Organisation fuer eine Datei setzt eine Untersuchung der Eigenschaften der geplanten Datei voraus. Zu den Charakteristika einer Datei gehoeren ihr Umfang, Wachstum, Veraenderungshaeufigkeit, Zugriffshaeufigkeit und Zugriffsstruktur.

Es gibt allgemein vier Organisationsformen, von denen vorzugsweise nur drei fuer Benutzer-Dateien Verwendung finden.

2.3.1. Sequentielle Speicherungsform

Bei der sequentiellen Speicherungsform stehen die Datensaetze in geordneter Reihenfolge hintereinander [1]. Sie koennen nur in der Reihenfolge verarbeitet werden, in der sie aufgezeichnet wurden. Ein Satz kann nur gelesen werden, wenn alle vorstehenden Saetze ebenfalls gelesen werden. Die Datensaetze sequentiell zu organisieren, ist daher meist nur dann sinnvoll, wenn bei jedem Zugriff auf die Datei ein grosser Teil der Datensaetze verarbeitet werden soll.

Das Magnetband ist der geeignete Datentraeger fuer sequentiell organisierte Dateien, obwohl auch auf Random-Speichern eine sequentielle Organisation moeglich ist. Da aber der Preis pro gespeichertem Byte bei Magnetbandeinheiten wesentlich niedriger liegt als bei Random-Speichern und die quenstigen Zugriffseigenschaften der Random-Speicher bei sequentiell organisierten Dateien nicht genutzt werden koennen, ist die sequentielle Organisationsform auf Random-Speichern meist nicht sinnvoll.

2.3.2. Gestreute Speicherungsform

Bei der gestreuten Speicherungsform muss das Benutzerprogramm die Adresse des gewuenschten Datensatzes in irgendeiner Form selbst ermitteln. Zur Adresse gehoeren

---

[1]) Eine vereinfachte Version der sequentiellen Speicherungsform ist die serielle Speicherungsform, bei der die Datensaetze in ungeordneter Folge hintereinanderstehen.

eine sogenannte relative Spuradresse und eine Satznummer. Die relativen Spuradressen einer Datei, die 'n' Spuren umfasst, gehen von 0 bis n-1, unabhaengig davon, welche Spuren des betreffenden Datentraegers wirklich benutzt werden. Die Zuordnung von der relativen Spuradresse (fortlaufende Nummer der Spuren des Datentraegers) wird vom Betriebssystem uebernommen. Die oben erwaehnte Satznummer ist die fortlaufende Nummer der Saetze in einer Spur, wobei der erste Satz (R0-Satz) uebersprungen werden muss. Sobald die Adresse des gewuenschten Satzes ermittelt ist, kann direkt und ohne weiteren Suchvorgang auf den Satz zugegriffen werden. Zur Adressenermittlung gibt es verschiedene Moeglichkeiten. Im einfachen Fall ist der Ordnungsbegriff der Datensaetze, unter dem sie gesucht werden [1], eine Folge von lueckenlos aufsteigenden Zahlen. Durch einfache Division des Ordnungsbegriffs durch die Anzahl der Datensaetze, die auf einer Spur gespeichert sind, bekommt man die gesuchte Spurnummer, und der Divisionsrest + 1 (R0-Satz) ist die gesuchte Satznummer. Man spricht hier von direkter Adressierung.

In den meisten Anwendungsfaellen liegen die Ordnungsbegriffe aber nicht in der Form von lueckenlos aufsteigenden Zahlenfolgen vor. Denn sie koennen auch Alphazeichen beinhalten und/oder die Reihenfolge weist Luekken auf. Fuer eine moeglichst lueckenlose Ausnutzung des Speicherplatzes muss in diesen Faellen eine Adressen-

---

1) z.B. Kunden-Nr., Personal-Nr., Lager-Nr.

rechnung nach einem vorher fuer jeden speziellen Anwendungsfall zu konstruierenden Algorithmus durchgefuehrt werden. Diese Verfahren werden als indirekte Adressierung bezeichnet.

Es gibt einige Standardmethoden wie Divisionsrest-, Ziffernanalysen-, Faltungs- und programmierte Adressumrechnungsmethode, die in Adressrechnungs-Algorithmen verwandt werden.

Bei der algorithmischen Adressenberechnung laesst es sich nicht vermeiden, dass aus mehreren verschiedenen Ordnungsbegriffen ein- und dieselbe Adresse berechnet wird. Der erste Satz, der auf eine solche Adresse geschrieben wird, heisst Haussatz. Alle anderen Saetze deren jeweiliger Ordnungsbegriff die gleiche Adresse ergibt, sind Ueberlaufsaetze, die nach zwei Verfahren - der Kettungsmethode oder der Methode des gestaffelten Ueberlaufs - gespeichert werden koennen.

Die Kettungsmethode schreibt in den ersten Satz jeder Spur die Spuradresse einer Ueberlaufspur. Die Suche nach einem bestimmten Datensatz beginnt mit der errechneten Spuradresse. Wenn in der Spur mit dieser Adresse beim Durchsuchen der gewuenschte Datensatz nicht gefunden wird, veranlasst das Betriebssystem ein Weitersuchen in der Spur, die als Ueberlaufspur angegeben ist. Auch Ueberlaufspuren koennen in ihrem ersten Satz die Adresse einer weiteren Ueberlaufspur enthalten. Der Suchprozess setzt sich dann ueber mehrere Ueberlaufspuren fort, bis der gewuenschte Satz gefunden wurde.

Beim Erstellen der Datei kann man die Datensaetze hintereinander eingeben und sukzessiv nach Berechnung der jeweiligen Adresse versuchen, den betreffenden Satz an die durch die errechnete Adresse spezifizierte Stelle zu schreiben. Wenn diese Stelle schon belegt ist, sucht das Betriebssystem den naechsten freien Platz, speichert dort den Satz ab und gibt in der Spur, die der errechneten Adresse entspricht, eine Kettadresse an. Dieser an eine noch freie Stelle des Aufzeichnungstraegers geschriebene Datensatz versperrt aber moeglicherweise einem anderen Satz, der bei der Dateierstellung zeitlich nach dem oben besprochenen Satz zur Abspeicherung gelangt, den Platz. Denn es ist durchaus moeglich, dass der bereits von einem Datensatz, der nicht mehr auf seine schon von einem anderen Platz belegte Adresse gespeichert werden konnte, in Anspruch genommene Speicherplatz, genau der Adresse eines nachfolgenden zu speichernden Satzes entspricht. Dieser neue Satz muss folglich, da seine Adresse schon belegt ist, durch Kettung auf den naechsten freien Speicherplatz geschrieben werden. Dort versperrt aber auch er moeglicherweise den Platz fuer einen Satz, fuer den eben dieser Speicherplatz als Adresse errechnet wird. Es ist folglich sehr wahrscheinlich, dass auf eine in der gezeigten Weise erstellte Datei nur umstaendlich zugegriffen werden kann, da viele Saetze nicht auf dem ihrer errechneten Adresse entsprechenden Platz stehen, sondern nur ueber Kettungsadressen nach einem oder mehreren Zugriffen auf einem

anderen Speicherplatz gefunden werden koennen.Es ist deshalb sinnvoll, beim Erstellen einer mit der Kettungsmethode gespeicherten, gestreut organisierten Datei in zwei Stufen vorzugehen.
In der ersten Stufe wird fuer alle Datensaetze der neuen Datei einmal durchgeprueft, ob sie an dem Platz, der ihrer errechneten Adresse entspricht, abgespeichert werden koennen. Ist ein Platz frei, dann wird der Satz an die entsprechende Adresse geschrieben. Ist der Platz aber schon besetzt, dann wird dieser Satz in der ersten Stufe noch nicht abgespeichert. Ist die Speichermoeglichkeit fuer alle Datensaetze der neuen Datei durchgeprueft, und sind die Saetze, deren Speicherplaetze frei waren, bereits in die neue Datei eingeordnet, dann werden in einer zweiten Stufe alle die Datensaetze, die bisher nicht auf Speicherplaetze zugeordnet werden konnten, verarbeitet. Sie werden mit Hilfe von Kettungsadressen an Plaetze geschrieben, die in der ersten Stufe nicht belegt worden sind. Mit dieser Speicherung in zwei Stufen wird sichergestellt, dass nur fuer solche Saetze Kettungsadressen aufgebaut werden muessen, aus deren Ordnungsmerkmalen gleiche Adressen errechnet werden. Beim Hinzufuegen von neuen Saetzen zu der laufenden Datei wird zunaechst versucht, den Speicherplatz der errechneten Adresse zu beschreiben. Ist dieser schon belegt, wird der neue Satz mit einer Kettungsadresse in einen anderen noch freien Speicherbereich geschrieben. Da die Datei beim laufenden Hinzufuegen von neuen Da-

tensaetzen immer mehr Kettungsadressen aufweist und die Zugriffsgeschwindigkeit darunter leidet, muss die Datei von Zeit zu Zeit neu organisiert werden, wobei dann nicht mehr benoetigte Datensaetze weggelassen und zwischenzeitlich angehaengte Saetze in die Datei an Speicherplaetze aufgenommen werden koennen, die ohne Umweg ueber die Kettungsmethode direkt adressierbar sind. Bei einer Reorganisation, die in von der Aenderungsrate der Datei abhaengigen Zeitabstaenden notwendig wird, sollte in den gleichen zwei Stufen vorgegangen werden, wie es fuer eine Dateierstellung oben beschrieben wurde.

Mit der sogenannten gestaffelten Ueberlaufmethode ist es auch moeglich, gestreut organisierte Dateien aufzubauen, die ohne Kettungsadressen arbeiten. Saetze, deren Adresse schon besetzt ist, werden wie bei der Kettung auf den naechsten freien Platz geschrieben, ohne dass in der Spur, die der berechneten Adresse dieses Satzes entspricht, eine Kettungsadresse angegeben wird. Beim Suchen des Satzes wird zuerst unter der berechneten Adresse versucht den Satz zu lesen. Kann der Satz an dieser Stelle nicht gefunden werden, muessen alle nachfolgenden Saetze Spur um Spur gelesen werden, bis der gesuchte Satz gefunden ist. Auch bei der gestaffelten Ueberlaufmethode ist eine Neuerstellung der Datei in zwei Stufen vorteilhaft. Denn genau wie bei der Kettungsmethode kann, wenn alle Saetze in nur einer Stufe geladen werden, ein Satz, dessen Hausspur schon besetzt war, und

der dann auf den naechsten freien Speicherplatz geschrieben wurde, einem in dieser Stufe spaeter zu ladenden Satz wieder die Hausspur versperren.
Bei Dateien mit sehr grosser Zugriffshaeufigkeit auf die einzelnen Datensaetze, aber gleichzeitig niedriger Aenderungsrate der Datensaetze, ist es sinnvoll, eine Statistik ueber die Zugriffshaeufigkeit zu den einzelnen Datensaetzen zu erstellen. Mit Hilfe dieser Statistik kann bei einer Reorganisation der Datei immer der Satz auf seine Hausspur geschrieben werden, der von allen Saetzen mit dieser berechneten Adresse die hoechste Zugriffshaeufigkeit aufweist. Damit werden fuer diese am haeufigsten gelesenen Saetze mehrfach Zugriffe ueber Kettungsadressen oder Suchprozessen bei gestaffeltem Ueberlauf vermieden.
Bei Dateien mit grosser Aenderungsrate und/oder laufend neu einzuspeichernden Datensaetzen ist es sinnvoll, die Adressberechnung nur bis zur Stufe der Spuradresse durchzufuehren. Ein gesuchter Satz muss dann immer innerhalb der errechneten Spur aus den dort gespeicherten Saetzen ausgesucht werden. Dieses Suchen innerhalb einer Spur bringt aber keinen Zeitverlust, da, auch wenn die genaue Folgenummer des Satzes in der Spur bekannt ist, bis zum Durchlaufen dieses Satzes unter den Lesekoepfen gewartet werden muss. Wenn man beim Reorganisieren oder Neuerstellen einer solchen Datei auf jede Spur nur eine kleine Zahl von Datensaetzen schreibt, d.h. die Spurkapazitaet nur zum Teil ausnutzt, dann ist es

moeglich, nachfolgend abzuspeichernde Saetze innerhalb der Spur, die nach der Adressenberechnung die richtige Spur ist, aufzuzeichnen. Dadurch wird vermieden, dass beim Lesen der Saetze in einer solchen laufend geaenderten Datei zuviel Zeit durch das Aufsuchen von Anschlussspuren verloren geht.

2.3.3. Index-sequentielle Speicherungsform

Die Index-sequentielle Speicherungsform ermoeglicht einen Zugriff auf die Datensaetze der Datei, ohne dass der Benutzer die Adresse des gewuenschten Datensatzes kennen oder errechnen muss. Vielmehr uebernimmt das Betriebssystem die vollstaendige Organisation der Datenspeicherung und des Aufbaues von Adressverzeichnissen, mit deren Hilfe die Datensaetze wieder aufgefunden werden koennen. Da die Datensaetze einer Index-sequentiellen Datei beim Erstellen der Datei in der Reihenfolge eines als Ordnungskriterium ausgewaehlten Merkmals hintereinander auf den Direktzugriffsspeicher aufgezeichnet werden, ist auch eine sequentielle Verarbeitung einer solchen Datei moeglich.
Jede Index-sequentielle Datei besteht aus drei Teilbereichen: dem Hauptbereich, dem Folgebereich und dem Bereich der Index-Tabellen.
Der Hauptbereich umfasst diejenigen Spuren, in die die Datensaetze beim Erstellen oder Neuorganisieren der Datei geschrieben werden. Die Datensaetze werden hier, wie

schon erwaehnt, in der Reihenfolge eines Ordnungskriteriums abgespeichert. Das Ordnungskriterium wird als Schluessel bezeichnet und vor seinem jeweiligen Datensatz auf dem Datentraeger aufgezeichnet. Der jeweils vom Schluessel belegte Bereich traegt den Namen Schluesselfeld (vergl. 2.2.2.). Die Datensaetze koennen je nach Wunsch geblockt oder ungeblockt gespeichert werden. Bei geblockten Saetzen muss das Schluesselfeld vor jedem Block den hoechsten in diesem Block vorkommenden Schluessel enthalten.

Das Adressverzeichnis der Datensaetze wird in dem Bereich der Index-Tabellen gefuehrt. Es gibt immer zwei oder mehrere Index-Tabellen verschiedener Stufen. Sie werden beim Erstellen oder Reorganisieren einer Datei vom Betriebssystem selbstaendig erzeugt und abgespeichert. Die Index-Tabelle der niedrigsten Stufe ist der Spurindex.

Der Spurindex ist ein Verzeichnis, das bei jeder Indexsequentiell organisierten Datei gefuehrt werden muss. Seine Eintragungen beziehen sich nicht nur auf die Datensaetze einer Spur, sondern aller Spuren eines Zylinders. Er steht in den ersten Spuren des jeweiligen Zylinders und enthaelt in ungeblockten Saetzen fester Laenge alle Informationen ueber die Spuren dieses Zylinders, die zum Auffinden eines bestimmten Datensatzes innerhalb dieses Zylinders notwendig sind (vergleiche Abb. 10). Es sind dies die Angaben ueber den hoechsten innerhalb jeder Spur auftretenden Schluesselwert. Da die

Datei nach diesen Schluesseln aufsteigend sortiert abgespeichert wurde, stehen in der Indexliste hintereinander jeweils hoehere Schluesselziffern. Wenn man nach der Spur eines bestimmten Schluesselwertes sucht, muss man nur mit einer Abfrage. 'gesuchter Schluesselwert kleiner /gleich Schluesselziffer' die Indexliste durchsuchen. Der Datensatz in der Indexliste, bei dem die Vergleichsoperation zum ersten Mal mit 'Ja' beantwortet wird, verweist auf die gesuchte Spur.

Der Zylinder-Index ist ein Verzeichnis, das, wie der Spurindex bei jeder Index-sequentiell organisierten Datei gefuehrt werden muss. Er ist den Spurindices uebergeordnet. Er enthaelt Datensaetze fester Laenge, die fortlaufend die hoechsten Schluesselziffern der jeweiligen Datensaetze in den Zylindern der Datei wiedergeben. Auch hier ist es durch eine einfache Suchfrage 'gesuchter Schluesselwert kleiner oder gleich Schluesselziffer' leicht moeglich, den Zylinder festzustellen, in dessen Spuren der gesuchte Satz stehen muss.

Wahlweise koennen dem Zylinderindex ein oder mehrere Indices vorangestellt werden. Dies ist sinnvoll, wenn der Zylinderindex soviele Spuren belegt, dass ein Durchsuchen zuviel Zeit beanspruchen wuerde. Man geht davon aus, dass, sobald der Zylinderindex mehr als vier Spuren belegt, ein Zylinderindex-Spurindex aufgestellt werden sollte. Dieser entspricht in seinem Aufbau genau einem Spurindex fuer Datenzylinder, nur dass er die hoechsten Schluesselziffern der Zylinderindexspuren enthaelt. Wei-

```
              ZYLINDER 1   ZYLINDERINDEX-ZYLINDER

    |SPUR| RO      R1-SATZ          R2-SATZ          R3-SATZ          R4-SATZ          R5-SATZ
SPUR|ADR.|      S-ADR. |SCH|DA.|S-ADR. |SCH|DA.|S-ADR. |SCH|DA.|S-ADR. |SCH|DA.|S-ADR. |SCH|DA.
   0|Z |K |ZKSNZKSNLDL    ZKNZKSNLDL      ZKNZKSNLDL      ZKNZKSNLDL      ZKNZKSNLDL      ZKN
    |1 |0 |18  110 131002820110 231002820110 331005430110 431005430110 531011111

              ZYLINDER 2   DATEN-ZYLINDER
    |SPUR| RO      R1-SATZ          R2-SATZ          R3-SATZ          R4-SATZ          R5-SATZ          R6-SATZ          R7-SATZ
SPUR|ADR.|      S-ADR. SCHDA.S-ADR. SCHDA.S-ADR. SCHDA.S-ADR. SCHDA.S-ADR. SCHDA.S-ADR. SCHDA.S-ADR. SCHDA.
   0|Z  K|ZKSNZKSNLDL    ZKNZKSNLDL    ZKNZKSNLDL    ZKNZKSNLDL    ZKNZKSNLDL    ZKNZKSNLDL    ZKNZKSNLDL    ZKN
    |2  0|28 120 131000421120 231000421120 331000822120 431000822120 531001223120 631001223120 7310016241
    |SPUR| RO                        R1-SATZ
SPUR|ADR.|     SATZ-ADR.SCH                                DATEN
   1|Z  K|ZKSNZKSNLDALE
    |2  1|28 121 131000002
    |SPUR| RO                        R1-SATZ
SPUR|ADR.|     SATZ-ADR.SCH                                DATEN
   2|Z  K|ZKSNZKSNLDALE
    |2  2|28 122 131000006
    |SPUR| RO                        R1-SATZ
SPUR|ADR.|     SATZ-ADR.SCH                                DATEN
   3|Z  K|ZKSNZKSNLDALE
    |2  3|28 123 131000010
    |SPUR| RO                        R1-SATZ
SPUR|ADR.|     SATZ-ADR.SCH                                DATEN
   4|Z  K|ZKSNZKSNLDALE
    |2  4|28 124 131000014
    |SPUR| RO                        R1-SATZ
SPUR|ADR.|     SATZ-ADR.SCH                                DATEN
   5|Z  K|ZKSNZKSNLDALE
    |2  5|28 125 131000018
    |SPUR| RO                        R1-SATZ
SPUR|ADR.|     SATZ-ADR.SCH                                DATEN
   6|Z  K|ZKSNZKSNLDALE
    |2  6|28 126 131000022
    |SPUR| RO                        R1-SATZ
SPUR|ADR.|     SATZ-ADR.SCH                                DATEN
   7|Z  K|ZKSNZKSNLDALE
    |2  7|28 127 131000026
    |SPUR| RO
SPUR|ADR.|
   8|Z  K|ZKSN
    |2  8|29 1
    |SPUR| RO
SPUR|ADR.|
   9|Z  K|ZKSN
    |2  9|
              ZYLINDER 3   DATEN-ZYLINDER
    |SPUR| RO      R1-SATZ          R2-SATZ          R3-SATZ          R4-SATZ          R5-SATZ          R6-SATZ          R7-SATZ
SPUR|ADR.|      S-ADR. SCHDA.S-ADR. SCHDA.S-ADR. SCHDA.S-ADR. SCHDA.S-ADR. SCHDA.S-ADR. SCHDA.S-ADR. SCHDA.
   0|Z  K|ZKSNZKSNLDL    ZKNZKSNLDL    ZKNZKSNLDL    ZKNZKSNLDL    ZKNZKSNLDL    ZKNZKSNLDL    ZKNZKSNLDL    ZKN
    |3  0|37 130 131003231130 231003231130 331003632130 431003632130 531004033130 631004033130 7310044341
    |SPUR| RO                        R1-SATZ
SPUR|ADR.|     SATZ-ADR.SCH                                DATEN
   1|Z  K|ZKSNZKSNLDALE
    |3  1|38 131 131000030
    |SPUR| RO                        R1-SATZ
SPUR|ADR.|     SATZ-ADR.SCH                                DATEN
   2|Z  K|ZKSNZKSNLDALE
    |3  2|38 132 131000034
    |SPUR| RO                        R1-SATZ
SPUR|ADR.|     SATZ-ADR.SCH                                DATEN
   3|Z  K|ZKSNZKSNLDALE
    |3  3|38 133 131000038
    |SPUR| RO                        R1-SATZ
SPUR|ADR.|     SATZ-ADR.SCH                                DATEN
   4|Z  K|ZKSNZKSNLDALE
    |3  4|38 134 131000042
    |SPUR| RO                        R1-SATZ
SPUR|ADR.|     SATZ-ADR.SCH                                DATEN
   5|Z  K|ZKSNZKSNLDALE
    |3  5|38 135 131000046
    |SPUR| RO                        R1-SATZ
SPUR|ADR.|     SATZ-ADR.SCH                                DATEN
   6|Z  K|ZKSNZKSNLDALE
    |3  6|38 136 131000050
    |SPUR| RO
SPUR|ADR.|
   7|Z  K|ZKSN
    |3  7|38 1
    |SPUR| RO
SPUR|ADR.|
   8|Z  K|ZKSN
    |3  8|39 1
    |SPUR| RO
SPUR|ADR.|
   9|Z  K|ZKSN
    |3  9|
```

Abb. 10

```
   R8-SATZ      R9-SATZ      R10-SATZ     R11-SATZ     R12-SATZ     R13-SATZ     R14-SATZ
S-ADR. SCHDA.S-ADR. SCHDA.S-ADR. SCHDA.S-ADR. SCHDA.S-ADR. SCHDA.S-ADR. SCHDA.S-ADR. SCHDA.
ZKSNLDL    ZKNZKSNLDL   ZKNZKSNLDL   ZKNZKSNLDL   ZKNZKSNLDL   ZKNZKSNLDL   ZKNZKSNLDL   ZKN
20 831001624120 9310020251201031002025120113100242612012310024261201331002827120143100282 71
```

```
                  R2-SATZ
SATZ-ADR.SCH                  DATEN
ZKSNLDALE
21 231000004
```

```
                  R2-SATZ
SATZ-ADR.SCH                  DATEN
ZKSNLDALE
22 231000008
```

```
                  R2-SATZ
SATZ-ADR.SCH                  DATEN
ZKSNLDALE
23 231000012
```

```
                  R2-SATZ
SATZ-ADR.SCH                  DATEN
ZKSNLDALE
24 231000016
```

```
                  R2-SATZ
SATZ-ADR.SCH                  DATEN
ZKSNLDALE
25 231000020
```

```
                  R2-SATZ
SATZ-ADR.SCH                  DATEN
ZKSNLDALE
26 231000024
```

```
                  R2-SATZ
SATZ-ADR.SCH                  DATEN
ZKSNLDALE
27 231000028
```

```
   R8-SATZ      R9-SATZ      R10-SATZ     R11-SATZ     R12-SATZ     R13-SATZ     R14-SATZ
S-ADR. SCHDA.S-ADR. SCHDA.S-ADR. SCHDA.S-ADR. SCHDA.S-ADR. SCHDA.
ZKSNLDL    ZKNZKSNLDL   ZKNZKSNLDL   ZKNZKSNLDL   ZKNZKSNLDL   ZKN
30 831004434130 931004835130103100483513011310052361301231005236 1
```

```
                  R2-SATZ
SATZ-ADR.SCH                  DATEN
ZKSNLDALE
31 231000032
```

```
                  R2-SATZ
SATZ-ADR.SCH                  DATEN
ZKSNLDALE
32 231000036
```

```
                  R2-SATZ
SATZ-ADR.SCH                  DATEN
ZKSNLDALE
33 231000040
```

```
                  R2-SATZ
SATZ-ADR.SCH                  DATEN
ZKSNLDALE
34 231000044
```

```
                  R2-SATZ
SATZ-ADR.SCH                  DATEN
ZKSNLDALE
35 231000048
```

```
                  R2-SATZ
SATZ-ADR.SCH                  DATEN
ZKSNLDALE
36 231000052
```

Abkuerzungen

DA.	=	Datenfeld
DALE	=	Datenfeldlaenge
DL	=	Datenfeldlaenge
K	=	Kopfnummer
L	=	Schluesselfeldlaenge
N	=	Folgenummer des Satzes
S-ADR.	=	Satz Adresse
SCH	=	Schluesselfeld
SN	=	Satznummer
Z	=	Zylindernummer

Abb. 10

tere Indices, die den vorher erstellten jeweils uebergeordnet werden, sind sinnvoll, sobald die bisher hoechste Indexstufe zu gross wird, um in akzeptablen Zeiten durchsucht werden zu koennen.

Der Folgebereich ist dazu bestimmt, alle Datensaetze aufzunehmen, die nach der Neuerstellung bzw. zwischen den Reorganisationslaeufen der Datei gespeichert werden sollen.

Der Folgebereich kann entweder in viele Teile aufgespalten werden, so dass in jedem Zylinder ein bestimmter Teil der Spuren als Zylinder-Folgebereich reserviert wird, oder als unabhaengiger Folgebereich ein zusammenhaengendes Stueck (oder hoechstens wenige grosse Teilstuecke) der Datenspuren belegen.

Die Index-sequentielle Speicherungsform ist fuer grosse Dateien, auf die ein direkter Zugriff erforderlich ist, sehr verbreitet. Sie hat daher fuer die weitere Untersuchung groesste Bedeutung. Zur besseren Klarheit wird die Arbeitsweise dieser Speicherungsform mit den spaeter wichtigen Details anhand einer kleinen Musterdatei beschrieben.

Um das Konzept der Index-sequentiellen Organisationsform von Dateien moeglichst einfach zu erklaeren, soll die Musterdatei aus ungeblockten Saetzen mit fester Satzlaenge aufgebaut sein. Sie hat (vergl. Abb. 10) 27 Saetze mit einer Laenge von je 1000 Bytes. Jeder Satz hat ein 3 Bytes umfassendes Schluesselfeld. Die Schluessel sind positive ganze Binaer-Zahlen. (Nur in den Ab-

bildungen und im Text wird immer der entsprechende Dezimalwert angegeben, um eine groessere Anschaulichkeit zu erreichen.) Die Datei soll auf den Zylindern 2 und 3 einer Magnetplatteneinheit gespeichert sein, deren Plattenstapel 203 Zylinder zu je 10 Spuren umfasst. In jedem der beiden Zylinder sind nur die Spuren 1-7 fuer Datensaetze des Hauptbereichs vorgesehen. Innerhalb der Spuren werden neben der obligatorischen Spuradresse und dem R0-Satz jeweils zwei Datensaetze abgespeichert. Mit den beiden Datensaetzen, dem R0-Satz, der Spuradresse und den dazwischenliegenden obligatorischen Blockluecken ist die Kapazitaet einer Spur soweit erschoepft, dass kein weiterer Datensatz in der Spur gespeichert werden kann.
Die Spuren 8 und 9 jedes Zylinders sind fuer den Folgebereich vorgesehen, d.h. sie dienen der Speicherung von spaeter in die Datei einzufuegenden Saetzen. Die Spur 0 jedes Zylinders wird fuer 10-stellige Saetze reserviert, die genau wie die Datensaetze ein jeweils 3 Byte grosses Schluesselfeld aufweisen.
Die R0-Saetze (Spurbeschreibungssaetze) der Spuren 0 aller Zylinder der Datei haben ein 8 Byte grosses Datenfeld. In diesen Datenfeldern der R0-Saetze werden die Steuerinformationen fuer den jeweiligen Zylinderfolgebereich gespeichert. In den ersten Bytes dieser R0-Saetze stehen Adressenangaben mit Zylinder -, Schreib/Lesekopf- und Satznummer, die auf den ersten Satz im Folgebereich des jeweiligen Zylinders verweisen. Im ersten Daten-Zylinder der Musterdatei, das ist der Zylin-

der 2 des Plattenstapels, steht im Datenfeld des R0-Satzes der Spur 0, folglich die Angabe 2 fuer die Zylindernummer, 8 fuer die Spurnummer und 1 fuer die Satznummer, die den Anfang des Folgebereichs in diesem Zylinder bildet. Neben dieser Adressinformation wird im R0-Satz die Anzahl der Bytes, die in der Ueberlaufspur verfuegbar sind, angegeben (im Beispiel ist diese Angabe nicht mit aufgefuehrt).

Die oben erwaehnten 10-stelligen Datensaetze im Spurindexbereich enthalten die Informationen, die zum Aufsuchen eines bestimmten Datensatzes innerhalb des jeweiligen Zylinders notwendig sind. Der erste Satz nach dem Spurbeschreibungssatz R0 in der Spur 0 enthaelt in seinem Schluesselfeld den Schluessel 004, den gleichen Schluessel also, wie auch der letzte Satz in der ersten Spur des Hauptbereichs. Die ersten 5 Bytes des Datenfelds dieses Satzes R1 enthalten einen Verweis auf den ersten in der beschriebenen Spur (in diesem Fall die Spur 1) gespeicherten Datensatz. Hier ist die Zylindernummer = 2, die Spurnummer = 1 und die Satznummer = 1. Die Satznummer muss = 1 sein, weil auf den ersten Datensatz der Spur 0 verwiesen wird und vor dem ersten Datensatz in jeder Spur ein Spurbeschreibungssatz (R0-Satz) steht. Die restlichen 5 Bytes (nicht im Beispiel) des Satzes R1 in der Spur 0 identifizieren diesen Satz als Satz des Spurindex. Der naechste Satz in Spur 0, der Satz R2 ist dem Satz R1 genau gleich.

Der dritte Satz jedoch bezieht sich auf die naechste

Spur des Hauptbereiches desselben Zylinders, in diesem Fall die Spur 2. Sein Schluesselfeld entspricht wiederum dem Schluesselfeld des letzten in der hier erklaerten Spur gespeicherten Satzes, in diesem Fall der Schluesselnummer 008. Die ersten 5 Bytes des Datenteils verweisen wieder auf den ersten in der hier erklaerten Spur geschriebenen Datensatz, in diesem Fall den Satz 1. Der Satz R4 ist ein Duplikat des Satzes R3.

Die naechsten beiden Saetze R5 und R6 beschreiben in der oben dargelegten Art und Weise die Spur 3, die Saetze 7 und 8 die Spur 4 usw.. Die Saetze R13 und R14 beschreiben die letzte Spur des Hauptbereiches in diesem Zylinder. Um das Ende des Spurindex anzuzeigen, hat der folgende Satz R15 in seinem Schluesselfeld auf allen Bitstellen eine '1'.

Beim Erstellen oder Reorganisieren wird die Spur 0 fuer den Spurindex mit lauter 10-stelligen Leersaetzen vorgeladen und reserviert, dann beginnt man die sequentielle Aufzeichnung mit dem Schreiben der ersten beiden Saetze in Spur 1. Zu diesem Zeitpunkt seien fuer die Musterdatei nur die Saetze mit den (zufaellig) geradzahligen-Schluesselnummern von 2 - 54 bekannt. An dieses Einspeichern direkt anschliessend werden - zum Wiederfinden der in dieser Spur gespeicherten Saetze - sofort die Saetze R1 und R2 des Index auf die Spur 0 anstelle der dort vorgeladenen Leersaetze eingetragen. Sie erhalten damit den in Abb. 10 gezeigten Inhalt.

Danach werden die Datensaetze in der Spur 2 aufgezeich-

net. Auch die zu dieser Spur gehoerenden beiden Saetze des Spurindex werden eingetragen. Das Verfahern wird solange fortgesetzt, bis alle Spuren des Hauptbereichs in diesem Zylinder gefuellt sind.
Der zweite Zylinder wird mit den folgenden Datensaetzen in der gleichen Weise belegt. Der letzte Satz in diesem Zylinder ist, um das Ende der Datei anzuzeigen, eine End-of-File-Marke.
Da sich eine Datei ueber mehrere Zylinder und ueber mehrere Plattenstapel erstrecken kann, muss ein Zylinderindex als ein Verzeichnis des Zylinderinhaltes aufgebaut werden. Dieses Zylinderinhaltsverzeichnis wird auf einem anderen Bereich, getrennt vom Hauptbereich der Datei, auf den Plattenspeicher aufgenommen. Der Zylinderindex entspricht formal einem Spurindex, nur beziehen sich die beiden jeweils zusammengehoerenden Saetze auf den Satz mit dem hoechsten Schluessel innerhalb des jeweils beschriebenen Zylinders und nicht, wie beim Spurindex auf den hoechsten Schluessel innerhalb der erklaerten Spur. Der Zylinderindex ist in seiner Ausdehnung nicht beschraenkt.
Bei umfangreichen Dateien benoetigt man fuer die Eintraege in das Zylinderinhaltsverzeichnis mehrere Aufzeichnungsspuren. Um beim Zugriff auf bestimmte Datensaetze nicht alle Spuren des Zylinderindex sukzessive durchsuchen zu muessen, wird fuer das Zylinderinhaltsverzeichnis, also fuer den Zylinderindex, ein eigener Spurindex aufgebaut.

Ein solcher Zylinderindex-Spurindex hat die gleiche Funktion und den gleichen Aufbau wie ein Daten-Spurindex. In seinen Saetzen sind fuer die einzelnen vom Zylinderindex belegten Spuren jeweils die hoechsten in jeder Spur enthaltenen Schluesselfeldinhalte gespeichert, so dass das Durchsuchen des Zylinderindex-Spurindexes genuegt, um auf die gewuenschte Spur des Zylinderindex zugreifen zu koennen.

Bei sehr grossen Dateien kann aber selbst ein ganzer Zylinder nicht die fuer den Zylinderindex notwendige Speicherkapazitaet bereitstellen. Der Zylinderindex muss dann auf einem zweiten, dritten usw. Zylinder fortgesetzt werden.

Fuer jeden vom Zylinderinhaltsverzeichnis belegten Zylinder wird im Hauptindex ein Eintrag vorgenommen. Wenn sich das Zylinderinhaltsverzeichnis ueber mehrere Zylinder erstreckt und der Hauptindex damit mehr als eine Spur belegt, wird ein Hauptindex-Spurindex angelegt. Es ist darueberhinaus auch noch eine Index-Stufe ueber dem Hauptindex moeglich. Dieser Ueber-Hauptindex enthaelt fuer jeden vom Hauptindex voll belegten Zylinder einen Eintrag. Auch er kann, wenn er mehrere Spuren umfasst, mit einem Ueber-Hauptindex-Spurindex versehen werden. Im folgenden wird die Funktion der einzelnen Indexstufen nochmal schematisch dargestellt.

Daten-Spurindex: indiziert einen Datenzylinder, Mit je zwei ungeblockten Saetzen wird der hoechste Schluessel einer Spur und eventuell ein Verweis auf eine Ueberlaufspur angezeigt. Ein Eintrag im Daten-Spurindex, erfolgt mit Ausnahme der letzten Spur, nur fuer volle Spuren.

Zylinderindex: verweist mit jedem Eintrag auf den Spurindex eines Datenzylinders und enthaelt den hoechsten Schluessel dieses Datenzylinders. Ein Eintrag im Zylinderindex erfolgt mit Ausnahme des letzten Datenzylinders nur fuer volle Zylinder.

Zylinderindex-Spurindex: indiziert einen Zylinderindex-Zylinder. Mit je zwei ungeblockten Saetzen wird der hoechste Schluessel einer Spur angezeigt. Ein Eintrag im Zylinderindex-Spurindex erfolgt mit Ausnahme der letzten Spur nur fuer volle Spuren.

Hauptindex: verweist mit jedem Eintrag auf den Spurindex eines Zylinderindex-Zylinders und enthaelt den hoechsten Schluessel dieses Zylinderindex-Zylinders. Ein Eintrag im Hauptindex erfolgt mit Ausnahme des letzten Zylinderindex-Zylinders nur fuer volle Zylinder.

Hauptindex-Spurindex: indiziert einen Hauptindex-Zylinder. Mit je zwei ungeblockten Saetzen wird der hoechste Schluessel einer Spur angezeigt. Ein Eintrag im Hauptindex-Spurindex erfolgt mit Ausnahme der letzten Spur nur fuer volle Spuren.

Ueber-Hauptindex: verweist mit jedem Eintrag auf den Spurindex eines Hauptindex-Zylinders und enthaelt den hoechsten Schluessel dieses Hauptindex-Zylinders. Ein Eintrag im Ueber-Hauptindex erfolgt mit Ausnahme des letzten Hauptindex-Zylinders nur fuer volle Zylinder.

Ueber-Hauptindex-Spurindex: indiziert einen Ueber-Hauptindex-Zylinder. Mit je zwei ungeblockten Saetzen wird der hoechste Schluessel einer Spur angezeigt. Ein Eintrag im Ueber-Hauptindex-Spurindex erfolgt mit Ausnahme der letzten Spur nur fuer volle Spuren.

Waehrend die Spurindices aus ungeblockten Saetzen aufgebaut werden, sind die Saetze des Zylinderindex, Hauptindex und Ueber-Hauptindex geblockt.

Die Musterdatei benoetigt, da sie nur zwei Zylinder als Hauptbereich enthaelt, nur eine Spur fuer den Zylinderindex. In dieser Spur werden neben dem R0-Satz fuenf Saetze abgespeichert. Die Saetze R1 und R2 beschreiben den Inhalt des Zylinders 2 und die Saetze R3 und R4 den Inhalt des Zylinder 3. Der Satz R5 hat auf allen Bitstellen seines Schluessels eine binaere '1'. Dadurch zeigt er wie beim Spurindex das Ende des Inhaltsverzeichnisses - hier des Zylinderinhaltsverzeichnisses - an.

Ein Hauptindex ist in der kleinen Musterdatei nicht noetig. Er waere erst sinnvoll, wenn das Zylinderinhaltsverzeichnis sich ueber mehr als vier Spuren erstreckt. Der Aufbau eines Hauptinhaltsverzeichnisses ist dem eines Zylinderinhaltsverzeichnisses gleich, nur beziehen sich die Inhalte der Schluessel und der Saetze innerhalb des Hauptindex auf die im erklaerten Zylinderindex gespeicherten Adressinformationssaetze.

Die Haupt- und Zylinderinhaltsverzeichnisse belegen, wie oben beschrieben, ihre eigenen Plattenspeicherbereiche. Die Informationen darueber sind in einem Kennsatz des

Formates 2 enthalten, der bei allen logisch fortlaufend organisierten Dateien an den Format 1 Kennsatz angekettet ist (vgl. Abschnitt 2.2.).
Beide Kennsaetze muessen zu der Zeit erstellt werden, zu der die Datei aufgebaut wird. Der Benutzer muss daher schon vor Erstellung der Datei die Anzahl der Spuren angeben, die fuer Ueberlaufsaetze in jedem Zylinder freigehalten werden sollen. Es ist auch moeglich neben der Reservierung von Spuren innerhalb jedes Zylinders fuer Ueberlaufsaetze einen Zylinder-Ueberlaufbereich anzugeben. Auf diesen Zylinder-Ueberlaufbereich werden dann diejenigen Saetze, die nicht mehr in die Ueberlaufbereiche innerhalb der Zylinder passen, von den Dateiverwaltungsroutinen des Betriebssystems abgelegt.
Die einzelnen Saetze werden in der Datei nur ueber ihren Schluessel wiedergefunden. Dazu werden die Inhaltsverzeichnisse von der hoechsten bis zur niedrigsten Stufe mit dem Befehl - 'Durchsuche Schluessel auf gleich oder groesser' - durchlaufen. Jedesmal, wenn die Befehlsanfrage bei einem Indexsatz bejaht wird, kann in der durch den Indexsatz spezifizierten Spur des naechstniedrigen Index weitergesucht werden.
In der Musterdatei beginnt der Suchprozess beispielsweise fuer den Satz mit dem Schluessel 038 mit dem Durchsuchen des Hauptindexes in Zylinder 1 Spur 1. Der Vergleich des Schluesselwertes 038 mit dem Schluessel des Satzes R1 ergibt das Resultat: 'nicht gleich/groesser'. Aber der Vergleich mit dem Schluessel des Satzes R3

bringt das gesuchte Resultat. Der Datenfeldinhalt des Satzes R3 zeigt, nachdem er in die Zentraleinheit eingelesen wurde, den Zylinder 3 an, in dem der Satz mit dem Schluessel 038 stehen sollte. Nach dem Einstellen des Zugriffsarms auf den Zylinder 3 kann der Suchprozess dort in der Spur 0 fortgesetzt werden.

Der erste Vergleich des Schluessels 038 mit dem Schluessel des Satzes R1 ist negativ. Ebenso der Vergleich mit dem Schluessel von R3. Erst der Vergleich mit dem Schluessel von R5, der den Wert 040 hat, zeigt an, dass der gesuchte Satz in der Spur steht, die durch den Datenteil von Satz R5 in der Spurindextabelle spezifiziert wird. Tatsaechlich findet man im Datenteil von R5 den Verweis auf Spur 3, in der der gesuchte Satz auch wirklich gespeichert ist.

Die Plattenspeichereinheit muss jetzt auf den Schreib-/Lesekopf der Spur 3 umschalten und dort solange warten, bis der gewuenschte Satz am Kopf vorbeilaeuft.Da die Indices nur die Spur angezeigt haben, in der der Satz seiner Schluesselnummer nach stehen sollte, ist es noch nicht sicher, dass der Satz auch tatsaechlich vorhanden ist. Wenn er in der betreffenden Spur nicht gefunden wird, dann enthaelt die Datei keinen Satz mit dieser Schluesselnummer. In der Musterdatei tritt dieser Fall ein, wenn anstatt des Satzes mit dem Schluessel 040 z.B. der Satz mit dem Schluessel 039 gesucht wird. Der Suchprozess verlaeuft genau wie oben fuer den Schluessel 040 beschrieben, erst beim Lesen der Datenspur selbst kann festgestellt werden, dass ein Satz mit der Schluesselnummer 039 in der Datei nicht existiert. Die Index-sequentielle Speicherungsform erlaubt auch ein Ergaenzen des Ursprungsbestandes durch Einfuegen und Anhaengen von weiteren Datensaetzen. Auch dies soll mit Hilfe der Musterdatei aus Abb. 10 gezeigt werden.

Zuerst soll ein Satz mit dem Schluessel 007 in die Datei aufgenommen werden. Dazu wird zunaechst versucht, einen Satz mit dem Schluessel 007 zu lesen. Dies geht, wie beschrieben ueber den Haupt-, Zylinder- und Spurindex und fuehrt in die Spur 2 des Zylinders 2. Da dort kein Satz mit dem Schluessel 007 zu finden ist, wird der Satz mit dem naechsthoeheren Schluessel - in diesem Fall der Satz mit der Schluesselnummer 008 - gelesen. An seine Stelle wird der neue Satz mit dem Schluessel 007 geschrieben. Der R0-Satz in der Spur 0 dieses Zylinders enthaelt die Angabe ueber den Beginn des Folgebereichs. Er wird gelesen und somit wird als Anfang des Folgebereichs der Satz R1 der Spur 8 im selben Zylinder gefunden. Er wird zum neuen Speicherplatz fuer den oben herausgenommenen Satz mit der Schluesselnummer 008. Der Inhalt des R0-Satzes in Spur 0 wird erhoeht und verweist jetzt auf den Satz R2 der Spur 8 im Zylinder 2 (vergl. Abb. 11).

Auch das Zaehlerfeld, das die im Folgebereich noch verfuegbare Bytezahl angibt, muss um die Anzahl der abgespeicherten Bytes vermindert werden (nicht in der Abbildung). Fuer die Index-Organisation ist die wichtigste Aenderung die Neuangabe der Schluesselziffern im

Spurindex. Das Schluesselfeld des Index-Satzes R3 in der Spur 0 bekommt den Wert 007, da 007 jetzt der hoechste in Spur 2 vorkommende Schluesselwert ist. Der Schluesselwert von R4 bleibt erhalten, aber das Adressteil des Datenfeldes wird jetzt auf die Adresse des Folgebereichs eingestellt, d.h. auf Zylinder 2, Spur 8, Satz 1. Dadurch wird sichergestellt, dass bei einem Zugriff auf den Satz mit der Schluesselnummer 8 vom Spurindex auf die richtige Adresse verzweigt wird.
Des weiteren soll ein Satz mit der Schluesselnummer 049 in die Datei aufgenommen werden. Wie vorhin wird zuerst versucht, einen Satz mit dieser Schluesselnummer zu finden. Da dies nicht gelingt, wird der Satz mit der naechsthoeheren Schluesselnummer - in diesem Fall 050 - gelesen und der neue Satz mit der Schluesselnummer 049 an seine Stelle geschrieben. Danach wird der naechstfolgende Satz der Datei gelesen, er hat die Schluesselnummer 052. An seine Stelle wird der Satz mit dem Schluessel 050 gespeichert (vergl. Abb. 12). Jetzt ist das Spurende erreicht und der Satz mit dem Schluessel 052, der in der Spur keinen Platz mehr findet, muss nach dem gleichen Verfahren, wie oben, in den Folgebereich transferiert werden. Der R0-Satz in Spur 0 weist die Spur 8 Satz 1 als Anfang des Folgebereichs aus (vergl. Abb. 11). Der Satz mit dem Schluesselwert 052 wird an diese Stelle in den Folgebereich eingetragen. Der R0-Satz des Spurindex wird auf Spur 8, Satz 2 erhoeht und sein Zaehlfeld entsprechend vermindert. Die Schlues-

```
          ZYLINDER 1   ZYLINDERINDEX-ZYLINDER

    |SPUR RO     R1-SATZ       R2-SATZ       R3-SATZ       R4-SATZ       R5-SATZ
SPUR|ADR.     S-ADR. SCHDA.S-ADR. SCHDA.S-ADR. SCHDA.S-ADR. SCHDA.S-ADR. SCHDA.
   0|Z K ZKSNZKSNLDL    ZKNZKSNLDL    ZKNZKSNLDL    ZKNZKSNLDL    ZKNZKSNLDL    ZKN
    |1 0 18 110 131002820110 231002820110 331005430110 431005430110 5310111111

          ZYLINDER 2   DATEN-ZYLINDER
    |SPUR RO     R1-SATZ       R2-SATZ       R3-SATZ       R4-SATZ       R5-SATZ      -R6-SATZ       R7-SATZ
SPUR|ADR.     S-ADR. SCHDA.S-ADR. SCHDA.S-ADR. SCHDA.S-ADR. SCHDA.S-ADR. SCHDA.S-ADR. SCHDA.S-ADR. SCHDA.
   0|Z K ZKSNZKSNLDL    ZKNZKSNLDL    ZKNZKSNLDL    ZKNZKSNLDL    ZKNZKSNLDL    ZKNZKSNLDL    ZKNZKSNLDL    ZKN
    |2 0 28 220 131000421120 231000421120 331000722120 431000828120 531001223120 631001223120 7310016241
    |SPUR RO                 R1-SATZ
SPUR|ADR.     SATZ-ADR.SCH                           DATEN
   1|Z K ZKSNZKSNLDALE
    |2 1 28 121 131000002
    |SPUR RO                 R1-SATZ
SPUR|ADR.     SATZ-ADR.SCH                           DATEN
   2|Z K ZKSNZKSNLDALE
    |2 2 28 122 131000006
    |SPUR RO                 R1-SATZ
SPUR|ADR.     SATZ-ADR.SCH                           DATEN
   3|Z K ZKSNZKSNLDALE
    |2 3 28 123 131000010
    |SPUR RO                 R1-SATZ
SPUR|ADR.     SATZ-ADR.SCH                           DATEN
   4|Z K ZKSNZKSNLDALE
    |2 4 28 124 131000014
    |SPUR RO                 R1-SATZ
SPUR|ADR.     SATZ-ADR.SCH                           DATEN
   5|Z K ZKSNZKSNLDALE
    |2 5 28 125 131000018
    |SPUR RO                 R1-SATZ
SPUR|ADR.     SATZ-ADR.SCH                           DATEN
   6|Z K ZKSNZKSNLDALE
    |2 6 28 126 131000022
    |SPUR RO                 R1-SATZ
SPUR|ADR.     SATZ-ADR.SCH                           DATEN
   7|Z K ZKSNZKSNLDALE
    |2 7 28 127 131000026
    |SPUR RO                 R1-SATZ
SPUR|ADR.     SATZ-ADR.SCH                           DATEN
   8|Z K ZKSNZKSNLDALE
    |2 8 29 128 131000008
    |SPUR RO
SPUR|ADR.
   9|Z K ZKSN
    |2 9
          ZYLINDER 3   DATEN-ZYLINDER
    |SPUR RO     R1-SATZ       R2-SATZ       R3-SATZ       R4-SATZ       R5-SATZ       R6-SATZ       R7-SATZ
SPUR|ADR.     S-ADR. SCHDA.S-ADR. SCHDA.S-ADR. SCHDA.S-ADR. SCHDA.S-ADR. SCHDA.S-ADR. SCHDA.S-ADR. SCHDA.
   0|Z K ZKSNZKSNLDL    ZKNZKSNLDL    ZKNZKSNLDL    ZKNZKSNLDL    ZKNZKSNLDL    ZKNZKSNLDL    ZKNZKSNLDL    ZKN
    |3 0 37 130 131003231130 231003231130 331003632130 431003632130 531004033130 631004033130 7310044341
    |SPUR RO                 R1-SATZ
SPUR|ADR.     SATZ-ADR.SCH                           DATEN
   1|Z K ZKSNZKSNLDALE
    |3 1 38 131 131000030
    |SPUR RO                 R1-SATZ
SPUR|ADR.     SATZ-ADR.SCH                           DATEN
   2|Z K ZKSNZKSNLDALE
    |3 2 38 132 131000034
    |SPUR RO                 R1-SATZ
SPUR|ADR.     SATZ-ADR.SCH                           DATEN
   3|Z K ZKSNZKSNLDALE
    |3 3 38 133 131000038
    |SPUR RO                 R1-SATZ
SPUR|ADR.     SATZ-ADR.SCH                           DATEN
   4|Z K ZKSNZKSNLDALE
    |3 4 38 134 131000042
    |SPUR RO                 R1-SATZ
SPUR|ADR.     SATZ-ADR.SCH                           DATEN
   5|Z K ZKSNZKSNLDALE
    |3 5 38 135 131000046
    |SPUR RO                 R1-SATZ
SPUR|ADR.     SATZ-ADR.SCH                           DATEN
   6|Z K ZKSNZKSNLDALE
    |3 6 38 136 131000050
    |SPUR RO
SPUR|ADR.
   7|Z K ZKSN
    |3 7 38 1
    |SPUR RO
SPUR|ADR.
   8|Z K ZKSN
    |3 8 39 1
    |SPUR RO
SPUR|ADR.
   9|Z K ZKSN
    |3 9
```

Abb. 11

```
   R8-SATZ      R9-SATZ      R10-SATZ     R11-SATZ     R12-SATZ     R13-SATZ     R14-SATZ
S-ADR. SCHDA.S-ADR. SCHDA.S-ADR. SCHDA.S-ADR. SCHDA.S-ADR. SCHDA.S-ADR. SCHDA.S-ADR. SCHDA.
ZKSNLDL   ZKNZKSNLDL   ZKNZKSNLDL   ZKNZKSNLDL   ZKNZKSNLDL   ZKNZKSNLDL   ZKNZKSNLDL   ZKN
20 831001624120 931002025120103100202512011310024261201231002426120133100282712014310028271
--------------------------------------------------------------------------------------------
                R2-SATZ
SATZ-ADR.SCH                  DATEN
ZKSNLDALE
21 231000004
--------------------------------------------------------------------------------------------
                R2-SATZ
SATZ-ADR.SCH                  DATEN
ZKSNLDALE
22 231000007
--------------------------------------------------------------------------------------------
                R2-SATZ
SATZ-ADR.SCH                  DATEN
ZKSNLDALE
23 231000012
--------------------------------------------------------------------------------------------
                R2-SATZ
SATZ-ADR.SCH                  DATEN
ZKSNLDALE
24 231000016
--------------------------------------------------------------------------------------------
                R2-SATZ
SATZ-ADR.SCH                  DATEN
ZKSNLDALE
25 231000020
--------------------------------------------------------------------------------------------
                R2-SATZ
SATZ-ADR.SCH                  DATEN
ZKSNLDALE
26 231000024
--------------------------------------------------------------------------------------------
                R2-SATZ
SATZ-ADR.SCH                  DATEN
ZKSNLDALE
27 231000028
--------------------------------------------------------------------------------------------

--------------------------------------------------------------------------------------------

--------------------------------------------------------------------------------------------
   R8-SATZ      R9-SATZ      R10-SATZ     R11-SATZ     R12-SATZ     R13-SATZ     R14-SATZ
S-ADR. SCHDA.S-ADR. SCHDA.S-ADR. SCHDA.S-ADR. SCHDA.S-ADR. SCHDA.
ZKSNLDL   ZKNZKSNLDL   ZKNZKSNLDL   ZKNZKSNLDL   ZKNZKSNLDL   ZKN
30 831004434130 9310048351301031004835130113100523613012310052361
--------------------------------------------------------------------------------------------
                R2-SATZ
SATZ-ADR.SCH                  DATEN
ZKSNLDALE
31 231000032
--------------------------------------------------------------------------------------------
                R2-SATZ
SATZ-ADR.SCH                  DATEN
ZKSNLDALE
32 231000036
--------------------------------------------------------------------------------------------
                R2-SATZ
SATZ-ADR.SCH                  DATEN
ZKSNLDALE
33 231000040
--------------------------------------------------------------------------------------------
                R2-SATZ
SATZ-ADR.SCH                  DATEN
ZKSNLDALE
34 231000044
--------------------------------------------------------------------------------------------
                R2-SATZ
SATZ-ADR.SCH                  DATEN
ZKSNLDALE
35 231000048
--------------------------------------------------------------------------------------------
                R2-SATZ
SATZ-ADR.SCH                  DATEN
ZKSNLDALE
36 231000052
```

Abkuerzungen

```
DA.     = Datenfeld
DALE    = Datenfeldlaenge
DL      = Datenfeldlaenge
K       = Kopfnummer
L       = Schluesselfeldlaenge
N       = Folgenummer des Satzes
S-ADR.  = Satz Adresse
SCH     = Schluesselfeld
SN      = Satznummer
Z       = Zylindernummer
```

Abb. 11

selziffer des Spurindex wird fuer den Satz R11 auf 050 herabgesetzt, die Schluesselziffer von R12 bleibt erhalten, aber das Adressteil des Datenfeldes wird auf Zylinder 3, Spur 7, Satz 1, geaendert.
Da es durchaus vorkommt, dass aus einer Spur des Hauptbereichs mehr als ein Satz in den Folgebereich uebertragen werden muss, ist sichergestellt, dass vom ersten im Folgebereich stehenden Satz einer Spur auf die weiteren Saetze derselben Spur verwiesen wird. Dies geschieht durch ein zehn Bytes umfassendes Datenfeld, das jedem im Folgebereich gespeicherten Datensatz vorangestellt ist (nicht im Beispiel). In diesem Feld wird, wie bei der Kettungsmethode, die Adresse des logisch naechstfolgenden Satzes angegeben. Der letzte Satz in der Reihe der zu einer Spur gehoerenden Datensaetze im Folgebereich hat ein vorangestelltes Datenfeld, das mit binaeren Nullen aufgefuellt ist. Der zweite Satz der beiden zu einer bestimmten Spur des Hauptbereichs gehoerenden Saetze im Spurindex hat in seinem Schluesselfeld immer den hoechsten Schluessel aller im Folgebereich abgespeicherten Datensaetze dieser Spur, waehrend er im Adressteil seines Datenfeldes auf den Satz mit dem niedrigsten Schluessel aus dieser Spur verweist.
Das Eliminieren eines Satzes aus der Datei kann nicht durch einfaches Loeschen erfolgen, da sonst eine Luekke zwischen den sonst lueckenlos gespeicherten Saetzen verbliebe. Der Satz, der aus der Datei entfernt werden soll, wird markiert, indem das erste Byte seines Daten-

feldes mit binaeren Einsern aufgefuellt wird. Dieser Satz wird dann vom Betriebssystem nicht mehr zur Verarbeitung in der CPU zur Verfuegung gestellt. Beim Einspeichern von weiteren Saetzen in die Spur, in der schon ein oder mehrere Saetze zur Loeschung markiert sind, wird, wenn die Saetze innerhalb der Spur verschoben werden muessen, wie das beim Eingeben des Satzes mit der Schluesselnummer 049 in der Musterdatei notwendig war, dieser von den zur Loeschung markierten Saetzen belegte Platz von den verschobenen Saetzen ueberschrieben, so dass sich die Uebertragung eines Satzes in den Folgebereich eruebrigt. Auch bei der Datei-Reorganisation entfallen die markierten Datensaetze.

Die Reorganisationen sind aber nicht nur zur restlosen Beseitigung gestrichener Datensaetze, sondern auch zur Aufnahme der voruebergehend in den Ueberlauf-Bereichen gespeicherten Saetze in die Hauptbereiche nach gewissen Zeitabstaenden notwendig.

Wenn Dateien, die in der Index-sequentiellen Speicherrungsform organisiert sind, mit geblockten Saetzen arbeiten sollen, dann muss der Inhalt des Schluesselfeldes im Datenfeld jedes Satzes wiederholt werden. Dieser Schluessel darf nicht im ersten Byte des Datenfeldes beginnen, da dieses Byte beim Eliminieren von Saetzen mit binaeren Einsern aufgefuellt wird.

Im Schluesselfeld jedes Blocks wird der Schluessel des hoechsten im betreffenden Block enthaltenen Satzes angegeben. In das Schluesselfeld des Spurindexsatzes jeder

```
          ZYLINDER 1   ZYLINDERINDEX-ZYLINDER

    SPUR RO     R1-SATZ         R2-SATZ         R3-SATZ         R4-SATZ         R5-SATZ
SPUR ADR.     S-ADR. SCHDA.S-ADR. SCHDA.S-ADR. SCHDA.S-ADR. SCHDA.S-ADR. SCHDA.
   0 Z K ZKSNZKSNLDL     ZKNZKSNLDL    ZKNZKSNLDL    ZKNZKSNLDL    ZKNZKSNLDL    ZKN
     1 0 18 110 131002820110 231002820110 331005430110 431005430110 5310111111

          ZYLINDER 2   DATEN-ZYLINDER
    SPUR RO     R1-SATZ         R2-SATZ         R3-SATZ         R4-SATZ         R5-SATZ         R6-SATZ         R7-SATZ
SPUR ADR.     S-ADR. SCHDA.S-ADR. SCHDA.S-ADR. SCHDA.S-ADR. SCHDA.S-ADR. SCHDA.S-ADR. SCHDA.S-ADR. SCHDA.
   0 Z K ZKSNZKSNLDL     ZKNZKSNLDL    ZKNZKSNLDL    ZKNZKSNLDL    ZKNZKSNLDL    ZKNZKSNLDL    ZKNZKSNLDL    ZKN
     2 0 28 220 131000421120 231000421120 331000722120 431000828120 531001223120 631001223120 7310016241
    SPUR RO                     R1-SATZ
SPUR ADR.     SATZ-ADR.SCH                          DATEN
   1 Z K ZKSNZKSNLDALE
     2 1 28 121 131000002
    SPUR RO                     R1-SATZ
SPUR ADR.     SATZ-ADR.SCH                          DATEN
   2 Z K ZKSNZKSNLDALE
     2 2 28 122 131000006
    SPUR RO                     R1-SATZ
SPUR ADR.     SATZ-ADR.SCH                          DATEN
   3 Z K ZKSNZKSNLDALE
     2 3 28 123 131000010
    SPUR RO                     R1-SATZ
SPUR ADR.     SATZ-ADR.SCH                          DATEN
   4 Z K ZKSNZKSNLDALE
     2 4 28 124 131000014
    SPUR RO                     R1-SATZ
SPUR ADR.     SATZ-ADR.SCH                          DATEN
   5 Z K ZKSNZKSNLDALE
     2 5 28 125 131000018
    SPUR RO                     R1-SATZ
SPUR ADR.     SATZ-ADR.SCH                          DATEN
   6 Z K ZKSNZKSNLDALE
     2 6 28 126 131000022
    SPUR RO                     R1-SATZ
SPUR ADR.     SATZ-ADR.SCH                          DATEN
   7 Z K ZKSNZKSNLDALE
     2 7 28 127 131000026
    SPUR RO                     R1-SATZ
SPUR ADR.     SATZ-ADR.SCH                          DATEN
   8 Z K ZKSNZKSNLDALE
     2 8 29 128 131000008
    SPUR RO
SPUR ADR.
   9 Z K ZKSN
     2 9
          ZYLINDER 3   DATEN-ZYLINDER
    SPUR RO     R1-SATZ         R2-SATZ         R3-SATZ         R4-SATZ         R5-SATZ         R6-SATZ         R7-SATZ
SPUR ADR.     S-ADR. SCHDA.S-ADR. SCHDA.S-ADR. SCHDA.S-ADR. SCHDA.S-ADR. SCHDA.S-ADR. SCHDA.S-ADR. SCHDA.
   0 Z K ZKSNZKSNLDL     ZKNZKSNLDL    ZKNZKSNLDL    ZKNZKSNLDL    ZKNZKSNLDL    ZKNZKSNLDL    ZKNZKSNLDL    ZKN
     3 0 37 230 131003231130 231003231130 331003632130 431003632130 531004033130 631004033130 7310044341
    SPUR RO                     R1-SATZ
SPUR ADR.     SATZ-ADR.SCH                          DATEN
   1 Z K ZKSNZKSNLDALE
     3 1 38 131 131000030
    SPUR RO                     R1-SATZ
SPUR ADR.     SATZ-ADR.SCH                          DATEN
   2 Z K ZKSNZKSNLDALE
     3 2 38 132 131000034
    SPUR RO                     R1-SATZ
SPUR ADR.     SATZ-ADR.SCH                          DATEN
   3 Z K ZKSNZKSNLDALE
     3 3 38 133 131000038
    SPUR RO                     R1-SATZ
SPUR ADR.     SATZ-ADR.SCH                          DATEN
   4 Z K ZKSNZKSNLDALE
     3 4 38 134 131000042
    SPUR RO                     R1-SATZ
SPUR ADR.     SATZ-ADR.SCH                          DATEN
   5 Z K ZKSNZKSNLDALE
     3 5 38 135 131000046
    SPUR RO                     R1-SATZ
SPUR ADR.     SATZ-ADR.SCH                          DATEN
   6 Z K ZKSNZKSNLDALE
     3 6 38 136 131000049
    SPUR RO                     R1-SATZ
SPUR ADR.     SATZ-ADR.SCH                          DATEN
   7 Z K ZKSNZKSNLDALE
     3 7 38 138 131000052
    SPUR RO
SPUR ADR.
   8 Z K ZKSN
     3 8 39 1
    SPUR RO
SPUR ADR.
   9 Z K ZKSN
     3 9
```

Abb. 12

```
   R8-SATZ      R9-SATZ      R10-SATZ     R11-SATZ     R12-SATZ     R13-SATZ     R14-SATZ
S-ADR. SCHDA.S-ADR. SCHDA.S-ADR. SCHDA.S-ADR. SCHDA.S-ADR. SCHDA.S-ADR. SCHDA.S-ADR. SCHDA.
ZKSNLDL   ZKNZKSNLDL   ZKNZKSNLDL   ZKNZKSNLDL   ZKNZKSNLDL   ZKNZKSNLDL   ZKNZKSNLDL   ZKN
20 831001624120 9310020251201031002025120113100242612012310024261201331002827120143100282 71
                  R2-SATZ
SATZ-ADR.SCH                     DATEN
ZKSNLDALE
21 231000004
                  R2-SATZ
SATZ-ADR.SCH                     DATEN
ZKSNLDALE
22 231000007
                  R2-SATZ
SATZ-ADR.SCH                     DATEN
ZKSNLDALE
23 231000012
                  R2-SATZ
SATZ-ADR.SCH                     DATEN
ZKSNLDALE
24 231000016
                  R2-SATZ
SATZ-ADR.SCH                     DATEN
ZKSNLDALE
25 231000020
                  R2-SATZ
SATZ-ADR.SCH                     DATEN
ZKSNLDALE
26 231000024
                  R2-SATZ
SATZ-ADR.SCH                     DATEN
ZKSNLDALE
27 231000028
```

```
   R8-SATZ      R9-SATZ      R10-SATZ     R11-SATZ     R12-SATZ     R13-SATZ     R14-SATZ
S-ADR. SCHDA.S-ADR. SCHDA.S-ADR. SCHDA.S-ADR. SCHDA.S-ADR. SCHDA.
ZKSNLDL   ZKNZKSNLDL   ZKNZKSNLDL   ZKNZKSNLDL   ZKNZKSNLDL   ZKN
30 831004434130 9310048351301031004835130113100503613012310052371
                  R2-SATZ
SATZ-ADR.SCH                     DATEN
ZKSNLDALE
31 231000032
                  R2-SATZ
SATZ-ADR.SCH                     DATEN
ZKSNLDALE
32 231000036
                  R2-SATZ
SATZ-ADR.SCH                     DATEN
ZKSNLDALE
33 231000040
                  R2-SATZ
SATZ-ADR.SCH                     DATEN
ZKSNLDALE
34 231000044
                  R2-SATZ
SATZ-ADR.SCH                     DATEN
ZKSNLDALE
35 231000048
                  R2-SATZ
SATZ-ADR.SCH                     DATEN
ZKSNLDALE
36 231000050
```

Abkuerzungen

```
DA.     = Datenfeld
DALE    = Datenfeldlaenge
DL      = Datenfeldlaenge
K       = Kopfnummer
L       = Schluesselfeldlaenge
N       = Folgenummer des Satzes
S-ADR.  = Satz Adresse
SCH     = Schluesselfeld
SN      = Satznummer
Z       = Zylindernummer
```

Abb. 12

Spur wird, wie bei der ungeblockten Speicherung, der hoechste in der Spur vorkommende Schluessel aufgenommen. Die Verarbeitung der Bloecke weicht nicht prinzipiell von der Verarbeitung ungeblockt gespeicherter Saetze ab. Allerdings ist der Organisationsaufwand bei der Eingabe neuer Saetze bei Blockung ungleich hoeher, da dann nicht nur die Saetze verschoben und in den Folgebereich ueberschrieben werden muessen, sondern auch die Bloecke selbst mit anderen Saetzen gefuellt werden. Auch diese Organisation wird vom Betriebssystem abgewickelt. Es reserviert dazu Pufferbereiche im Hauptspeicher, in die je ein ganzer Block eingelesen werden kann. Erst dort im Puffer kann ein einzelner Satz aus einem Block herausgetrennt oder andere Saetze in den Block eingefuegt werden.
Um die Organisation mit den Kettungsadressen im Folgebereich nicht zu kompliziert werden zu lassen, kann in den Folgebereichen grundsaetzlich nur mit ungeblockten Saetzen gearbeitet werden.

2.3.4. Untergliederte Speicherungsform

Waehrend die drei in den vorstehenden Abschnitten dargestellten Speicherungsformen von den meisten Betriebssystemen der verschiedenen Hersteller unterstuetzt werden, ist die untergliederte Speicherungsform nur bei wenigen Systemen vorgesehen. Natuerlich kann ein Systemprogrammierer auch in ein nicht dafuer vorgesehenes Betriebssystem die Routinen fuer diese Speicherungsform selbst einbauen.

Eine untergliederte Datei setzt sich aus wenigen Gliedern zusammen. Die Adressen dieser Glieder werden aehnlich der Index-sequentiellen Speicherungsform in einem Inhaltsverzeichnis gefuehrt.

In einem Glied koennen Saetze fester oder variabler Laenge, geblockt oder ungeblockt und undefiniert enthalten sein. Auch koennen sie ohne und mit Schluessel aufgezeichnet werden. Aber alle Saetze in den Gliedern einer Datei muessen dieselbe Satzform haben. Die Glieder werden in der Reihenfolge der Eingabe sukzessive gespeichert. Das Inhaltsverzeichnis umfasst soviele Saetze,wie Glieder in der Datei vorgesehen sind. Diese Inhaltsverzeichnisse sind in der alpha-numerischen Folge der Gliednamen sortiert und zu 256-stelligen Bloecken zusammengefasst. Ein Satz des Inhaltsverzeichnisses kann zwischen 12 u. 74 Bytes lang sein. Jedem Block des Inhaltsverzeichnisses ist ein Schluesselfeld mit dem Namen des letzten Glieds im Block vorangestellt. Um auf ein Glied zugreifen zu koennen, muss das Inhaltsverzeichnis nach dem Speicherplatz des gewuenschten Glieds durchsucht werden.

Die untergliederte Speicherungsform wird fuer Programmbibliotheken benutzt, fuer die Datenspeicherung findet sie praktisch keine Anwendung. Daher ist eine eingehendere Behandlung hier nicht angebracht.

3. Der Speicherplatzbedarf der verschiedenen Speicherungsformen

Die Auswahl einer bestimmten Speicherungsform fuer eine Datei aus den vorgestellten Alternativen wird bislang mehr nach anwendungstechnischen als nach kostenmaessigen Gesichtspunkten entschieden. Wenn aus einem Datenbestand in einem Verarbeitungsgang immer der groessere Teil der Saetze gelesen werden soll, dann wird die sequentielle Speicherungsform und als Aufzeichnungstraeger das Magnetband eingesetzt. Sollen jedoch fuer bestimmte Aufgaben nur ein einzelner Satz oder eine kleine Gruppe von Saetzen gelesen werden, greift man auf die Speicherungsformen mit direkter Zugriffsmoeglichkeit zurueck. Von den Zugriffsverfahren wird dasjenige vorgezogen, welches fuer die betreffende Datei den geringeren Programmierungs- und Organisations-Aufwand verspricht. Auch bei dieser Entscheidung spielen Kostengesichtspunkte bislang kaum eine Rolle.

Fuer eine kostenmaessige Bewertung der verschiedenen Speicherungsformen sind die notwendigen Untersuchungen nicht in genuegenden Umfang betrieben oder zumindest nicht bekannt geworden. Eine solche Untersuchung muss quantitative Aussagen ueber den Speicherplatzbedarf und die Zugriffsgeschwindigkeit bei den einzelnen Speicherungsformen in Abhaengigkeit von der Dateigroesse, der Zugriffshaeufigkeit, der Aenderungsrate, der Satzlaenge usw. liefern.

In diesem Kapitel soll zunaechst der Speicherplatzbedarf, im naechsten Kapitel die Zugriffsgeschwindigkeit bei den alternativen Speicherungsformen auf den verschiedenen Speichereinheiten analysiert werden.

Es werden dabei vorzugsweise Plattenspeicher untersucht. Magnetkartenspeicher sind im Zugriff wesentlich langsamer, bei der sinkenden Preistendenz mit gleichzeitig einhergehender Kapazitaetserhoehung bei Plattenspeichern werden Kartenspeicher in Zukunft keine groessere Bedeutung erlangen, zumal sie nur an bestimmte Rechenanlagen angeschlossen werden koennen.

Trommelspeicher uebertreffen die Zugriffsgeschwindigkeit der Plattenspeicher, da sie aber auch wesentlich teurer sind, werden sie fuer die Residenz von Dateien praktisch nicht eingesetzt. Sie dienen nur bei Grossrechenanlagen - besonders im Time-Sharing-Betrieb - dem Auslagern von Programmteilen, wobei meist gerade die Spurkapazitaet ausgenutzt wird und jeweils entsprechend grosse Teile des Hauptspeichers auf den Spuren gespeicher werden. Da sich dieses Auslagern bzw. Einlesen bei Time-Sharing- und/oder Multiprogramming-Betrieb sehr haeufig wiederholt, ist hier der Einsatz der teuren Trommeln gerechtfertigt.

3.1. Der Speicherplatzbedarf der sequentiellen Speicherungsform

Die sequentielle Speicherungsform ist organisationsmaessig die einfachste und hat, wie noch gezeigt wird, den geringsten Speicherplatzbedarf von allen Speicherungsformen. Sie wird vorzugsweise bei Bandspeicherung eingesetzt. Da aber anhand dieser einfachen Speicherungsform die prinzipiellen Unterschiede zwischen Magnetband- und Direktzugriffspeicherung gut dargestellt werden koennen und in Einzelfaellen die sequentielle Speicherungsform auch auf Direkt-Zugriff-Speichern Anwenung findet, werden hier beide Moeglichkeiten untersucht.

3.1.1. Der Speicherplatzbedarf bei sequentieller Speicherungsform

Wie im Kapitel 2. erlaeutert wurde, hat eine Magnetbanddatei nur jeweils an ihrem Anfang und ihrem Ende Kennsaetze, die die Datei beschreiben. Dazwischen stehen die Datensaetze geblockt oder ungeblockt hintereinander. Zwischen den einzelnen physikalischen Datensaetzen (= ungeblockt: ein logischer Datensatz, oder geblockt: mehrere logische Saetze) sind immer gleich grosse Abschnitte, die nicht zur Aufzeichnung genutzt werden. Bei den meisten Magnetbandeinheiten sind diese Kluefte jeweils

1,54 cm lang.

Da der Speicherplatzbedarf fuer die Aufzeichnung der Kennsaetze bei einer Magnetbanddatei vernachlaessigbar klein bleibt, werden fuer die Speicherung jedes physikalischen Datensatzes genau so viele Bytes verbraucht, wie er zum Inhalt hat, plus der Bytezahl, die der Blockluecke von 1,54 cm entspricht. Da es Magnetbandeinheiten mit Aufzeichnungsdichten von 315 Bytes/cm bzw. 630 Bytes/cm gibt, entspricht die Blockluecke trotz gleicher Laenge einer unterschiedlichen Anzahl von Bytes des Speicherplatzes.

Bei einer Aufzeichnungsdichte von 315 Bytes/cm entspricht die Kluft einer Anzahl von ca. 485 Bytes, bei einer Dichte von 630 Bytes/cm einer Anzahl von ca. 970 Bytes.

Der Speicherplatzbedarf in Bytes (SPB) errechnet sich dann wie folgt:

fuer Magnetbandeinheiten mit einer Aufzeichnungsdichte von 315 Bytes/cm

$$SPB_1 = DSB + 485 \text{Bytes} \quad (1)$$

fuer Magnetbandeinheiten mit einer Aufzeichnungsdichte von 630 Bytes/cm

$$SPB_2 = DSB + 970 \text{Bytes} \quad (2)$$

wobei: SPB = Speicherplatzbedarf in Bytes

DSB = Datensatzlaenge in Bytes (des physikalischen Datensatzes).

Es ist folglich unter dem Gesichtspunkt der Ausnutzung des Datentraegers guenstig, moeglichst viele logische

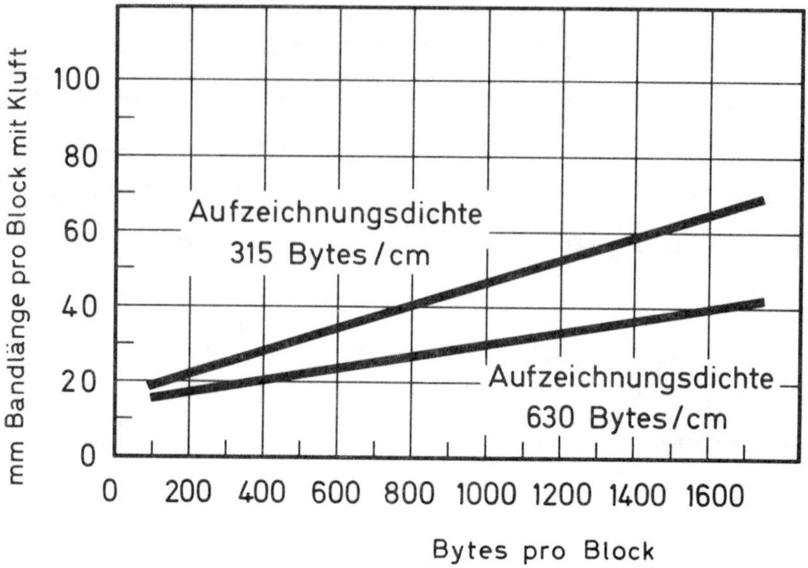

Abb. 13

Saetze zu grossen Bloecken zusammenzufassen, da dann das Verhaeltnis von benoetigtem Datentraeger zu fuer die eigentliche Speicherung genutztem Datentraeger guenstiger wird (vergl. Abb. 13). Beschraenkungen sind nur durch die minimale Blocklaenge von 18 Bytes und die im Hauptspeicher maximal moegliche Puffergroesse gegeben.

3.1.2. Der Speicherplatzbedarf bei sequentieller Speicherungsform auf Direkt-Zugriff-Speichern

Im Gegensatz zum Magnetband sind die Aufzeichnungstraeger wie Platte, Trommel oder Streifen bei Direkt-Zugriff-Speichern nicht kontinuierlich vom Anfang bis zum Ende durchgehend, sondern in einzelne Spuren fester laenge aufgeteilt. Daraus ergeben sich Verschnittprobleme, denn ein Datensatz oder eine Gruppe von Saetzen passen hoechstens zufaellig genau in die vorgegebene Spurlaenge. Normalerweise muss am Spurende ein Rest, der kuerzer ist als ein Datensatz, ungenutzt bleiben. Durch Einbau einer Spurueberlaufeinrichtung in den Direkt-Zugriff-Speicher kann ein Satz in der naechstfolgenden Spur fortgesetzt werden, wenn dabei keine Zylindergrenze ueberschritten wird.

Die Informationsspeicherung erfolgt in den Spuren seriell, d.h. die einzelnen Bit-Informationen stehen hintereinander. Die Aufzeichnung eines Paritaetsbits hinter jeder ein Zeichen darstellenden Bitkombination wuerde zuviel Speicherplatz belegen[1]. Daher werden die Paritaetsbits hinter den einzelnen Bytes von der Steuereinheit unterdrueckt. Stattdessen berechnet sie zwei Pruefbytes fuer jede Aufzeichnung, die durch Blockluecken von anderen Aufzeichnungen getrennt ist, d.h. fuer Adressmarke, Kennzeichnungsfeld, Schluesselfeld und Datenfeld. Diese zwei Pruefbytes werden an die genannten Felder angehaengt und mit aufgezeichnet.

Beim Lesevorgang wird mit ihrer Hilfe auf Richtigkeit geprueft.

Ein weiterer wesentlicher Unterschied zwischen der

---

1) Jede Spur eines handelsueblichen Plattenstapels mit 203 Zylindern zu je 10 Spuren fuer einen Wechselplattenspeicher kann ca. 29 280 Einzelbits aufnehmen. Wenn byteweise mit Paritaetsbit gespeichert wuerde, ergaeben sich pro Spur nur 3258 Speicherstellen, ohne Paritaetsbit umfasst jede Spur 3660.

Speicherung mit Direkt-Zugriff-Einheiten und mit Magnetbandeinheiten liegt darin, dass die Blockluecken bei den Direkt-Zugriff-Einheiten keine feste Laenge haben. Die Ausdehnung dieser Kluefte ist abhaengig von der Laenge der zu speichernden Datensaetze.

Der Speicherplatzbedarf, der vom Betriebssystem fuer die Dateiverwaltung benoetigt wird, kann hier nicht, wie beim Magnetband vernachlaessigt werden. Denn in jeder Spur muss eine Spuradresse und ein Spurbeschreibungssatz aufgezeichnet sein. Ausserdem wird jedem Datensatz eine Adressmarke vorangestellt.

Fuer eine handelsuebliche Plattenspeichereinheit mit Stapeln von 203 Zylindern zu je 10 Spuren gibt die Gleichung (3) die fuer einen Datensatz und seine Blockluecke benoetigte Bytezahl an. Es wird '<x>' definiert durch

$$\langle x \rangle = a : a \in N,\ x - 1 < a \leq x$$

$$PBSK = \left\langle 537 * \frac{DSB}{512} \right\rangle + 61 \qquad (3)$$

wobei: PBSK = Platzbedarf in Bytes bei sequentieller Speicherungsform auf 6er Plattenstapeln

DSB = Datensatzlaenge in Bytes (des physikalischen Datensatzes)

Da nach dem letzten Satz jeder Spur bis zum Index-Punkt derselben Spur keine Blockluecke zwischengeschoben sein muss, gilt fuer PBLS = Platzbedarf des letzten Blocks einer Spur in Bytes bei sequentieller Speicherungsform:

$$PBLS = DSB \qquad (4)$$

Die Gesamtspurkapazitaet ist 3660 Bytes. Auf jeder Spur

muss eine Spuradresse und ein Spurbeschreibungssatz mit den erforderlichen Pruefbytes und den Klueften aufgezeichnet sein. Der Platz fuer eine Adressmarke mit Kluft fuer den letzten Datensatz wird auch von der Bruttokapazitaet abgezogen. Es verbleibt eine Spurkapazitaet fuer die Datenaufzeichnung von 3625 Bytes. Daraus ergibt sich die Gleichung (5) fuer ABSK = Anzahl der Bloecke pro Spur bei sequentieller Speicherungsform auf 6er Plattenstapeln:

$$ABSK = \left\langle \frac{3625\,Bytes - PBLS}{\left\langle 537 * \frac{DSB}{512} \right\rangle + 61} \right\rangle + 1 \qquad (5)$$

Fuer einen spaeteren Kostenvergleich soll auch hier, wie beim Magnetband, eine Gleichung den Speicherplatzbedarf in Bytes (SPB) insgesamt, d.h. mit anteiliger Einrechnung des R0-Satzes, der Spuranfangsmarke usw. darstellen.

$$SPB_3 = \frac{3660\,Bytes}{ABSK} \qquad (6)$$

Andere haeufig benutzte Plattenspeicher haben Stapel mit 11 Platten und somit 20 beschreibbaren Oberflaechen. Die Platten haben den gleichen Durchmesser, wie die des oben beschriebenen 6er Stapels, aber die Aufzeichnungsdichte ist hoeher, so dass eine Spur hier insgesamt 7403 Bytes aufnehmen kann. Fuer die Datenaufzeichnung bleiben davon 7294 Bytes. Da durch die hoehere Aufzeichnungsdichte auch andere Blockluecken entstehen, muss der Platzbedarf neu formuliert werden. Gleichung (7) gibt die fuer einen Datensatz und seine Blockluecke benoetigte Bytezahl (PESG) auf 11er Plattenstapeln an. Es wird '[x]' definiert durch $[x] = a : a \in N, x \leq a < x + 1$

$$PESG = 101 + [1{,}0435 * DSB] \tag{7}$$

Fuer den letzten Satz jeder Spur gilt Gleichung (4), da hier keine Blockluecke eingerechnet werden muss.

Die Anzahl der Bloecke pro Spur errechnet sich aus:

$$AESG = \left\langle \frac{7294 - PBLS}{101 + [1{,}0435 * DSB]} \right\rangle + 1 \tag{8}$$

Fuer den Speicherplatzbedarf in Bytes insgesamt gilt dann:

$$SPB_4 = \frac{7403 \text{Bytes}}{AESG} \tag{9}$$

Der Magnetkartenspeicher ist ein Direkt-Zugriff-Speicher, bei dem immer nur ein Datenblock auf eine Spur geschrieben werden kann. Jede Spur hat fuer diesen Datenblock (R1-Satz) eine Kapazitaet von 2048 Bytes. Es ist auch moeglich, das Datenfeld des R0-Satzes fuer die Speicherung der Daten zu benutzen. Dann wird auf jede Spur nur ein einziger Block aufgezeichnet (R0-Satz). In diesem Block stehen fuer die Datenspeicherung 2206 Bytes zur Verfuegung.

Trommelspeicher werden trotz ihrer voellig anderen Konstruktion in der Speicherkonzeption wie Plattenspeicher behandelt. Sie haben nur einen Zylinder mit mehreren hundert Spuren. Das Verhaeltnis von Brutto- zu Netto-

Speicherkapazitaet einer Spur entspricht dem bei Plattenspeichern.

3.2. Der Speicherplatzbedarf der gestreuten Speicherungsform

Die gestreute Speicherungsform kann nur auf Direkt-Zugriff-Speichern Anwendung finden. Das Magnetband scheidet somit aus dem weiteren Vergleich aus. Aber auch unter den Direkt-Zugriff-Speichern sollte diese Speicherungsform auf Platten- und Trommel-Speicher beschraenkt bleiben, da die Kartenspeicher pro Spur nur einen Datenblock aufzeichnen koennen und die Zugriffsgeschwindigkeit niedrig ist, waehrend doch die gestreute Speicherungsform, wenn ein Algorithmus fuer die Adressenberechnung gefunden ist, einen direkten, schnellen Zugriff erlaubt, ein Vorteil, der beim Magnetkartenspeicher nicht zur Wirkung kommen kann.

Der Speicherplatzbedarf fuer Datensaetze in der gestreuten Speicherungsform auf Plattenspeichern ist etwas groesser als der bei sequentieller Organisation. Ausserdem kann jeder Datensatz mit einem Schluesselfeld versehen sein, das durch eine Kluft getrennt vom Datensatz aufgezeichnet wird.

Beim 6er Plattenstapel gilt fuer den Platzbedarf in Bytes (PBGK) bei gestreuter Speicherungsform eines

Datensatzes mit seiner Blockluecke:

$$PBGK = \left\langle 536 * \frac{SCHLL + DSB}{512} \right\rangle + 81 \qquad (10)$$

wobei: SCHLL = Schluesselfeldlaenge in Bytes.

Fuer den Platzbedarf des letzten Satzes jeder Spur (PBLGK) gilt bei gestreuter Speicherungsform:

$$PBLGK = SCHLL + DSB + 20 \qquad (11)$$

Auf jeder Spur muss genau wie bei der sequentiellen Speicherungsform eine Spuradresse und ein Spurbeschreibungssatz aufgezeichnet sein. Aus der verbleibenden Spurkapazitaet von 3625 Bytes ergibt sich fuer ABGK = Anzahl der Bloecke pro Spur bei gestreuter Speicherungsform:

$$ABGK = \left\langle \frac{3625 Bytes - PBLGK}{\left\langle 537 * \frac{SCHLL + DSB}{512} \right\rangle + 81} \right\rangle + 1 \qquad (12)$$

Der Speicherplatzbedarf in Bytes (SPB) insgesamt errechnet sich hier aus:

$$SPB_s = \frac{3660 Bytes}{ABGK} \qquad (13)$$

Bei Platteneinheiten mit 11-Platten-Stapeln ist die Platzbedarfsberechnung analog. Fuer den Platzbedarf in Bytes (PBGG) fuer einen Datensatz mit seiner Blockluecke gilt:

$$PBGG = 146 + [1,0435 * (SCHLL + DSB)] \qquad (14)$$

Fuer den letzten Satz jeder Spur gilt:

$$PBLGG = SCHLL + DSB + 45 \qquad (15)$$

Die Anzahl der Bloecke pro Spur (ABGG) ergibt sich bei 7294 Bytes fuer die Datenaufzeichnung aus:

$$ABGG = \left\langle \frac{7294 - PBLGG}{146 + [1,0435 * (SCHLL + DSB)]} \right\rangle + 1 \qquad (16)$$

damit errechnet sich der Speicherplatzbedarf in Bytes (SPB) insgesamt aus:

$$SPB_6 = \frac{7403 Bytes}{ABGG} \qquad (17)$$

Die gestreute Speicherungsform kann auch Datensaetze ohne Schluesselfeld verarbeiten. Der Schluesselbegriff ist dann ein Teil des Datenfelds. Bei dieser Verfahrensweise entspricht der Speicherplatzbedarf pro Datensatz dem von sequentiell organisierten Dateien, allerdings muss der Schluesselbegriff innerhalb des Datensatzes auftreten. Die Zentraleinheit wird aber in diesem Fall mit der Zugriffsorganisation mehr belastet, da erst nach dem Lesen eines Satzes festgestellt werden kann, ob es der gewuenschte war.

In diesem Abschnitt wurde nur der gesamte Speicherplatzbedarf fuer einen Datensatz in Abhaengigkeit von seinem Byteumfang errechnet. Daraus kann aber noch nicht der Speicherplatzbedarf einer Datei abgeleitet werden, denn der Platzbedarf fuer eine Datei ist nicht gleich der Summe aller von ihren Datensaetzen belegten Speicherplaetzen, sondern er ist groesser. Dies wird in Kapitel 5. naeher untersucht.

3.3. Der Speicherplatzbedarf der Index-sequentiellen Speicherungsform

Fuer umfangreiche Dateien, auf deren Saetze ein direkter Zugriff gewuenscht ist, hat die Index-sequentielle Speicherungsform die groesste Bedeutung. Dies gilt fuer Dateien auf Platten- und auf Magnetkartenspeichern.
Wie in Abschnitt 2.3.3. beschrieben, muessen hier neben der eigentlichen Datei mehrere Index-Bereiche aufgebaut werden. Der Umfang des von den Index-Bereichen belegten Speicherplatzes ist von der Anzahl der Datensaetze der Datei abhaengig und muss den Saetzen bei der Platzbedarfsermittlung zugeschlagen werden.
Der von einem Datensatz mit seinem Schluesselfeld selbst belegte Speicherbereich hat die gleiche Ausdehnung, wie in gestreuter Organisationsform mit Schluesselfeld gespeicherte Datensaetze. Insoweit gelten auch hier die Gleichungen (10) bis (17).
Fuer jede Spur der Index-sequentiell organisierten Datei muessen in das Spureninhaltsverzeichnis zwei Eintraege aufgezeichnet werden, d.h. zwei Saetze mit je einem Zehn-Byte-Datenfeld und je einem Schluesselfeld in der Groesse des Schluesselfelds der Datensaetze im Hauptbereich.
Zur Berechnung der pro Datensatz insgesamt auf dem Speicher belegten Bytes wird zunaechst der pro Spur im Spuren- und Zylinder-Inhaltsverzeichnis benoetigte Platz

errechnet und dann auf die Anzahl der Saetze in einer Spur verteilt. Waehrend die Gleichungen zur Berechnung des Speicherplatzbedarfs pro Datensatz bei sequentieller und gestreuter Speicherungsform sowohl fuer feste als auch variable Satzlaengen gelten, stimmen die Berechnungen bei der Index-sequentiellen Speicherungsform wegen der Verteilung des Spur- und Zylinder-Indexplatzes genau nur bei festen Satzlaengen.
Wenn man aber bei der Berechnung fuer variable Satzlaengen als DSB (Datensatzlaenge in Bytes) den Durchschnitt aller Saetze der Datei annimmt, bekommt man immer eine Loesung, die der gesuchten entweder gleich ist oder doch sehr nahe kommt.
Der Spurindexeintrag fuer eine Spur besteht aus zwei Datensaetzen fester Laenge zu je 10 Bytes und zwei Schluesseln in der Laenge der Schluesselfelder der Datei. Das Spureninhaltsverzeichnis benoetigt aber nicht unbedingt eine ganze Spur. So koennen, wenn die Schluesselfeldlaenge klein ist, in der Spur auch noch Datensaetze des Hauptbereichs gespeichert werden. Ein Spurindexeintrag, d.h. das Verzeichnis ueber die Datensaetze einer Spur, bestehend aus zwei Saetzen mit Schluesselfeldern, hat in diesem Fall auf einem 6er Plattenstapel einen Platzbedarf (PBGKSI) von:

$$PBGKSI = 2 * (<537 * \frac{SCHLL + 10}{512}> + 81) \qquad (18)$$

Wenn die Spur 0 ganz fuer den Spurindex frei ist, dann errechnet sich der vom Spurindex fuer eine Spur benoetigte Platz bei 6er Plattenstapeln (SPBSIK) aus:

$$SPBSIK = 2 * \frac{3660Bytes}{\left\langle \frac{3625Bytes - SCHLL - 30}{\left\langle 537 * \frac{SCHLL + 10}{512} \right\rangle + 81} \right\rangle + 1} \qquad (19)$$

Ein Zylinder umfasst 10 Spuren. Wenn kein Folgebereich (vergl. 2.3.3.) im Zylinder reserviert wurde und der Index die Spur 0 ganz belegt, hat der Spurindex maximal 9 Eintraege zu je zwei Saetzen = 18 Saetze, den R0-Satz und den EOF-Satz. Aus der Gleichung (19) laesst sich die maximale Schluesselfeldlaenge errechnen, die es gerade noch gestattet, den Spurindex auf Spur 0 zu speichern. Man erhaelt dabei eine Schluesselfeldlaenge von 97 Bytes, die in praktisch allen Faellen ausreichend sein muesste.

Der vom Zylinderindexeintrag benoetigte Speicherplatz (SPBZIK) ist so gross wie der eines Spurindexeintrags. Er kann aber geblockt gespeichert werden. Sein Platzbedarf verteilt sich auf alle Datensaetze eines Zylinders. Auf eine vom Zylinderindex nicht voll beanspruchte Spur koennen keine Saetze eines anderen Bereichs geschrieben werden. Zur Berechnung des Speicherplatzbedarfs eines Satzes insgesamt folgt daraus fuer den Datensatz und sein Schluesselfeld wie oben die Gleichung:

$$SPB_s = \frac{3660Bytes}{ABGK} \qquad (13)$$

fuer den der Datenspur zuzurechnenden Anteil am Spurindex (PBGKSI) gilt die Gleichung:

$$PBGKSI = 2 * \left(\left\langle 537 * \frac{SCHLL + 10}{512} \right\rangle + 81 \right) \qquad (18)$$

fuer die Anzahl der in der Spurindex-Spur zusaetzlich abgespeicherten Datensaetze (ABSIK):

$$ABSIK = \left\langle \frac{3625 - PBLGK - 10{,}5 * PBGKSI}{\left\langle 537 * \frac{SCHLL + DSB}{512} \right\rangle + 81} \right\rangle + 1 \qquad (20)$$

fuer die Anzahl der in den Spuren 1-9 des Zylinders gespeicherten Datensaetze (ADSIZK):

$$ADSIZK = 9 * ABGK \qquad (21)$$

fuer den in der Spurindex-Spur verbleibenden Rest (RSISK):

$$RSISK = 3660 - 10{,}5 * PBGKSI - (ABSIK - 10) * PBGK - PBLGK + (PBGK - PBLGK) * \left(1 - \left[\frac{ABSIK}{1000}\right]\right) \qquad (22)$$

fuer die Anzahl der in einer Spur des Zylinderindex-Zylinders abzuspeichernden Indexsaetze (ABZIK):

$$ABZIK = \frac{3625 - SCHLL - 20}{SCHLL + 10} \qquad (23)$$

fuer den pro Zylinder als Zylinderindexeintrag benoetigten Speicherplatz (SPBZIK):

$$SPBZIK = 2 * \frac{3660}{ABZIK} \qquad (24)$$

Bei einer angenommenen mittleren Schluesselfeldlaenge von 20 Bytes sind nach Gleichung (22) 119 Saetze, d.h. 59 Indexeintraege in einer Spur des Zylinderindex moeglich. Fuer einen Eintrag im Hauptindex muss der Zylinder-Index-Zylinder voll sein. Die Spur 0 dieses Zylinders sei fuer den Zylinderindex-Spurindex reserviert. Auf den 9 verbleibenden Spuren koennen somit 531 Indexeintraege gespeichert werden.Das heisst: ein Zylinderindex-Zylinder umfasst die Eintraege fuer 531 Datenzylinder. Diese 531 Datenzylinder haben bei 9 Datenspuren pro Zylinder (Spur 0 bleibt fuer den Daten-Spurindex reserviert) eine Brutto-Speicherkapazitaet von ca. 531 * 3625 * 9 = 17,3 Mio. Bytes. Auf diesen Speicherplatzumfang sind nun die fuer den Hauptindex notwendigen Bytes, ca.

$$2 * \frac{3660}{\frac{3625 - 20 - 20}{20 + 10}} = 60 \text{ Bytes}$$

umzulegen.

Da die 60 Bytes jedoch nur 0,0003°/₀ von 17,3 Mio Bytes sind, kann diese Zurechnung ohne wesentlichen Genauigkeitsverlust unterbleiben. Umso mehr eruebrigt sich eine Zurechnung des Ueber-Hauptindex. Fuer den Speicherplatzbedarf (SPB) bei Index-sequentieller Speicherungsform auf 6er Platten folgt damit:

$$SPB_7 = SPB_5 + \frac{PBGKSI}{ABGK} + \frac{BSISK + SPEZIK}{ABSIK + ADSIZK} \qquad (25)$$

Auch bei der Index-sequentiellen Speicherungsform ergeben sich beim Einsatz der groesseren Plattenstapel mit 11 Platten neue Gleichungen.

Fuer den einer Datenspur zuzurechnenden Anteil am Spurindex (PBGGSI) gilt:

$$PBGGSI = 2 * (146 + [1{,}0435 * (SCHLL + 10)]) \qquad (26)$$

fuer die Anzahl der in der Spurindex-Spur zusaetzlich gespeicherten Datensaetze (ABSIG):

$$ABSIG = \frac{7294 - PBLGG - 10{,}5\ PBGGSI}{146 + [1{,}0435\ (SCHLL + DSB)]} \qquad (27)$$

fuer die Anzahl der in den Spuren 1 – 19 des Zylinders gespeicherten Datensaetze (ADSIZG):

$$ADSIZG = 19 * ABGG \qquad (28)$$

fuer den in der Spurindex-Spur verbleibenden Rest (RSISG):

$$RSISG = 7403-20{,}5*PBGGSI-(ABSIG-1)*PBGG - \qquad (29)$$

$$PBLGG + (PBGG-PBLGG)*(1-[\frac{ABSIG}{1000}])$$

fuer die Anzahl der in einer Spur des Zylinder-Index-Zylinders abzuspeichernden Indexsaetze (ABZIG):

$$ABZIG = \frac{7294 - SCHLL - 45}{SCHLL + 10} \qquad (30)$$

fuer den pro Zylinder als Zylinderindexeintrag benoetigten Speicherplatz (SPBZIG):

$$SPBZIG = 2 * \frac{7403}{ABZIG} \qquad (31)$$

fuer den Speicherplatzbedarf (SPB) bei Index-sequentieller Speicherungsform auf 11er Platten folgt damit:

$$SPB_8 = SPB_6 + \frac{PBGGSI}{ABGG} + \frac{RSISG + SPBZIG}{ABSIG + ADSIZG} \qquad (32)$$

3.4. Vergleich des Speicherplatzbedarfs der verschiedenen Speicherungsformen

Fuer einen Kostenvergleich der unterschiedlichen Speicherplatzbeduerfnisse der drei Speicherungsformen wird in Abb. 14 beispielhaft fuer Datensatzlaengen von 50, 100, 200, 400 Bytes und Schluesselfeldlaengen von 0, 4, 10, und 20 Bytes der einem Datensatz zuzurechnende belegte Speicherplatz fuer die drei Speicherungsformen getrennt angegeben. Die Werte wurden mit den vorstehend angegebenen Gleichungen errechnet. Der errechnete Platzbedarf bezieht sich jeweils auf einen Satz und gegebenenfalls notwendige Adressierungsverweise. Der Speicherplatz fuer Ueberlaufsaetze ist in der Rechnung noch nicht beruecksichtigt.

Speicherplatzbedarf in Bytes insgesamt bei sequentieller Speicherung und einer Datensatzlaenge (exklusive Schluesselfeld) von 50 Bytes und

einer Schluesselfeldlaenge von	0	4	10	20 Bytes
auf				
Magnetband (315 Bytes/cm)	535	539	595	555
Magnetband (630 Bytes/cm)	1020	1024	1030	1040
6er Plattenstapeln	114	118	126	135
11er Plattenstapeln	154	158	164	176

einer Datensatzlaenge (exklusive Schluesselfeld) von 100 Bytes und einer

Schluesselfeldlaenge von	0	4	10	20 Bytes
auf				
Magnetband (315 Bytes/cm)	585	589	595	605
Magnetband (630 Bytes/cm)	1070	1074	1080	1090
6er Plattenstapeln	166	172	183	192
11er Plattenstapeln	211	213	217	231

Abb. 14

einer Datensatzlaenge (exklusive Schluesselfeld) von 200 Bytes und einer

Schluesselfeldlaenge von	0	4	10	20 Bytes
auf				
Magnetband (315 Bytes/cm)	685	689	695	705
Magnetband (630 Bytes/cm)	1170	1174	1180	1190
6er Plattenstapel	281	281	281	305
11er Plattenstapel	321	321	321	336

einer Datensatzlaenge (exklusive Schluesselfeld) von 400 Bytes und einer

Schluesselfeldlaenge von	0	4	10	20 Bytes
auf				
Magnetband (315 Bytes/cm)	885	889	895	905
Magnetband (630 Bytes/cm)	1370	1374	1380	1390
6er Plattenstapel	522	522	522	522
11er Plattenstapel	528	528	528	569

Speicherplatzbedarf in Bytes insgesamt bei gestreuter Speicherung und einer Datensatzlaenge (exklusive Schluesselfeld) von 50 Bytes und

einer Schluesselfeldlaenge von	0	4	10	20 Bytes
auf				
6er Plattenstapeln	114	140	146	159
11er Plattenstapeln	154	205	211	224

einer Datensatzlaenge (exklusive Schluesselfeld) von 100 Bytes und einer

Schluesselfeldlaenge von	0	4	10	20 Bytes
auf				
6er Plattenstapeln	166	192	203	215
11er Plattenstapeln	211	255	264	274

einer Datensatzlaenge (exklusive Schluesselfeld) von 200 Bytes und einer

Schluesselfeldlaenge von	0	4	10	20 Bytes
auf				
6er Plattenstapel	281	305	305	332
11er Plattenstapel	321	370	370	389

einer Datensatzlaenge (exklusive Schluesselfeld) von 400 Bytes und einer

Schluesselfeldlaenge von	0	4	10	20 Bytes
auf				
6er Plattenstapel	522	522	522	522
11er Plattenstapel	528	569	616	616

Abb. 14

Speicherplatzbedarf in Bytes insgesamt bei Index-sequentieller Speicherung und einer Datensatzlaenge (exklusive Schluesselfeld) von 50 Bytes und

einer Schluesselfeldlaenge von	0	4	10	20 Bytes
auf				
6er Plattenstapeln	–	147	154	168
11er Plattenstapeln	–	209	215	229
einer Datensatzlaenge (exklusive Schluesselfeld) von 100 Bytes und einer				
Schluesselfeldlaenge von	0	4	10	20 Bytes
auf				
6er Plattenstapeln	–	203	215	229
11er Plattenstapeln	–	261	270	281
einer Datensatzlaenge (exklusive Schluesselfeld) von 200 Bytes und einer				
Schluesselfeldlaenge von	0	4	10	20 Bytes
auf				
6er Plattenstapel	–	322	322	353
11er Plattenstapel	–	379	379	399
einer Datensatzlaenge (exklusive Schluesselfeld) von 400 Bytes und einer				
Schluesselfeldlaenge von	0	4	10	20 Bytes
auf				
6er Plattenstapel	–	522	552	560
11er Plattenstapel	–	583	633	633

Abb. 14

4. Die Zugriffszeiten bei den verschiedenen Speicherungsformen

Fuer eine vergleichende Kostenanalyse alternativer Speicherungsformen ist die Zugriffszeit auf gewuenschte Informationen von wesentlicher Bedeutung. Die Zeitspanne, die bis zum Wiederfinden eines bestimmten Datensatzes vergeht, bestimmt sowohl die Dauer der Speichergeraete-Benutzung als auch die Wartezeiten bei der Informationsverarbeitung und beeinflusst damit die Gesamtkosten der Informationsverarbeitung unmittelbar.
In diesem Kapitel wird die Zeitspanne analysiert, die durchschnittlich bei den drei alternativen Speicherungsformen notwendig ist, um einen Datensatz aufzufinden. Da nur die prinzipiellen Unterschiede der drei Speicherungsformen untersucht werden sollen, kann die durch unterschiedlich schnelle Zentraleinheiten bedingte Zeitdifferenz ausser Acht gelassen werden. Betrachtet wird daher nur der Zeitraum vom Befehlsauftritt in der Speichersteuerung bis zu dem Moment, in dem das Lesen des gesuchten Satzes beginnt.

4.1. Die Zugriffszeiten der sequentiellen Speicherungsform

Die sequentielle Speicherungsform eignet sich nicht

fuer Dateien, aus denen immer nur einzelne, gestreut verteilte Saetze abgerufen werden sollen. Da die sequentielle Speicherungsform auf Magnetband aber bei weitem die geringsten Datentraegerkosten von allen magnetischen Speicherungsverfahren verursacht, dient sie als untere Kostengrenze und damit als Bezugspunkt fuer einen Kostenvergleich mit anderen Speicherungsformen.

4.1.1. Die Zugriffszeiten der sequentiellen Speicherungsform auf Magnetband

Der durchschnittliche Zeitbedarf fuer das Aufsuchen eines Satzes ist vom Dateiumfang und der Blockgroesse abhaengig. Die Blockgroesse wird in Bytes gemessen. Der Dateiumfang wird durch die Anzahl der enthaltenen Bloecke definiert.

Da die Datei Block fuer Block bis zum gewuenschten Satz durchsucht werden muss, ist die Stellung des Satzes innerhalb der Datei von ausschlaggebender Bedeutung fuer die Suchdauer. Bei der Berechnung des durchschnittlichen Zeitbedarfs zum Aufsuchen eines Satzes kann man davon ausgehen, dass die Datei halb durchsucht werden muss. Dies gilt natuerlich nur unter der einschraenkenden Annahme, dass die Zugriffe auf alle Datensaetze gleich verteilt sind.

Unter diesen Voraussetzungen kann der Zeitbedarf fuer einen Zugriff bei Magnetbandeinheiten mit einer Schreibdichte von 320 Bytes/cm und einer Schreib-/Lese-Geschwindigkeit von 60 KB/s (das entspricht einer Transportgeschwindigkeit von 190 cm/s) berechnet werden. Ein solches Magnetbandgeraet hat in 9-Spur-Ausfuehrung eine Blocklueckenzeit von 8 ms.

Wenn BAD die Blockanzahl der Datei angibt, errechnet sich der durchschnittliche Zeitbedarf fuer einen einzelnen Zugriff (DZSM) in Sekunden aus:

$$DZSM = 0{,}5 * BAD * \left(0{,}008s + \frac{DSB}{60KB/s} \right) \qquad (33)$$

DZSM ist noch unabhaengig davon, ob die Datensaetze ungeordnet - also seriell - oder in einer bestimmten Folge sequentiell aufgezeichnet sind. Bei sequentieller Speicherung wird der Zeitbedarf pro Zugriff jedoch geringer, wenn mehrmals hintereinander ein Satz aufgesucht werden soll. Ausgehend vom letzten gelesenen Satz kann man nun gezielt vorwaerts oder rueckwaerts suchen, je nachdem ob das Ordnungskriterium anzeigt, dass der naechste zu lesende Satz weiter hinten oder vor dem schon gelesenen Satz stehen muss. Der in (33) errechnete Zeitbedarf wird bei dieser Verfahrensweise um die Haelfte verkuerzt, da jetzt durchschnittlich von einem Satz in der Mitte der Datei ausgehend, im Mittel nur ein Viertel der Datei durchsucht werden muss. Allerdings muss bei dieser Organisation jeder neue Satz an die durch sein Ordnungskriterium bestimmte Stelle geschrieben werden, was nur durch eine Reorganisation der gesamten Datei moeglich ist.

Bei Dateien, die ueber lange Zeit gefuehrt werden, ist

es moeglich, die Haeufigkeit des Zugriffs auf die einzelnen Saetze und evtl. auch eine Folge der Zugriffe auf mehrere Saetze hintereinander festzustellen. Eine Dateistruktur nach dem Ordnungsprinzip der Abrufhaeufigkeit der Saetze oder von Folgen der Saetze kann den durchschnittlichen Zeitbedarf fuer einen Zugriff wesentlich vermindern.

4.1.2. Die Zugriffszeiten der sequentiellen Speicherungsform auf Direkt-Zugriff-Speichern

Direkt-Zugriff-Speichereinheiten ermoeglichen den direkten Zugriff auf einzelne Datensaetze nur bei der gestreuten und Index-sequentiellen Speicherungsform. Bei sequentieller Speicherungsform einer Datei koennen die Moeglichkeiten eines Direkt-Zugriff-Speichers folglich nicht genutzt werden. Trotzdem werden solche Speichereinheiten auch mit sequentiell organisierten Dateien belegt, weil sie eine hoehere Datenuebertragungsrate als die meisten Magnetbandeinheiten haben. Die Datenuebertragungsrate allein kann aber, wie gezeigt werden wird, noch nicht als Mass fuer die effektive Informationsuebertragung angesehen werden.
Zunaechst soll auch in diesem Abschnitt der durchschnittliche Zeitbedarf fuer das Auffinden eines Satzes festgestellt werden.
Wie im Abschnitt 4.1.1., so ist auch hier davon auszugehen, dass im Mittel die halbe Datei durchsucht werden

muss, um den gewuenschten Satz zu finden. Die Durchsuchzeitberechnung ist fuer Speicher mit direktem Zugriff wesentlich umstaendlicher als fuer Magnetbandeinheiten, denn die Zeiten fuer Spur- und Zylinderwechsel muessen ebenfalls beruecksichtigt werden.

Die Berechnung wird zweckmaessig folgendermassen vorgenommen: zuerst wird die von der Datei belegte Anzahl von Spuren und Zylindern festgestellt. Durchschnittlich muss hier die Haelfte aller zur Datei gehoerenden Spuren durchsucht werden. Pro Spur dauert das Durchsuchen die Zeit einer Umdrehung (bei 6er Plattenstapeln sind das 25 ms). Fuer jeweils 10 Spuren muss bei 6er Plattenstapeln noch eine Umdrehungszeit fuer die Zylinderumschaltung zugerechnet werden. Daraus ergibt sich der durchschnittliche Zeitbedarf fuer einen einzelnen Zugriff bei kleineren Platten (DZSPK) in Sekunden:

$$DZSPK = 0{,}5*\left(\left[\frac{BAD}{ABSK}\right]*0{,}025s+\left(\left[\frac{\left[\frac{BAD}{ABSK}\right]}{10}\right]-1\right)*0{,}025s \qquad (34)$$

Fuer Plattenspeicher mit 11er Stapeln gilt entsprechend:

$$DZSPG = 0{,}5*\left(\left[\frac{BAD}{ABSG}\right]*0{,}025s+\left(\left[\frac{\left[\frac{BAD}{ABSG}\right]}{10}\right]-1\right)*0{,}025s \qquad (35)$$

Eine Organisation der Datensaetze nach Zugriffshaeufigkeit ist wie beim Magnetband moeglich. Die dadurch erzielbare Zeitersparnis ist im gleichen Verhaeltnis wie beim Band.

Beim Verarbeiten mehrerer Datensaetze hintereinander

kann hier aber keine Geschwindigkeitsverbesserung erzielt werden, da ein Rueckwaertslesen der Datensaetze auf Platteneinheiten nicht moeglich ist.
Auch auf anderen Direkt-Zugriff-Speichern ist eine sequentielle Organisation moeglich, aber oekonomisch nicht interessant, denn bei Trommeln wuerde die teuer erkaufte schnelle Zugriffsmoeglichkeit nicht ausgenutzt und bei Kartenspeichern ist die Schreib/Lese-Geschwindigkeit nur unwesentlich hoeher (70 KB/s) als bei Magnetbandeinheiten.

4.2. Die Zugriffszeiten der gestreuten Speicherungsform

Bei der gestreuten Speicherungsform wird die Adresse des gewuenschten Satzes entweder als Wert aus einer Tabelle entnommen, oder mit Hilfe eines Algorithmus berechnet. Sie ist somit dem Programm, das den Datensatz verarbeiten soll, bekannt.
Die Zeit, die zum Adressenerrechnen oder zur Adressenentnahme aus einer Tabelle notwendig ist, soll hier nicht beruecksichtigt werden, da sie wesentlich von der Rechengeschwindigkeit der Zentraleinheit abhaengt.
Festgestellt werden soll die durch die Bewegung des Zugriffsarms und die Drehzeit des Plattenstapels bedingte Zugriffszeit.

Der Ablauf dieser zwei Bewegungsarten bestimmt gemeinsam die Zugriffszeit. Fuer die aus der Drehung des Stapels resultierenden Zeiten liefern die Hersteller der Platteneinheiten ausreichend genaue Angaben. Fuer die durch die Bewegung des Zugriffsarms bedingten Verzoegerungen werden genaue Werte nicht zur Verfuegung gestellt[1]. Die Analyse dieses Bewegungsablaufs muss hier deshalb vorangestellt werden.

Wie bei der Berechnung der Zugriffszeit in Abschnitt 4.1., so ist auch hier nicht die Feststellung der Zeiten fuer bestimmte Zugriffe, sondern die durchschnittliche Zeit der Zugriffe gefragt. Grundlage fuer die Durchschnittszeit-Analyse sind die von den Herstellern gelieferten Bewegungszeit-Angaben.

Das in Abb. 15 gezeigte Diagramm[2] fuer Plattenspeicher mit 6er und 11er Plattenstapeln gibt den Zeitbedarf fuer das Positionieren des Zugriffarms in Abhaengigkeit von der Anzahl der zu ueberspringenden Zylinder an. Man kann davon ausgehen, dass der durchschnittliche Zugriff, dessen Zeitbedarf festgestellt werden soll, in einer Reihenfolge von Zugriffen liegt, die sich auf dieselbe Datei beziehen und dass zunaechst die Wahrscheinlichkeit, dass auf einen bestimmten Zylinder dieser Datei zugegriffen wird, fuer alle Zylinder

---

1) Vergl. zu diesem Abschnitt . G.Graf [14].

2) Vergl. IBM System 360 Component Descriptions 2841 and Associated DASD Form GA 26-5988-7 Fig. 41. IBM Syst. Development Division, San José, California, Dezember 1969

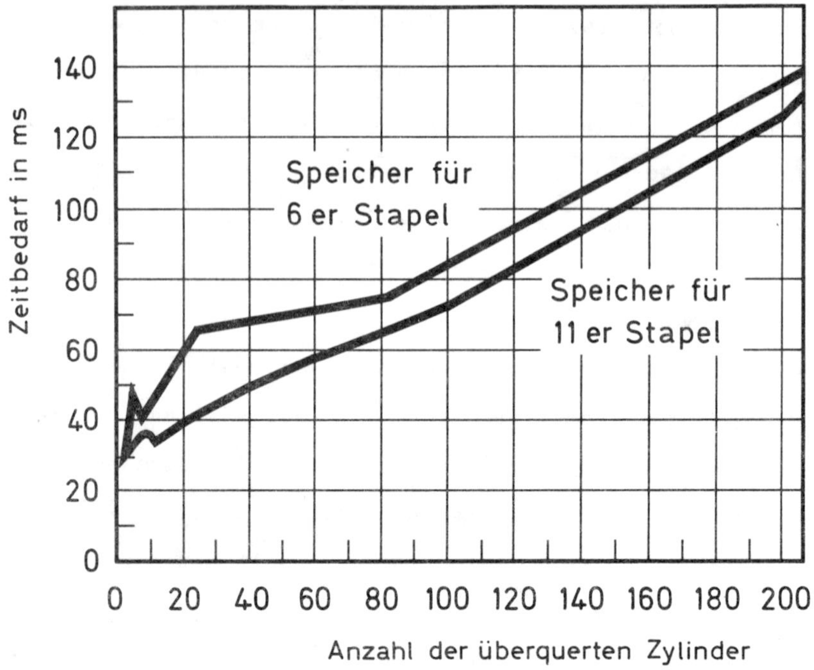

Abb. 15

gleich gross ist[1].

Das 'Suchen' oder die Einstellung des Arms auf den gewuenschten Zylinder und/oder das Umschalten auf den Schreib/Lese-Kopf der gewuenschten Spur wird ueblicherweise als 'Seek' bezeichnet, waehrend das 'Durchsuchen' einer Spur nach einem bestimmten Satz 'Search' genannt wird.

Der Zeitbedarf fuer das Seek ist nach Abb. 15 abhaengig

---

[1]) Diese Annahme war in Abschnitt 4.1. auch stillschweigend impliziert, da die Ruestzeit fuer den Wechsel eines Magnetbandes bzw. Plattenstapels nicht in die Berechnung einbezogen worden ist. Eine Ausgangsbewegung des Zugriffsarms einer Platteneinheit mit mehreren Dateien pro Stapel wurde dort auch nicht beruecksichtigt, da nur die durchschnittliche Zugriffszeit vom Anfang der Datei zu einem gewuenschten Satz gesucht wurde.

von der Zahl der ueberquerten Zylinder. Die im Schnitt zu ueberspringende Zylinderzahl wiederum ist vom Umfang der Datei bestimmt. Je nachdem, auf welchen Zylinder einer Datei der Zugriffsarm eingestellt ist, gibt es jeweils eine bestimmte Zahl moeglicher Sprungweiten innerhalb der Datei. Diese moeglichen Sprungweiten koennen je nach Armstellung ein- oder zweimal auftreten. Das wird deutlich, wenn man sich eine Datei vorstellt, die einen ganzen Plattenstapel umfasst. Steht der Zugriffsarm auf Zylinder 0, so ist die moegliche Anzahl, in der die Sprungweite 1 auftreten kann, genau 1, da sie nur fuer den Sprung von Zylinder 0 auf Zylinder 1 gilt. Die moegliche Anzahl der Sprungweite 2 ist auch genau 1, sie liegt dann und nur dann vor, wenn von Zylinder 0 auf Zylinder 2 positioniert werden soll. Jede Sprungweite tritt hier nur einmal auf. Steht aber der Zugriffsarm in der Ausgangsstellung auf Zylinder 101, kann jede Sprungweite zweimal auftreten. So liegt die Sprungweite 15 bei einer Positionierung von Zylinder 101 auf Zylinder 126 wie auch fuer eine Bewegung auf Zylinder 86 vor.

Abbildung 16 zeigt ein Schema, aus dem die Anzahl der moeglichen Sprungweiten hervorgeht in Abhaengigkeit von der Anzahl i (i=1,..,n) der von der Datei belegten Zylinder und dem Zylinder j (j=1,..,n) aus der Menge der von der Datei belegten Zylinder, auf den der Zugriffsarm eingestellt war.

Die Zeilensumme der Tabelle entspricht immer dem Wert

von n, denn unter Einrechnung des Sprungs auf denselben Zylinder in der ersten Spalte gibt es immer n Zylinder, auf die zugegriffen werden koennte.

AUSGANGS- ZYLINDER	SPRUNGWEITEN (SPWi) 0	1	2	3	4	5	...	n-4	n-3	n-2	n-1	ANZAHL DER VOM ZYLINDER j AUS MOEGLICHEN SPRUENGE
1	1	1	1	1	1	1		1	1	1	1	n
2	1	2	1	1	1	1		1	1	1	0	n
3	1	2	2	1	1	1		1	1	0	0	n
4	1	2	2	2	1	1		1	0	0	0	n
5	1	2	2	2	2	1		0	0	0	0	n
6	1	2	2	2	2	2		0	0	0	0	n
.	.	.	.	.	.	.	....	.	.	.	.	n
.	.	.	.	.	.	.	....	.	.	.	.	n
.	.	.	.	.	.	.	....	.	.	.	.	n
n-4	1	2	2	2	2	1		0	0	0	0	n
n-3	1	2	2	2	1	1		1	0	0	0	n
n-2	1	2	2	1	1	1		1	1	0	0	n
n-1	1	2	1	1	1	1		1	1	1	0	n
n	1	1	1	1	1	1		1	1	1	1	n
SUMME (SPWSi)		1	2	3	4	5	...	i-4	i-3	i-2	i-1	n*n

Abb. 16

Die Spaltensumme, d.h. die Summe (SPWS(i)) ueber die Sprungweiten (SPW(i)) kann auch fuer (i=1,..,n-1) wie folgt errechnet werden:

$$SPWS(i) = 2 * (n - SPW(i)) \qquad (36)$$

Mit dem Zeitbedarf fuer die verschiedenen Sprungweiten (tk(i)) aus Abbildung 15 laesst sich die durchschnittliche Seek-Zeit (SZGK(n)) fuer eine Datei mit n Zylindern bestimmen aus:

$$SZGK(n) = \frac{1}{n^2} * \sum_{i=1}^{n-1} SPWS(i) * TK(i) \qquad (37)$$

Somit kann der Zusammenhang zwischen Dateiumfang und durchschnittlicher Seek-Zeit errechnet werden[1]. Das graphische Bild dieser Beziehung ist in Abbildung 17 wiedergegeben.

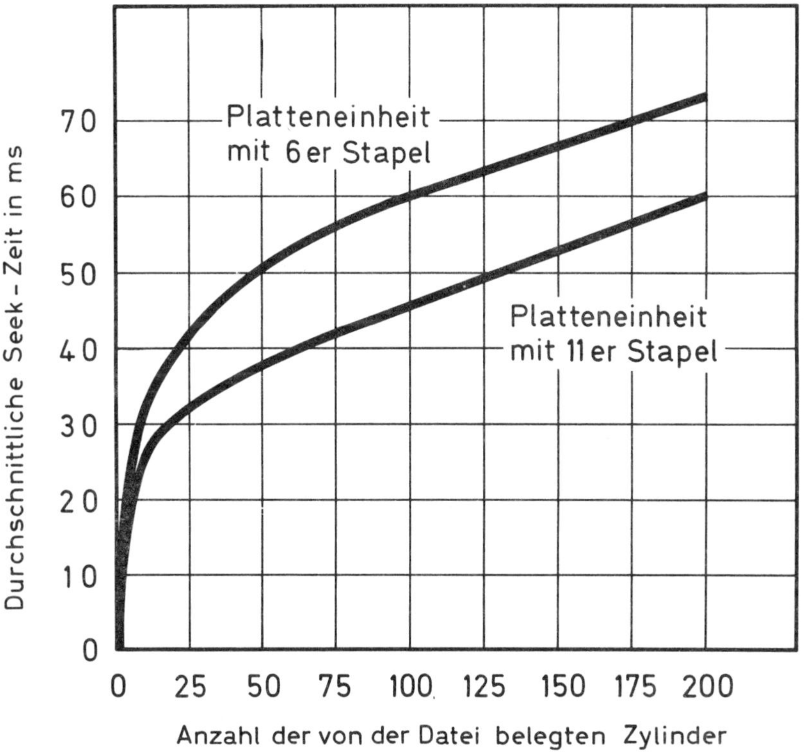

Abb. 17

Die Seek-Zeit ist aber nur ein Teil der Zugriffsdauer auf Dateien der gestreuten Speicherungsform. Der andere Teil - die Search-Zeit - wird benoetigt, um auf einer ausgewaehlten Spur den gewuenschten Satz lesen zu koennen.

---

1) In TEIL II Kap. C.2. sind die numerischen Ergebnisse aus (37) tabellarisch aufgefuehrt.

Wie in Kapitel 2. gezeigt, ist jede Spur so aufgebaut, dass sie sich nicht 'endlos' wie die Umfangslinie eines Kreises fortsetzt, sondern dass die Informatiosspeicherung an einer bestimmten Stelle jeder Spur beginnt und sich dann hoechstens in der Laenge des verbleibenden Kreisumfanges fortsetzen kann. Der oben in 2.2.2. beschriebene Indexpunkt, der hardware-maessig am Plattenstapel angebracht ist, gibt ein Signal an die Steuereinheit und zeigt damit eindeutig den Spurbeginn an. Direkt hinter dem Spuranfang wird durch einen Initialisierungsvorgang, der vor der ersten Benutzung eines Plattenstapels erfolgt, die Spuradresse und der Spurkennblock auf aufzeichnet.
Ein nachfolgendes Beschreiben einer Spur ist immer nur moeglich, wenn zuerst der Indexpunkt abgetastet und die Spuradresse und der Spurkennblock gelesen wurden. Beim Lesen ist es nach der Armpositionierung nicht immer notwendig, auf den Vorbeilauf des Indexpunktes zu warten. Es kann auch in einer Blockluecke die notwendige Synchronsation zwischen Platteneinheit und Grosspeichersteuerung hergestellt werden. Dazu sind die Blockluecken speziell mit Steuerzeichen versehen, die ein Einstellen der Steuerung auf die von der genauen Drehgeschwindigkeit des Plattenstapels abhaengige Bitfolgegeschwindigkeit erlauben. Allerdings kann strikt immer nur vom Anfang eines neuen Blocks ab gelesen werden, waehrend der Block, der im Moment der Positionierung des Arms auf der betreffenden Spur unter dem

Kopf vorbeilaeuft,in keinem Fall abgetastet werden kann. Trotzdem ist es bei ausgedehnten Suchoperationen sinnvoll, eine Befehlsfolge derart aufzubauen, dass zuerst der Spurindex, die Spuradresse und der Spurkennblock gesucht werden, bevor die Spur auf einen bestimmten Block oder Satz abgesucht werden soll, denn es koennte sonst der Fall eintreten, dass ein Block beispielsweise im ersten Spurviertel gar nicht gelesen wuerde, wenn die Positionierung zum Durchlaufzeitpunkt des Endes des ersten Spurviertels stattfindet und am Spurenende zur Weitersuche gleich auf die naechste Spur gesprungen wird. Diese aus dem Plattenspeicherprinzip resultierenden Konditionen haben ganz wesentliche Bedeutung fuer die Berechnung der Zugriffszeiten bei Organisationsformen, die einen wahlweisen Zugriff gestatten.

Bei der gestreuten Speicherungsform sollte folglich nach der Positionierung des Zugriffs-Rechens auf den gewuenschten Zylinder vor jedem weiteren Lese- oder Schreibvorgang der Vorbeilauf des Indexpunktes und der Spuradresse abgewartet werden. Im Mittel muss man dabei unterstellen, dass im Moment der erfolgten Armpositionierung der Index-Punkt eine halbe Umdrehung von der Schreib-/Lesestation entfernt ist. Bis zum Vorbeilauf des Spuranfangs vergehen dann 12,5 ms. Wie Abbildung 18 zeigt, wird ein Teil am Anfang jeder Spur fuer die Speicherorganisation benoetigt. Auch am Ende jeder Spur verbleibt ein Bereich, der fuer die Datenaufzeichnung nicht genutzt wird, weil kein Block mehr darin untergebracht

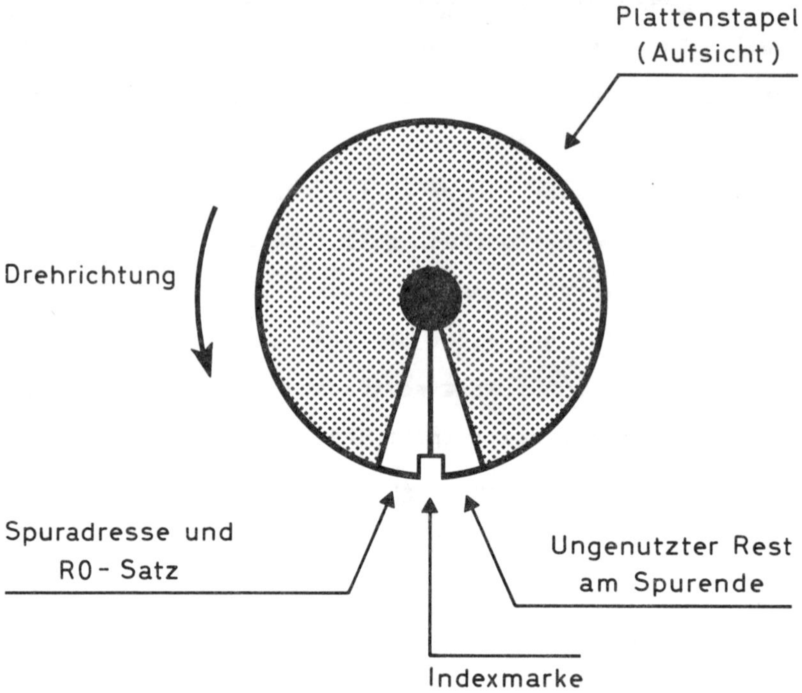

Abb. 18

werden kann. Wenn allerdings in der Speichereinheit eine Spurueberlaufeinrichtung eingebaut ist, ist es moeglich, dass der Rest eines letzten Blocks, der nicht mehr ganz auf seine Spur geschrieben werden kann, im R1-Satz der naechsten Spur aufgezeichnet wird.

Spuradresse und R0-Satz benoetigen nur ca.1°/₀ der Aufzeichnungskapazitaet einer Spur. Wenn keine Spurwechseleinrichtung vorhanden ist, wird man die Blocklaenge in jedem Fall so waehlen, dass am Spurende moeglichst keine grossen Spurbereiche frei bleiben. Mit Spurwechseleinrichtung kann ein Satz zwar in der folgenden Spur fortgesetzt werden, aber auch diese Anwendung beschraenkt sich meist auf einen kleinen Spurenteil im Vergleich zur Gesamtkapazitaet einer Spur. Daraus kann fuer die Zugriffszeitberechnung gefolgert werden, dass sich die Saetze einer Spur praktisch auf die ganze Spurlaenge ausdehnen und damit in jedem Fall nach 25 ms Drehzeit gelesen sind. Da hier aber die durchschnittliche Wartezeit bis zum Lesebeginn eines Satzes gesucht ist, muss von den 25 ms zuerst die Zeit fuer den Durchlauf des letzten Satzes einer Spur abgezogen und der Rest halbiert werden. Die gesamte Search-Zeit (SEAZK) fuer 6er Platten ergibt sich dann aus:

$$SEAZK = 0{,}0125s + \frac{0{,}025s - \frac{PBIGK}{156KB/s}}{2} \qquad (38)$$

und die mittlere Gesamtzugriffszeit der gestreuten Speicherungsform (MGZZK) bei 6er Platten in Sekunden aus:

$$MGZZK = SZGK(n) + SEAZK \qquad (39)$$

Fuer Platteneinheiten mit 11er Stapeln gelten genau die gleichen Ueberlegungen, wie sie fuer die kleineren Einheiten gemacht wurden. Allerdings sind die Armbewegungszeiten dieser Speichereinheiten niedriger. Sie sind ebenfalls in Abbildung 15 dargestellt. Der dort abzulesende Zeitbedarf fuer die verschiedenen Sprungweiten (tg(i)) kann in Gleichung (37) fuer SZGG(n) an die Stelle der Zeiten (tk(i)) eingesetzt werden. Die Drehzahl der Platteneinheit mit 11er Stapel liegt ebenfalls bei 2400 U/min. Die Datenuebertragungsrate ist hier aber wegen der groesseren Aufzeichnungsdichte doppelt so hoch und betraegt 312 KB/s.

Fuer die gesamte Search-Zeit (SEAZG) fuer 11er Platten ergibt sich dann:

$$SEAZG = 0{,}0125 + \frac{0{,}025s - \frac{PBLGG}{312KB/s}}{2} \qquad (40)$$

und fuer die mittlere Gesamtzugriffszeit der gestreuten Speicherungsform (MGZZG) bei 11er Platten in der Sekunde:

$$MGZZG = SZGG(n) + SEAZG \qquad (41)$$

Wie oben beschrieben, ist es aber auch moeglich, unter bestimmten Voraussetzungen nach der Armpositionierung bzw. Kopfumschaltung ab dem naechsten unter dem Schreib-/Lesekopf durchlaufenden Blockanfang zu lesen. Die Seek-Zeit bleibt davon vollkommen unberuehrt, die Search-Zeit wird verkuerzt, denn im Durchschnitt muss dann nur noch eine halbe Stapelumdrehung abgewartet werden bis der Anfang des gesuchten Blocks unter dem Schreib-/Lesekopf durchlaeuft und abgetastet werden kann. Diese halbe Stapelumdrehung beansprucht 12,5 ms, so dass die Gleichung (39) fuer die mittlere Gesamtzugriffszeit der gestreuten Speicherungsform ohne Indexpunkterkennung (MGZZOIK) fuer 6er Platten vereinfacht werden kann zu:

$$MGZZOIK = SZGK(n) + 0{,}0125s \qquad (42)$$

Da Einheiten mit 11er Platten die gleiche Umdrehungszeit benoetigen, vereinfacht sich (41) fuer die mittlere Gesamtzugriffszeit der gestreuten Speicherungsform ohne

Indexpunkterkennung (MGZZCIG) fuer 11er Platten zu:

MGZZCIG = SZGG(n) + 0,0125s (43)

Die Zugriffszeiten bei Magnettrommelspeichern sind dadurch charakterisiert, dass eine Seek-Zeit entfaellt, denn jeder Spur ist ein Schreib-/Lesekopf fest zugeordnet. Die Search-Zeiten sind wie bei den Platten nur von der Umdrehungsgeschwindigkeit abhaengig. Durch die einfachere Konstruktion ohne Datentraegerwechsel liegt die Drehzahl so hoch, dass die mittleren Zugriffszeiten nur ca. 8 ms betragen.

Bei Magnetkartenspeichern ist die Zugriffszeit wesentlich von der Transportzeit der Karten aus dem Magazin in die Schreib-/Lese-Station bestimmt. Die durchschnittliche Zugriffszeit liegt hier bei 508 ms. Dies ist im Vergleich zu Plattenspeichern sehr langsam. Wenn aber zwei Zugriffe auf die gleiche Karte hintereinander erfolgen, entfaellt ein Kartentransport und die mittlere Zugriffszeit fuer den zweiten oder jeden weiteren Zugriff auf dieselbe Karte schrumpft auf nur etwa 30 ms. Charakteristisch ist jedoch fuer Magnetkartenspeicher, dass auf jeder Spur nur ein Datenblock aufgezeichnet werden kann, so dass grundsaetzlich bei Schreib- und auch bei Lese-Befehlen auf den Anfang der Spur und damit den Beginn des Datenblocks gewartet werden muss.

4.3. Die Zugriffszeiten der Index-sequentiellen Speicherungsform

Die Zugriffszeitberechnung bei Index-sequentiell organisierten Dateien baut auf der Berechnungsmethode auf, die fuer gestreut gespeicherte Dateien in 4.2. vorgestellt wurde, ist aber wesentlich komplizierter. Bei Index-sequentiellen Dateien muss der Weg des Zugriffsarms ueber die einzelnen Zylinder fuer den Ueber-Hauptindex, den Hauptindex, den Zylinderindex und den Datenbereich verfolgt und innerhalb der genannten Zylinder der Zeitbedarf fuer das Suchen in den Spurindexlisten und den Spuren festgehalten werden.
Ausserdem ist es bei der Suchmethode, die die Speichersteuerung bei der Index-sequentiellen Speicherungsform zum Auffinden des gewuenschten Blocks einer Spur anwendet, zwingend notwenig, dass nach jedem Seek-Befehl die Spuranfangsmarke mit Spuradresse und Spurkennblock zuerst gelesen wird. Wie in 4.2. erlaeutert, ist jede Kopfumschaltung und Zylinderpositionierung ein Seek, sodass nach dem Auffinden des gesuchten Zylinderindex-Eintrags und der Kopfumschaltung auf die angegebene Spur zuerst die Spuranfangsmarke dieser Spur abgewartet werden muss. Dieses Warten auf den Spuranfang hat fuer die Zugriffsgeschwindigkeit der Index-sequentiellen Speicherungsform eminente Bedeutung und wird im weiteren noch genau untersucht.

Zuerst werden die verschiedenen Seek-Zeiten berechnet. Im einfachsten Fall umfasst die Datei nicht mehr als einen Plattenstapel. Der Zylinderindex residiert auf einem Zylinder vor dem ersten Datenzylinder[1]. Ein Hauptindex ist bei einer so kleinen Datei schon nicht mehr notwendig (vergl. Abschn. 3.3.). Die Zugriffssituation ist folglich die, dass immer von einem Zylinder vor den Datenzylindern auf einen Datenzylinder zugegriffen wird. Die Zugriffswahrscheinlichkeit ist dabei fuer alle Datenzylinder gleich. Die moeglichen Sprungweiten gehen hier von 1,2,..,n+z-1 , wenn n die Anzahl der von der Datei fuer Daten belegten Zylinder und z die Anzahl der vom Zylinderindex belegten Zylinder ist. Damit ergibt sich fuer die durchschnittliche Seek-Zeit (SZIK(n)) fuer eine Datei mit q Zylindern (q = n+z-1) die Beziehung:

$$SZIK(q) = \frac{1}{q} * \sum_{i=1}^{q} tk(i) \qquad (44)$$

Fuer die hier untersuchten umfangreichen Dateien sind aber die Seek-Zeiten bei der Belegung von r (r=2,3,..,n) Platteneinheiten von besonderer Bedeutung. Dabei ist wesentlich, dass fuer jeden Zylinder ein Spureninhaltsverzeichnis aufgebaut werden muss, das in der ersten Spur eben dieses Zylinders gespeichert wird. Die Zylinder-Indices, Hauptindices und Ueber-Hauptindices werden in jeweils einem (oder auch mehreren) nur fuer die jeweilige Index-Art reservierten Zylinder gespeichert. Diese

---

1) Diese Annahme entspricht den praktischen Gepflogenheiten.

Zylinder mit Inhaltsverzeichnissen koennen von den eigentlichen Datenspuren durch eine andere Datei getrennt und auch auf einem anderen Plattenstapel gespeichert sein. Zugriffe mit Hilfe der Indexlisten sind natuerlich nur moeglich, wenn auch der Plattenstapel mit den Indexlisten auf einer Speichereinheit geladen ist.

Die Zugriffsfolge vom Ueber-Hauptindex-Zylinder ueber den Hauptindex-Zylinder zum Zylinderindex-Zylinder und schliesslich zum Datenzylinder ist,soweit die Indices je nach Umfang einer Datei ueberhaupt vorhanden sind, immer dieselbe. Die Summe der Seek-Zeiten, die fuer dieses Aufsuchen der Zylinder anfallen, ist aber von der relativen Lage der Index-Zylinder zu den Datenzylindern abhaengig.

Wenn ein Plattenstapel nur Datenzylinder und keine Index-Zylinder speichert, dann bleibt der Arm nach einem Zugriff auf einen gewuenschten Zylinder auf diesem stehen und wird erst bei einem erneuten Zugriff auf den dann gewuenschten Zylinder bewegt. Im Durchschnitt wird der Zugriffsarm folglich vom Zylinder in der Mitte des Stapels auf einen anderen Zylinder positioniert. Die Seek-Zeit fuer n Daten-Zylinder umfassende Stapel ohne Index-Zylinder bekommt damit den durchschnittlichen Wert (SZGK(n)), der genau dem in Gleichung (37) errechneten SZGK(n) entspricht.

Auch sehr umfangreiche Index-sequentiell organisierte Dateien kommen mit 3 Zylinderindex-Zylindern aus. Wie in Abschnitt 3.3. errechnet, keonnen auf drei Zylinderindex-Zylindern die Indices fuer ca. 1600 Datenzylinder, das entspricht einem Dateiumfang von acht Platteneinheiten, gespeichert werden. Den Hauptindex dazu wuerde man bei so grossen Dateien zweckmaessig im Kernspeicher halten. Fuer die drei Zylinderindex-Zylinder ergibt sich eine mittlere Sprungweite von einem Zylinder, also eine mittlere Seek-Zeit von 25 ms.

Die Seek-Zeiten einer Platteneinheit, die sowohl Zylinderindices als auch (auf den verbleibenden Zylindern) Daten enthaelt, errechnet sich aus einer erweiterten Form der Gleichung (42). Es ergibt sich fuer die mittlere Seek-Zeit vom Zylinderindex-Zylinder in einen Datenzylinder auf einem Plattenstapel (SZEIK(n)), wenn der Zylinderindex drei Zylinder belegt:

$$SZEIK(n) = \frac{1}{n} \sum_{i=1}^{n} tk(i+2) \qquad (45)$$

Fuer die Summe aller Seek-Zeiten einer Datei, die r Plattenspeicher belegt (SZSK(r)) folgt:

$$SZSGK(r) = 0{,}025s + \frac{SZEIK(n) + (r-1) * SZDGK(n)}{r} \qquad (46)$$

Fuer die Summe aller Search-Zeiten muessen bei einer Datei der oben erwaehnten Groesse das Suchen der Indices und des Datensatzes addiert werden.

Bis zum Anfang der Zylinderindex-Spurindex-Spur muss im Mittel eine halbe Umdrehung, d.h. 12,5 ms, gewartet werden. Fuer das Durchsuchen auf den gewuenschten Indexeintrag im Zylinderindex-Spurindex und das Warten auf den Anfang der im Spurindex-Eintrag angegebenen Zylinderindex-Spur wird eine Umdrehung, d.h. 25 ms, benoetigt. Bis in dieser Zylinderindex-Spur der richtige Satz gefunden ist, muss durchschnittlich die halbe Spur durchlaufen werden, was nochmals 12,5 ms in Anspruch nimmt.

Fuer die weitere Suche nach dem Datensatz ueber die Spurindex-Spur und die Datenspur werden nochmals die gleichen Search-Zeiten wie beim Suchen im Zylinderindex-Zylinder benoetigt. Insgesamt faellt damit eine Search-Zeit von 12,5 + 25 + 12,5 + 12,5 + 25 + 12,5 =100 ms an.

Mit Gleichung (46) kann jetzt die mittlere Gesamtzugriffszeit fuer Index-sequentiell organisierte Dateien auf r 6er Plattenstapeln (MGZIK(r)) errechnet werden aus:

$$MGZIK(r) = SZSK(r) + 100ms \qquad (47)$$

Fuer Platteneinheiten mit 11 Platten/Stapel wird fuer die durchschnittliche Seek-Zeit (SZIG(n)) fuer eine Datei mit n Zylindern auf einem Stapel die Gleichung (44) geaendert in:

$$SZIG(q) = \frac{1}{q} * \sum_{r=1}^{q} tq(r) \qquad (48)$$

Die Seek-Zeit fuer n Daten-Zylinder umfassende Stapel ohne Index-Zylinder (SZDGG(n)) entspricht dem Wert von SZGG(n) und errechnet sich somit aus:

$$SZDGG(n) = \frac{1}{n^2} * \sum_{i=1}^{n} SPWS(r) * tg(i) \qquad (49)$$

Die mittlere Seek-Zeit vom Zylinderindex-Zylinder in einen Datenzylinder auf einem 11er Plattenstapel (SZEIG(n)) folgt aus:

$$SZEIG(n) = \frac{1}{n} \sum_{i=1}^{n} tq(i+2) \qquad (50)$$

Die Summe aller Seek-Zeiten einer Datei, die r 11er Plattenspeicher belegt (SZSG(r)) ist:

$$SZSG(r) = 0{,}025s + \frac{SZEIG(n) + (r - 1) * SZGG(n)}{r} \qquad (51)$$

Da die Rotationsgeschwindigkeit bei beiden betrachteten Plattenspeichertypen gleich ist (2400 U/min), entsprechen sich auch die durchschnittlichen Latenzzeiten fuer den Search. Die mittlere Gesamtzugriffszeit fuer Indexsequentiell organisierte Dateien auf r 11er Plattenstapeln (MGZIG(r)) folgt aus:

$$MGZIG(r) = SZSG(r) + 100ms \qquad (52)$$

5. Die Kosten der Informationsspeicherung und des Zugriffs auf bestimmte Datensaetze bei den alternativen Speicherungsformen

Die Kosten fuer die Informationsspeicherung setzen sich aus den Kosten fuer den Informationstraeger selbst, fuer das Aufbringen der Informationen auf den Traeger, fuer die klimatisierte Lagerung des Traegers, fuer die laufende Aktualisierung der Informationen und aus allen mit dem Zugriff auf bestimmte Teilinformationen entstehenden Kosten zusammen.

Hier sollen die Kostenunterschiede der drei gebraeuchlichen Speicherungsformen herausgearbeitet und nicht die Gesamtkosten der Informationsspeicherung und Informationswiedergewinnung kalkuliert werden. Alle Kosten, die unabhaengig von der gewaehlten Speicherungsform und Speichereinheit in der Art von Blockkosten anfallen, haben keinen Einfluss auf die den Speicherungsformen und Speichereinheiten zurechenbaren Kosten und sollen hier nicht untersucht werden. Dazu gehoeren z.B. die Kosten fuer die Klimatisierung der Datentraeger und Speichereinheiten, die praktisch unabhaengig von Traeger und Einheit gleich exakt sein muss und denselben kostenmaessigen Aufwand verursacht.

Fuer die Kostenunterschiede der Speicherungsformen sind einerseits die in Kapitel 3. errechneten unterschiedlichen Speicherplatzbeduerfnisse und andererseits die in

Kapitel 4. untersuchten verschiedenen Zugriffsgeschwindigkeiten wesentlich. Der Speicherplatzbedarf bestimmt, wieviel Bytes des Datentraegers fuer die Informationsspeicherung verbraucht werden. Diesem Zusammenhang ist der Absatz 5.1. gewidmet. Die Zugriffsgeschwindigkeit bestimmt die Zeitdauer, in der die Speichereinheiten, die Kanaele, die Ein-/Ausgabegeraete und evtl. die Uebertragungsleitungen pro Zugriff belastet werden und damit den Anteil der Mietkosten dieser Geraete, der einer Informationsabfrage zugerechnet werden muss. Dies wird in Absatz 5.2. analysiert.

Die Kostenuntersuchung muss sich auf die Preise der Geraete und Datentraeger stuetzen. Da auf diese Preise je nach Abnehmer differenziert zum Teil erhebliche Rabatte eingeraeumt werden, und da die Preise sowohl durch die laufende technische Entwicklung als auch durch den steigenden Konkurrenzdruck grossen Schwankungen unterliegen, waere ein Vergleich der Preise zum heutigen Stand in DM (Deutsche Mark) nur fuer kurze Zeit aktuell. Es soll daher, wie in der Oekonomie verbreitet, nur in Geldeinheiten (GE) gerechnet werden. Die DM/Preise der Geraete und Datentraeger werden in Geldeinheiten ausgedrueckt. Damit kann von den taeglichen Preisen abstrahiert werden.

Da bei den Rabatten prozentuale Abschlaege sowieso ueblich sind und auch bei Preisschwankungen nach oben wie unten meist prozentuale Aenderungen vorliegen, bleibt das Preisgefuege wesentlich laenger stabil als die absoluten Preise.

Die Ausgangszuordnung von DM-Preisen zu Geldeinheiten ist im Anhang III aufgefuehrt. Das Ausgangsverhaeltnis von 1.-GE zu 1.-DM ist wie 1 zu 45. Alle im folgenden errechneten Preise in GE koennen leicht durch Multiplikation wieder in DM-Preise uebenfuehrt werden. Je nach der Entwicklung der DM-Preise muss nur jeweils ein neuer Multiplikator bestimmt werden.
Zur Analyse der aus den verschiedenen Speicherungsformen resultierenden Preisunterschiede muessen alle Faktoren eliminiert werden, die durch nur teilweise ausgenutzte Hardware-Einrichtungen Preisdifferenzen vorgeben, die bei anderer Auslastung der Geraete nicht vorhanden waeren, d.h., es wird hier davon ausgegangen, dass an eine Grosspeichersteuerung immer die maximal moegliche Anzahl von Speichereinheiten angeschlossen ist und alle Speicherbereiche vollstaendig belegt sind. Erst in Kapitel 6. sollen aus den hier ermittelten Ergebnissen Konsequenzen fuer die praktische Anwendung gezogen werden. Dort muss dann der Auslastungsgrad der Einheiten beruecksichtigt werden.

5.1. Kosten des Speicherplatzbedarfs

Kosten fuer den Speicherplatzbedarf sind die Kosten fuer den Speicherplatzbereich, der fuer die Datenbytes, ein Schluesselfeld, die Blockluecke und die Indices eines

Datenblocks verbraucht wird. Bezogen werden die Kosten aber nur auf die Datenbytes (DSB) eines Blocks, so dass die Speicherplatzkosten als Kosten des Speicherplatzes, der fuer einen Block mit einer Laenge von DSB belegt wird (Kosten/DSB), definiert sind. Da die Zeitdauer, fuer die die Daten gespeichert bleiben sollen, bei umfangreichen Dateien meist sehr lange waehrt und ausserdem weder vom Datentraeger noch von der Speicherungsform beeinflusst wird, kann im folgenden der Kaufpreis fuer den Datentraeger als Grundlage fuer die Kostenermittlung angenommen werden. Zinsen fuer das investierte Kapital werden dabei nicht beruecksichtigt, da sie nur die absolute, aber nicht die relative Preisdifferenz fuer die Speicherung auf Magnetband bzw. Platte oder der verschiedenen Speicherungsformen beeinflussen.

5.1.1. Kosten des Speicherplatzbedarfs der sequentiellen Speicherungsform

Wie in Kapitel 3. festgestellt, hat die sequentielle Speicherungsform den geringsten Speicherplatzbedarf aller Speicherungsformen auf Direkt-Zugriff-Speichern. Durch die relativ grossen Blockluecken beim Magnetband ist das Verhaeltnis von insgesamt belegten Bytes zu Informationsbytes bei kleinen Bloecken unguenstiger als beispielsweise auf Plattenspeichern. Inwieweit sich das auf die Speicherungskosten bei den genannten Einheiten auswirkt, wird im folgenden untersucht.

5.1.1.1. Kosten des Speicherplatzes der sequentiellen Speicherungsform auf Magnetband

Durch die schon in Abschnitt 3.1.1. vorgenommene Umrechnung der Magnetbandblockluecke auf Bytes koennen aus dem Preis fuer ein Magnetband in GE, der Kapazitaet des Ban-

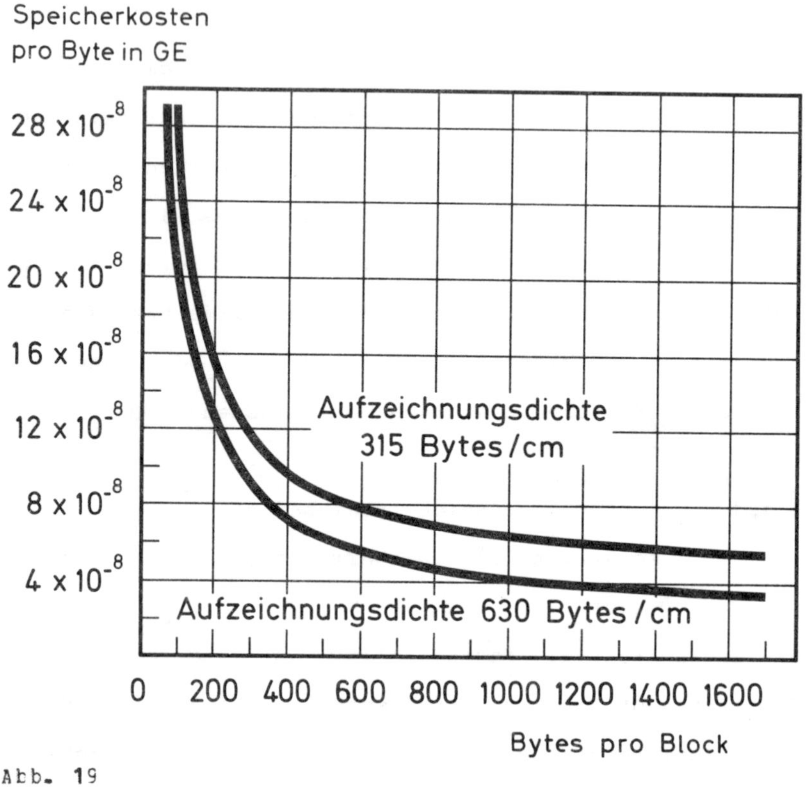

Abb. 19

des und den Gleichungen (1) bzw. (2) die Kosten fuer den Speicherplatz in Abhaengigkeit von der Datensatzlaenge in Bytes errechnet werden. Es wird dabei von einer Magnetbandlaenge von 730 m ausgegangen, die bei 315 Bytes/cm Schreibdichte einen theoretischen Speicherplatz fuer

22 995 000 Bytes und bei 630 Bytes/cm einen theoretischen Speicherplatz fuer 45 990 000 Bytes bietet.

Fuer Magnetbandeinheiten mit einer Aufzeichnungsdichte von 315 Bytes/cm errechnen sich die Speicherplatzkosten (KSMD) in GE durch:

$$KSMD = \frac{1GE}{22995000Bytes} * SPB_1 \qquad (53)$$

Fuer Magnetbandeinheiten mit einer Aufzeichnungsdichte von 630 Bytes/cm errechnen sich die Speicherplatzkosten (KSMS) in GE aus:

$$KSMS = \frac{1GE}{45990000Bytes} * SPB_2 \qquad (54)$$

Abbildung 19 verdeutlicht die Abhaengigkeit der Speicherungskosten pro Informationsbyte von der gewaehlten Blockgroesse (vergl. TEIL II Kap. B.).

5.1.1.2. Kosten des Speicherplatzbedarfs der sequentiellen Speicherungsform auf Magnetplatten

Von der Gesamtkapazitaet aller 203 Zylinder eines Plattenstapels muessen die drei letzten Zylinder abgezogen werden, da sie dem Anwender nicht zugaenglich sind und nur vom System als Ersatzspuren zugewiesen werden koennen. Die dann verbliebene Brutto-Kapazitaet betraegt bei 6er Stapeln 7,32 Mio Bytes und bei 11er Stapeln 29,612 Mio Bytes. Der Preis fuer einen 6er Stapel betraegt 12,11 GE und fuer einen 11er Stapel 27,80 GE. Mt den Gleichungen (6) und (9) ergibt sich fuer die Speicherplatzkosten in Abhaengigkeit von der Satzlaenge bei sequentieller Speicherungsform auf 6er Stapeln in GE (KSPK):

$$KSPK = \frac{12,11GE}{7320000Bytes} * SPB_3 \qquad (55)$$

und bei 11er Stapeln (KSPG):

$$KSPG = \frac{27,80GE}{29612000Bytes} * SPB_4 \qquad (56)$$

Der Kostenverlauf in Abhaengigkeit von der Bytezahl pro Block wird in Abbildung 2C gezeigt.

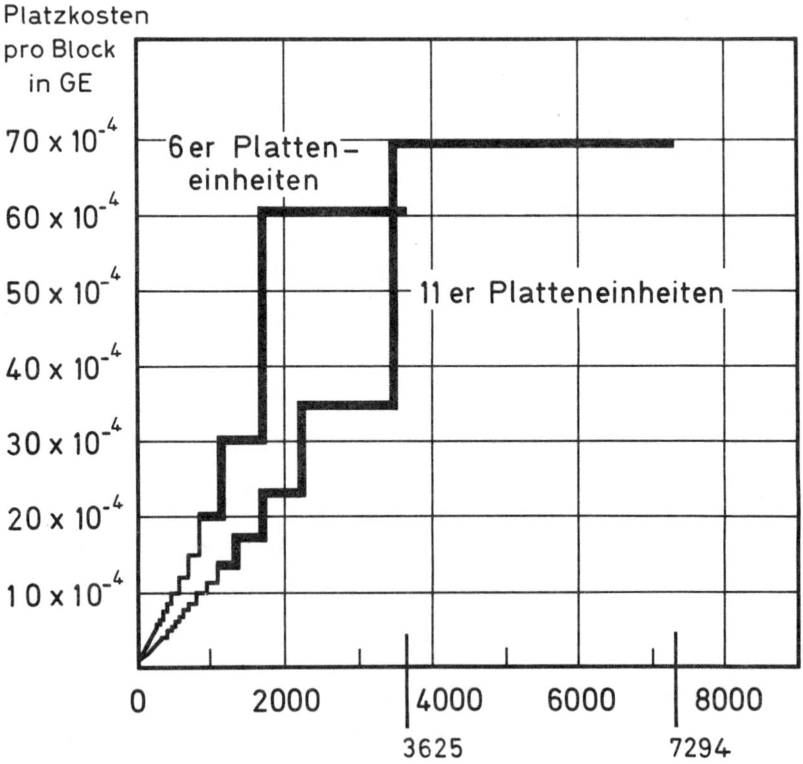

Abb. 20

Die Kostenverlaufskurven werden fuer 6er Plattenstapel

ab DSB = 3625 Bytes und fuer den 11er Stapel ab DSB = 7294 Bytes nicht mehr fortgefuehrt, da bei dieser jeweiligen Byteanzahl die Kapazitaet einer Spur mit einem Block erschoepft ist. Ohne Spurueberlaufeinrichtung koennen groessere Bloecke nicht gespeichert werden. Mit Spurueberlaufeinrichtung kann ein Block bis zur Kapazitaet eines Zylinders ausgeweitet werden. Das Verhaeltnis zwischen den gesamten in Anspruch genommenen Bytes und der Datensatzlaenge (DSB) aendert sich aber nicht mehr, wenn die Bloecke an einem Spurende aufhoeren. Wenn die uebergrossen Bloecke keine ganzzahligen Vielfachen der Spurkapazitaet sind, wird die Speicherplatzauslastung trotz groesserer Bloecke wieder unguenstiger.

5.1.1.3. Kosten des Speicherplatzbedarfs der sequentiellen Speicherungsform auf anderen Direkt-Zugriff-Speichern

Die zur Zeit preisguenstigste Moeglichkeit der direkten Speicherung bietet der Magnetkartenspeicher, wenn man nur die Speicherkosten pro Byte betrachtet. Er speichert pro Spur grundsaetzlich nur einen Datenblock, so dass sich eine Berechnung der Speicherplatzkosten in Abhaengigkeit von der Blocklaenge eruebrigt. Die Trommelspeicher werden wie Plattenspeicher mit nur einem Zylinder behandelt. Auch hier werden wie bei Plattenspeichern die Speicherplatzkosten durch Vergroesserung der Blocklaengen bis auf die Spurkapazitaet vermindert.

Trommel- wie Karten-Speicher werden fuer die sequentielle Speicherung von Daten kaum eingesetzt.

5.1.2. Kosten des Speicherplatzbedarfs der gestreuten Speicherungsform

Wie bei der Analyse des Speicherplatzbedarfs der gestreuten Speicherungsform in Abschnitt 3.2. schon festgestellt wurde, koennen die Datensaetze hier mit oder ohne Schluesselfeld gespeichert werden. Ohne Schluesselfeld gespeichert beanspruchen die Bloecke den gleichen Platz wie entsprechende Bloecke der sequentiellen Speicherungsform. Die Kosten des Platzbedarfs bei Speicherung mit Schluesselfeld sind jedoch hoeher und werden in diesem Abschnitt berechnet.
Generell muss aber auch bei einer Speicherung ohne Schluesselfeld bei der gestreuten Speicherungsform mit mehr Platzbedarf gerechnet werden, als bei der sequentiellen Speicherungsform, da man die Blockungsfaktoren kleiner haelt. Ein echter direkter Zugriff ist nur moeglich, wenn jeder logische Datensatz auch einen einzelnen Block auf dem Speicher bildet. Besonders bei Dateien mit grosser Aenderungsrate wird bei langen Bloecken ein erheblich hoeherer Dateiverwaltungsaufwand notwendig als bei einem Blockungsfaktor von 1. Die von den Computer-Herstellern angebotenen Betriebssysteme sind daher nicht dafuer eingerichtet, bei der gestreuten Speicherungsform zu blocken oder Bloecke zu zerlegen und dem Anwenderprogramm den gewuenschten Einzelsatz zu uebergeben.

5.1.2.1. Kosten des Speicherplatzbedarfs der gestreuten Speicherungsform auf Magnetplatten

Wie in Abschnitt 5.1.1.2. erlaeutert, hat ein 6er Plattenstapel 7,32 Mio Bytes und ein 11er Stapel 29,612 Mio Bruttospeicherkapazitaet. Mit den Gleichungen (13) und (17) und den Preisen fuer die Datentraeger (vergl. Anh. III) folgt fuer die Speicherplatzkosten in Abhaengigkeit von der Satzlaenge und der Schluesselfeldgroesse bei gestreuter Speicherungsform auf 6er Stapeln in GE (KGPK):

$$KGPK = \frac{12{,}11GE}{7320000 Bytes} * SPB_5 \qquad (57)$$

und bei 11er Stapeln (KGPG):

$$KGPG = \frac{27{,}80GE}{29612000 Bytes} * SPB_6 \qquad (58)$$

Es muss an dieser Stelle nochmals verdeutlicht werden, dass die physikalische Satzlaenge DSB, die in Gleichung (13) zur Berechnung von SPB5 und in die Gleichung (17) fuer SPB6 eingeht, in diesem Fall der logischen Satzlaenge gleich sein muss. Die Speicherplatzkosten der gestreuten und sequentiellen Speicherungsform koennen folglich nur verglichen werden, wenn man einerseits logische Satzlaengen, die den physikalischen Satzlaengen gleich sind, fuer die gestreute Speicherungsform annimmt und andererseits einen angemessenen Blockungsfaktor fuer die sequentielle Speicherungsform unterstellt. Um diesen Zusammenhang graphisch zu verdeutlichen, wurden in Abbildung 21 mehrere Kurven eingetragen, von denen die einen nur mit Ziffern und die anderen mit Zif-

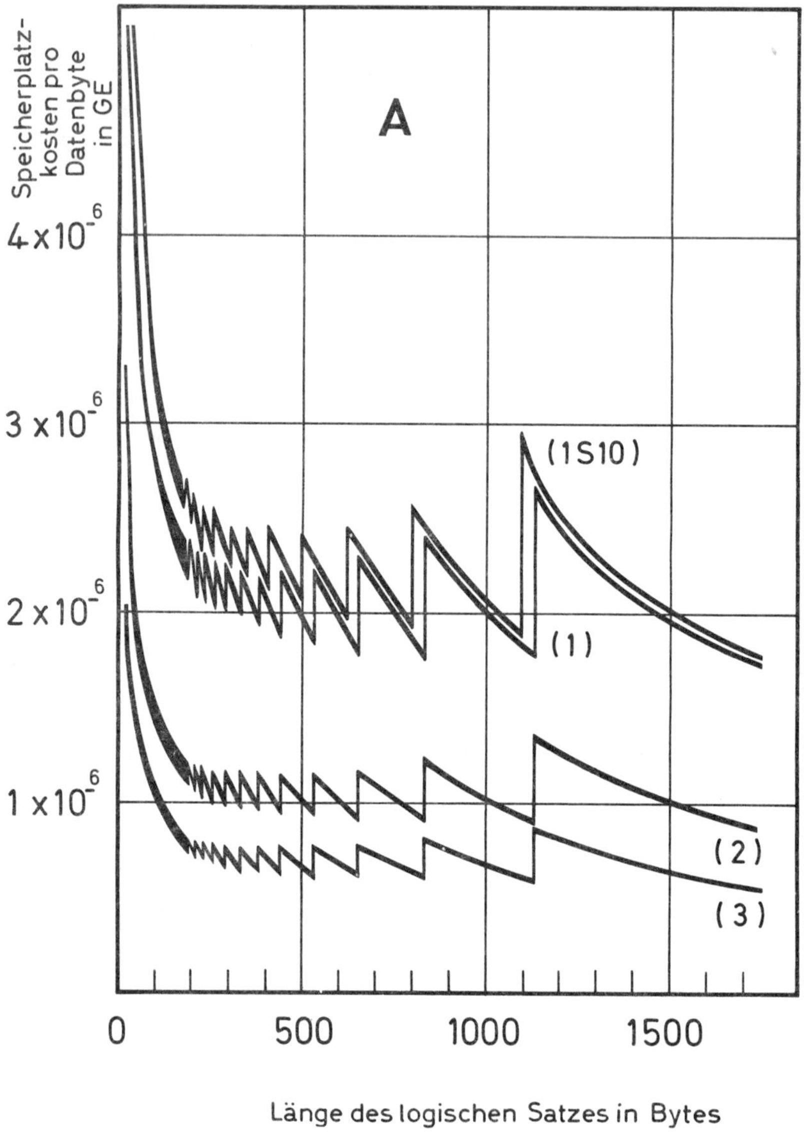

Abb. 21

fern und Buchstaben versehen sind.

Die nur mit Ziffern bezeichneten Kurvenzuege der Abbildung 21 gelten fuer die Verhaeltnisse bei 6er Plat-

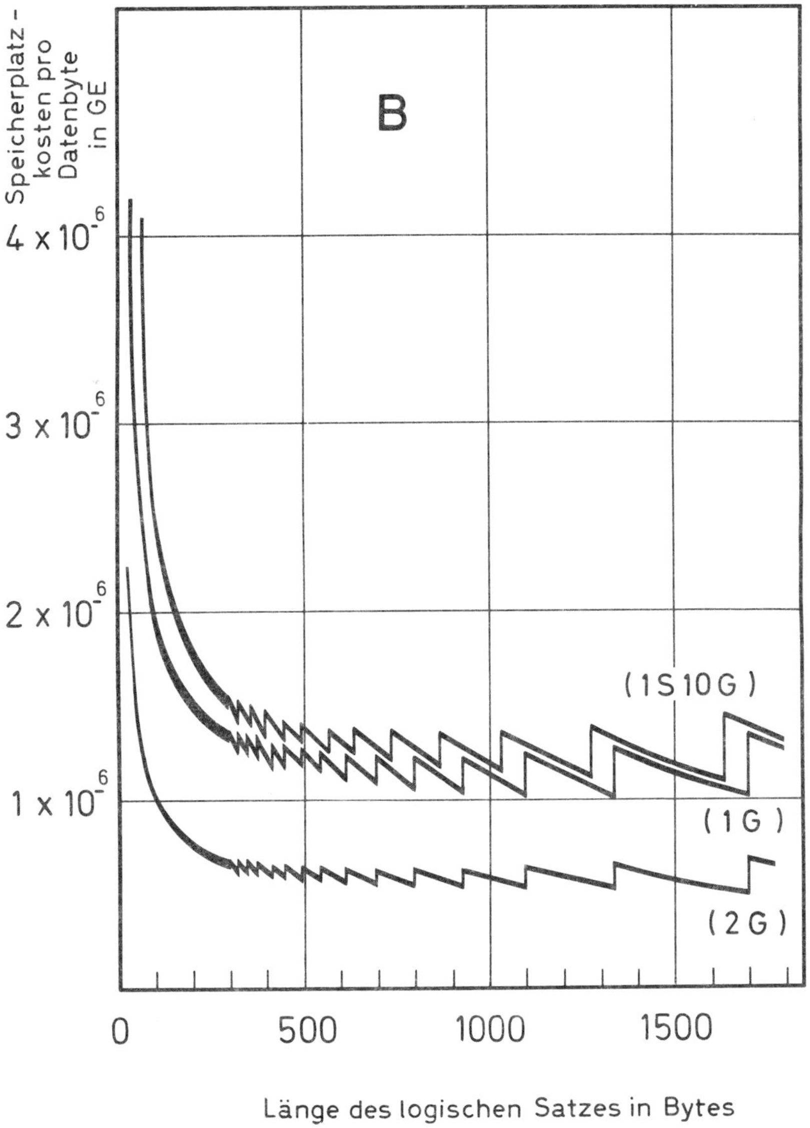

Abb. 21

tenstapeln. Sie zeigen die anteiligen Kosten des Speicherplatzbedarfs fuer Datensaetze, deren logische Laenge auf der Abszisse in Bytes abgetragen ist. Kurve (1) entspricht einem Blockungsfaktor 1, d.h. nicht geblockt. Kurve (2) entspricht einem Blockungsfaktor 2 und so weiter.

Alle Kurven, die mit nur einer Ziffer versehen sind, beschreiben Saetze ohne Schluesselfeld. Um die Kosten des von einem Schluesselfeld einschliesslich der notwendigen Blockluecke belegten Speicherplatzes zu zeigen,steht die mit (1S10) bezeichnete Linie fuer Datensaetze mit einer Datenfeldlaenge, die der auf der Abszisse abgetragenen jeweils entspricht, einschliesslich eines Schlusselfeldes von 10 Bytes. Der Blockungsfaktor ist 1, so dass sich aus dem Vergleich der Kurven (1S10) und (1) die Speicherplatzmehrkosten fuer Saetze ablesen lassen, die mit einem 10-stelligen Schluesselfeld versehen sind. Fuer die Plattenstapel mit 11 Platten gelten analog die Kurven, die in ihrer Bezeichnung ein nachgestelltes 'G' enthalten im Teil B der Abbildung 21 (TEIL II B.).

5.1.2.2. Kosten des Speicherplatzbedarfs der gestreuten Speicherungsform auf anderen Direkt-Zugriff-Speichern

Auf Trommelspeichern entsteht ein Platzbedarf, der dem von Plattenspeichern entspricht. Die Kosten fuer den pro Satz benoetigten Speicherplatz koennen daher wie beim Plattenspeicher berechnet werden, wenn man nur die hoeheren Byte-Preise einsetzt. Allerdings ist die Festlegung eines Preises pro Speicherbyte hier etwas problematisch, weil Datentraeger und Speichereinheit nicht voneinander getrennt werden koennen. Ein Byte, das auf Dauer gespeichert werden soll, belegt damit nicht nur den Datentraeger, sondern schraenkt die Rest-Kapazitaet des Trommelspeichers ein, auch wenn die betreffende Datei fuer bestimmte Zeitraeume mit Sicherheit nicht angesprochen wird und damit auch nicht im Zugriff sein muesste. Dies ist ein Hauptgrund dafuer, dass Dateien, die ueber einen laengeren Zeitraum bestehen bleiben sollen, wie schon oben erwaehnt, nur in den seltensten Faellen auf Trommeln gespeichert werden.

Der Magnetkartenspeicher ist als Direkt-Zugriff-Speicher mit relativ langsamem Zugriff auch nicht fuer die gestreute Speicherungsform praedestiniert. Es ist zwar moeglich und in bezug auf die Speicherplatzkosten durchaus guenstig, hier einen Kartenspeicher einzusetzen, aber die eigentlichen Vorteile der gestreuten Speicherungsform koennen nicht ausgenutzt werden. Auch muesste die Software fuer eine solche Verfahrensweise vom Anwender zum Teil selbst erstellt werden.

5.1.3. Kosten des Speicherplatzbedarfs der Index-sequentiellen Speicherungsform

Die Index-sequentielle Speicherungsform hat nach den Betrachtungen in Abschnitt 3.3. den groessten Speicherplatzbedarf aller besprochenen Speicherungsformen. Im folgenden wird untersucht, inwieweit dieser Platzbedarf durch die Zusammenziehung mehrerer logischer Saetze kom-

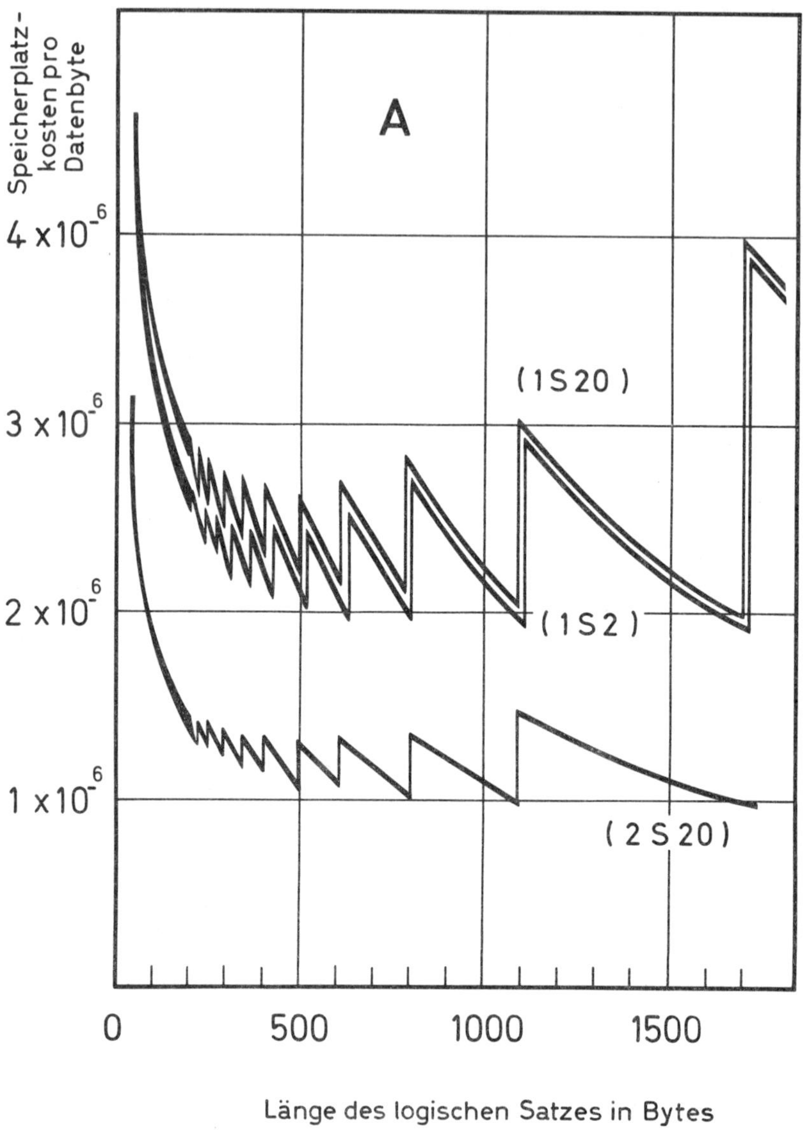

Abb. 22

pensiert werden kann und wie gross die aus dem Platzbedarf resultierende Preisdifferenz zu anderen Speicherungsformen ist.

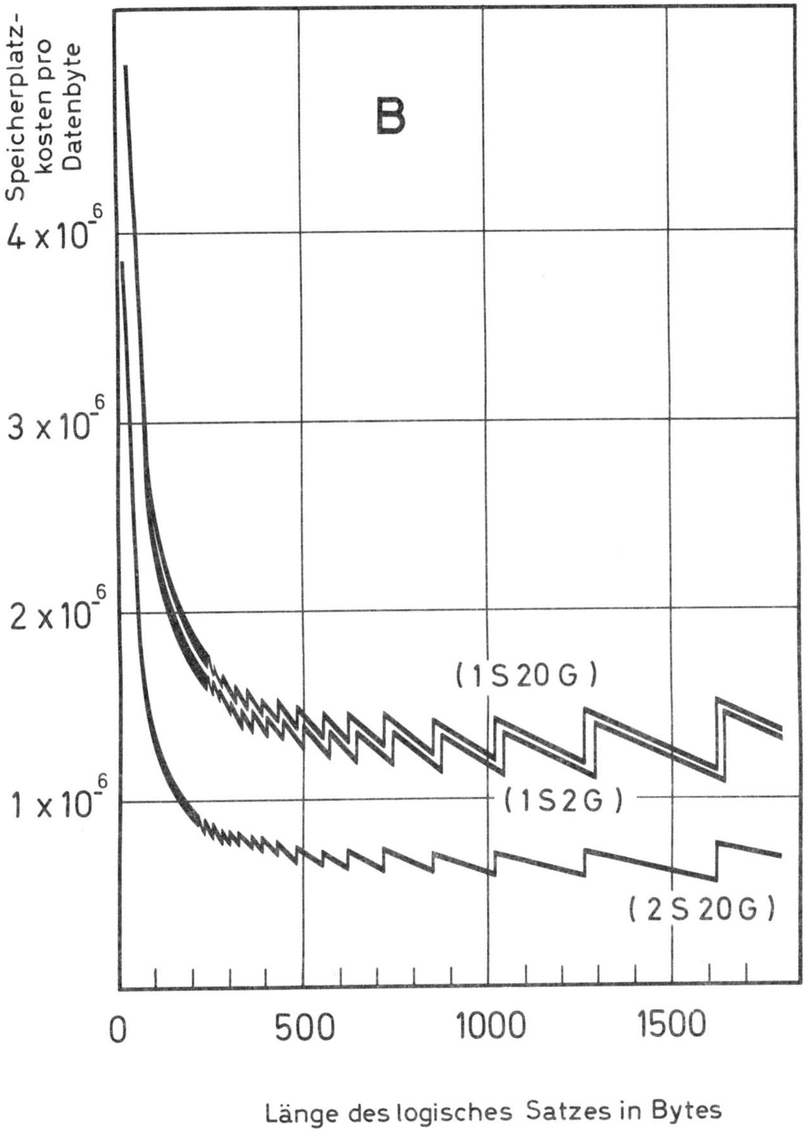
Speicherplatz-kosten pro Datenbyte
B
4 x 10⁻⁶
3 x 10⁻⁶
2 x 10⁻⁶
1 x 10⁻⁶
(1 S 20 G)
(1 S 2 G)
(2 S 20 G)
0
500
1000
1500
Länge des logisches Satzes in Bytes

Abb. 22

5.1.3.1. Kosten des Platzbedarfs der Index-sequentiellen Speicherungsform auf Magnetplatten

Nach Abzug der Reservespuren (vergl. Abschn. 5.1.1.2.) verbleibt eine Bruttokapazitaet von 7,32 Mio Bytes auf 6er Platten und von 29,612 Mio Bytes bei 11er Stapeln. Mit den Gleichungen (25) und (32) fuer den Speicherplatzbedarf folgt fuer die Speicherplatzkosten in Abhaengigkeit von der Satzlaenge und Schluesselfeldlaenge bei Index-sequentieller Speicherungsform auf 6er Stapeln (KIPK) in GE:

$$KIPK = \frac{12{,}11 GE}{7320000 Bytes} * SPB_7 \qquad (59)$$

und auf 11er Stapeln (KIPG):

$$KIPG = \frac{27{,}80 GE}{29612000 Bytes} * SPB_8 \qquad (60)$$

Im Gegensatz zur gestreuten Speicherungsform ist hier ein Blocken der Saetze moeglich und sinnvoll. Das Blocken und Entblocken wird fuer die Index-sequentielle Speicherungsform von den Betriebssystemen aller Hersteller unterstuetzt.

Aehnlich wie in Abbildung 21 fuer die gestreute Speicherungsform, soll in Abbildung 22 fuer die Index-sequentielle Speicherungsform die Abhaengigkeit der Kosten des Speicherplatzbedarfs von der logischen Datensatzlaenge, dem Blockungsfaktor und der Schluesselfeldlaenge gezeigt werden. Mit zunehmendem Blockungsfaktor sinken die Kosten des Speicherplatzbedarfs bis in Abhaengigkeit von der logischen Datensatzlaenge ein durch die Spurenkapazitaet bestimmtes Minimum erreicht wird. Die Schluesselfeldlaenge hat auf die Speicherplatzkosten bei Index-sequentieller Speicherungsform nur einen geringen Einfluss. Besonders die Moeglichkeit, die logischen Saetze mit ihren Schluesselbegriffen zu blocken und damit Schluessel und Saetze ohne Kluefte hintereinander zu schreiben, verringert den sonst fuer Schluessel mit Blockluecke notwendigen Speicherplatzbedarf. Der ganze Block erhaelt nur den einen Schluessel des letzten im Block enthaltenen Satzes vorangestellt.

Der Abstand zwischen den Kurven fuer ungeblockte Saetze (1S2 und 1S20) und der Kurve fuer den Blockungsfaktor 2 (2S20) zeigt die mit zunehmendem Blockungsfaktor geringer werdenden Speicherplatzkosten (TEIL II B.).

5.1.3.2. Kosten des Speicherplatzbedarfs der Index-sequentiellen Speicherungsform auf anderen Direkt-Zugriff-Speichern

Der Magnetkartenspeicher erweist sich hier als das Speichermedium mit den geringsten Kosten fuer den Speicherplatzbedarf. Bei einem Preis von 48,55 GE fuer ein Kartenspeichermagazin mit einer Kapazitaet von 500 Mio Bytes folgt fuer eine der 32 768 Datenspuren eines Magazins ein Preis von $1,48*10^{-3}$ GE. Eine Spur kann 2048 Datenbytes in einem Block aufnehmen. Pro Byte resultiert damit ein Preis von ca. $7,22*10^{-7}$ GE. Da nur ein Daten-

block pro Spur moeglich ist, folgt fuer den Preis eines Datenbytes in Abhaengigkeit von der Laenge der logischen Saetze und der Schluesselfelder, der in Abbildung 23 gezeigte Verlauf (Kurve I).
Die zweite in Abbildung 23 dargestellte Funktion (II) umfasst auch die fuer eine Datenspur anfallenden Spei-

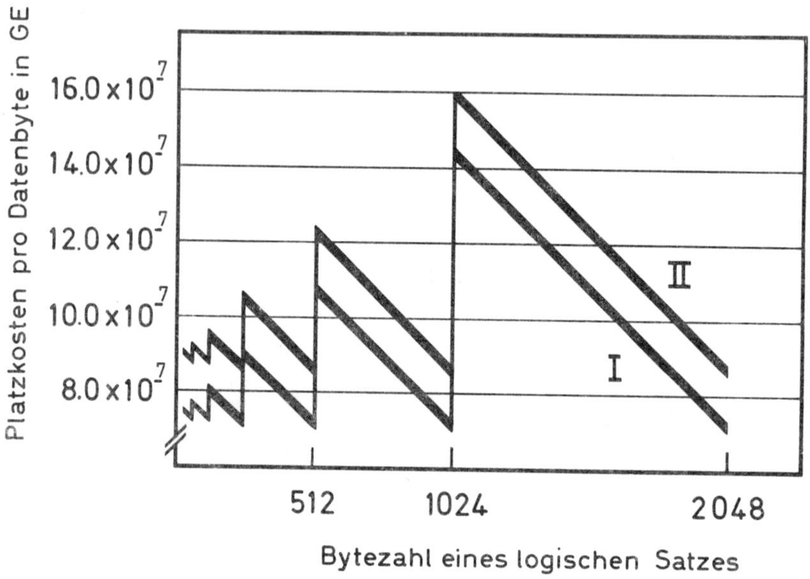

Abb. 23

cherplatzkosten fuer Indices. Alle Indices, auch die Spurindices, muessen bei Magnetkartenspeicherdateien auf Plattenspeichereinheiten residieren, um nicht zum Lesen jedes Datensatzes mehrere Karten aus dem Magazin in die Schreib-/Lese-Station transportieren zu muessen. Der pro Datenspur fuer Indices notwendige Speicherplatz ist genau so gross wie bei Plattenspeicherdateien. Fuer den pro Zylinder als Zylinderindexeintrag belegten Plattenspeicherbereich gilt auch hier Gleichung (31). Da jeder

Zylinder des Kartenspeichers nur 8 Spuren enthaelt, genuegt eine Spur auch des 6er Plattenspeichers, um fuer einen Kartenzylinder alle Spurindexeintraege aufzunehmen, wenn die Schluesselfeldlaenge 90 Bytes nicht ueberschreitet. Allerdings kann hier nicht wie bei Plattenspeicherdateien ein auf der Spurindex-Spur verbleibender Rest fuer die Datenspeicherung genutzt werden. Diese Index-Speicherplatzkosten sind vollstaendig in die Berechnung der Kurve II in Abbildung 23 aufgenommen worden.

Fuer Trommelspeicher gilt auch bei Index-sequentiell organisierten Dateien, dass sie als Speichermedium nicht geeignet sind. Der Speicherplatz auf Trommeln ist bei der niedrigen Zugriffshaeufigkeit pro Satz bei grossen Dateien zu teuer.

5.2. Kosten, die durch die Zugriffsgeschwindigkeit der Speichereinheiten und der Speicherungsformen bestimmt werden

Fuer den Teil der gesamten Speicherungskosten, der durch die Wahl der Speichereinheiten und/oder Speicherungsform beeinflusst werden kann, ist das Zeitverhalten der moeglichen Kombinationen von Speicherungsform und Speichereinheit wesentlich. Denn durch den Zeitbedarf fuer einen Zugriff wird die Gesamtbelastung des Computers fuer das

Informationssystem mitbestimmt, die Benutzungsdauer externer Einheiten und moeglicherweise die Anzahl der Gebuehreneinheiten fuer Uebertragungswege in oeffentlichen Netzen beeinflusst.
Je hoeher die Zugriffsgeschwindigkeit und je kuerzer damit die Zugriffsdauer ceteris paribus wird, umso niedriger werden die einer Informationsabfrage zurechenbaren Kosten.
Unter normalen Bedingungen werden sich der Aufbau und die staendige Bereithaltung einer umfangreichen Datei nur lohnen, wenn entsprechend viele Anfragen an die Datei gestellt werden. Denn der Nutzen, der durch das Beantworten weniger Anfragen gestiftet wird, kann kaum die gewaltigen Dateifuehrungskosten rechtfertigen. Das Verhaeltnis von Anfragehaeufigkeit zum Dateiumfang hat folglich fuer jede Datei einen bestimmten Grenzwert. Wenn die Anfragenhaeufigkeit unter diesen Grenzwert sinkt, ist die weitere Dateifuehrung vom Kosten-Nutzen-Standpunkt aus nicht mehr sinnvoll. Wo dieser Grenzwert bei jeder Datei liegt, soll und kann hier nicht untersucht werden, weil es aeusserst umstritten ist, ob eine solche Bewertung ueberhaupt mit genuegender Genauigkeit moeglich ist. Mit der obigen Ueberlegung wird aber deutlich, dass unabhaengig vom Wert oder Nutzen einer Einzelanfrage die Dateifuehrung umso sinnvoller und effektiver wird, je mehr Anfragen aus der Datei beantwortet werden.
Ist fuer eine Datei die Anzahl der Anfragewuensche auch

unter Umstaenden praktisch unbegrenzt hoch, so ist die Anzahl der moeglichen Auskuenfte doch durch das Zeitverhalten der Datei beschraenkt. Entstehen pro Zeitintervall mehr Anfragen, als Zugriffe auf Datensaetze moeglich sind, dann wird die Warteschlange immer groesser.

Ist die Zugriffshaeufigkeit jedoch so gering, dass in einem Zeitraum mehr Datensaetze aufgesucht und gelesen werden koennen, als Anfragen eintreffen, so koennen die Zentraleinheit und die Speicher fuer andere Aufgaben genutzt werden.

Um festzustellen, wie sehr ein unterschiedliches Zeitverhalten der Speicher und/oder Speicherungsformen kostenmaessig ins Gewicht faellt, werden in diesem Abschnitt die Mietkosten der Speichereinheiten auf die je nach Einheit und Verfahrensweise unterschiedliche Anzahl moeglicher Zugriffe zugerechnet. Man erhaelt so die pro Zugriff entstehenden Kosten, wenn die Einheit voll ausgelastet ist.

Auch bei Speichereinheiten, die durch Anfragen auf eine Datei nicht voll ausgelastet sind, kann durch das Verhaeltnis der den einzelnen Datensaetzen zuzurechnenden relativen Anteile an den Gesamtspeicherkosten bei ausgelasteten Einheiten ein Mass fuer den Anteil der fuer diese Datei aufzuwendenden Kosten an den Gesamtkosten der Speichereinheit gefunden werden. Die fuer die Speichereinheiten angesetzten Mieten erlauben eine Geraetebelegung von 182 Stunden pro Monat (vergl. Anhang III).

5.2.1. Durch die Zugriffsgeschwindigkeit der sequentiellen Speicherungsform bestimmte Kosten

Obwohl die sequentielle Speicherungsform keinen eigentlich direkten Zugriff erlaubt, sollen hier fuer den Vergleich mit der gestreuten und Index-sequentiellen Speicherung die aus der durchschnittlichen Dauer der Geraetebelastung resultierenden Kosten fuer das Aufsuchen eines Satzes einer sequentiellen Datei ermittelt werden.

5.2.1.1. Durch die Zugriffsgeschwindigkeit der sequentiellen Speicherungsform auf Magnetband bestimmte Kosten

Die durchschnittlichen Kosten des Zugriffs auf einen Satz einer sequentiell organisierten Datei auf Magnetband, wenn vom Anfang des Magnetbandes gesucht wird (ZKSMSA), bei 630 Bytes/cm Schreibdichte in GE errechnen sich mit Gleichung (33):

$$ZKSMSA = \frac{51{,}55GE + 7{,}43GE}{655200s} * DZSM \qquad (61)$$

Wenn gezielt nach einem Schluesselbegriff gesucht werden kann und die Datensaetze strikt in auf- oder absteigender Folge nach dem Schluesselbegriff sortiert sind, kann die Durchsuchzeit, wie in 4.1.1. erklaert, vermindert werden. Bei vor- und rueckwaerts lesenden Magnetbandeinheiten entsteht ein der Seek-Zeit von Zylinder zu Zylinder bei Platteneinheiten aehnlicher Zusammenhang.

Von einem Zylinder aus konnte dort auf einen hoeheren oder niedrigeren Zylinder gesprungen werden, wobei die Seek-Zeit von der Anzahl der zu ueberquerenden Zylinder

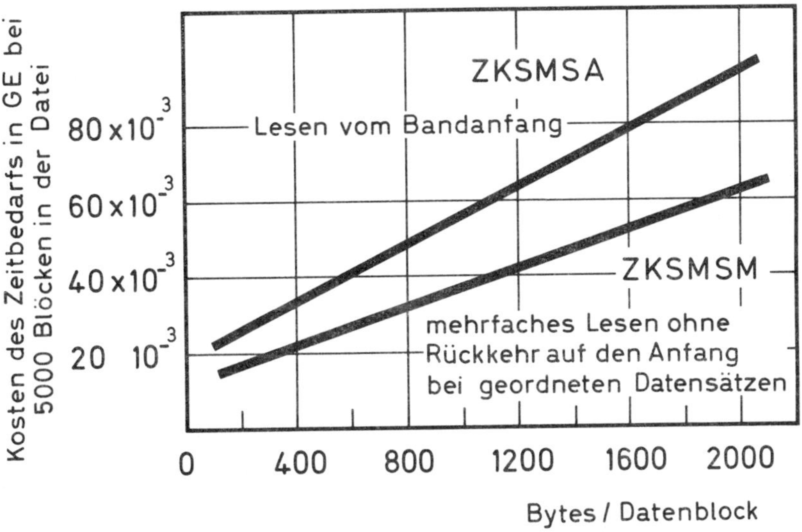

Abb. 24

bestimmt wurde. Der Anzahl der zu ueberquerenden Zylinder entspricht beim Magnetband die Anzahl der zu ueberlesenden Saetze. Die Zeit fuer das Ueberlesen eines Satzes ist hier unabhaengig von der Anzahl der Saetze und nur von ihrer Laenge bestimmt. Mit den Gleichungen (36) und (37) fuer die Sprungweiten und dem Teil der Gleichung (33) fuer die Lesezeit eines Satzes mit seiner Blockluecke folgt fuer die durchschnittlichen Kosten des Zugriffs auf einen Satz einer echt sequentiell organisierten Datei auf Magnetband, wenn mehrere Saetze hineinander gelesen werden (ZKSMSM) bei 630 Bytes/cm

Schreibdichte in GE:

$$ZKSMSM = \frac{1}{n^2} * \sum_{i=1}^{n-1} SPWS(i)*i*\left(0{,}008s+\frac{DSB}{60KE/s}\right) * \frac{51{,}55GE + 7{,}43GE}{655200s} \qquad (62)$$

Abbildung 24 zeigt den Kostenverlauf in GE beider Verfahren fuer eine Datei mit 5000 Saetzen in Abhaengigkeit

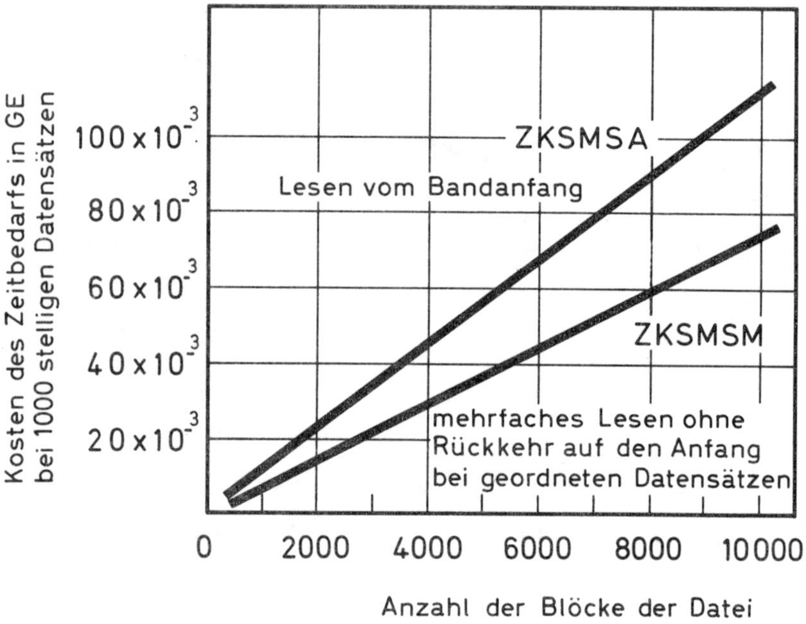

Abb. 25

von der Datensatzlaenge. Abbildung 25 zeigt den Kostenverlauf in GE beider Verfahren fuer eine Datei mit 1000-stelligen Saetzen in Abhaengigkeit vom Dateiumfang (vergl. TEIL II Kap. D.1.).

5.2.1.2. Durch die Zugriffsgeschwindigkeit der sequentiellen Speicherungsform auf Magnetplatten bestimmte Kosten

Rueckwaertslesen ist bei Magnetplattenspeichern nicht moeglich. Es ist deshalb fuer die Suche nach einem bestimmten Satz einer sequentiellen Datei sinnvoll, den Speicherbereich vom ersten Satz an durchzulesen. Im Mittel muss dann bis zum Auffinden des gewuenschten Satzes die Haelfte der Datei gelesen werden. Mit Gleichung (34) fuer den durchschnittlichen Zeitbedarf und den Preisen aus Anhang III ergibt sich fuer die Kosten

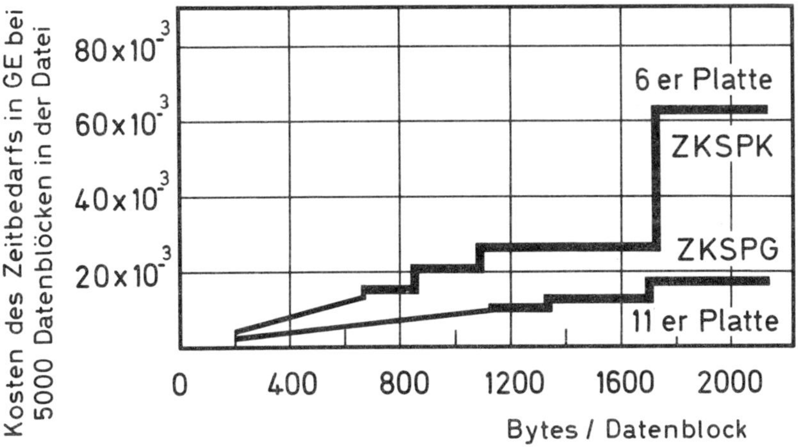

Abb. 26

des Zugriffs auf einen Satz bei 6er Platten (ZKSPK):

$$ZKSPK = \frac{53{,}33GE + 6{,}08GE}{655200s} * DZSPK \qquad (63)$$

und mit Gleichung (35) fuer 11er Platten (ZKSPG):

$$ZKSPG = \frac{33{,}0GE + 16{,}27GE}{655200s} * DZSPG \qquad (64)$$

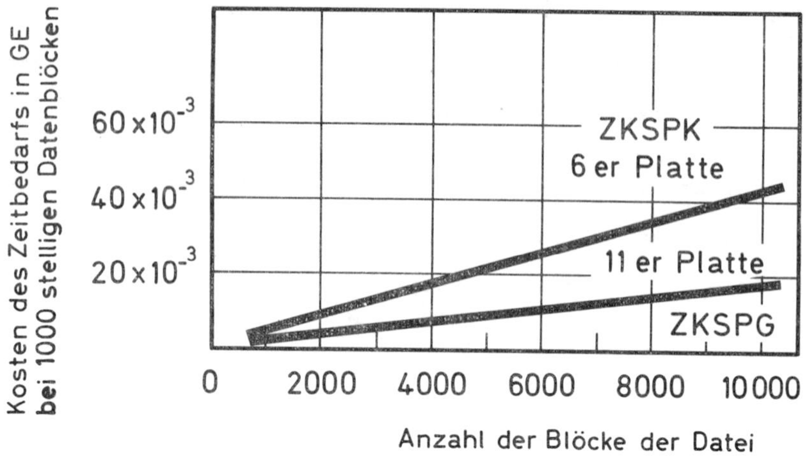

Abb. 27

5.2.1.3. Durch die Zugriffsgeschwindigkeit der sequentiellen Speicherungsform auf anderen Direkt-Zugriff-Speichern bestimmte Kosten

Wie oben schon erklaert, werden Trommel- und Kartenspeicher nicht fuer die sequentielle Speicherungsform eingesetzt. Der Kartenspeicher muesste hier mit dem Magnetband konkurrieren. Wegen der geringen Datentraeger- und Geraetekosten des Magnetbands ist es immer guenstiger, das Magnetband einzusetzen, zumal die Datenuebertragungsrate als allgemeines Mass fuer die Lesegeschwindigkeit mit 70 KB/s nicht wesentlich ueber der Uebertragungsrate bei Magnetbandeinheiten liegt.

5.2.2. Durch die Zugriffsgeschwindigkeit der gestreuten Speicherungsform bestimmte Kosten

Fuer die Zugriffsgeschwindigkeit der gestreuten Speicherungsform sind die Zeit fuer die Adressenberechnung und die eigentliche Zugriffszeit massgebend. Da die Zeit fuer die Adressenberechnung vom gewaehlten Algorithmus und der Rechengeschwindigkeit der CPU bestimmt wird, entzieht sie sich einem allgemeinen Vergleich. Sie bleibt aber auch relativ zu der Zugriffszeit der Speichereinheit in fast allen Faellen so gering, dass sie fuer die Kostenberechnung hier nicht wesentlich ist.

5.2.2.1. Durch die Zugriffsgeschwindigkeit der gestreuten Speicherungsform auf Magnetplatte bestimmte Kosten

Die Zugriffszeit ist als Summe von Seek- und Search-Zeiten von der Anzahl der Zylinder bzw. Spuren der Datei bestimmt. Mit Gleichung (42) fuer die mittlere Gesamtzugriffszeit bei 6er Platten ergibt sich fuer die Kosten des direkten Zugriffs auf einen Satz bei gestreuter Speicherungsform (ZKGPK):

$$ZKGPK = \frac{53{,}33GE + 6{,}08GE}{65520Cs} * MGZZOIK \qquad (65)$$

und fuer Einheiten mit 11er Stapeln (ZKGPG):

$$ZKGPG = \frac{33{,}0GE + 16{,}27GE}{655200s} * MGZZOIG \qquad (66)$$

In Abbildung 28 wird die Abhaengigkeit der durchschnittlichen Zugriffskosten von der Anzahl der von der Datei belegten Zylinder gezeigt. Fuer beide Funktionen gilt dabei, dass ab einem Dateiumfang von 199 Zylindern die Zugriffszeit nicht weiter steigt, denn es muessen dann

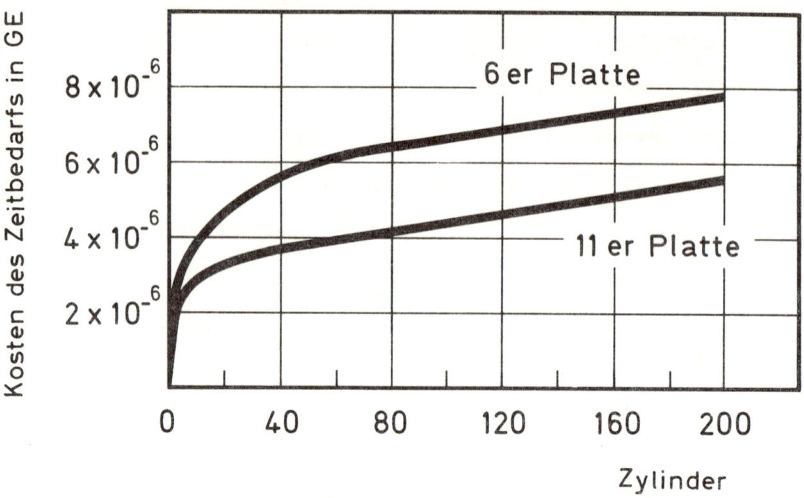

Abb. 28

mehr als eine Platteneinheit von der Datei belegt sein (vergl. Abschn. 4.2. und TEIL II Kap. D.2.).

5.2.2.2. Durch die Zugriffsgeschwindigkeit der gestreuten Speicherungsform auf anderen Direkt-Zugriff-Speichern bestimmte Kosten

Fuer einen direkten Zugriff auf eine gestreut gespeicherte Datei sind neben den Platten- nur Trommelspeicher geeignet. Sie werden aber fuer die kontinuierliche Aufbewahrung von Dateien kaum verwendet. Zum Vergleich mit den Kosten bei Plattenspeichern soll hier aber dennoch eine Kostenabschaetzung versucht werden.

Die durchschnittliche Zugriffszeit eines Trommelspeichers liegt bei 8,6 ms, die Uebertragungsrate bei 303,8 KB/s. Fuer die durchschnittlichen Kosten des Zugriffs auf einen Satz (ZKGT) in GE ergibt sich damit:

$$ZKGT = \frac{208{,}68GE + 53{,}34GE}{655200s} * 0{,}0086s \quad (67)$$

Die Gleichung (67) zeigt, dass die Zugriffskosten von der Datensatzlaenge kaum und vom Dateiumfang ueberhaupt nicht beeinflusst werden.

5.2.3. Durch die Zugriffsgeschwindigkeit der Index-sequentiellen Speicherungsform bestimmte Kosten

Die Index-sequentielle Speicherungsform wird auf Platten- und Magnetkartenspeichern eingesetzt. Plattenspeicher sind jedoch bei dieser Speicherungsform immer notwendig, da die Indexlisten fuer Magnetkartenspeicherdateien auf Plattenspeichern gefuehrt werden. Die Kosten fuer das Aufsuchen der Indexangaben fallen somit fuer Dateien auf beiden Speichereinheiten in gleicher Weise an. Nur der Zugriff auf die Informationssaetze selbst ist wesentlich unterschieden (vergl. TEIL II Kap. D.3.).

5.2.3.1. Durch die Zugriffsgeschwindigkeit der Index-sequentiellen Speicherungsform auf Magnetplatten bestimmte Kosten

Fuer die durchschnittliche Seek-Zeit eines Zylinderindex-Zylinders wurde in Abschnitt 4.3. 25 ms errechnet, wenn der Zylinderindex drei Zylinder umfasst. Fuer die Summe aller Seek-Zeiten einer Datei, die r Plattenspeicher belegt, gilt Gleichung (46) und fuer die mittlere

Gesamtzugriffszeit fuer Index-sequentielle Dateien auf r 6er Plattenstapeln Gleichung (47). Die durchschnittlichen Kosten des Zugriffs auf einen Satz (ZKIPK) in GE ergeben sich dann aus:

$$ZKIPK = r * \frac{53,33GE + 6,08GE}{655200s} * MGZIK(r) \qquad (68)$$

und fuer 11er Stapel (ZKIPG) folgt:

$$ZKIPG = r * \frac{33,0GE + 16,27GE}{655200s} * MGZIG(r) \qquad (69)$$

5.2.3.2. Durch die Zugriffsgeschwindigkeit der Index-sequentiellen Speicherungsform auf anderen Direkt-Zugriff-Speichern bestimmte Kosten

Der durchschnittliche Zugriff auf eine bestimmte Spur einer Karte des Kartenspeichers dauert 508 ms. Zuvor muss aber ueber eine Plattenspeichereinheit, auf der die Indexregister stehen, die Adresse des gewuenschten Satzes gefunden werden. Die dafuer erforderlichen Zeiten sind etwas geringer, als sie bei reinen Plattenspeicherdateien fuer diesen Vorgang notwendig waeren, denn der Zugriffsmechanismus hat nicht so viele Zylinder zu ueberqueren, da hier nur Indexlisten auf den Platten gespeichert sind und dazwischen keine Datensaetze stehen. Damit ist die Zeitspanne fuer das Aufsuchen der Adressen in den Indexlisten geringer, als das Auswaehlen und der Transport einer Karte in die Lesestation. Bei kontinuierlicher Auslastung der Geraete, die hier immer unterstellt wird, geht folglich die Zeit fuer das Adressensuchen der naechsten Karte in der Zufuehrungs- und Verarbeitungszeit der letzten Karte unter[1].

Die durchschnittlich fuer einen Zugriff auf einen Magnetkartenspeicher entstehenden Kosten einschliesslich eines 6er Index-Plattenspeichers (ZKIK) in GE folgt dann aus:

$$ZKIK = \frac{208{,}88GE + 8{,}33GE}{655200s} + \frac{53{,}33GE + 6.08GE}{655200s} * 508ms \quad (70)$$

---

[1]) Dies gilt uneingeschraenkt nur, wenn die Kartenspeichersteuerung und die Plattenspeichersteuerung ueber mindestens zwei Kanaele an die Zentraleinheit gekoppelt sind und vom Index-Plattenspeicher nur ein Kartenspeicher versorgt wird.

6. Ergebnisse der Untersuchung des Kostenverhaltens der Speicherungsformen und Speichereinheiten

Mit den in den vorangegangenen Kapiteln ermittelten Ergebnissen ist es moeglich, Dateien so aufzubauen und zu organisieren, dass sie mit Ruecksicht auf die vorhandene maschinelle Einrichtung und die jeweilige vorgegebene Informationsstruktur fuer die laufende Bereitstellung der Informationen und die einzelnen Abfragen moeglichst geringe Kosten verursachen.

Wie sich aus dem Vergleich der Zugriffskosten der verschiedenen Speicherungsformen und den Speicherplatzkosten im TEIL II erkennen laesst, spielen die Platzkosten nur eine untergeordnete Rolle. Im naechsten Abschnitt 6.1. wird jedoch gezeigt, dass die aus dem sprunghaft steigenden Platzbedarf resultierende Speicherbelegung die Kosten unguenstig beeinflussen kann.

Der Abschnitt 6.2. analysiert die Moeglichkeiten, mit Hilfe bestimmter Strukturen innerhalb der jeweils gewaehlten Speicherungsform die Zugriffszeit zu verkuerzen.

---

[1]) Das gilt fuer die hier naeher untersuchten Speichereinheiten mit auswechselbaren Datentraegern. Es gilt nicht fuer Trommel- und Festplattenspeicher.

6.1. Speicherplatzbedarf

Die Berechnung des gesamten Speicherplatzes, der fuer einen Datensatz, die Blockluecke und - bei Index-sequentieller Speicherung - fuer den Anteil des Satzes an den Indexlisten benoetigt wird, zeigt folgendes Schema:

```
                PLATZBEDARF PRO DATENSATZ

KLEIN                                            GROSS
HOCH GEBLOCKT                            NICHT GEBLOCKT


             SEQUENTIELLE SPEICHERUNGSFORM
|<============================>|

                GESTREUTE SPEICHERUNGSFORM
                                  |<=====>|

         INDEX-SEQUENTIELLE SPEICHERUNGSFORM
      |<====================================>|
```

Dies ist aber nur der von den einzelnen Saetzen im Hauptdatenbereich belegte Platz. Ausserdem muss bei den einzelnen Speicherungsformen in unterschiedlicher Weise ein Teil oder mehrere Abschnitte des Datentraegers fuer die der Datei neu hinzuzufuegenden Saetze reserviert werden.

6.1.1. Speicherplatzbedarf der Hauptbereiche und ihrer Organisation

Der gesamte Speicherplatzbedarf von Datensaetzen aus dem Hauptbereich ist in Band II, Teil A. fuer verschieden lange Saetze tabellarisch angegeben. Der bei kurzen

Saetzen sehr hoch erscheinende Platzbedarf der Magnetbandeinheiten (Spalte SPB_1 und SPB_2) ist durch die konstante Blockluecke bedingt. Dieser Fixbedarf faellt natuerlich umso weniger ins Gewicht, je laenger der eigentliche Datensatz wird, bzw. je mehr Datensaetze zu einem Block zusammengefuegt werden. Die beste Platzausnutzung wird hier folglich durch einen moeglichst hohen Blockungsfaktor erreicht, der nur von der Kernspeichergroesse oder sonstigen hardware-Restriktionen beschraenkt ist.

Der Platzbedarf auf Platteneinheiten verhaelt sich dagegen ganz anders. Die Blockluecken haben hier keine feste Laenge, sondern sie variieren mit der Anzahl der Datenbytes eines Blocks. Dafuer ist hier die Laenge der Aufzeichnungsspuren beschraenkt. Wenn keine Spurueberlaufeinrichtung vorhanden ist, muss der Rest einer Spur, in den gerade kein ganzer Datenblock mehr hineinpasst, freibleiben. Daher steigt der Platzbedarf auf Plattenspeichern stufenartig an.

Fuer eine guenstige Ausnutzung der Speicherkapazitaet ist es hier nicht - wie beim Magnetband - immer sinnvoll, moeglichst viele Saetze zu einem Block zusammenzufuegen. Das Verhaeltnis von Datenbytes zur Blockluecke wird zwar guenstiger, aber ein am Spurende verbleibender Rest kann diesen Vorteil bei weitem ueberkompensieren. Es ist deshalb notwenig, aus dem Teil B. des Bandes II einen Blockungsfaktor fuer die meist vorgegebene logische Satzlaenge zu finden, bei dem die Spurkapazitaet moeglichst gut ausgenutzt wird.

Im Anhang II befindet sich eine Liste, die die Ausnutzung der Spurkapazitaet je nach gewaehlter Blocklaenge zeigt. Darin wird deutlich, dass es immer besonders guenstig ist, moeglichst wenige Bloecke - im besten Fall nur einen Block - pro Spur aufzuzeichnen. Der Anteil, den die Blockluecken an der Spurkapazitaet haben, wird zwar bei wenigen Bloecken geringer aber gerade beim letzten bzw. nur einem einzigen Block ist eine Blockluecke nicht mehr noetig (vergl. Abschn. 3.1.2. Gleichung (4)). Aus diesem Grund wurde fuer den Magnetkartenspeicher, der gestreut organisierte Dateien,die nicht geblockt werden koennen, sowiesc nicht speichert, vom Hersteller bereits festgelegt, dass pro Spur grundsaetzlich nur ein Datenblock aufgezeichnet werden kann.

Die Uebersicht im vorigen Abschnitt 6.1. hat schon verdeutlicht, dass die sequentielle Speicherungsform den geringsten Platzbedarf hat. Allerdings kommt ihre beschraenkte Zugriffsmoeglichkeit nur fuer bestimmte Dateien in Frage. Alle Informationsbanken, aus denen einzelne Teilinformationen schnell abgerufen werden sollen, muessen gestreut oder Index-sequentiell organisiert sein. Der Platzbedarf der Saetze im Hauptbereich der gestreuten Speicherungsform wird nur von der Satzlaenge bestimmt, da eine Blockung nicht moeglich ist.

Index-sequentielle Dateien haben ungeblockt einen noch etwas groesseren Platzbedarf fuer die Datensaetze im Hauptbereich, da diesen Saetzen der Platz fuer die Eintraege in den Index-Listen noch in einem entsprechenden Verhaeltnis zugerechnet werden muss. Die Moeglichkeit, die Saetze solcher Dateien zu blocken, vermindert den Platzbedarf bei genuegend grossem Blockungsfaktor und kurzen Datensaetzen so wesentlich, dass er weit unter den Platzbedarf fuer die gleiche Datei bei gestreuter Organisation sinkt.

Die Index-sequentielle Speicherungsform hat fuer Dateien, die im direkten Zugriff stehen, den kleinsten Speicherplatzbedarf, es sei denn, die logischen Datensaetze sind so umfangreich, dass eine Blockung nicht mehr sinnvoll ist, da die Spurkapazitaet durch einen Satz schon zu weit ausgeschoepft ist. In diesem Fall ist die gestreute Speicherungsform weniger speicherplatzintensiv.

6.1.2. Speicherplatzbedarf der Folgebereiche

Folgebereiche sind Teile des Datentraegers, die fuer das Aufbewahren von Saetzen reserviert werden, die nach der Dateierstellung oder nach einer Neuorganisation der Datei hinzugefuegt werden sollen. Es gibt Datenbestaende, die nur einmal zusammengestellt und dann nicht mehr geaendert werden. Fuer solche Dateien sind Folgebereiche unsinnig und werden daher von vorn herein nicht eingerichtet.

Die meisten Dateien unterliegen jedoch einem Aenderungsdienst, der ohne Folgebereiche nicht denkbar ist, denn es ware dann notwendig, fuer jede neu zum Bestand zuzufuegende Information die ganze Datei zu reorganisieren. Da die Folgebereiche von vornherein beim Dateiaufbau auf dem Datentraeger reserviert werden muessen, erhoehen sie kontinuierlich den Speicherplatzbedarf und damit die Speicherplatzkosten einer Datei. Da die Groesse eines Folgebereiches von der Zahl der erwarteten Aenderungen bestimmt wird (und daneben noch vom Dateiumfang und der Datensatzlaenge abhaengig ist), kann der Platzbedarf fuer Folgebereiche bei den beiden Direkt-Zugriff-Dateiorganisationen nur schwer fuer alle vorkommenden Alternativen errechnet und verglichen werden. Aus der Organisation der Folgebereiche lassen sich jedoch Unterschiede im Platzbedarf fuer diese Bereiche bei den Speicherungsformen erkennen.

So werden ueblicherweise bei Index-sequentiell organisierten Dateien ein kleiner Folgebereich in jedem Datenzylinder und ein allgemeiner Folgebereich fuer die Datei insgesamt vorgesehen. Die Datensaetze selbst sind bei dieser Speicherungsform lueckenlos hintereinander mit aufsteigendem Ordnungsmerkmal gespeichert. Wenn ein Satz eingefuegt werden soll, dann wird er in die seinem Ordnungsmerkmal entsprechende Spur geschrieben und der letzte Satz dieser Spur wird in den Folgebereich uebertragen. Wenn der Folgebereich in einem Zylinder gefuellt ist, kann noch der allgemeine Folgebereich fuer die Datei belegt werden.

Der Umfang der Folgebereiche kann dem Organisationsprogramm zum Aufbau Index-sequentieller Dateien eingegeben werden, der Reserveplatz ist also je nach erwarteter Aenderungsrate frei bestimmbar.

Im Gegensatz dazu wird bei gestreuten Dateien der Platz, der zwischen den Saetzen, fuer die eine Adresse durch einen Algorithmus errechnet werden konnte, freibleibt, als Folgebereich verwendet. Die Folgebereichs-Organisation haengt daher von den freien Stellen zwischen den Saetzen ab. Bei dicht gespeicherten Dateien und grosser Aenderungsrate muss mit Kettungsadressen[1] gearbeitet werden, da sonst das Auffinden eines nachtraeglich eingegebenen Satzes zu langwierig wird. Wenn die Datensaetze in einem grossen Datentraegerbereich sehr verstreut liegen, kann bei relativ niedriger Aenderungsrate die gestaffelte Ueberlaufmethode fuer die Folgesaetze angewandt werden. Da die Zuordnung der neuen Datensaetze auf freie Bereiche nicht so konsequent wie bei der Index-sequentiellen Speicherungsform durchgefuehrt wird, muss im allgemeinen fuer eine Datei in der gestreuten Speicherungsform ein groesserer Folgebereich eingerichtet werden als fuer die gleiche Datei in Index-sequentieller Form.

Aus den genauen Werten des TEILS II folgt generell:

- Die sequentielle Speicherungsform hat den geringsten Platzbedarf (vergl. TEIL II Kap. A. Spalte SPB_1–SPB_4).
- Die Index-sequentielle Speicherungsform hat einen etwas groesseren Platzbedarf als die sequentielle. Dafuer ist die Folgebereichsorganisation gut und we-

---

[1]) Vergl. Abschnitt 2.3.2.

nig platzaufwendig (TEIL II Kap. A. Sp. SPB_{7+8}).

- Die gestreute Speicherungsform benoetigt etwas weniger Platz als die ungeblockte Index-sequentielle Form, wenn ein Algorithmus gefunden werden kann, der eine lueckenlose Speicherung erlaubt. Im Vergleich zu einer geblockten Index-sequentiellen Datei ist sie unguenstiger (vergl. TEIL II Kap. A. Spalte SPB_5 u. SPB_6).

Dies wird durch den Vergleich der Kurve (2S20) in Abb.22 mit der Kurve (1S10) der Abb. 21 verdeutlicht.

6.2. Zugriffsgeschwindigkeit

Die Kosten fuer den Zugriff auf eine Datei sind von groesserer Bedeutung als die Kosten fuer den Speicherplatz. Die Speicherplatzkosten sind aus den Kaufpreisen fuer die einzelnen Datentraeger errechnet worden und sind daher nur einmalig aufzuwenden. Die Kosten fuer den Zugriff beruhen auf der Miete fuer die Speicher und ihre Steuereinheiten. Sie fallen praktisch fuer jeden Zugriff gesondert an. Da sich die Speicherungsformen in ihrer Zugriffszeit weit mehr unterscheiden als in der Speicherplatzbelegung und diese Zugriffszeiten, wie eben erklaert, fuer die Kosten eines Informationssystems eine groessere Bedeutung haben als die reinen Platzkosten, wird hier eine Kostendiskrepanz zwischen den alternativen Organisationsformen offenbar.

6.2.1. Bedeutung der Zugriffsgeschwindigkeit fuer die Kosten der Informationsbereitstellung

Durch die Zugriffsgeschwindigkeit wird die Belastung der Speichergeraete pro Informationsabfrage bestimmt. Darueberhinaus koennen aber auch externe Einheiten, die auf eine Antwort des Systems warten, in der Zeit, die bis zum Eingang der Antwort vergeht, meist keine anderen Aufgaben ausfuehren. Ferner sollten die Personen, die die vom Informationssystem gelieferten Daten weiterbearbeiten, so schnell mit den gewuenschten Antworten versorgt werden, dass keine Wartezeiten auftreten. Denn es hat sich herausgestellt, dass es in Dialogsystemen fuer den menschlichen Arbeitsrhytmus unguenstig ist, wenn der Fragesteller auf jede Antwort einige Sekunden zu warten hat.

Nicht zuletzt sind die Gebuehren fuer die Uebertragungswege, auf denen die Daten ueber groessere Entfernungen transportiert werden, vom notwenigen Zeitbedarf bestimmt. So kostet jede Sekunde einer Verbindung zur Uebertragung von Daten innerhalb des oeffentlichen Fernmeldenetzes der Bundespost ueber groessere Entfernungen am Tage ca. 0,00038 GE[1].

Diese Uebertragungskosten und die Kosten der Wartezeit fuer externe Einheiten und Personal koennen ausserordentlich gross werden, sind aber von den jeweiligen Gegebenheiten in staerkerem Masse abhaengig als von den

---

[1]) Vergl. Anhang III und R. Thome [40].

Laufzeitunterschieden der Zugriffsroutinen der verschiedenen Speicherungsformen. Daher werden hier ausschliesslich die Kosten der Speichereinheiten selbst in den Vergleich aufgenommen.

In TEIL II Kap. D. ist fuer gebraeuchliche Datei- und Satzgroessen der einem durchschnittlichen Zugriff zuzurechnende Anteil an den Speicherungskosten angegeben, und es laesst sich leicht ablesen, dass diese Kosten ganz erheblich differieren.

Waehrend sich fuer Informationsbanken, die erst aufgebaut werden sollen und fuer die unter Umstaenden sogar noch die maschinelle Ausruestung bestimmt werden kann, aus diesen Angaben Hinweise fuer eine kostenguenstige Dateistruktur entnehmen lassen, muss bei vorhandenen Einrichtungen und Dateien gegebenenfalls mit ganz anderen Argumenten gerechnet werden. So kann es bei einer nicht voll ausgelasteten CPU im Multiprogramming durchaus das Guenstigste sein, eine vorhandene Magnetbandeinheit, die anderenfalls gar nicht in Benutzung waere, mit dem Heraussuchen bestimmter Datensaetze zu beschaeftigen. Aber dies sind Einzelfaelle und ihre Analyse traegt fuer die Konzeption einer Datenbank, die moeglichst preisguenstig moeglichst viele Anfragen beantworten soll, nichts bei.

Die Verbesserung der durchschnittlichen Zugriffsgeschwindigkeit ist in jedem Fall fuer das Kostenverhalten des Informationssystems sehr guenstig.

6.2.2. Verbesserungsmoeglichkeiten der durchschnittlichen Zugriffsgeschwindigkeit

In den drei folgenden Abschnitten werden Ausfuehrungsformen der bekannten Dateiorganisationen vorgeschlagen und beschrieben, die ohne grossen Aufwand eine Verminderung der durchschnittlichen Zugriffszeit ermoeglichen.

6.2.2.1. Zugriffszeitverminderung bei Magnetbanddateien

Eine Moeglichkeit, die sich bei Magnetbanddateien bietet, aus denen bestimmte Saetze in wahlloser Folge abgerufen werden sollen, wurde schon im Abschnitt 4.1.1. geschildert. Die numerischen Ergebnisse der durchschnittlichen Zugriffskosten auf verschieden lange Saetze unterschiedlich grosser Dateien sind in TEIL II Kap. D.1. enthalten. Die Kosten der ueblichen Suchzeiten (ZKSMSA) liegen deutlich ueber den durch die strikt sequentielle Organisationsform mit Vor- und Rueckwaertslesen verursachten Kosten (ZKSMSM).
Das fuer Dateien in gestreuter Organisationsform moegliche Aufstellen einer Haeufigkeitstabelle ueber die Bearbeitung einzelner Saetze (Abschn. 2.3.2.) zur Herabsetzung der Zahl der durchschnittlich zu durchlaufenden Kettadressen kann auch bei Magnetbanddateien erfolgreich eingesetzt werden. Denn eine Speicherungsfolge, in der Datensaetze nach ihren Zugriffshaeufigkeiten geordnet sind, benoetigt fuer die am meisten gele-

senen Saetze nur ganz wenige Suchschritte, wenn die Suche immer von vorn begonnen wird, waehrend die selten bearbeiteten Saetze entsprechend laenger gesucht werden muessen. Wenn die Zugriffshaeufigkeiten zu den einzelnen Saetzen erheblich differieren, kann damit die durchschnittliche Zugriffszeit erheblich verbessert werden. Gegenueber der Methode, die Saetze nach einem Ordnungsmerkmal strikt auf- oder absteigend zu ordnen, hat die Reihenfolge nach Zugriffshaeufigkeiten den grossen Vorteil, dass neue Saetze einfach an die Datei hinten angehaengt werden koennen.

6.2.2.2. Zugriffszeitverminderung bei gestreut organisierten Plattendateien

Bei gestreut organisierten Dateien ist die Folge der Zugriffe meist wahllos. Fuer den Zugriffsmechanismus von Plattenspeichern bringt es die voellig ungeordnete Zugriffsfolge mit sich, dass praktisch fuer jeden Datensatz eine Armpositionierung erfolgen muss. Die Reihenfolge, in der die einzelnen Zylinder aufgesucht werden, ist beim Prinzip des wahlfreien, direkten Zugriffs nicht beeinflussbar.

Man koennte die Datensaetze aber aehnlich dem Vorschlag fuer Magnetbanddateien ihrer Zugriffshaeufigkeit nach ordnen und damit erreichen, dass fuer eine Folge von Zugriffen auf haeufig angesprochene Saetze nur vergleichsweise wenige Zylinder ueberquert werden muessen und damit die Seek-Zeit klein bleibt. Jedoch wuerde die komplizierte Adressrechnung fuer gestreute Dateien dadurch so erschwert, dass dieses Ordnungsprinzip praktisch nicht zu verwirklichen ist, es sei denn, die Adressen werden ueber feste Zuordnungstabellen gefunden. Bei den meisten Dateien ist die Zugriffsfolge nicht so rasch, dass der Kopftraeger nicht in Ruheposition kommt. Ein neuer Befehl zum Aufsuchen eines bestimmten Zylinders und einer Spur kann fruehestens erfolgen, wenn eine neue Adresse errechnet ist. Solange diese Berechnung in der CPU erfolgt, oder solange ueberhaupt keine neue Anfrage an die CPU gerichtet wird, verharrt der Zugriffsarm in der Stellung, die er fuer das Aufsuchen des vorangegangenen Satzes eingenommen hatte. Aus der Differenz der Zylindernummer dieser Ruheposition und der Zylinderadresse eines neuen Satzes resultiert die Anzahl der von der Kopfgruppe zu ueberquerenden Zylinder und damit die Seek-Zeit. Im Abschnitt 4.2. wurde das Berechnungsverfahren fuer den mittleren Zeitbedarf einer solchen Positionierung vorgefuehrt. Im TEIL II Kap. C.2. sind die Ergebnisse fuer Dateien mit verschiedenem Zylinder-Umfang angegeben.

Die hier vorzuschlagende Version zur Verminderung der durchschnittlichen Zugriffszeit nuetzt die Ruhezeit des Zugriffsarms nach dem Verarbeiten eines Satzes, um ihn in eine guenstige Ausgangsposition fuer den naechsten Zugriff zu bringen. Da zu diesem Zeitpunkt nicht bekannt ist, in welchem Zylinder der naechste gewuenschte Satz liegt, kann nur ein Zylinder als Ausgangsposition ge-

gewaehlt werden, von dem die anderen Zylinder gut erreichbar sind. Dies trifft fuer den Zylinder in der Mitte der Datei zu, denn diese Position gewaehrleistet, dass der laengste Zugriffsweg ein Minimum erreicht.

Alle von einem Zylinder der Datei moeglichen Sprungweiten muessen mit der Haeufigkeit, in der sie auftreten, gewichtet werden. Wenn dies fuer alle Zylinder einer Datei durchgerechnet ist, lassen sich aus dem Resultat die Funktionen fuer die verschiedenen Plattenspeichereinheiten wie in Abb. 29 darstellen. Auf der Abszisse sind

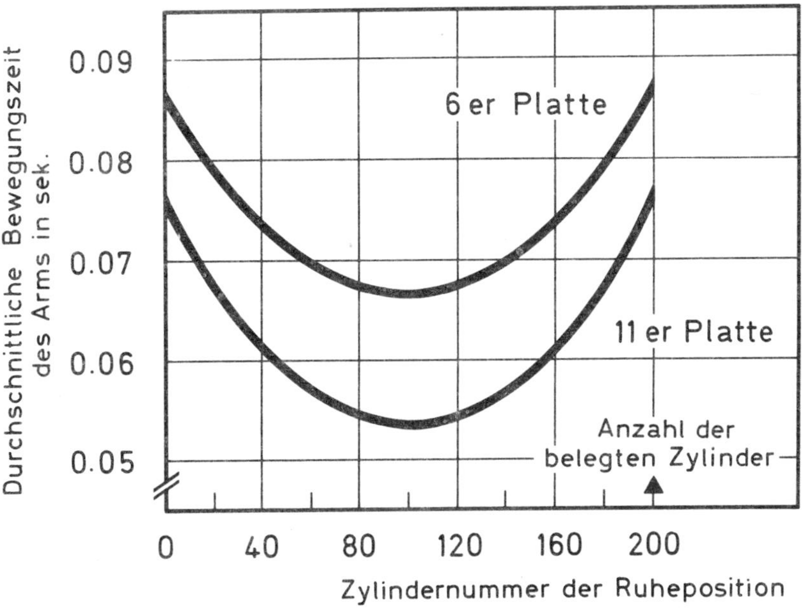

Abb. 29

die Zylinder, die als Ausgangszylinder gewaehlt werden koennen, aufgetragen. Die Ordinatenwerte sind die den jeweiligen Ausgangszylindern entsprechenden durchschnittlichen Seek-Zeiten. Die Abbildung 30 zeigt den gleichen

Sachverhalt fuer Dateien mit geringerem Zylinderumfang. Einen bestimmten Zylinder fuer die Ruhestellung der Kopfgruppe festzulegen bereitet keinerlei Schwierigkeiten. In einem Programm auf Assembler Ebene wird lediglich an die Befehlskette fuer den Zugriff auf einen Datensatz ein Seek fuer die gewuenschte Zylindernummer aufgesetzt. Damit positioniert die Steuereinheit den Zugriffsarm nach jedem Lese-/Schreibbefehl wieder auf den geweunschten Ruhezylinder.

6.2.2.3. Zugriffszeit-Verminderung bei Index-sequentiell organisierten Plattendateien

Fuer Index-sequentiell organisierte Dateien gibt es die Moeglichkeit durch sinnvolle Plazierung des oder der Zylinderindex-Zylinder das Zugriffszeitverhalten zu verbessern. Im einfachen Fall ist nur eine Platte von der Datei belegt. Die Zugriffsfolge ist regelmaessig vom Zylinderindex zu einem Datenzylinder. Die Einrichtung des Zylinderindex-Zylinders nicht am Anfang, sondern in der Mitte, der von der Datei belegten Zylinder, bringt die gleichen Zeitverkuerzungen, wie sie fuer gestreut organisierte Dateien in Abb. 29 und Abb. 30 gezeigt werden. Waehrend die Umstellung auf die Mitte als Ausgangsposition bei gestreuten Dateien jedoch nur unter den genannten Bedingungen sinnvoll ist, bringt die Einrichtung des Zylinderindex in der Dateimitte in jedem Fall einen Zeitvorteil, da die Zugriffsfolge hier immer vom Index-

Zylinder zu einem Datenzylinder gehen muss.

Je mehr Platten die Datei umfasst, umso geringer wird der Vorteil der Verlegung des Zylinderindex in eine

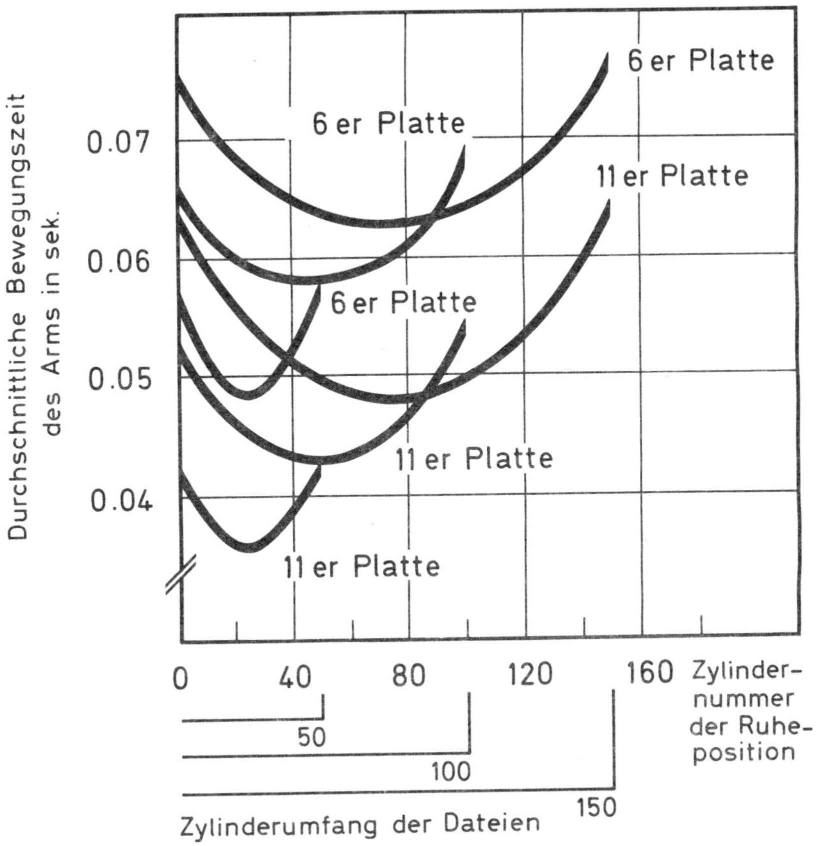

Abb. 30

Plattenmitte, da die Wahrscheinlichkeit, dass vom Zylinderindex auf dieser Platte auf einen Datenzylinder derselben Platte zugegriffen wird, mit der Anzahl der belegten Platten sinkt. Andererseits kann auch fuer die Platten, die nur Datenzylinder und keinen Zylinderindex-Zylinder beinhalten, die Ruheposition des Zugriffsarms auf einen Zylinder in der Plattenmitte gelegt werden und damit wieder jeweils die gleiche Zeitverminderung wie bei gestreuter Organisation erzielt werden (vergl. TEIL II Kap. E.).

7. Das Wendeltreppen-Verfahren zur Senkung der Kosten Index-sequentiell organisierter Dateien [1]

In den Kapiteln 5. und 6. wurde deutlich, dass der hoehere Speicherplatzbedarf, den die Index-sequentielle Speicherungsform hat, kostenmaessig nicht allzu sehr ins Gewicht faellt. Mehrkosten verursacht jedoch die groessere durchschnittliche Zugriffszeit bei Index-sequentiell organisierten Dateien. Es ist aber nicht moeglich, jede Index-sequentielle Datei in die zugriffsschnellere gestreute Speicherungsform umzuwandeln, weil die Adressrechnung oft zu grosse Schwierigkeiten beinhaltet. Dies gilt insbesondere fuer grosse Dateien. Daneben bietet die Index-sequentielle Speicherungsform fuer den Aenderungsdienst mehr Vorteile als die gestreute Speicherungsform,was sich ebenfalls gerade bei groesseren Dateien bemerkbar macht.

Die Index-sequentielle Speicherungsform, die aus den erwaehnten Gruenden das breiteste Anwendungsfeld fuer Direkt-Zugriff gefunden hat, kann, da der erhoehte Speicherplatzbedarf dem Indexlisten-Prinzip immanent ist,

---

1) Das Wendeltreppen-Verfahren wurde unter der Bezeichnung 'Umlaufspeichereinrichtung fuer elektronische Datenverarbeitungsanlagen' am 4.1.1972 beim Deutschen Patentamt in Muenchen vom Verfasser zum Gebrauchsmuster und Patent angemeldet. Die Gebrauchsmusteranmeldung wurde unter dem Aktenzeichen G 72 00 177.5 und die Patentanmeldung unter dem Aktenzeichen P 22 00 299.5 in den Geschaeftsgang aufgenommen.

nur ueber eine Erhoehung der Zugriffsgeschwindigkeit kostenmaessig guenstiger gestaltet werden.
Im Folgenden wird ein Verfahren vorgestellt, bei dem die Zugriffszeiten fuer Index-sequentiell organisierte Dateien geringer sind als bei den herkoemmlichen Methoden.

7.1. Die Funktion des Wendeltreppen-Verfahrens

Das Verfahren betrifft Magnetplatten- und Trommelspeicher. Zur besseren Verdeutlichung und zum Vergleich wird neben anderen bereits bekannt gewordenen Vorschlaegen zur Verbesserung des Zugriffsverhaltens zunaechst die Arbeitsweise der gaengigen Umlaufspeicher[1] beschrieben.

7.1.1. Verfahrensbeschreibung der gaengigen Umlaufspeicher

Bei den bekannten Modellen dieser Speichereinheiten wird der Anfang aller Aufzeichnungsspuren durch eine als Index-Markierung bezeichnete Vorrichtung signalisiert. Diese Index-Markierung, die in den meisten Faellen als einfache Nut ausgebildet ist, sitzt auf einer Markie-

---

[1]) Umlaufspeicher bekannter Art (Electronic Engineering, July 49, P. 243) sind so ausgebildet, dass die endlos umlaufenden Spuren aufgeteilt sind in Speicherstellen, denen bezueglich der Markierung einer Steuerspur eine bestimmte raeumliche Beziehung zugeordnet ist. 'Auslegeschrift 1302 515' des Deutschen Patentamts vom 26.Nov. 1970, Spalte 1.

rungsscheibe, die fest mit dem Plattenstapel oder der Trommel verbunden ist. Bei den beschriebenen Platteneinheiten mit Stapeln zu 6 und 11 Platten ist diese Markierungsscheibe unterhalb der sechsten bzw. elften Platte angebracht und dient gleichzeitig dem Schutz der Aufzeichnungsplatten.

Die Index-Markierung auf der Markierungsscheibe induziert bei jedem Umlauf in einem Abtastkopf ein Signal fuer die Speichersteuerung. Der Abtastkopf ist bei Platteneinheiten am unteren Rand des Topfes montiert, in dem der Stapel rotiert. Beim Oeffnen der Platteneinheit wird er automatisch zurueckgeschwenkt, damit der Stapel entnommen werden kann.

Das Signal fuer die Speichersteuerung zeigt den Vorbeilauf der als Spuranfang definierten Stellen der Spuren an, so dass unabhaengig davon, ob die Schreib-/Lesekoepfe in nur einer oder versetzt in mehreren Ebenen der Drehachse angeordnet sind, alle Spuranfaenge immer zeitgleich an ihren Schreib-/Lesekoepfen vorbeilaufen.

Das Aufzeichnen von Daten auf die umlaufenden Spuren ist nur dadurch moeglich, dass zuerst die Markierung fuer den Spuranfang (Index-Markierung) abgetastet wird. Das Lesen von Daten von den Spuren ist in einigen Faellen auch erst nach dem Durchlauf der der Index-Markierung direkt folgenden Spuradresse und des Spurkennblocks moeglich. Insbesondere muss vom Spuranfang an gelesen werden, wenn die Spuren zur besseren Kapazitaetsausnutzung mit nur einem Datenblock beschrieben sind.

Die Index-Markierung steht in einer bestimmten raeumlichen Zuordnung zur Drehachse des Plattenstapels. Die in bezug auf die Drehrichtung fest angeordneten Schreib-/Lesekoepfe koennen somit erst nach einer durch die Drehzahl und die Ausgangsposition bestimmten Wartezeit die der Index-Markierung folgende Spuradresse und den Spurkennblock abtasten. Dies wirkt sich nachteilig aus, wenn - wie z.B. bei der Index-sequentiellen Speicherungsform - nach dem Lesen eines Satzes in einer Spur umgeschaltet wird und in einer anderen Spur desselben Zylinders ein weiterer Satz abgefuehlt werden soll. Dabei geht immer die Zeit verloren, bis der Anfang der gewuenschten Spur an die Kopfgruppe kommt.

7.1.2. Andere Verfahren und Vorschlaege zur Verbesserung des Zugriffsverhaltens von Umlaufspeichern

Bei anderen bekannten Umlaufspeichereinrichtungen sind die Spuren in Sektoren gleicher Ausdehnung aufgeteilt. Die Anfaenge und Enden der untereinanderliegenden, korrespondierenden Sektoren laufen immer zeitgleich an der Schreib-/Lesestation vorbei. Jeder Gruppe von korrespondierenden Sektoren ist eine Anfangsmarkierung und jedem Sektor ein Beschreibungssatz zugeordnet, so dass mit dem Aufzeichnen oder Lesen immer erst dann begonnen werden kann, wenn der Anfang des gewuenschten Sektors an den Koepfen vorbeilaeuft. Die Sektoneinteilung verbietet es jedoch, Datenbloecke zusammenhaengend aufzuzeichnen, die eine groessere Spurlaenge benoetigen, als ein Sektor umfasst. Das ist ein Nachteil, da die von einem Datenblock benoetigte Spurlaenge oder ein ganzes Vielfaches davon hoechstens zufaellig der einem Sektor entsprechenden Spurlaenge gleich ist. In allen anderen (und damit in den meisten) Faellen bleibt ein Teil jedes Sektors fuer die Datenaufzeichnung ungenutzt.

Ein Verfahren zur Eingabe und Entnahme aller Daten einer Spur[1] beinhaltet den Vorschlag, beim Eingabevorgang alle zuvor auf einer Spur gespeicherten Daten zu loeschen und eine Steuermarkierung mit aufzuzeichnen. Diese Markierung kann beim Lesevorgang den Anfang der jeweiligen Spur anzeigen. Bei einer Aufzeichnung ist es notwendig, auf den Durchlauf einer Anfangsmarkierung zu warten, da bei jeder Aufzeichnung eine Markierung erstellt wird.

Die Markierung ist eine bestimmte Bit-Kombination, die am Ende einer jeden Aufzeichnung, bevor der Anfang dieser Aufzeichnung nach einer vollendeten Umdrehung des Stapels wieder an die Schreib-/Lese-Station kommt, mit aufgezeichnet wird. Diese Bit-Kombination wird dann beim Lesen als Spuranfangsmarke erkannt, eine gesondert angebrachte Index-Markierung ist hier nicht mehr notwendig.

Der Vorteil, dass bei der Datenaufzeichnung sofort nach der Armpositionierung und Kopfumschaltung geschrieben

---

[1]) Blackford, S.,H. [5].

werden kann, ist jedoch nur von begrenzter Bedeutung. Die Dateierstellung und die Reorganisationslaeufe finden im Vergleich zur laufenden Datenentnahme relativ selten statt. Ein Satz wird normalerweise haeufiger gelesen als aufgezeichnet. Beim Lesen verbessert die hier beschriebene Methode jedoch das Zugriffszeit-Verhalten nicht. Hier muss, genau wie beim Standardverfahren der ueblichen Speicher, auf den Spuranfang gewartet werden. Da die Spuranfaenge bei diesem Aufzeichnungsverfahren vollkommen wahllos verstreut sind, bleibt eine durchschnittliche Wartezeit auf den Spuranfang von einer halben Umdrehung.

7.1.3. Erklaerung und Beschreibung des Wendeltreppen-Verfahrens

Das Wendeltreppen-Verfahren soll die Gesamtzugriffsgeschwindigkeit bei Index-sequentiell organisierten Dateien erhoehen. Dies wird dadurch erreicht, dass die Wartezeiten, die bis zum Durchlauf des Spuranfangs und damit der Index-Markierung vergehen, vermindert werden und zwar bei Spuren, die ohne mechanische Bewegung des Zugriffsarms nach dem Lesen einer anderen Spur desselben Zylinders abgetastet werden sollen.

Dieser Funktionsablauf ist bei jedem Zugriff auf eine Index-sequentielle Datei gegeben. Selbst wenn die hoeheren Indexlisten (Zylinderindex und darueber) zur Zeitersparnis im Kernspeicher gefuehrt werden, bleibt immer der Zugriff auf die Spurindex-Spur und danach auf eine Datenspur desselben Zylinders.

7.1.3.1. Erste Ausfuehrungsvariante

Die Wartezeitverkuerzung kann durch eine versetzte Anordnung von zwei oder mehreren Abtastkoepfen erreicht werden (vergl. Abb. 31). Dadurch erhalten einzelne Spuren oder Gruppen von Spuren, je nachdem, wieviele Abtastkoepfe bei einer bestimmten Zahl von Spuren pro Zylinder eingerichtet sind, zeitindividuelle Spuranfaenge derart, dass waehrend jeden Umlaufs der Drehachse die Index-Markierung zur Kennzeichnung eines Spuranfangs mehrfach abgetastet wird. Die Zeitintervalle zwischen dem wiederholten Abtasten der Index-Markierung haengen von der raeumlichen Anordnung der Abtastkoepfe und der Drehzahl des Aufzeichnungstraegers ab.
Mit dieser Speichereinrichtung ist es moeglich, waehrend einer einzigen Umdrehung auf mehreren Spuren vom Spuranfang zu lesen.

7.1.3.2. Zweite Ausfuehrungsvariante

Das Arbeitsprinzip ist auch dadurch realisierbar, dass am Umfang der Markierungsscheibe anstatt nur einer Markierung mehrere solcher Indexmarkierungen versetzt angebracht sind, die von dem einen ueblichen Kopf abgetastet werden (vergl. Abb. 32). Die Markierungen sollten vorzugsweise unterschiedlich ausgebildet sein, damit eine eindeutige Zuordnung von Markierung zu einer Spur oder

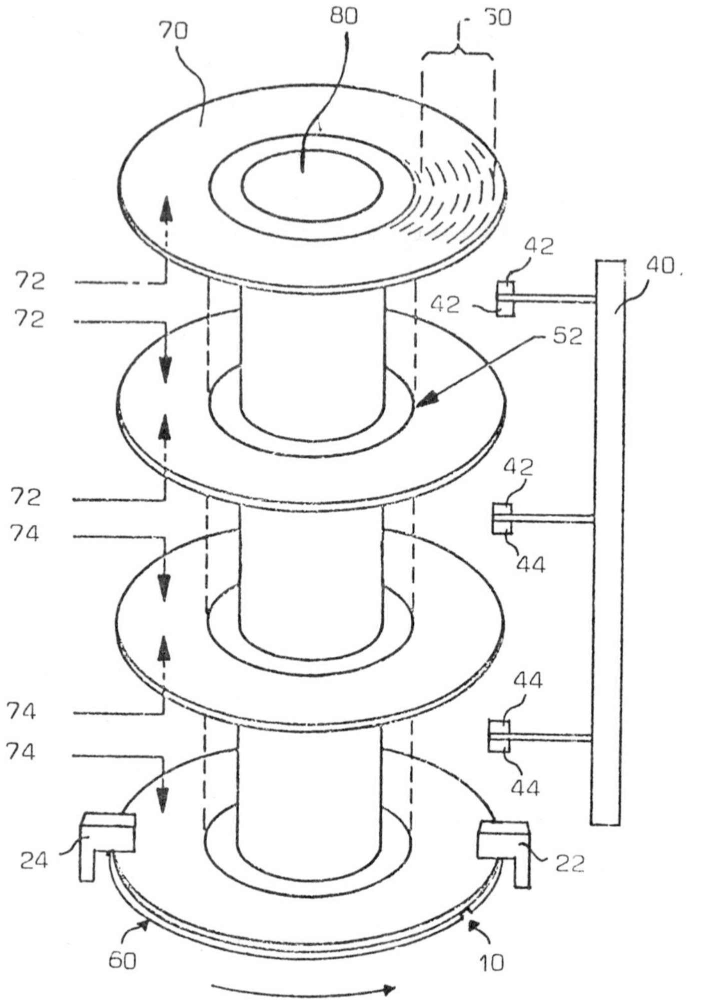

10 Markierungsorgan
22 Abtastkopf
24 Abtastkopf
40 Zugriffsarm
42 Schreib/Lese-Koepfe
44 Schreib/Lese-Koepfe
50 Spuren
52 Zylinder
60 Markierungsscheibe
70 Scheiben
72 Scheibenoberflaechen
74 Scheibenoberflaechen
80 Drehachse

Abb. 31

Spurengruppe moeglich ist. Dem ueblichen Weg folgend, naemlich die Index-Markierung durch eine Nut im Scheibenumfang zu bilden, sollten die Index-Markierungen durch unterschiedlich breite Nuten gebildet werden. Die unterschiedlich breiten Nuten erzeugen im Abtastkopf individuelle Signale, so dass eine Markierungsnut leicht einer Spur oder Spurengruppe zugeordnet werden kann.

7.1.3.3. Dritte Ausfuehrungsvariante

Bei Plattenspeichereinheiten, die den Spuranfang nicht strikt ueber den Indexpunkt lokalisieren, sondern ueber die Spuradresse und den Spurbeschreibungssatz (R0) ist ein versetzter Anfang der Spuren auch ohne Hardware-Aenderung moeglich.
Jeder neue Datentraeger fuer Direkt-Zugriff-Einheiten muss vor der ersten Benutzung einem Initialisierungsvorgang unterzogen werden, in dem auf jeder Spur des Traegers die Spuradresse und der Spurkennsatz von einem speziellen Programm aufgezeichnet werden. Es ist leicht moeglich, dieses Programm, das die Spuren jedes Zylinders von oben nach unten sukzessive mit den genannten Informationen versieht, durch Schleifenbildung so zu aendern, dass die Spuradresse einer oder mehrerer untereinander liegender Spuren versetzt aufgezeichnet werden. Dazu wird im Programm nur festgelegt, dass vor dem Aufzeichnungsbeginn der Adresse einer folgenden Spur eine Schleife in einer bestimmten Anzahl durchlaufen werden muss.

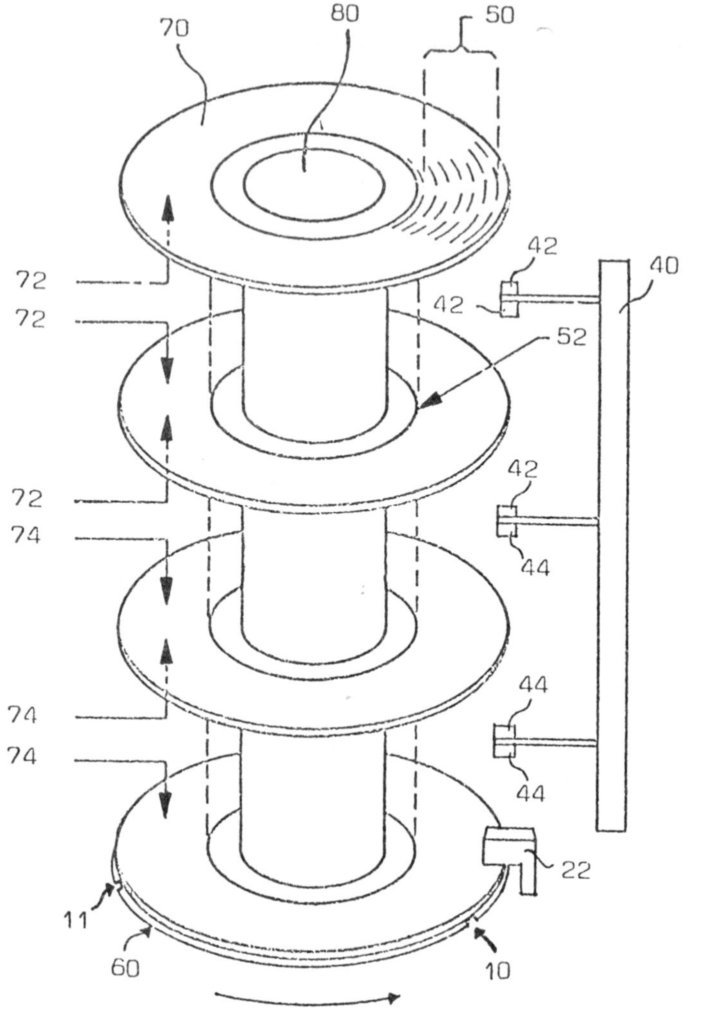

10 Markierungsorgan
11 Markierungsorgan
22 Abtastkopf
40 Zugriffsarm
42 Schreib/Lese-Koepfe
44 Schreib/Lese-Koepfe
50 Spuren
52 Zylinder
60 Markierungsscheibe
70 Scheiben
72 Scheibenoberflaechen
74 Scheibenoberflaechen
80 Drehachse

Abb. 32

7.2. Die Verminderung der Zugriffszeit durch Einsatz des Wendeltreppen-Verfahrens

Die Spuranfaenge der einzelnen Spuren sind bei allen drei Ausfuehrungsvarianten so versetzt, dass die ueber die Spuranfaenge aller Zylinder gezogenen Radien dem Schema einer Wendeltreppe entsprechen (vergl. Abb. 33). Bei der Index-sequentiellen Speicherungsform ist es nun bei sinnvoller Anordnung der Indexeintraege und Daten-

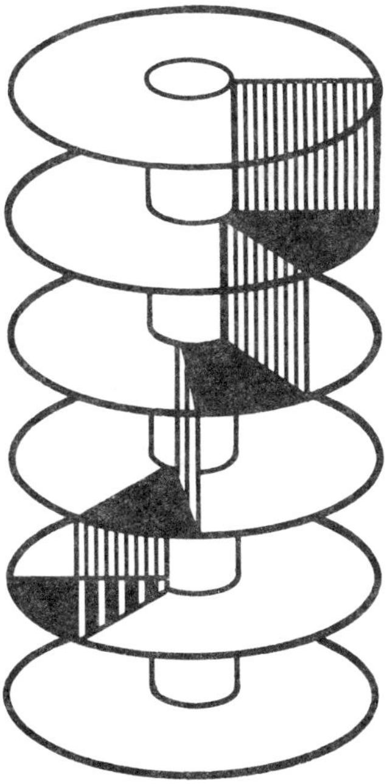

Abb. 33

saetze moeglich, nach dem Auffinden des gesuchten Indexeintrags durch Kopfumschaltung auf die Spur zu wechseln,

in der der gewuenschte Datensatz steht und dort - ohne die Vollendung der begonnenen Umdrehung abzuwarten - vom Spuranfang an zu lesen.
Die Anzahl der Treppenstufen wird bei der ersten Ausfuehrungsvariante von der Anzahl der Abtastkoepfe, bei der zweiten von der Anzahl der Index-Markierungen und bei der dritten Variante nur vom Aufbau des Initialisierungsprogramms bestimmt (vergl. Abschn.7.1.3.1.,7.1.3.2. und 7.1.3.3.).
Der Zugriffsablauf von der Spurindex-Spur zu einer Daten-Spur soll fuer den einfachsten Fall - mit nur zwei Treppenstufen - erklaert werden (vergl. Abb. 34).
Die Spurindex-Spur (Spur 0) enthaelt die ueblichen Eintragungen. Die erste Eintragung in dieser Spurindexliste verweist auf die Datensaetze der Spur 1, die zweite Eintragung auf die Datensaetze der Spur 2 und so fort. Die Anfaenge dieser Spuren 1 und 2 sind auf einer anderen Treppenstufe, d.h. in diesem Beispiel bei nur zwei Treppenstufen vom Anfang der Spurindex-Spur um eine halbe Umdrehung versetzt angeordnet. Nach dem Lesen der Spurindex-Saetze 1 oder 2 kann folglich, sobald die erste halbe Umdrehung vom Anfang der Spur 0 gerechnet vollzogen ist, auf den Spuren 1 oder 2 von deren Anfang gelesen werden. Die Wartezeit wird damit wesentlich verkuerzt und das Gesamtzugriffszeitverhalten verbessert.
Es bleibt zu untersuchen, welche Treppenstufenanordnung die groesste Zeitersparnis mit sich bringt. Dazu wird zunaechst das Problem der Laenge der Indexeintraege

uebergangen, um die maximal moegliche Zeitverbesserung zu errechnen. Erst im Abschnitt 7.3. wird die Laenge der Indexeintraege beruecksichtigt.

7.2.1. Mittlere Zugriffszeitverbesserung bei zwei Treppen

Die herkoemmliche Methode, auf Spurindices und dann auf die Datenspur zuzugreifen, erfordert fuer den Vorgang - 'Aufsuchen Spurindex + Warten auf den Anfang der Datenspur' eine ganze Umdrehung des Datentraegers, d.h. 25 ms, wenn das Aufsuchen des gewuenschten Spurindex am Anfang der Spurindex-Spur beginnt, was hier im Weiteren angenommen wird. Werden auf dem Datentraeger jedoch zwei Spuranfaenge angeordnet und die Datenspuren, auf die die ersten Spurindices verweisen, haben ihren Anfang an der zweiten Spuranfangsmarke, waehrend die Datenspuren, auf die die zweite Haelfte der Spurindices verweist, ihren Anfang an der ersten Spuranfangsmarke haben, so wird fuer den gerade beschriebenen Befehlsablauf bei den Datenspuren, deren Indices in der ersten Haelfte der Index-Spur liegen, nur eine halbe Umdrehung, d.h. 12,5 ms gebraucht, waehrend fuer die Datenspuren der zweiten Haelfte der Spurindex-Spur der Zeitbedarf nach wie vor 25 ms betraegt. Die durchschnittliche Zugriffszeitverbesserung liegt folglich bei (25 - 12,5)/2 = 6,25 ms.

Nach Gleichung (18) in Abschnitt 3.3. werden fuer acht

Spurindices mit je 10 Byte Schluesselfeld bei 6er Plattenstapeln nur 1616 Bytes der Spur 0 belegt. Die auf ei-

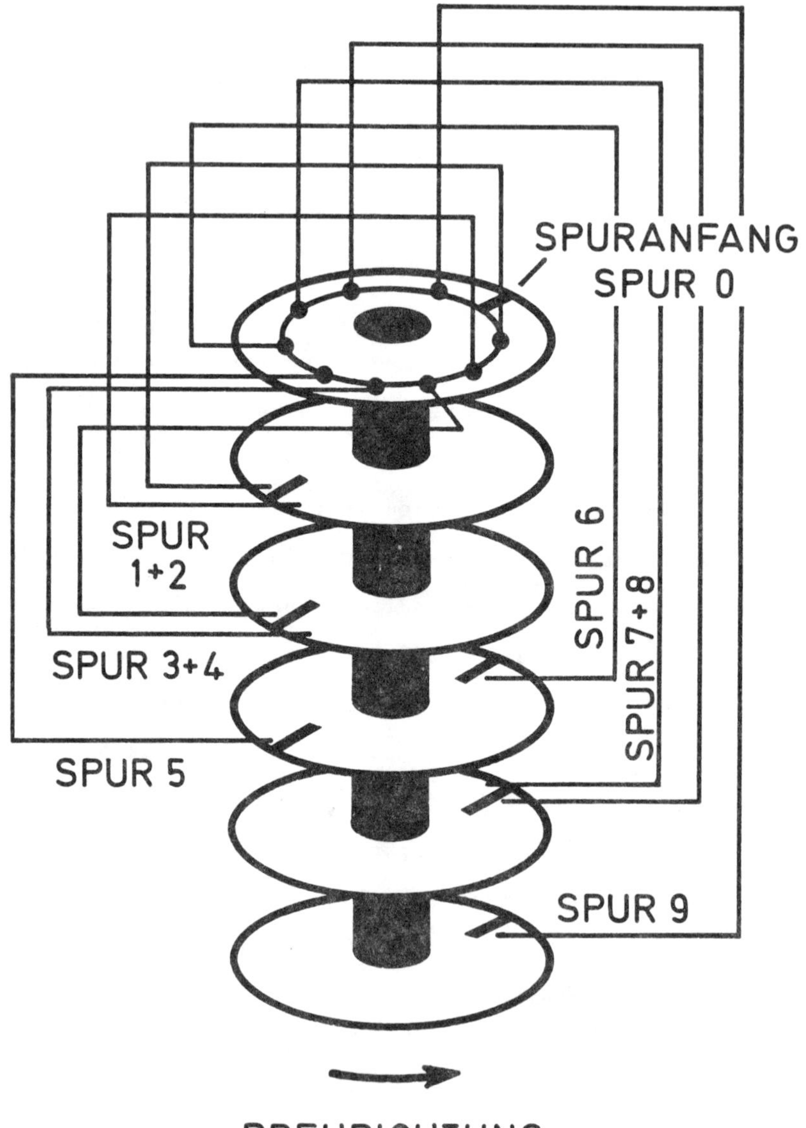

Abb. 34

nem 6er Stapel zugehoerigen acht Datenspuren (10 Spuren minus eine Spur fuer Indices und eine Spur fuer den Ueberlaufbereich) koennten somit auch an der Stelle des Datentraegerumfangs beginnen, an der die Indexliste in Spur 0 beendet ist. In diesem Fall waere das bei 45/100 einer Umdrehung. Die Drehzeit fuer diese 45/100 Umdrehung betraegt 11,25 ms. Die Zugriffszeit pro Zugriff wird gegenueber den herkoemmlichen Verfahren um 13,75 ms auf 11,25 ms gesenkt.
Schon bei der einfachen Wendeltreppe mit nur zwei Stufen sind Verbesserungen der Aufsuch- und Wartezeit von bis zu 55°/₀ gegenueber den herkoemmlichen Verfahren moeglich.

7.2.2. Mittlere Zugriffszeitverbesserung bei mehreren Treppen

Die maximal sinnvolle Anzahl von individuellen Spuranfaengen, d.h. Anfangs-Marken, ist die Anzahl (k) der Datenspuren pro Zylinder plus 1 fuer die Spurindex-Spur. Ein in dieser Weise mit Spuranfangs-Marken versehener Aufzeichnungstraeger wird am besten durch eine Wendeltreppe mit k + 1 Stufen beschrieben.
Es ist am effektivsten, diese Spuranfangs-Marken so zu verteilen, dass bildlich gesprochen die Anfangsmarke jeder Spur wie die Stufen einer Treppe unter dem Ende des fuer diese Spur zugehoerigen Eintrags in der Indexliste liegt. Sobald beim Durchsuchen der Index-Spur der ge-

suchte Eintrag gelesen ist,kann durch sofortige Kopfumschaltung auf die im Eintrag angegebene Spur der gewuenschte Datenblock gelesen werden, denn diese Spur gehoert zu dem gefundenen Index-Eintrag und hat ihren Anfang damit gleich nach dessen Ende.
Eine Wartezeit auf den Anfang einer Datenspur gibt es bei dieser vollstaendigen Wendeltreppe nicht. Der Zeitbedarf zum Durchsuchen der Index-Spur bleibt wie bisher. Wie im vorigen Abschnitt gezeigt, benoetigt eine Spurindexliste mit den Eintraegen fuer acht Datenspuren bei 6er Plattenstapeln nur 45/100 der Spur 0. Im Mittel muessen daher nur 45/200 der Spurindex-Spur durchsucht werden, bis der gewuenschte Eintrag gefunden ist. Die Zeit fuer die Befehlsgruppe

- 'Aufsuchen Spurindex + Warten auf den Anfang der Datenspur' -

schrumpft damit bei 6er Stapeln auf durchschnittlich 5,625 ms.

7.3. Auswirkung der unbestimmten Laenge der Indexeintraege auf das Wendeltreppenverfahren

Bei der im vorigen Abschnitt untersuchten Version gibt es keine Wartezeit auf den Anfang der Datenspur mehr. Eine Anordnung der Treppen in der Art, dass fuer jede Datenspur ein individueller Spuranfang da ist, wird als vollstufige Wendeltreppe bezeichnet. Das Zeitverhalten fuer die Befehlsfolge innerhalb eines gewuenschten Datenzylinders wird nur noch von der Durchlaufzeit fuer die Spurindexliste bestimmt. Damit ist die Laenge dieser Liste fuer das Zeitverhalten ausschlaggebend.

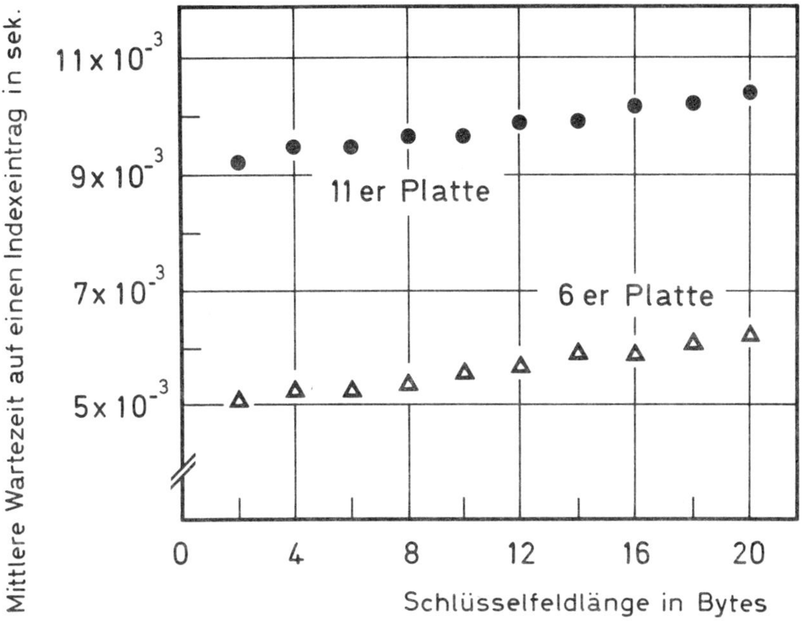

Abb. 35

Die Datenfelder aller Indexeintraege haben einen konstanten Umfang von je 10 Bytes (vergl. Abschn. 3.3.), nur die Schluesselfeldlaenge wird vom Anwender festgelegt. Sie bestimmt die Durchlaufzeit und die mittlere Aufsuchzeit fuer einen Index-Eintrag.

Abbildung 35 zeigt diesen Zusammenhang und macht deutlich, dass die Schluesselfeldlaenge im allgemeinen nur geringen Einfluss auf das Zeitverhalten hat, denn es darf nicht unberuecksichtigt bleiben, dass das Spektrum der ueblicherweise verwandten Schluesselfeldlaengen nur von ca. 1 bis 10 Bytes reicht.

7.3.1. Zugriffszeit und Speicherplatzbedarf bei unterschiedlichen Schluesselfeldlaengen

Die Schluesselfeldlaenge und die Lage der einzelnen Treppenstufen stehen in einer festen geometrischen Beziehung, denn die 'Stufenbreite' wird von der maximalen Schluesselfeldlaenge bestimmt. Bei der ersten und zweiten Ausfuehrungsvariante des Wendeltreppen-Verfahrens (Abschn. 7.1.3.1. und 7.1.3.2.) ist die Stufenbreite durch die Anordnung der Abtastkoepfe bzw. der Index-Nuten fixiert und vom Benutzer nicht zu veraendern. Die Schluesselfelder koennen in der konventionellen Index-sequentiellen Speicherungsform eine Laenge von 1 bis 255 Bytes umfassen. In einem 255 Byte Schluesselfeld koennen 2^{2040} verschiedene Bitkombinationen dargestellt werden. Diese Vielfalt von Schluesselinhalten wird sicher fuer keine Datei benoetigt.
Eine Datei, in der fuer jeden Bundesbuerger ein Datensatz gespeichert ist, waere eine der umfangreichsten Dateien ueberhaupt. Als Schluessel wuerde in einer solchen Datei das vom Bundestag 1971 im Rahmen des Gesetzes ueber das Meldewesen eingefuehrte Personenkennzeichen dienen. Dieses Personenkennzeichen benoetigt - obwohl es ein sprechender Schluessel ist, der mehr Stellen beansprucht, als eine einfache Durchnumerierung erfordern

wuerde - nur 12 Ziffern. Diese 12 Ziffern sind in einem 6-Byte-Schluesselfeld darstellbar.

Selbst fuer die groessten Dateien kommt man folglich mit kurzen Schluesselfeldern aus, es sei denn, man wuerde einen Namen oder aehnliche Begriffe als Schluesselwort verwenden.

Der Speicherplatzbedarf fuer Spurindex-Eintraege errechnet sich aus Gleichung (18) des Abschnitts 3.3.. Fuer die hier auf einem 6er Plattenstapel angenommenen acht Datenspuren wird der Speicherplatzbedarf in Abhaengig-

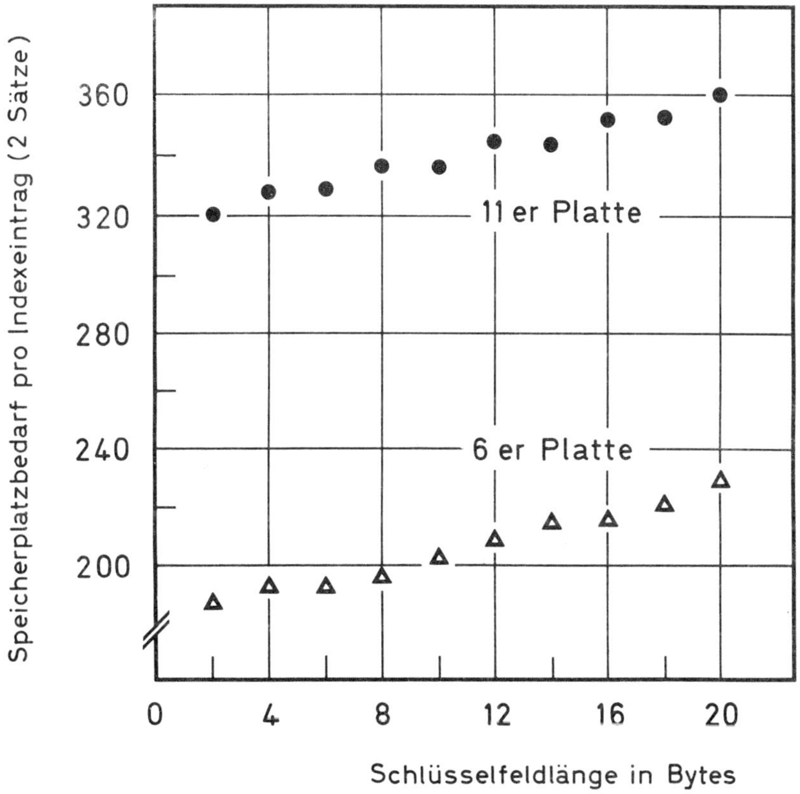

Abb. 36

keit von der Schluesselfeldlaenge in Abbildung 36 gezeigt.
Der Einfluss der Schluesselfeldlaenge auf das Zeitverhalten war schon in Abb. 34 dargestellt worden.

7.3.2. Zugriffskosten und Speicherplatzkosten der Indexeintraege bei unterschiedlichen Schluesselfeldlaengen

Abbildung 37 zeigt die Aenderung der Speicherungskosten

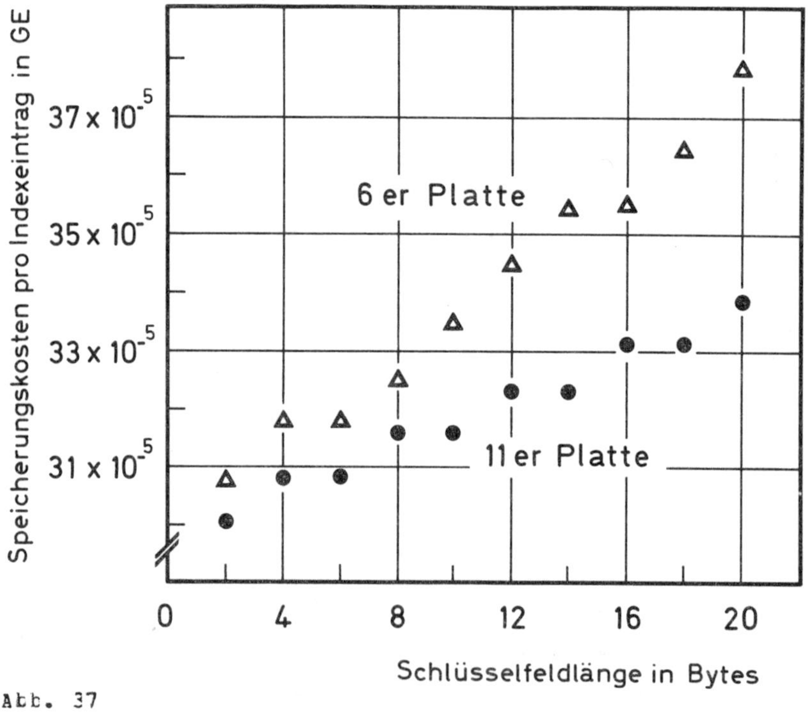

Abb. 37

fuer die Spurindexlisten, die durch verschieden grosse Schluesselfelder beim vollstufigen Wendeltreppen-Ver-

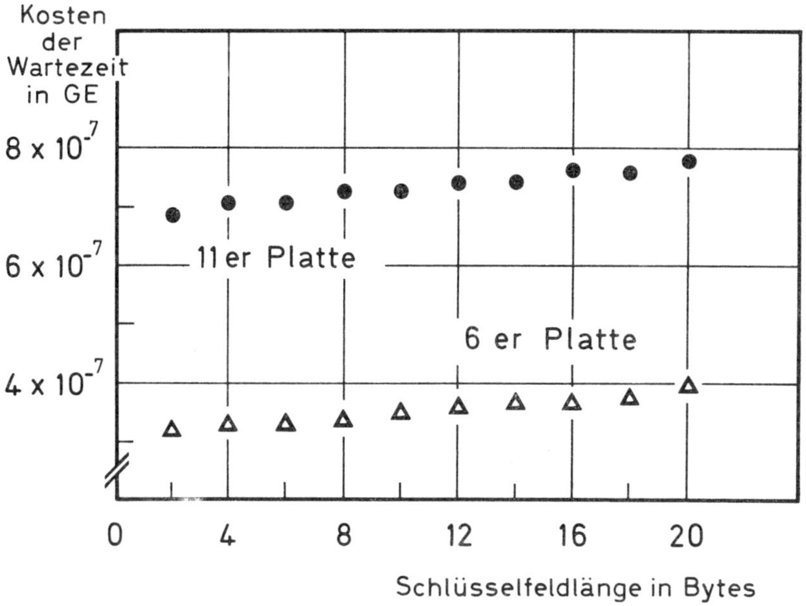

Abb. 38

fahren hervorgerufen wird. Abbildung 38 veranschaulicht die Kosten fuer die Zugriffszeit. In beiden Abbildungen wird die geringe Abhaengigkeit dieser Kosten von der Schluesselfeldlaenge deutlich.

7.3.3. Die Schluesselfeldlaenge fuer eine praktikable Version des Wendeltreppen-Verfahrens

Der Einbau mehrerer Indexpunkt-Abtastkoepfe in die Speichereinheiten oder das Anbringen mehrerer Index-Markierungen an den Datentraegern beschraenkt die maximale Schluesselfeldlaenge von 255 Bytes nicht grundsaetzlich. Die einfache Vorstellung, dass am Ende des Spurindex-Eintrags die zugehoerige Spur beginnen muss, und dass somit bei einmal hardwaremaessig fixierten Treppenstufenlaengen der maximale Schluesselfeldumfang bestimmt ist, hat nur bedingt Gueltigkeit. Denn ein Index-Eintrag mit der Laenge einer Stufe bringt es zwar mit sich, dass keine Wartezeit auf den Spuranfang der gewuenschten Datenspur mehr anfaellt, aber auch bei Index-Eintraegen, die kuerzer sind als eine solche Stufe, wird die gesamte Zeitspanne vom Anfang der Spurindex-Spur bis zum Anfang der Daten-Spur nicht groesser. Sie koennte hoechstens bei noch kuerzeren Treppenstufen kleiner werden. Sind die Index-Eintraege - bedingt durch umfangreiche Schluesselfelder - laenger als die Stufen, so kann durch Ueberspringen von einer oder mehreren Stufen wieder eine Spur gefunden werden, deren Spur-Anfang dem Ende des Index-Eintrags unmittelbar folgt. Dabei sind zwei Faelle zu unterscheiden.

Die erste Moeglichkeit ist, dass die Index-Eintraege zwar jeweils etwas laenger sind als eine Stufe, dass sie aber insgesamt noch in die Spur hineinpassen. Der erste Spurindex kann damit nicht auf die Spur 1 verweisen, denn bis das Ende dieses Spurindexes gelesen ist, hat die Spur 1 schon angefangen und koennte damit nicht mehr von vorn gelesen werden. Aber die Spur 2 kann als Datenspur fuer den ersten Index-Eintrag dienen. Je nach Laenge dieser Eintraege wird dann dem zweiten Eintrag die Spur 3 oder Spur 4 zugeordnet. Die Zeitersparnis ist in diesen Faellen nicht so gross wie in dem Fall:

Spurindex-Eintrag kleiner oder gleich Stufenlaenge.

Trotzdem ist auch hier durch das Wendeltreppen-Verfahren die durchschnittliche Wartezeit auf den Anfang einer Datenspur kuerzer als beim herkoemmlichen Verfahren.
Die zweite Moeglichkeit, dass die Index-Eintraege nicht mehr in die Spur 0 hineinpassen, wird prinzipiell genauso gehandhabt. Die Spur, deren Anfangsmarke als erste einem Index-Eintrag folgt, wird diesem Eintrag als Datenspur zugeordnet.
Um bei Dateien, deren Index-Eintraege laenger sind als die Stufen, immer eine moeglichst zeitguenstige Zuordnung von Index-Eintraegen zu Spuren zu finden, muesste die herkoemmliche Software erweitert werden, waehrend fuer Dateien, deren Index-Eintraege in die Stufenlaengen hineinpassen, das Wendeltreppen-Verfahren ohne Software-Aenderung eingesetzt werden kann. Die hardwaremaessig vorgegebenen Treppenstufen sollten daher auf eine Schluesselfeldlaenge der Index-Eintraege abgestimmt sein, die fuer den groessten Teil der Dateien ausreichend ist.
Wie in Abschnitt 7.3.2. gezeigt wurde, hat eine Schluesselfeldvergroesserung von einigen Bytes keinen wesentlichen Einfluss auf die Speicherplatzkosten fuer die Indexliste und das Zugriffszeitverhalten. Andererseits sollte bei jeder Datei darauf geachtet werden, dass die Schluesselfelder moeglichst klein gehalten werden, denn jeder Datensatz einer Index-sequentiell organisierten Datei muss mit einem Schluesselfeld versehen sein. Ist der Schluessel schlecht aufgebaut (d.h. das Feld wird

unnoetig gross), so wird je nach Anzahl der Saetze in einer Datei unter Umstaenden eine erhebliche Zahl von Speicherplaetzen nutzlos belegt.
Da die Schluesselfelder aus den genannten Gruenden immer moeglichst klein gewaehlt werden und fuer grosse Dateien laengere Namensbegriffe daher als Schluessel kaum in Frage kommen, wird eine Schluesselfeldkapazitaet von 10 Bytes fast immer genuegen. Immerhin koennen in einem 1o Byte-Schluesselfeld 2^{80} ca. $1,5 * 10^{24}$ verschiedene Schluesselfeldinhalte dargestellt werden.

7.4. Vorteile des Wendeltreppen-Verfahrens

In den Kapiteln 5. und 6. hat sich erwiesen, dass die Index-sequentielle Speicherungsform fuer grosse Dateien die vorteilhafteste Speicherungsform ist. Die Kosten des Speicherplatzmehrbedarfs fallen nicht ins Gewicht. Die gegenueber der gestreuten Speicherungsform laengere Zugriffszeit und die damit verbundenen Kosten sind jedoch ein Nachteil dieser Speicherungsmethode.
Andererseits hat sich gezeigt, dass ein schneller Zugriff Kostenvorteile mit sich bringt, die im Einzelfall erheblich sein koennen, sich aber einem allgemeinen Vergleich entziehen. Ein schneller Zugriff bringt aber nicht nur Vorteile, die kostenmaessig bewertet werden koennen, sondern auch Verbesserungen, die in ihrer Aus-

wirkung nicht abzuschaetzen sind.
Daher hat die Computer-Industrie in juengster Zeit auch Plattenspeicher-Einheiten entwickelt, deren Zugriffsarm durch einen Linearmotor bewegt wird und damit die Armpositionierung verkuerzt.
Das Wendeltreppen-Verfahren soll das vergleichsweise langsame Zugriffsverhalten der Index-sequentiellen Speicherungsform verbessern.
Der Vorgang - 'Aufsuchen Spurindex + Warten auf den Anfang der Datenspur' - erfordert beim herkoemmlichen Speicherungskonzept 25 ms. Mit der hier vorgeschlagenen Version des Wendeltreppen-Verfahrens werden fuer diesen Vorgang im Mittel nur 5,625 ms benoetigt, das sind nur 22,5‰ der ueblichen 25 ms. Die Gesamtzugriffszeit wird im Mittel bei 6er Plattenspeichern folglich um 19,375 ms vermindert.
Zur Vereinfachung wurde hier angenommen, dass der Spurindex in Spur 0 residiert, und dass die Spur 1 die erste Datenspur ist. Ueblicherweise werden jedoch die erste oder die ersten Spuren fuer Ueberlaufsaetze reserviert. Dies hat auf das Wendeltreppen-Verfahren keinerlei nachteiligen Einfluss. Es wird einfach eine weiter unten im Aufzeichnungstraeger liegende Spur als erste Datenspur eingesetzt und die Treppe zuerst nach unten und dann in den oberen Spuren fortgesetzt. Die Plazierung des Ueberlaufbereichs in den ersten Stufen bringt fuer das Verfahren den Vorteil mit sich, dass auf den Rest, der in der Spurindex-Spur (Spur 0) hinter der Indexliste frei-

bleibt, keine Ruecksicht genommen werden muss, da er dann dem Ueberlaufbereich zugeordnet wird.

Das Wendeltreppen-Verfahren ist genauso auf 11er Plattenspeicher anwendbar. Wenn man dort von zwei Ueberlaufspuren und einer Spurindex-Spur ausgeht, dann hat ein Spurindexverzeichnis 17 Eintraege. Der Platzbedarf dieses Verzeichnisses ist nach Gleichung (26) 5678 Bytes. Bei einer Spurkapazitaet von 7294 Bytes sind das 78/100 fuer die Spurindexliste. Die Durchlaufzeit fuer die Liste betraegt dann 19,5 ms. Beim vollstufigen Wendeltreppen-Verfahren benoetigt die oben beschriebene Befehlsfolge 9,75 ms, waehrend sie bei der herkoemmlichen Speicherungsmethode auch 25 ms wie beim 6er Plattenspeicher betraegt (gleiche Umdrehungsgeschwindigkeit).

Das Wendeltreppen-Verfahren hat fuer die genannte Befehlsfolge auf Plattenspeichern mit 11er Stapeln einen Zeitbedarf, der bei nur 39°/₀ des Zeitbedarfs des herkoemmlichen Verfahrens liegt.

Die Treppenstufen dehnen sich ueber den gesamten Radius des Plattenstapels aus. Damit wird auch ueber den Zylinderindex-Zylinder die gleiche Struktur von Spuranfaengen gezogen wie bei Datenzylindern. Der Inhalt dieses Zylinders ist aber ganz aehnlich aufgebaut wie der Inhalt eines Datenzylinders. So hat er eine Spurindex-Spur, in der ungeblockte Saetze in der gleichen Laenge stehen, wie in der Spurindex-Spur eines jeden Datenzylinders. In anderen Spuren des Zylinderindex-Zylinders stehen geblockte Saetze, deren Inhalt auf die einzelnen Datenspu-

ren verweist.
Dieser strukturgleiche Aufbau bringt es mit sich, dass das Wendeltreppen-Verfahren hier die gleichen Zeitverbesserungen erzielt wie innerhalb von Datenzylindern, denn die Zugriffsfolge ist in allen Zylindern einer Index-sequentiell organisierten Datei gleich.
Fuer die 6er Plattenspeicher ergibt sich damit pro Zugriff auf einen Datensatz eine Zeitersparnis von durchschnittlich 38,75 ms und bei 11er Plattenspeichern von 30,5 ms.
Eine so erstaunliche Zeitersparnis durch das Wendeltreppen-Verfahren bleibt aber nicht auf den Plattenspeicher beschraenkt. Auch Trommelspeicher koennen in aehnlicher Art mit gestuften Spuranfaengen versehen werden und arbeiten bei indizierten Zugriffen damit erheblich schneller.
Es bleibt zu klaeren, ob ein derartig aufgebauter Umlaufspeicher fuer die gestreute Speicherungsform mit direktem Zugriff nicht Zeitnachteile mit sich bringt, die den grossen Vorteil bei der indiziert-sequentiellen Speicherungsform zunichte machen oder doch zumindest einschraenken.
Wie in Abschnitt 2.3. dargestellt, wird bei dieser gestreuten Speicherungsform die Adresse (Platteneinheit, Zylinder-, Spur- und evtl. auch die Satznummer) errechnet. Danach steuert die Speichereinheit die gewuenschte Adresse direkt an. Im Mittel wird dabei gerade die Haelfte der gewuenschten Spur durchgelaufen sein und da-

raus ergibt sich die Suchzeit bis zum gewuenschten Satz. Die Lage der Spuranfaenge der Nachbarspuren beeinflusst die Suchzeit ueberhaupt nicht. Der wendeltreppenartige Aufbau der Spuranfangsmarken beeintraechtigt daher das Zugriffszeitverhalten der gestreuten Speicherungsform nicht.

Verzeichnis der Abkuerzungen und Symbole

ABGG Anzahl der moeglichen Bloecke pro Spur bei gestreuter (Index-sequentieller) Speicherungsform mit Schluesselfeld auf 11er Plattenstapeln

ABGK Anzahl der moeglichen Bloecke pro Spur bei gestreuter (Index-sequentieller) Speicherungsform mit Schluesselfeld auf 6er Plattenstapeln.

ABSG Anzahl der moeglichen Bloecke pro Spur bei sequentieller Speicherungsform auf 11er Platten

ABSIG Anzahl der in der Spurindex-Spur zusaetzlich abspeicherbaren Datenbloecke bei 11er Plattenstapeln

ABSIK Anzahl der in der Spurindex-Spur zusaetzlich abspeicherbaren Datenbloecke bei 6er Plattenstapeln

ABSK Anzahl der moeglichen Bloecke pro Spur bei sequentieller Speicherungsform auf 6er Plattenstapeln

ABZIG Anzahl der in einer Spur des Zylinderindexverzeichnisses speicherbaren Saetze auf 11er Plattenstapeln

ABZIK Anzahl der in einer Spur des Zylinderindexverzeichnisses speicherbaren Saetze auf 6er Plattenstapeln

ADSIZG Anzahl der in den Spuren 1-19 eines Zylinders speicherbaren Datensaetze bei Index-sequentieller Speicherungsform auf 11er Plattenstapeln

ADSIZK Anzahl der in den Spuren 1-9 eines Zylinders speicherbaren Datensaetze bei Index-sequentieller Speicherungsform auf 6er Plattenstapeln

BAD Blockanzahl in einer Datei

DSB Datensatzlaenge in Bytes (des physikalischen Datensatzes)

DZSM Durchschnittlicher Zeitbedarf fuer den einzelnen Zugriff auf einen Block einer Magnetbanddatei in Sekunden bei einer Magnetbandeinheit mit 360 Bytes/cm und 60 KB/s

DZSPG Durchschnittlicher Zeitbedarf fuer den einzelnen Zugriff auf einen Block einer sequentiell organisierten Plattendatei auf 11er Stapeln in Sekunden

DZSPK Durchschnittlicher Zeitbedarf fuer den einzelnen Zugriff auf einen Block einer sequentiell organisierten Plattendatei auf 6er Stapeln in Sekunden

KGPG Speicherplatzkosten in GE auf 11er Magnetplattenstapeln bei gestreuter Speicherungsform in Abhaengigkeit von der Laenge des physikalischen Datensatzes und des Schluesselfeldes

KGPK Speicherplatzkosten in GE auf 6er Magnetplattenstapeln bei gestreuter Speicherungsform in Abhaengigkeit von der Laenge des physikalischen Datensatzes und des Schluesselfeldes

KIPG	Speicherplatzkosten in GE bei 11er Magnetplattenstapeln bei Index-sequentieller Speicherungsform in Abhaengigkeit von der Laenge des physikalischen Datensatzes und des Schluesselfeldes
KIPK	Speicherplatzkosten in GE auf 6er Magnetplattenstapeln bei Index-sequentieller Speicherungsform in Abhaengigkeit von der Laenge des physikalischen Datensatzes und des Schluesselfeldes
KSMD	Speicherplatzkosten in GE bei Magnetbandeinheiten mit 365 Bytes/cm Schreibdichte in Abhaengigkeit von der Datensatzlaenge (phys.)
KSMS	Speicherplatzkosten in GE bei Magnetbandeinheiten mit 630 Bytes/cm Schreibdichte in Abhaengigkeit von der Datensatzlaenge (phys.)
KSPG	Speicherplatzkosten in GE auf 11er Magnetplattenstapeln bei sequentieller Speicherungsform in Abhaengigkeit von der Datensatzlaenge (phys.)
KSPK	Speicherplatzkosten in GE auf 6er Magnetplattenstapeln bei sequentieller Speicherungsform in Abhaengigkeit von der Datensatzlaenge (phys.)
MGZIG(r)	Mittlere Gesamtzugriffszeit der Index-sequentiellen Speicherungsform auf 11er Plattenstapeln

MGZIK(r)	Mittlere Gesamtzugriffszeit der Index-sequentiellen Speicherungsform auf 6er Plattenstapeln
MGZZG	Mittlere Gesamtzugriffszeit der gestreuten Speicherungsform mit Warten auf den Spuranfang bei 11er Platten
MGZZK	Mittlere Gesamtzugriffszeit der gestreuten Speicherungsfom mit Warten auf den Spuranfang bei 6er Platten
MGZZOIG	Mittlere Gesamtzugriffszeit der gestreuten Speicherungsform ohne Indexpunkt-Erkennung fuer 11er Platten
MGZOIIG(r)	Mittlere Gesamtzugriffszeit der Index-sequentiellen Speicherungsform auf r 11er Plattenstapeln ohne Wartezeit auf den jeweiligen Spuranfang
MGZOIIK(r)	Mittlere Gesamtzugriffszeit der Index-sequentiellen Speicherungsform auf r 6er Plattenstapeln ohne Wartezeit auf den jeweiligen Spuranfang
MGZZOIK	Mittlere Gesamtzugriffszeit der gestreuten Speicherungsform ohne Indexpunkt-Erkennung fuer 6er Platten
PBGG	Platzbedarf in Bytes bei gestreuter (Index-sequentieller) Speicherungsform mit Schluesselfeld auf 11er Plattenstapeln
PBGGSI	Platzbedarf in Bytes fuer zwei Saetze in der Spurindextabelle bei 11er Plattenstapeln

PBGK	Platzbedarf in Bytes bei gestreuter (Index-sequentieller) Speicherungsform mit Schluesselfeld auf 6er Plattenstapeln
PBGKSI	Platzbedarf in Bytes fuer zwei Saetze in der Spurindextabelle bei 6er Plattenstapeln
PBLGG	Platzbedarf in Bytes des letzten Blocks einer Spur bei gestreuter (Index-sequentieller) Speicherungsform mit Schluesselfeld auf 11er Plattenstapeln
PBLGK	Platzbedarf in Bytes des letzten Blocks einer Spur bei gestreuter (Index-sequentieller) Speicherungsform mit Schluesselfeld auf 6er Plattenstapeln
PBLS	Platzbedarf in Bytes des letzten Blocks einer Spur bei sequentieller Speicherungsform
PBSG	Platzbedarf in Bytes bei sequentieller Speicherungsform auf 11er Plattenstapeln
PBSK	Platzbedarf in Bytes bei sequentieller Speicherungsform auf 6er Plattenstapeln
r	Anzahl der von einer Index-sequentiell organisierten Datei ganz oder teilweise belegten Plattenstapel
RSISG	Rest der in der Spur des Spurinhaltsverzeichnisses ungenutzt bleibenden Bytes bei 11er Plattenstapeln
RSISK	Rest der in der Spur des Spurindexverzeichnisses ungenutzt bleibenden Bytes bei 6er Plattenstapeln

SEAZG Gesamte Search-Zeit mit Warten auf den Spuranfang bei 11er Plattenstapeln

SEAZK Gesamte Search-Zeit mit Warten auf den Spuranfang bei 6er Plattenstapeln

SPB Speicherplatz in Bytes insgesamt pro Block

SPB_1 Speicherplatz in Bytes pro Datenblock insgesamt bei Magnetband mit 315 Bytes/cm

SPB_2 Speicherplatz in Bytes pro Datenblock insgesamt gei Magnetband mit 630 Bytes/cm

SPB_3 Speicherplatz in Bytes insgesamt pro Block bei sequentieller Speicherungsform auf 6er Plattenstapeln

SPB_4 Speicherplatz in Bytes insgesamt pro Block bei sequentieller Speicherungsform auf 11er Plattenstapeln

SPB_5 Speicherplatz in Bytes insgesamt pro Block bei gestreuter Speicherungsform mit Schluesselfeld auf 6er Plattenstapeln

SPB_6 Speicherplatz in Bytes insgesamt pro Block bei gestreuter Speicherungsform mit Schluesselfeld auf 11er Plattenstapeln

SPB_7 Speicherplatz in Bytes insgesamt pro Block bei Index-sequentieller Speicherungsform auf 6er Plattenstapeln

SPB_8 Speicherplatz in Bytes insgesamt pro Block bei Index-sequentieller Speicherungsform auf 11er Plattenstapeln

SPBSIK	Speicherplatzbedarf in Bytes insgesamt fuer die Eintraege in der Spurindextabelle fuer eine Spur bei 6er Plattenstapeln
SPBZIG	Speicherplatzbedarf in Bytes insgesamt fuer die Eintraege in der Zylinderindextabelle fuer einen Zylinder bei 11er Plattenstapeln
SPBZIK	Speicherplatzbedarf in Bytes insgesamt fuer die Eintraege in der Zylinderindextabelle fuer einen Zylinder bei 6er Plattenstapeln
SPW(i)	Sprungweite i (i= 0,n) ueber i Zylinder eines Magnetplattenstapels
SPWS(i)	Summe ueber die moeglichen Sprungweiten i (i= 1,n) ueber i Zylinder von Magnetplattenstapeln
SZDGG(n)	Durchschnittliche Seek-Zeit fuer n Datenzylinder umfassende 11er Plattenstapel die keine Zylinderindex-Zylinder beinhalten
SZDGK(n)	Durchschnittliche Seek-Zeit fuer n Datenzylinder umfassende 6er Plattenstapel, die keine Zylinderindex-Zylinder beinhalten
SZEIG(n)	Durchschnittliche Seek-Zeit von einem Zylinderindex-Zylinder auf einen Datenzylinder auf einem 11er Plattenstapel, wenn der Zylinderindex 3 und die Daten n Zylinder belegen
SZEIK(n)	Durchschnittliche Seek-Zeit von einem Zylinderindex-Zylinder auf einen Datenzylinder auf einem 6er Plattenstapel, wenn der Zylinderindex 3 und die Daten n Zylinder belegen

SZGG(n) Durchschnittliche Seek-Zeit fuer eine Datei mit n Zylindern bei Einheiten mit 11er Plattenstapeln

SZGK(N) Durchschnittliche Seek-Zeit fuer eine Datei mit n Zylindern bei Einheiten mit 6er Plattenstapeln

SZIG(n) Durchschnittliche Seek-Zeit fuer eine Datei mit n Datenzylindern und dem Zylinderindex-Zylinder auf nur einem 11er Plattenstapel bei Index-sequentieller Speicherungsform

SZIK(n) Durchschnittliche Seek-Zeit fuer eine Datei mit n Datenzylindern und dem Zylinderindex-Zylinder auf nur einem 6er Plattenstapel bei Index-sequentieller Speicherungsform

SZSG(r) Summe aller Seek-Zeiten fuer einen durchschnittlichen Zugriff auf eine Index-sequentiell organisierte Datei, die r 11er Plattenspeicher belegt

SZSK(r) Summe aller Seek-Zeiten fuer einen durchschnittlichen Zugriff auf eine Index-sequentiell organisierte Datei, die r 6er Plattenspeicher belegt.

tg(i) Zeitbedarf fuer die verschiedenen Sprungweiten SPW(i) in Millisekunden bei Einheiten mit 11er Plattenstapeln

tk(i) Zeitbedarf fuer die verschiedenen Sprungweiten SPW(i) in Millisekunden bei Einheiten mit 6er Plattenstapeln

$\langle x \rangle$	$a : a \in N,\ x - 1 < a \le x$
$[x]$	$a : a \in N,\ x \le a < x + 1$
ZKGPG	Durchschnittliche Kosten des Zugriffs auf einen Satz einer gestreut organisierten Datei auf 11er Platten in GE
ZKGPK	Durchschnittliche Kosten des Zugriffs auf einen Satz einer gestreut organisierten Datei auf 6er Platten in GE
ZKGT	Durchschnittliche Kosten des Zugriffs auf einen Satz einer gestreut organisierten Datei auf Trommelspeichern in GE
ZKIK	Durchschnittliche Kosten des Zugriffs auf einen Satz einer Index-sequentiell organisierten Datei auf Magnetkartenspeichern einschliesslich eines 6er Plattenspeichers fuer die Indexlisten in GE
ZKIPG	Durchschnittliche Kosten des Zugriffs auf einen Satz einer Index-sequentiell organisierten Datei auf 11er Platten in GE
ZKIPK	Durchschnittliche Kosten des Zugriffs auf einen Satz einer Index-sequentiell organisierten Datei auf 6er Platten in GE
ZKSMSA	Durchschnittliche Kosten des Zugriffs auf einen Satz einer sequentiell organisierten Datei auf Magnetband, wenn vom Anfang des Bandes gesucht wird, bei 630 Bytes/cm Schreibdichte in GE

ZKSMSM Durchschnittliche Kosten des Zugriffs auf einen Satz einer echt sequentiell organisierten Datei auf Magnetband, wenn mehrere Saetze hintereinander gelesen werden, bei 630 Bytes/cm Schreibdichte in GE

ZKSPG Durchschnittliche Kosten des Zugriffs auf einen Satz einer sequentiell organisierten Datei auf 11er Platten in GE

ZKSPK Durchschnittliche Kosten des Zugriffs auf einen Satz einer sequentiell organisierten Datei auf 6er Platten in GE

A N H A N G I

Kennsatztypen

Standard-Kennsatz

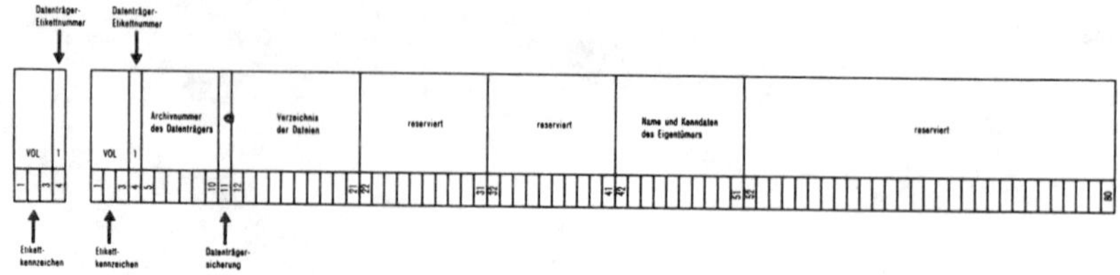

Kennsatz vom Typ 'Format 1'

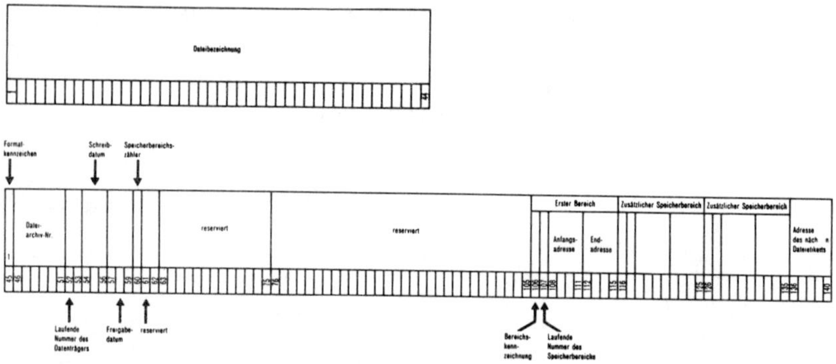

Kennsatz vom Typ 'Format 3'

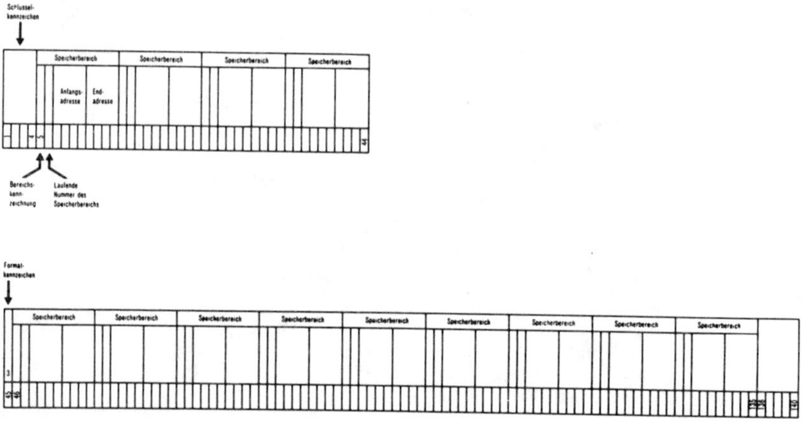

Kennsatz vom Typ 'Format 4'

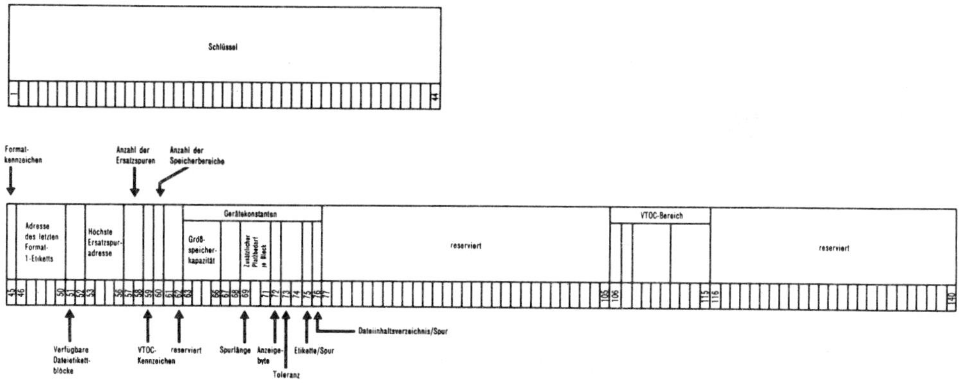

Kennsatz vom Typ 'Format 5'

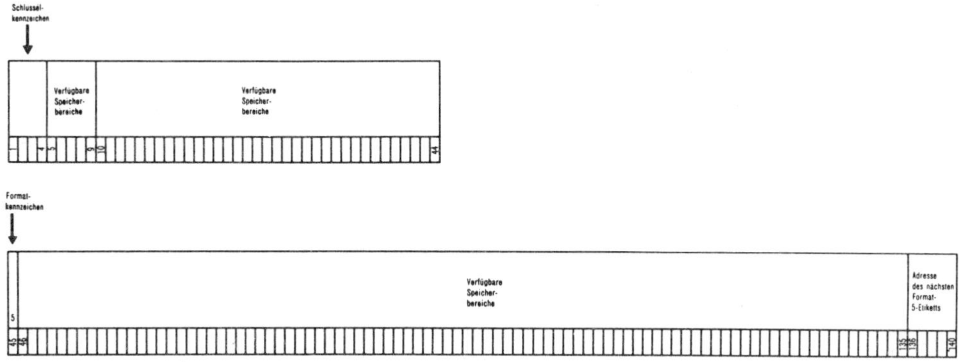

A N H A N G II

Ausnutzung der Spurkapazitaet

BELEGUNG EINES 6ER PLATTENSPEICHERS
(DATENSAETZE OHNE SCHLUESSELFELD)

BLOCKLAENGE IN BYTES DSP	BLOCK-ZAHL PRO SPUR	DATENBYTES PRO SPUR	PROZENT. NUTZUNG
3625 - 1740	1	3625 - 1740	100 - 48
1739 - 1131	2	3478 - 2262	96 - 62
1130 - 830	3	3390 - 2490	93 - 69
829 - 651	4	3316 - 2604	91 - 72
650 - 532	5	3250 - 2660	90 - 73
531 - 447	6	3186 - 2682	88 - 74
446 - 384	7	3122 - 2688	86 - 75
383 - 335	8	3064 - 2680	84 - 73
334 - 295	9	3006 - 2655	83 - 73
294 - 263	10	2940 - 2630	81 - 72
262 - 236	11	2882 - 2596	80 - 72
235 - 213	12	2820 - 2556	78 - 70
212 - 194	13	2756 - 2522	76 - 69
193 - 177	14	2702 - 2478	74 - 68
176 - 162	15	2640 - 2430	72 - 67
161 - 149	16	2576 - 2384	71 - 66
148 - 138	17	2516 - 2346	70 - 65
137 - 128	18	2466 - 2304	68 - 64
127 - 118	19	2413 - 2242	66 - 62
117 - 110	20	2340 - 2200	64 - 61
109 - 102	21	2289 - 2142	62 - 59
101 - 95	22	2222 - 2090	61 - 58
94 - 89	23	2162 - 2047	60 - 56
88 - 83	24	2112 - 1992	58 - 54
82 - 78	25	2050 - 1950	57 - 54
77 - 73	26	2002 - 1898	55 - 52
72 - 68	27	1944 - 1836	53 - 50
67 - 64	28	1876 - 1792	51 - 49
63 - 60	29	1827 - 1740	50 - 48
59 - 56	30	1770 - 1680	49 - 46
55 - 52	31	1705 - 1612	47 - 45
51 - 49	32	1632 - 1568	45 - 43
48 - 46	33	1584 - 1518	44 - 42
45 - 43	34	1530 - 1462	42 - 40
42 - 40	35	1470 - 1400	41 - 39
39 - 37	36	1404 - 1332	39 - 37
36 - 35	37	1332 - 1295	37 - 36
34 - 32	38	1292 - 1216	36 - 34

BELEGUNG EINES 6ER PLATTENSPEICHERS
(DATENSAETZE MIT SCHLUESSELFELD)

BLOCKLAENGE IN BYTES DSB+SCHLL	BLOCK-ZAHL PRO SPUR	DATENBYTES PRO SPUR	PROZENT. NUTZUNG
3605 - 1720	1	3605 - 1720	100 - 48
1719 - 1112	2	3438 - 2224	95 - 62
1111 - 811	3	3333 - 2433	92 - 67
810 - 632	4	3240 - 2528	90 - 70
631 - 513	5	3155 - 2565	87 - 71
512 - 428	6	3072 - 2568	85 - 71
427 - 365	7	2989 - 2555	83 - 70
364 - 315	8	2912 - 2520	80 - 69
314 - 276	9	2826 - 2484	78 - 68
275 - 244	10	2750 - 2440	76 - 67
243 - 217	11	2673 - 2387	73 - 65
216 - 194	12	2592 - 2328	71 - 64
193 - 175	13	2509 - 2275	69 - 63
174 - 158	14	2436 - 2212	67 - 61
157 - 143	15	2355 - 2145	65 - 59
142 - 130	16	2272 - 2080	62 - 57
129 - 119	17	2193 - 2023	60 - 56
118 - 108	18	2124 - 1944	58 - 53
107 - 99	19	2033 - 1881	56 - 52
98 - 91	20	1960 - 1820	54 - 50
90 - 83	21	1890 - 1743	52 - 48
82 - 76	22	1804 - 1672	50 - 46
75 - 70	23	1725 - 1610	47 - 45
69 - 64	24	1656 - 1536	46 - 43
63 - 59	25	1575 - 1475	44 - 41
58 - 52	26	1508 - 1353	42 - 37
53 - 49	27	1431 - 1323	40 - 37
48 - 45	28	1344 - 1260	37 - 35
44 - 40	29	1276 - 1160	35 - 32
39 - 37	30	1170 - 1110	32 - 30
36 - 33	31	1116 - 1023	31 - 28
32 - 30	32	1024 - 960	28 - 27
29 - 27	33	957 - 891	27 - 25
26 - 24	34	884 - 816	25 - 23
23 - 21	35	805 - 735	23 - 20
20 - 18	36	720 - 648	20 - 18
17 - 16	37	629 - 592	17 - 16
15 - 13	38	570 - 494	15 - 13
12 - 10	39	468 - 390	13 - 10

BELEGUNG EINES 11ER PLATTENSPEICHERS
(DATENSAETZE OHNE SCHLUESSELFELD)

BLOCKLAENGE IN BYTES DSB	BLOCK-ZAHL PRO SPUR	DATENBYTES PRO SPUR	PROZENT. NUTZUNG
7294 - 3521	1	7294 - 3521	100 - 48
3520 - 2229	2	7040 - 4598	97 - 63
2298 - 1694	3	6894 - 5082	94 - 70
1693 - 1333	4	6772 - 5332	92 - 73
1332 - 1093	5	6660 - 5465	91 - 75
1092 - 922	6	6552 - 5532	90 - 76
921 - 794	7	6447 - 5558	88 - 76
793 - 695	8	6344 - 5560	87 - 76
694 - 616	9	6246 - 5544	86 - 76
615 - 551	10	6150 - 5510	84 - 76
550 - 497	11	6050 - 5467	84 - 75
496 - 451	12	5952 - 5412	82 - 74
450 - 412	13	5850 - 5356	80 - 74
411 - 378	14	5754 - 5292	79 - 73
377 - 348	15	5655 - 5220	78 - 72
347 - 322	16	5552 - 5152	76 - 71
321 - 299	17	5457 - 5083	75 - 70
298 - 277	18	5364 - 4986	74 - 68
276 - 259	19	5244 - 4921	72 - 67
258 - 242	20	5160 - 4840	71 - 66

BELEGUNG EINES 11ER PLATTENSPEICHERS
(DATENSAETZE MIT SCHLUESSELFELD)

BLOCKLAENGE IN BYTES DSB+SCHLL	BLOCK-ZAHL PRO SPUR	DATENBYTES PRO SPUR	PROZENT. NUTZUNG
7249 - 3477	1	7249 - 3477	100 - 48
3476 - 2255	2	6952 - 4510	96 - 62
2254 - 1650	3	6762 - 4950	93 - 68
1649 - 1289	4	6596 - 5156	91 - 71
1288 - 1050	5	6440 - 5250	89 - 72
1049 - 878	6	6294 - 5268	87 - 72
877 - 751	7	6139 - 5257	85 - 73
750 - 651	8	6000 - 5208	83 - 72
650 - 572	9	5850 - 5148	80 - 71
571 - 507	10	5710 - 5070	79 - 70
506 - 453	11	5566 - 4983	77 - 69
452 - 408	12	5424 - 4896	75 - 68
407 - 369	13	5291 - 4797	73 - 66
368 - 334	14	5152 - 4676	71 - 65
333 - 305	15	4995 - 4575	69 - 63
304 - 278	16	4864 - 4448	67 - 61
277 - 255	17	4709 - 4335	65 - 60
254 - 234	18	4572 - 4212	63 - 58
233 - 216	19	4427 - 4104	61 - 57
215 - 199	20	4300 - 3980	59 - 55

A N H A N G III

Preistabelle der untersuchten Einheiten
und Datentraeger in GE und DM

Preistabelle

1 GE = 45.-DM Herstellerpreise vom Januar 1972

Datentraeger:

MAGNETBAND 730m	45.-DM =	1,0 GE
PLATTENSTAPEL MIT 6 PLATTEN	550.-DM =	12,11 GE
PLATTENSTAPEL MIT 11 PLATTEN	1250.-DM =	27,80 GE
KARTENMAGAZIN MIT 256 KARTEN	2185.-DM =	48,55 GE

Speichereinheiten:

MAGNETBANDEINHEIT	2320.-DM/Mon. =	51,55GE
MAGNETBANDSTEUERUNG FUER 8 EINHEITEN	2675.-DM/Mon. =	59,44GE
PLATTENEINHEIT FUER 6er STAPEL	2400.-DM/Mon. =	53,33GE
PLATTENSTEUERUNG FUER 8 EINHEITEN	2191.-DM/Mon. =	48,68GE
PLATTENEINHEIT FUER 11er STAPEL MIT 9 LAUFWERKEN	11880.-DM/Mon. =	264,00GE
STEUERUNG FUER 9 LAUFWERKE	5860.-DM/Mon. =	130,22GE
TROMMELSPEICHER	9391.-DM/Mon. =	208,68GE
STEUERUNG FUER 4 LAUFWERKE	9602.-DM/Mon. =	213,30GE
MAGNETKARTENSPEICHER	9400.-DM/Mon. =	208,88GE
STEUERUNG FUER 8 EINHEITEN	3000.-DM/Mon. =	66,66GE

TELEFONVERBINDUNG UEBER EINE ENTFERNUNG VON MEHR ALS 100 km IN DER ZEIT VON 6 - 18 UHR 0,0175DM/sek. = 0,00038GE

A N H A N G IV

Seek-Zeiten fuer die Positionierung des Zugriffsarms

SEEK-ZEIT FUER DIE POSITIONIERUNG DES ZUGRIFFSARMS

ANZAHL DER UEBERQUERTEN ZYLINDER	6ER PLATTEN-EINHEITEN IN SEC.	11ER PLATTEN-EINHEITEN IN SEC.
1	0.02500	0.02500
2	0.03200	0.02690
3	0.03900	0.02880
4	0.04040	0.03060
5	0.03900	0.03240
6	0.04040	0.03420
7	0.04180	0.03560
8	0.04320	0.03700
9	0.04460	0.03560
10	0.04500	0.03500
11	0.04640	0.03550
12	0.04780	0.03600
13	0.04920	0.03650
14	0.05060	0.03700
15	0.05200	0.03750
16	0.05340	0.03800
17	0.05480	0.03850
18	0.05620	0.03900
19	0.05760	0.03950
20	0.05900	0.04000
21	0.06040	0.04060
22	0.06180	0.04120
23	0.06320	0.04180
24	0.06460	0.04240
25	0.06600	0.04300
26	0.06744	0.04360
27	0.06758	0.04420
28	0.06772	0.04480
29	0.06786	0.04540
30	0.06700	0.04600
31	0.06714	0.04660
32	0.06728	0.04720
33	0.06742	0.04780
34	0.06756	0.04840
35	0.06770	0.04900
36	0.06784	0.04960
37	0.06798	0.05020
38	0.06812	0.05080
39	0.06826	0.05140
40	0.06840	0.05200
41	0.06854	0.05232
42	0.06868	0.05265
43	0.06882	0.05297
44	0.06896	0.05330
45	0.06910	0.05362
46	0.06924	0.05395
47	0.06938	0.05427
48	0.06952	0.05460
49	0.06966	0.05492
50	0.06980	0.05525

SEEK-ZEIT FUER DIE POSITIONIERUNG DES ZUGRIFFSARMS

ANZAHL DER UEBERQUERTEN ZYLINDER	6ER PLATTEN-EINHEITEN IN SEC.	11ER PLATTEN-EINHEITEN IN SEC.
51	0.06994	0.05557
52	0.07008	0.05590
53	0.07022	0.05622
54	0.07036	0.05655
55	0.07050	0.05687
56	0.07064	0.05720
57	0.07078	0.05752
58	0.07092	0.05785
59	0.07106	0.05817
60	0.07120	0.05850
61	0.07134	0.05882
62	0.07148	0.05915
63	0.07162	0.05947
64	0.07176	0.05980
65	0.07190	0.06012
66	0.07204	0.06045
67	0.07218	0.06077
68	0.07232	0.06110
69	0.07246	0.06142
70	0.07260	0.06175
71	0.07274	0.06207
72	0.07288	0.06240
73	0.07302	0.06272
74	0.07316	0.06305
75	0.07330	0.06337
76	0.07344	0.06370
77	0.07358	0.06402
78	0.07372	0.06435
79	0.07386	0.06467
80	0.07400	0.06500
81	0.07450	0.06545
82	0.07500	0.06590
83	0.07550	0.06635
84	0.07600	0.06680
85	0.07650	0.06725
86	0.07700	0.06770
87	0.07750	0.06815
88	0.07800	0.06860
89	0.07850	0.06905
90	0.07900	0.06950
91	0.07950	0.06995
92	0.08000	0.07040
93	0.08050	0.07085
94	0.08100	0.07130
95	0.08150	0.07175
96	0.08200	0.07220
97	0.08250	0.07265
98	0.08300	0.07310
99	0.08350	0.07355
100	0.08400	0.07400

SEEK-ZEIT FUER DIE POSITIONIERUNG DES ZUGRIFFSARMS

ANZAHL DER UEBERQUERTEN ZYLINDER	6ER PLATTEN-EINHEITEN IN SEC.	11ER PLATTEN-EINHEITEN IN SEC.
101	0.08450	0.07450
102	0.08500	0.07500
103	0.08550	0.07550
104	0.08600	0.07600
105	0.08650	0.07650
106	0.08700	0.07700
107	0.08750	0.07750
108	0.08800	0.07800
109	0.08850	0.07850
110	0.08900	0.07900
111	0.08950	0.07950
112	0.09000	0.08000
113	0.09050	0.08050
114	0.09100	0.08100
115	0.09150	0.08150
116	0.09200	0.08200
117	0.09250	0.08250
118	0.09200	0.08300
119	0.09250	0.08350
120	0.09300	0.08400
121	0.09350	0.08450
122	0.09400	0.08500
123	0.09450	0.08550
124	0.09500	0.08600
125	0.09550	0.08650
126	0.09600	0.08700
127	0.09650	0.08750
128	0.09700	0.08800
129	0.09750	0.08850
130	0.09800	0.08900
131	0.09850	0.08950
132	0.09900	0.09000
133	0.09950	0.09050
134	0.10000	0.09100
135	0.10050	0.09150
136	0.10100	0.09200
137	0.10150	0.09250
138	0.10200	0.09300
139	0.10250	0.09350
140	0.10300	0.09400
141	0.10350	0.09450
142	0.10400	0.09500
143	0.10450	0.09550
144	0.10500	0.09600
145	0.10550	0.09650
146	0.10600	0.09700
147	0.10650	0.09750
148	0.10700	0.09800
149	0.10750	0.09850
150	0.10800	0.09900

SEEK-ZEIT FUER DIE POSITIONIERUNG DES ZUGRIFFSARMS

ANZAHL DER UEBERQUERTEN ZYLINDER	6ER PLATTEN-EINHEITEN IN SEC.	11ER PLATTEN-EINHEITEN IN SEC.
151	0.10850	0.09950
152	0.10900	0.10000
153	0.10950	0.10050
154	0.11000	0.10100
155	0.11000	0.10150
156	0.11100	0.10200
157	0.11150	0.10250
158	0.11200	0.10300
159	0.11250	0.10350
160	0.11300	0.10400
161	0.11350	0.10450
162	0.11400	0.10500
163	0.11450	0.10550
164	0.11500	0.10600
165	0.11550	0.10650
166	0.11600	0.10700
167	0.11650	0.10750
168	0.11700	0.10800
169	0.11750	0.10850
170	0.11800	0.10900
171	0.11850	0.10950
172	0.11900	0.11000
173	0.11950	0.11050
174	0.12000	0.11100
175	0.12050	0.11150
176	0.12100	0.11200
177	0.12150	0.11250
178	0.12200	0.11300
179	0.12250	0.11350
180	0.12300	0.11400
181	0.12350	0.11450
182	0.12400	0.11500
183	0.12450	0.11550
184	0.12500	0.11600
185	0.12550	0.11650
186	0.12600	0.11700
187	0.12650	0.11750
188	0.12700	0.11800
189	0.12750	0.11850
190	0.12800	0.11900
191	0.12850	0.11960
192	0.12900	0.12020
193	0.13960	0.12080
194	0.13030	0.12140
195	0.13100	0.12200
196	0.13180	0.12260
197	0.13260	0.12320
198	0.13340	0.12380
199	0.13420	0.12440
200	0.13500	0.12500

Die Benutzung der Tabellen

Das Kapitel A. des Tabellenteils ist das umfangreichste und wichtigste zugleich. Ohne jeweils auf die einzelnen Gleichungen zurueckgreifen zu muessen, kann durch den Vergleich des Bruttoplatzbedarfs der gewuenschten Speicherungsform bei alternativen Datenblocklaengen (DSB) der Blockungsfaktor gefunden werden, der das guenstigste Auslastungsverhaeltnis bietet.

Die Schluesselfeldlaengen der Tabellengruppen beziehen sich auf die Laenge der echten, den Datenbloecken vorangestellten Schluesselfelder, und sind daher in die Werte der Spalten SPB_1 - SPB_4 fuer die sequentielle Speicherungsform nicht einbezogen worden.

Es sind im Kapitel A. nur die Blocklaengen (DSB) aufgefuehrt, ab deren Byteumfang ein groesserer Platzbedarf bei zumindest einer Form der Plattenspeicherung auftritt. Die Zwischenwerte des Platzbedarfs bei Bandspeicherung entwickeln sich abhaengig von DSB linear.

Das Kapitel B. zeigt in fixen Stufen die Entwicklung der Speicherplatzkosten der drei Speicherungsformen pro Block und pro Informationsbyte.

Die Kapitel C. und D. zeigen die Unterschiede in den Zugriffszeiten und deren kostenmaessige Auswirkung innerhalb der Gruppe der Speichereinheiten. Die aus C. ablesbaren Zeitdifferenzen erlauben die Zurechnung der Mehrkosten fuer andere Geraete oder Uebertragungsleitungen bei den alternativen Speicherungsformen.

Kapitel E. dient dem Vorschlag des Abschnitts 6.2. des TEILES I zur Festlegung eines Zylinders als 'Ruheposition' und zeigt die durchschnittliche Seek-Zeit der alternativen Zylinder bei unterschiedlichem Zylinderumfang der Datei.

A.

Platzbedarf der Speicherungsformen

Abkuerzungen

DSB	Datensatzlaenge in Bytes (des physikalischen Datensatzes)
SPB_1	Speicherplatz in Bytes pro Datenblock insgesamt bei Magnetband mit 315 Bytes/cm
SPB_2	Speicherplatz in Bytes pro Datenblock insgesamt gei Magnetband mit 630 Bytes/cm
SPB_3	Speicherplatz in Bytes insgesamt pro Block bei sequentieller Speicherungsform auf 6er Plattenstapeln
SPB_4	Speicherplatz in Bytes insgesamt pro Block bei sequentieller Speicherungsform auf 11er Plattenstapeln
SPB_5	Speicherplatz in Bytes insgesamt pro Block bei gestreuter Speicherungsform mit Schluesselfeld auf 6er Plattenstapeln
SPB_6	Speicherplatz in Bytes insgesamt pro Block bei gestreuter Speicherungsform mit Schluesselfeld auf 11er Plattenstapeln
SPB_7	Speicherplatz in Bytes insgesamt pro Block bei Index-sequentieller Speicherungsform auf 6er Plattenstapeln
SPB_8	Speicherplatz in Bytes insgesamt pro Block bei Index-sequentieller Speicherungsform auf 11er Plattenstapeln

SPEICHERPLATZBEDARF BEI DEN ALTERNATIVEN SPEICHERUNGSFORMEN
PRO DATENBLOCK IN BYTES : SCHLUESSELFELDLAENGE = 0

DSB	SPB1	SPB2	SPB3	SPB4	SPB5	SPB6	SPB7	SPB8
10	495	980	71	112	71	112	95	159
11	496	981	71	113	71	113	95	162
12	497	982	73	115	73	115	97	162
13	498	983	74	115	74	115	97	162
14	499	984	74	117	74	117	100	166
15	500	985	76	117	76	117	100	166
16	501	986	77	119	77	119	100	166
17	502	987	77	119	77	119	102	166
18	503	988	79	121	79	121	102	171
19	504	989	79	121	79	121	106	171
20	505	990	81	123	81	123	106	171
21	506	991	83	123	83	123	109	171
22	507	992	85	125	85	125	109	175
23	508	993	85	127	85	127	109	175
24	509	994	87	127	87	127	112	175
25	510	995	87	129	87	129	112	179
26	511	996	89	129	89	129	112	179
27	512	997	89	132	89	132	115	179
28	513	998	91	132	91	132	115	179
29	514	999	91	132	91	132	115	183
30	515	1000	91	134	91	134	119	183
31	516	1001	93	134	93	134	119	183
32	517	1002	93	137	93	137	119	183
33	518	1003	96	137	96	137	119	188
34	519	1004	96	139	96	139	123	188
36	521	1006	98	139	98	139	123	188
37	522	1007	98	142	98	142	128	193
38	523	1008	101	142	101	142	128	193
40	525	1010	101	145	101	145	128	193
41	526	1011	104	145	104	145	132	193
42	527	1012	104	145	104	145	132	198
43	528	1013	107	148	107	148	132	198
45	530	1015	107	151	107	151	136	198
46	531	1016	110	151	110	151	136	204
47	532	1017	110	154	110	154	136	204
49	534	1019	114	154	114	154	141	204
51	536	1021	114	157	114	157	141	209
53	538	1023	118	157	118	157	141	209
54	539	1024	118	160	118	160	147	209
56	541	1026	122	160	122	160	147	209
57	542	1027	122	164	122	164	147	215
59	544	1029	122	164	122	164	153	215
60	545	1030	126	164	126	164	153	215
61	546	1031	126	168	126	168	153	215
63	548	1033	126	168	126	168	153	221
64	549	1034	130	168	130	168	159	221
65	550	1035	130	172	130	172	159	221
67	552	1037	130	172	130	172	159	222
68	553	1038	135	172	135	172	159	222
69	554	1039	135	176	135	176	159	228
70	555	1040	135	176	135	176	166	228
72	557	1042	135	180	135	180	166	228
73	558	1043	140	180	140	180	166	228
75	560	1045	140	180	140	180	166	235
76	561	1046	140	185	140	185	166	235
77	562	1047	140	185	140	185	175	235
78	563	1048	146	185	146	185	175	235
79	564	1049	146	185	146	185	174	235
80	565	1050	146	189	146	189	174	235
82	567	1052	146	189	146	189	174	243
83	568	1053	152	189	152	189	182	243
85	570	1055	152	194	152	194	182	243
89	574	1059	159	194	159	194	182	251
90	575	1060	159	200	159	200	182	251
91	576	1061	159	200	159	200	192	251
93	578	1063	159	200	159	200	193	251
95	580	1065	159	205	159	205	193	251
96	581	1066	166	205	166	205	193	260
98	583	1068	166	205	166	205	192	260
100	585	1070	166	211	166	211	201	260

SPEICHERPLATZBEDARF BEI DEN ALTERNATIVEN SPEICHERUNGSFORMEN
PRO DATENBLOCK IN BYTES : SCHLUESSELFELDLAENGE = 0

DSB	SPB1	SPB2	SPB3	SPB4	SPB5	SPB6	SPB7	SPB8
103	588	1073	174	211	174	211	201	260
105	590	1075	174	211	174	211	201	270
106	591	1076	174	217	174	217	201	270
109	594	1079	174	217	174	217	213	270
110	595	1080	183	217	183	217	213	270
112	597	1082	183	224	183	224	214	270
114	599	1084	183	224	183	224	214	280
115	600	1085	183	224	183	224	214	279
118	603	1088	183	231	183	231	214	279
119	604	1089	192	231	192	231	214	279
120	605	1090	192	231	192	231	226	279
122	607	1092	192	231	192	231	226	280
123	608	1093	192	231	192	231	225	291
125	610	1095	192	238	192	238	225	291
128	613	1098	203	238	203	238	225	290
131	616	1101	203	238	203	238	239	290
132	617	1102	203	246	203	246	239	290
133	618	1103	203	246	203	246	239	302
136	621	1106	203	246	203	246	240	302
139	624	1109	215	255	215	255	240	302
141	626	1111	215	255	215	255	240	303
142	627	1112	215	255	215	255	240	302
144	629	1114	215	255	215	255	257	315
148	633	1118	215	264	215	264	257	315
150	635	1120	228	264	228	264	257	315
155	640	1125	228	264	228	264	256	315
156	641	1126	228	264	228	264	256	328
157	642	1127	228	274	228	274	256	328
159	644	1129	228	274	228	274	274	328
163	648	1133	244	274	244	274	274	328
166	651	1136	244	284	244	284	276	328
168	653	1138	244	284	244	284	276	344
174	659	1144	244	284	244	284	275	344
175	660	1145	244	284	244	284	297	344
176	661	1146	244	296	244	296	297	344
177	662	1147	244	296	244	296	296	344
178	663	1148	261	296	261	296	296	344
180	665	1150	261	296	261	296	296	343
183	668	1153	261	296	261	296	296	359
187	672	1157	261	308	261	308	296	359
188	673	1158	261	308	261	308	296	360
194	679	1164	281	308	281	308	296	360
195	680	1165	281	308	281	308	321	360
198	683	1168	281	308	281	308	320	378
199	684	1169	281	321	281	321	320	378
207	692	1177	281	321	281	321	323	378
210	695	1180	281	321	281	321	322	378
211	696	1181	281	336	281	336	322	378
214	699	1184	305	336	305	336	322	378
215	700	1185	305	336	305	336	322	397
218	703	1188	305	336	305	336	350	398
226	711	1196	305	352	305	352	350	398
233	718	1203	305	352	305	352	350	421
235	720	1205	305	352	305	352	349	421
237	722	1207	332	352	332	352	349	421
238	723	1208	332	352	332	352	349	420
241	726	1211	332	370	332	370	349	420
245	730	1215	332	370	332	370	385	420
253	738	1223	332	370	332	370	385	421
254	739	1224	332	370	332	370	385	446
257	742	1227	332	370	332	370	384	446
258	743	1228	332	389	332	389	384	446
264	749	1234	366	389	366	389	388	446
270	755	1240	366	389	366	389	388	445
273	758	1243	366	389	366	389	387	445
276	761	1246	366	411	366	411	430	445
277	762	1247	366	411	366	411	430	473
282	767	1252	366	411	366	411	429	473
291	776	1261	366	411	366	411	429	472
296	781	1266	406	411	406	411	429	472

SPEICHERPLATZBEDARF BEI DEN ALTERNATIVEN SPEICHERUNGSFORMEN
PRO DATENBLOCK IN BYTES : SCHLUESSELFELDLAENGE = 0

DSB	SPB1	SPB2	SPB3	SPB4	SPB5	SPB6	SPB7	SPB8
297	782	1267	406	411	406	411	429	474
298	783	1268	406	435	406	435	429	474
303	788	1273	406	435	406	435	428	474
304	789	1274	406	435	406	435	428	505
316	801	1286	406	435	406	435	481	505
321	806	1291	406	462	406	462	481	505
328	813	1298	406	462	406	462	480	505
331	816	1301	406	462	406	462	480	504
334	819	1304	406	462	406	462	480	541
335	820	1305	457	462	457	462	480	541
346	831	1316	457	462	457	462	479	541
347	832	1317	457	493	457	493	479	540
350	835	1320	457	493	457	493	485	540
352	837	1322	457	493	457	493	485	542
365	850	1335	457	493	457	493	554	542
368	853	1338	457	493	457	493	554	584
377	862	1347	457	528	457	528	554	584
385	870	1355	522	528	522	528	553	584
400	885	1370	522	528	522	528	553	583
407	892	1377	522	528	522	528	552	632
411	896	1381	522	569	522	569	552	631
423	908	1393	522	569	522	569	552	634
428	913	1398	522	569	522	569	551	634
429	914	1399	522	569	522	569	644	634
430	915	1400	522	569	522	569	644	633
439	924	1409	522	569	522	569	643	633
448	933	1418	610	569	610	569	643	633
450	935	1420	610	616	610	616	643	633
452	937	1422	610	616	610	616	643	691
458	943	1428	610	616	610	616	642	691
476	961	1446	610	616	610	616	641	691
483	968	1453	610	616	610	616	641	690
494	979	1464	610	616	610	616	640	690
495	980	1465	610	616	610	616	651	690
496	981	1466	610	673	610	673	651	690
506	991	1476	610	673	610	673	651	759
513	998	1483	610	673	610	673	781	759
516	1001	1486	610	673	610	673	780	759
518	1003	1488	610	673	610	673	780	762
533	1018	1503	732	673	732	673	780	762
539	1024	1509	732	673	732	673	779	762
545	1030	1515	732	673	732	673	779	761
550	1035	1520	732	740	732	740	779	761
562	1047	1532	732	740	732	740	778	761
572	1057	1542	732	740	732	740	778	845
585	1070	1555	732	740	732	740	777	845
538	1073	1558	732	740	732	740	777	844
608	1093	1578	732	740	732	740	776	844
615	1100	1585	732	822	732	822	776	844
630	1115	1600	732	822	732	822	776	843
631	1116	1601	732	822	732	822	775	843
633	1118	1603	732	822	732	822	969	843
648	1133	1618	732	822	732	822	968	843
650	1135	1620	732	822	732	822	968	950
651	1136	1621	732	822	732	822	968	955
652	1137	1622	915	822	915	822	968	955
663	1148	1633	915	822	915	822	968	954
666	1151	1636	915	822	915	822	967	954
685	1170	1655	915	822	915	822	966	954
694	1179	1664	915	925	915	925	966	954
703	1188	1673	915	925	915	925	965	954
713	1198	1683	915	925	915	925	965	953
722	1207	1692	915	925	915	925	964	953
740	1225	1710	915	925	915	925	963	953
750	1235	1720	915	925	915	925	963	1088
759	1244	1729	915	925	915	925	962	1088
778	1263	1748	915	925	915	925	961	1088
783	1268	1753	915	925	915	925	961	1087
798	1273	1758	915	925	915	925	985	1087
793	1278	1763	915	1057	915	1057	985	1087

SPEICHERPLATZBEDARF BEI DEN ALTERNATIVEN SPEICHERUNGSFORMEN
PRO DATENBLOCK IN BYTES : SCHLUESSELFELDLAENGE = 0

DSE	SPB1	SPB2	SPB3	SPB4	SPB5	SPB6	SPB7	SPB8
812	1297	1782	915	1057	915	1057	1313	1087
825	1310	1795	915	1057	915	1057	1312	1087
828	1313	1798	915	1057	915	1057	1312	1086
831	1316	1801	1220	1057	1220	1057	1312	1086
851	1336	1821	1220	1057	1220	1057	1312	1094
852	1337	1822	1220	1057	1220	1057	1312	1093
853	1338	1823	1220	1057	1220	1057	1311	1093
878	1363	1848	1220	1057	1220	1057	1311	1276
881	1366	1851	1220	1057	1220	1057	1310	1276
900	1385	1870	1220	1057	1220	1057	1310	1275
909	1394	1879	1220	1057	1220	1057	1309	1275
921	1406	1891	1220	1233	1220	1233	1309	1275
937	1422	1907	1220	1233	1220	1233	1308	1275
957	1442	1927	1220	1233	1220	1233	1308	1274
965	1450	1935	1220	1233	1220	1233	1307	1274
993	1478	1963	1220	1233	1220	1233	1306	1274
1014	1499	1984	1220	1233	1220	1233	1306	1273
1021	1506	1991	1220	1233	1220	1233	1305	1273
1049	1534	2019	1220	1233	1220	1233	1304	1528
1054	1539	2024	1220	1233	1220	1233	1304	1527
1077	1562	2047	1220	1233	1220	1233	1303	1527
1092	1577	2062	1220	1480	1220	1480	1303	1527
1102	1587	2072	1220	1480	1220	1480	1303	1526
1105	1590	2075	1220	1480	1220	1480	1302	1526
1112	1597	2082	1220	1480	1220	1480	1954	1526
1122	1607	2092	1220	1480	1220	1480	1953	1526
1132	1617	2102	1830	1480	1830	1480	1953	1526
1141	1626	2111	1830	1480	1830	1480	1952	1526
1149	1634	2119	1830	1480	1830	1480	1952	1525
1160	1645	2130	1830	1480	1830	1480	1951	1525
1179	1664	2149	1830	1480	1830	1480	1950	1525
1185	1670	2155	1830	1480	1830	1480	1950	1539
1198	1683	2168	1830	1480	1830	1480	1949	1539
1217	1702	2187	1830	1480	1830	1480	1948	1539
1230	1715	2200	1830	1480	1830	1480	1948	1538
1236	1721	2206	1830	1480	1830	1480	1947	1538
1255	1740	2225	1830	1480	1830	1480	1946	1538
1274	1759	2244	1830	1480	1830	1480	1945	1538
1288	1773	2258	1830	1480	1830	1480	1945	1923
1293	1778	2263	1830	1480	1830	1480	1944	1923
1312	1797	2282	1830	1480	1830	1480	1943	1923
1327	1812	2297	1830	1480	1830	1480	1943	1922
1331	1816	2301	1830	1480	1830	1480	1942	1922
1332	1817	2302	1830	1850	1830	1850	1942	1922
1350	1835	2320	1830	1850	1830	1850	1941	1922
1369	1854	2339	1830	1850	1830	1850	1940	1922
1388	1873	2358	1830	1850	1830	1850	1939	1922
1404	1889	2374	1830	1850	1830	1850	1939	1921
1407	1892	2377	1830	1850	1830	1850	1938	1921
1426	1911	2396	1830	1850	1830	1850	1937	1921
1445	1930	2415	1830	1850	1830	1850	1936	1921
1464	1949	2434	1830	1850	1830	1850	1935	1921
1481	1966	2451	1830	1850	1830	1850	1935	1920
1483	1968	2453	1830	1850	1830	1850	1934	1920
1502	1987	2472	1830	1850	1830	1850	1933	1920
1521	2006	2491	1830	1850	1830	1850	1932	1920
1540	2025	2510	1830	1850	1830	1850	1931	1920
1558	2043	2528	1830	1850	1830	1850	1931	1919
1559	2044	2529	1830	1850	1830	1850	1930	1919
1578	2063	2548	1830	1850	1830	1850	1929	1919
1597	2082	2567	1830	1850	1830	1850	1928	1919
1616	2101	2586	1830	1850	1830	1850	1927	1919
1635	2120	2605	1830	1850	1830	1850	1926	1918
1649	2134	2619	1830	1850	1830	1850	1926	2558
1654	2139	2624	1830	1850	1830	1850	1925	2558
1673	2158	2643	1830	1850	1830	1850	1924	2558
1692	2177	2662	1830	1850	1830	1850	1923	2558
1693	2178	2663	1830	2467	1830	2467	1923	2558
1695	2180	2665	1830	2467	1830	2467	2027	2558
1696	2181	2666	1830	2467	1830	2467	2027	2557

SPEICHERPLATZBEDARF BEI DEN ALTERNATIVEN SPEICHERUNGSFORMEN
PRO DATENBLOCK IN BYTES : SCHLUESSELFELDLAENGE = 0

DSB	SPB1	SPB2	SPB3	SPB4	SPB5	SPB6	SPB7	SPB8
1721	2206	2691	1830	2467	1830	2467	4054	2557
1741	2226	2711	3660	2467	3660	2467	4054	2557
1754	2239	2724	3660	2467	3660	2467	4054	2556
1782	2267	2752	3660	2467	3660	2467	4055	2556
1812	2297	2782	3660	2467	3660	2467	4055	2555
1863	2348	2833	3660	2467	3660	2467	4055	2591
1967	2452	2937	3660	2467	3660	2467	4056	2591
2151	2636	3121	3660	2467	3660	2467	4057	2591
2254	2739	3224	3660	2467	3660	2467	4057	3889
2298	2783	3268	3660	3701	3660	3701	4057	3889
2335	2820	3305	3660	3701	3660	3701	4058	3889
2520	3005	3490	3660	3701	3660	3701	4059	3889
2704	3189	3674	3660	3701	3660	3701	4060	3889
2838	3373	3858	3660	3701	3660	3701	4061	3889
2943	3428	3913	3660	3701	3660	3701	4061	3890
3072	3557	4042	3660	3701	3660	3701	4062	3890
3257	3742	4227	3660	3701	3660	3701	4063	3890
3441	3926	4411	3660	3701	3660	3701	4064	3890
3476	3961	4446	3660	3701	3660	3701	4064	7782

SPEICHERPLATZBEDARF BEI DEN ALTERNATIVEN SPEICHERUNGSFORMEN
PRO DATENBLOCK IN BYTES : SCHLUESSELFELDLAENGE = 2

DSB	SPB1	SPB2	SPB3	SPB4	SPB5	SPB6	SPB7	SPB8
10	495	980	71	112	93	160	97	162
11	496	981	71	113	93	160	97	162
12	497	982	73	115	96	164	100	167
13	498	983	74	115	96	164	100	167
14	499	984	74	117	96	164	100	167
15	500	985	76	117	98	164	103	167
16	501	986	77	119	98	168	103	171
17	502	987	77	119	101	168	106	171
18	503	988	79	121	101	168	106	171
19	504	989	79	121	104	168	109	171
20	505	990	81	123	104	172	109	175
21	506	991	83	123	104	172	109	175
22	507	992	85	125	107	172	112	175
23	508	993	85	127	107	176	112	179
24	509	994	87	127	107	176	112	179
25	510	995	87	129	110	176	115	179
26	511	996	89	129	110	176	115	179
27	512	997	89	132	110	180	115	183
28	513	998	91	132	114	180	119	183
30	515	1000	91	134	114	180	119	183
31	516	1001	93	134	114	185	119	188
32	517	1002	93	137	118	185	124	188
33	518	1003	96	137	118	185	124	188
34	519	1004	96	139	118	185	124	188
35	520	1005	96	139	122	189	128	193
36	521	1006	98	139	122	189	128	193
37	522	1007	98	142	122	189	128	193
38	523	1008	101	142	122	189	128	193
39	524	1009	101	142	126	189	132	193
40	525	1010	101	145	126	194	132	198
41	526	1011	104	145	126	194	132	198
43	528	1013	107	148	130	194	136	198
44	529	1014	107	148	130	200	136	204
45	530	1015	107	151	130	200	136	204
46	531	1016	110	151	130	200	136	204
47	532	1017	110	154	135	200	141	204
49	534	1019	114	154	135	205	141	209
50	535	1020	114	154	135	205	141	208
51	536	1021	114	157	135	205	141	208
52	537	1022	114	157	140	205	147	209
53	538	1023	118	157	140	205	147	209
54	539	1024	118	160	140	205	147	209
55	540	1025	118	160	140	211	147	216
56	541	1026	122	160	140	211	147	215
57	542	1027	122	164	146	211	153	215
60	545	1030	126	164	146	211	153	215
61	546	1031	126	168	146	217	153	221
62	547	1032	126	168	152	217	159	222
64	549	1034	130	168	152	217	159	221
65	550	1035	130	172	152	217	159	221
67	552	1037	130	172	152	224	159	228
68	553	1038	135	172	159	224	167	228
69	554	1039	135	176	159	224	167	228
72	557	1042	135	180	159	224	167	228
73	558	1043	140	180	159	231	167	235
75	560	1045	140	180	166	231	174	235
76	561	1046	140	185	166	231	174	235
78	563	1048	146	185	166	231	174	235
80	565	1050	146	189	166	238	174	243
81	566	1051	146	189	174	238	182	243
83	568	1053	152	189	174	238	182	243
85	570	1055	152	194	174	238	182	243
86	571	1056	152	194	174	238	183	243
87	572	1057	152	194	174	246	183	251
89	574	1059	159	194	183	246	193	251
90	575	1060	159	200	183	246	193	251
91	576	1061	159	200	183	246	192	251
94	579	1064	159	200	183	255	192	261
95	580	1065	159	205	183	255	192	261
96	581	1066	166	205	183	255	192	261

SPEICHERPLATZBEDARF BEI DEN ALTERNATIVEN SPEICHERUNGSFORMEN
PRO DATENBLOCK IN BYTES : SCHLUESSELFELDLAENGE = 2

DSB	SPB1	SPB2	SPB3	SPB4	SPB5	SPB6	SPB7	SPB8
98	583	1068	166	205	192	255	201	261
100	585	1070	166	211	192	255	201	261
103	588	1073	174	211	192	264	201	270
104	589	1074	174	211	192	264	202	270
106	591	1076	174	217	192	264	202	270
107	592	1077	174	217	203	264	214	270
110	595	1080	183	217	203	264	214	270
112	597	1082	183	224	203	274	214	279
114	599	1084	183	224	203	274	213	279
116	601	1086	183	224	203	274	213	280
118	603	1088	183	231	215	274	226	280
119	604	1089	192	231	215	274	226	280
121	606	1091	192	231	215	284	226	290
125	610	1095	192	238	215	284	226	290
127	612	1097	192	238	215	284	227	290
128	613	1098	203	238	215	284	227	290
129	614	1099	203	238	228	284	240	290
131	616	1101	203	238	228	296	240	302
132	617	1102	203	246	228	296	240	302
139	624	1109	215	255	228	296	240	302
142	627	1112	215	255	244	308	257	315
146	631	1116	215	255	244	308	256	315
148	633	1118	215	264	244	308	256	315
150	635	1120	228	264	244	308	256	315
154	639	1124	228	264	244	321	256	327
156	641	1126	228	264	244	321	256	328
157	642	1127	228	274	261	321	276	328
163	648	1133	244	274	261	321	276	328
164	649	1134	244	274	261	321	275	328
166	651	1136	244	284	261	336	275	344
169	654	1139	244	284	261	336	275	343
173	658	1143	244	284	281	336	296	343
176	661	1146	244	296	281	336	296	343
178	663	1148	261	296	281	336	296	343
181	666	1151	261	296	281	352	296	361
186	671	1156	261	296	281	352	295	361
187	672	1157	261	308	281	352	295	361
189	674	1159	261	308	281	352	295	360
193	678	1163	261	308	305	352	320	360
194	679	1164	281	308	305	352	320	360
196	681	1166	281	308	305	370	320	378
197	682	1167	281	308	305	370	323	378
199	684	1169	281	321	305	370	322	378
211	696	1181	281	336	305	370	322	379
213	698	1183	281	336	305	389	322	398
214	699	1184	305	336	305	389	322	398
216	701	1186	305	336	332	389	351	398
224	709	1194	305	336	332	389	350	398
226	711	1196	305	352	332	389	350	398
231	716	1201	305	352	332	411	350	420
237	722	1207	332	352	332	411	350	420
241	726	1211	332	370	332	411	350	420
243	728	1213	332	370	366	411	385	420
245	730	1215	332	370	366	411	384	420
246	731	1216	332	370	366	411	384	421
252	737	1222	332	370	366	435	388	446
255	740	1225	332	370	366	435	388	445
258	743	1228	332	389	366	435	388	445
260	745	1230	332	389	366	435	387	445
264	749	1234	366	389	366	435	387	445
274	759	1244	366	389	406	435	429	445
275	760	1245	366	389	406	462	429	473
276	761	1246	366	411	406	462	429	473
277	762	1247	366	411	406	462	429	472
289	774	1259	366	411	406	462	428	472
290	775	1260	366	411	406	462	428	474
294	779	1264	366	411	406	462	428	473
296	781	1266	406	411	406	462	428	473
298	783	1268	406	435	406	462	428	473
302	787	1272	406	435	406	493	428	506

SPEICHERPLATZBEDARF BEI DEN ALTERNATIVEN SPEICHERUNGSFORMEN
PRO DATENBLOCK IN BYTES : SCHLUESSELFELDLAENGE = 2

DSB	SPB1	SPB2	SPB3	SPB4	SPB5	SPB6	SPB7	SPB8
309	794	1279	406	435	406	493	427	506
314	799	1284	406	435	457	493	481	506
315	800	1285	406	435	457	493	481	505
321	806	1291	406	462	457	493	481	505
332	817	1302	406	462	457	528	480	540
335	820	1305	457	462	457	528	480	540
336	821	1306	457	462	457	528	486	540
344	829	1314	457	462	457	528	486	542
347	832	1317	457	493	457	528	486	542
350	835	1320	457	493	457	528	485	542
363	848	1333	457	493	522	528	554	542
366	851	1336	457	493	522	569	554	584
367	852	1337	457	493	522	569	553	584
377	862	1347	457	528	522	569	553	584
383	868	1353	457	528	522	569	553	583
385	870	1355	522	528	522	569	553	583
389	874	1359	522	528	522	569	552	583
405	890	1375	522	528	522	616	552	631
410	895	1380	522	528	522	616	551	631
411	896	1381	522	569	522	616	551	631
414	899	1384	522	569	522	616	551	633
427	912	1397	522	569	610	616	644	633
440	925	1410	522	569	610	616	643	633
448	933	1418	610	569	610	616	643	633
450	935	1420	610	616	610	673	643	692
459	944	1429	610	616	610	673	642	692
461	946	1431	610	616	610	673	642	691
476	961	1446	610	616	610	673	652	691
489	974	1459	610	616	610	673	651	691
496	981	1466	610	673	610	673	651	691
503	988	1473	610	673	610	673	651	690
504	989	1474	610	673	610	740	651	758
507	992	1477	610	673	610	740	651	762
511	996	1481	610	673	732	740	781	762
514	999	1484	610	673	732	740	780	762
519	1004	1489	610	673	732	740	780	761
533	1018	1503	732	673	732	740	780	761
537	1022	1507	732	673	732	740	779	761
550	1035	1520	732	740	732	740	779	761
560	1045	1530	732	740	732	740	778	761
566	1051	1536	732	740	732	740	778	760
570	1055	1540	732	740	732	822	778	845
583	1068	1553	732	740	732	822	777	845
604	1089	1574	732	740	732	822	777	844
606	1091	1576	732	740	732	822	776	844
615	1100	1585	732	822	732	822	776	844
629	1114	1599	732	822	732	822	775	844
631	1116	1601	732	822	915	822	969	844
639	1124	1609	732	822	915	822	969	848
641	1126	1611	732	822	915	822	968	848
648	1133	1618	732	822	915	925	968	954
652	1137	1622	915	822	915	925	968	954
659	1144	1629	915	822	915	925	967	954
678	1163	1648	915	822	915	925	966	954
679	1164	1649	915	822	915	925	966	953
694	1179	1664	915	925	915	925	966	953
696	1181	1666	915	925	915	925	965	953
715	1200	1685	915	925	915	925	964	953
729	1214	1699	915	925	915	925	964	952
734	1219	1704	915	925	915	925	963	952
748	1233	1718	915	925	915	1057	963	1089
750	1235	1720	915	925	915	1057	963	1088
752	1237	1722	915	925	915	1057	962	1088
760	1245	1730	915	925	915	1057	986	1088
774	1259	1744	915	925	915	1057	985	1088
793	1278	1763	915	1057	915	1057	985	1088
794	1279	1764	915	1057	915	1057	985	1087
810	1295	1780	915	1057	1220	1057	1313	1087
831	1316	1801	1220	1057	1220	1057	1312	1087
836	1321	1806	1220	1057	1220	1057	1312	1094

SPEICHERPLATZBEDARF BEI DEN ALTERNATIVEN SPEICHERUNGSFORMEN
PRO DATENBLOCK IN BYTES : SCHLUESSELFELDLAENGE = 2

DSB	SPB1	SPB2	SPB3	SPB4	SPB5	SPB6	SPB7	SPB8
859	1344	1829	1220	1057	1220	1057	1311	1094
868	1353	1838	1220	1057	1220	1057	1311	1093
876	1361	1846	1220	1057	1220	1233	1311	1276
887	1372	1857	1220	1057	1220	1233	1310	1276
907	1392	1877	1220	1057	1220	1233	1310	1275
915	1400	1885	1220	1057	1220	1233	1309	1275
921	1406	1891	1220	1233	1220	1233	1309	1275
943	1428	1913	1220	1233	1220	1233	1308	1275
964	1449	1934	1220	1233	1220	1233	1308	1274
971	1456	1941	1220	1233	1220	1233	1307	1274
999	1484	1969	1220	1233	1220	1233	1306	1274
1021	1506	1991	1220	1233	1220	1233	1306	1273
1027	1512	1997	1220	1233	1220	1233	1305	1273
1047	1532	2017	1220	1233	1220	1480	1305	1528
1052	1537	2022	1220	1233	1220	1480	1305	1527
1055	1540	2025	1220	1233	1220	1480	1304	1527
1083	1568	2053	1220	1233	1220	1480	1303	1527
1092	1577	2062	1220	1480	1220	1480	1303	1527
1099	1584	2069	1220	1480	1220	1480	1303	1526
1110	1595	2080	1220	1480	1830	1480	1953	1526
1129	1614	2099	1220	1480	1830	1480	1952	1526
1132	1617	2102	1830	1480	1830	1480	1952	1526
1147	1632	2117	1830	1480	1830	1480	1952	1525
1148	1633	2118	1830	1480	1830	1480	1951	1525
1166	1651	2136	1830	1480	1830	1480	1951	1539
1167	1652	2137	1830	1480	1830	1480	1950	1539
1186	1671	2156	1830	1480	1830	1480	1949	1539
1205	1690	2175	1830	1480	1830	1480	1948	1539
1224	1709	2194	1830	1480	1830	1480	1947	1539
1226	1711	2196	1830	1480	1830	1480	1947	1538
1243	1728	2213	1830	1480	1830	1480	1946	1538
1262	1747	2232	1830	1480	1830	1480	1945	1538
1281	1766	2251	1830	1480	1830	1480	1944	1538
1286	1771	2256	1830	1480	1830	1850	1944	1923
1300	1785	2270	1830	1480	1830	1850	1943	1923
1304	1789	2274	1830	1480	1830	1850	1943	1922
1319	1804	2289	1830	1480	1830	1850	1942	1922
1332	1817	2302	1830	1850	1830	1850	1942	1922
1338	1823	2308	1830	1850	1830	1850	1941	1922
1357	1842	2327	1830	1850	1830	1850	1940	1922
1376	1861	2346	1830	1850	1830	1850	1939	1922
1381	1866	2351	1830	1850	1830	1850	1939	1921
1395	1880	2365	1830	1850	1830	1850	1938	1921
1414	1899	2384	1830	1850	1830	1850	1937	1921
1433	1918	2403	1830	1850	1830	1850	1936	1921
1452	1937	2422	1830	1850	1830	1850	1935	1921
1458	1943	2428	1830	1850	1830	1850	1935	1920
1471	1956	2441	1830	1850	1830	1850	1934	1920
1490	1975	2460	1830	1850	1830	1850	1933	1920
1509	1994	2479	1830	1850	1830	1850	1932	1920
1528	2013	2498	1830	1850	1830	1850	1931	1920
1535	2020	2505	1830	1850	1830	1850	1931	1919
1547	2032	2517	1830	1850	1830	1850	1930	1919
1566	2051	2536	1830	1850	1830	1850	1929	1919
1585	2070	2555	1830	1850	1830	1850	1928	1919
1604	2089	2574	1830	1850	1830	1850	1927	1919
1612	2097	2582	1830	1850	1830	1850	1927	1918
1623	2108	2593	1830	1850	1830	1850	1926	1918
1640	2125	2610	1830	1850	1830	1850	2026	1918
1647	2132	2617	1830	1850	1830	2467	2026	2559
1654	2139	2624	1830	1850	1830	2467	2026	2558
1693	2178	2663	1830	2467	1830	2467	2026	2558
1712	2197	2682	1830	2467	1830	2467	2026	2557
1719	2204	2689	1830	2467	3660	2467	4054	2557
1741	2226	2711	3660	2467	3660	2467	4054	2557
1770	2255	2740	3660	2467	3660	2467	4054	2556
1828	2313	2798	3660	2467	3660	2467	4054	2555
1835	2320	2805	3660	2467	3660	2467	4054	2591
1862	2347	2832	3660	2467	3660	2467	4055	2591
2046	2531	3016	3660	2467	3660	2467	4056	2591

SPEICHERPLATZBEDARF BEI DEN ALTERNATIVEN SPEICHERUNGSFORMEN
PRO DATENBLOCK IN BYTES : SCHLUESSELFELDLAENGE = 2

DSE	SPB1	SPB2	SPB3	SPB4	SPB5	SPB6	SPB7	SPB8
2159	2644	3129	3660	2467	3660	2467	4056	2592
2231	2716	3201	3660	2467	3660	2467	4057	2592
2252	2737	3222	3660	2467	3660	3701	4057	3888
2298	2783	3268	3660	3701	3660	3701	4057	3888
2415	2900	3385	3660	3701	3660	3701	4058	3888
2596	3081	3566	3660	3701	3660	3701	4058	3889
2599	3084	3569	3660	3701	3660	3701	4059	3889
2784	3269	3754	3660	3701	3660	3701	4060	3889
2968	3453	3938	3660	3701	3660	3701	4061	3889
3152	3637	4122	3660	3701	3660	3701	4062	3889
3337	3822	4307	3660	3701	3660	3701	4063	3889
3470	3955	4440	3660	3701	3660	3701	4063	3890
3474	3959	4444	3660	3701	3660	7403	4063	7782

SPEICHERPLATZBEDARF BEI DEN ALTERNATIVEN SPEICHERUNGSFORMEN
PRO DATENBLOCK IN BYTES : SCHLUESSELFELDLAENGE = 4

DSB	SPB1	SPB2	SPB3	SPB4	SPB5	SPB6	SPB7	SPB8
10	495	980	71	112	96	164	101	167
11	496	981	71	113	96	164	101	167
12	497	982	73	115	96	164	101	167
13	498	983	74	115	98	164	103	167
14	499	984	74	117	98	168	103	171
15	500	985	76	117	101	168	106	171
16	501	986	77	119	101	168	106	171
17	502	987	77	119	104	168	109	171
18	503	988	79	121	104	172	109	175
20	505	990	81	123	107	172	112	175
21	506	991	83	123	107	176	112	179
22	507	992	85	125	107	176	112	179
23	508	993	85	127	110	176	115	179
24	509	994	87	127	110	176	115	179
25	510	995	87	129	110	180	115	183
26	511	996	89	129	114	180	119	183
27	512	997	89	132	114	180	119	183
28	513	998	91	132	114	180	119	183
29	514	999	91	132	114	185	119	189
30	515	1000	91	134	118	185	124	189
31	516	1001	93	134	118	185	124	189
32	517	1002	93	137	118	185	124	189
33	518	1003	96	137	122	189	128	193
34	519	1004	96	139	122	189	128	193
36	521	1006	98	139	122	189	128	193
37	522	1007	98	142	126	189	132	193
38	523	1008	101	142	126	194	132	198
40	525	1010	101	145	126	194	132	198
41	526	1011	104	145	130	194	136	198
42	527	1012	104	145	130	200	136	204
43	528	1013	107	148	130	200	136	204
45	530	1015	107	151	135	200	142	204
46	531	1016	110	151	135	200	142	204
47	532	1017	110	154	135	205	142	208
48	533	1018	110	154	135	205	142	209
49	534	1019	114	154	135	205	142	209
50	535	1020	114	154	140	205	147	209
51	536	1021	114	157	140	205	147	209
53	538	1023	118	157	140	211	147	215
54	539	1024	118	160	140	211	147	215
55	540	1025	118	160	146	211	153	215
56	541	1026	122	160	146	211	153	215
57	542	1027	122	164	146	211	153	215
58	543	1028	122	164	146	211	153	216
59	544	1029	122	164	146	217	153	221
60	545	1030	126	164	152	217	159	221
61	546	1031	126	168	152	217	159	221
64	549	1034	130	168	152	217	159	221
65	550	1035	130	172	152	224	159	228
66	551	1036	130	172	159	224	167	228
68	553	1038	135	172	159	224	167	228
69	554	1039	135	176	159	224	167	228
71	556	1041	135	176	159	231	167	236
72	557	1042	135	180	159	231	167	236
73	558	1043	140	180	166	231	174	236
76	561	1046	140	185	166	231	174	236
78	563	1048	146	185	166	238	174	243
79	564	1049	146	185	174	238	183	243
80	565	1050	146	189	174	238	184	243
83	568	1053	152	189	174	238	184	243
84	569	1054	152	189	174	238	183	243
85	570	1055	152	194	174	246	183	251
87	572	1057	152	194	183	246	192	251
89	574	1059	159	194	183	246	192	251
90	575	1060	159	200	183	246	192	251
92	577	1062	159	200	183	255	192	261
95	580	1065	159	205	183	255	192	260
96	581	1066	166	205	192	255	202	261
98	583	1068	166	205	192	255	203	261
100	585	1070	166	211	192	255	203	261

SPEICHERPLATZBEDARF BEI DEN ALTERNATIVEN SPEICHERUNGSFORMEN
PRO DATENBLOCK IN BYTES : SCHLUESSELFELDLAENGE = 4

DSB	SPB1	SPB2	SPB3	SPB4	SPB5	SPB6	SPB7	SPB8
101	586	1071	166	211	192	264	203	270
103	588	1073	174	211	192	264	203	270
105	590	1075	174	211	203	264	214	270
106	591	1076	174	217	203	264	214	269
108	593	1078	174	217	203	264	213	269
110	595	1080	183	217	203	274	213	279
112	597	1082	183	224	203	274	213	280
116	601	1086	183	224	215	274	226	280
117	602	1087	183	224	215	274	226	279
118	603	1088	183	231	215	274	226	279
119	604	1089	192	231	215	284	226	290
120	605	1090	192	231	215	284	227	290
125	610	1095	192	238	215	284	227	290
127	612	1097	192	238	228	284	240	290
128	613	1098	203	238	228	284	240	290
129	614	1099	203	238	228	296	240	302
132	617	1102	203	246	228	296	240	302
138	623	1108	203	246	228	296	239	302
139	624	1109	215	255	228	296	239	302
140	625	1110	215	255	244	308	256	315
148	633	1118	215	264	244	308	256	315
149	634	1119	215	264	244	308	258	315
150	635	1120	228	264	244	308	258	315
152	637	1122	228	264	244	321	258	329
153	638	1123	228	264	244	321	257	329
155	640	1125	228	264	261	321	276	329
156	641	1126	228	264	261	321	275	329
157	642	1127	228	274	261	321	275	329
163	648	1133	244	274	261	321	275	329
164	649	1134	244	274	261	336	275	343
166	651	1136	244	284	261	336	275	343
171	656	1141	244	284	281	336	296	343
176	661	1146	244	296	281	336	296	344
178	663	1148	261	296	281	336	296	344
179	664	1149	261	296	281	352	295	361
180	665	1150	261	296	281	352	295	360
187	672	1157	261	308	281	352	295	360
188	673	1158	261	308	281	352	297	360
191	676	1161	261	308	305	352	322	360
194	679	1164	281	308	305	370	322	379
199	684	1169	281	321	305	370	322	379
211	696	1181	281	336	305	389	321	399
214	699	1184	305	336	332	389	351	399
215	700	1185	305	336	332	389	350	399
226	711	1196	305	352	332	389	350	399
229	714	1199	305	352	332	411	350	420
235	720	1205	305	352	332	411	349	420
237	722	1207	332	352	332	411	349	420
240	725	1210	332	352	332	411	349	421
241	726	1211	332	370	366	411	385	421
242	727	1212	332	370	366	411	389	421
248	733	1218	332	370	366	411	388	421
250	735	1220	332	370	366	435	388	446
258	743	1228	332	389	366	435	388	446
264	749	1234	366	389	366	435	388	446
271	756	1241	366	389	366	435	387	446
272	757	1242	366	389	406	435	430	446
273	758	1243	366	389	406	462	430	473
276	761	1246	366	411	406	462	430	473
278	763	1248	366	411	406	462	429	473
283	768	1253	366	411	406	462	429	474
296	781	1266	406	411	406	462	429	474
298	783	1268	406	435	406	462	428	474
300	785	1270	406	435	406	493	428	506
302	787	1272	406	435	406	493	428	505
312	797	1282	406	435	457	493	481	505
321	806	1291	406	462	457	493	480	505
324	809	1294	406	462	457	493	486	505
330	815	1300	406	462	457	528	486	541
335	820	1305	457	462	457	528	486	541

SPEICHERPLATZBEDARF BEI DEN ALTERNATIVEN SPEICHERUNGSFORMEN
PRO DATENBLOCK IN BYTES : SCHLUESSELFELDLAENGE = 4

DSB	SPB1	SPB2	SPB3	SPB4	SPB5	SPB6	SPB7	SPB8
336	821	1306	457	462	457	528	485	541
337	822	1307	457	462	457	528	485	543
347	832	1317	457	493	457	528	485	543
352	837	1322	457	493	457	528	485	542
360	845	1330	457	493	457	528	484	542
361	846	1331	457	493	522	528	554	542
364	849	1334	457	493	522	569	554	584
368	853	1338	457	493	522	569	554	583
375	860	1345	457	493	522	569	553	583
377	862	1347	457	528	522	569	553	583
385	870	1355	522	528	522	569	553	583
396	881	1366	522	528	522	569	552	583
403	888	1373	522	528	522	616	552	631
406	891	1376	522	528	522	616	552	633
411	896	1381	522	569	522	616	552	633
417	902	1387	522	569	522	616	551	633
425	910	1395	522	569	610	616	644	633
426	911	1396	522	569	610	616	643	633
436	921	1406	522	569	610	616	643	632
445	930	1415	522	569	610	616	642	632
448	933	1418	610	569	610	673	642	691
450	935	1420	610	616	610	673	642	691
461	946	1431	610	616	610	673	652	691
468	953	1438	610	616	610	673	651	691
486	971	1456	610	616	610	673	651	690
495	980	1465	610	616	610	673	650	690
496	981	1466	610	673	610	673	650	690
499	984	1469	610	673	610	673	650	693
502	987	1472	610	673	610	740	650	762
509	994	1479	610	673	732	740	781	762
516	1001	1486	610	673	732	740	780	762
533	1018	1503	732	673	732	740	780	762
539	1024	1509	732	673	732	740	779	762
545	1030	1515	732	673	732	740	779	761
550	1035	1520	732	740	732	740	779	761
562	1047	1532	732	740	732	740	778	761
568	1053	1538	732	740	732	822	778	845
584	1069	1554	732	740	732	822	778	844
585	1070	1555	732	740	732	822	777	844
608	1093	1578	732	740	732	822	776	844
615	1100	1585	732	822	732	822	776	844
626	1111	1596	732	822	732	822	776	843
628	1113	1598	732	822	732	822	776	848
629	1114	1599	732	822	915	822	969	848
639	1124	1609	732	822	915	822	968	848
646	1131	1616	732	822	915	925	968	955
652	1137	1622	915	822	915	925	968	954
657	1142	1627	915	822	915	925	967	954
676	1161	1646	915	822	915	925	966	954
694	1179	1664	915	925	915	925	965	954
702	1187	1672	915	925	915	925	965	953
713	1198	1683	915	925	915	925	964	953
732	1217	1702	915	925	915	925	963	953
738	1223	1708	915	925	915	925	986	953
746	1231	1716	915	925	915	1057	986	1089
766	1251	1736	915	925	915	1057	986	1088
771	1256	1741	915	925	915	1057	985	1088
793	1278	1763	915	1057	915	1057	985	1088
808	1293	1778	915	1057	1220	1057	1313	1088
810	1295	1780	915	1057	1220	1057	1313	1087
819	1304	1789	915	1057	1220	1057	1312	1087
824	1309	1794	915	1057	1220	1057	1312	1095
828	1313	1798	915	1057	1220	1057	1312	1094
831	1316	1801	1220	1057	1220	1057	1312	1094
847	1332	1817	1220	1057	1220	1057	1311	1094
874	1359	1844	1220	1057	1220	1233	1311	1275
875	1360	1845	1220	1057	1220	1233	1310	1275
903	1388	1873	1220	1057	1220	1233	1309	1275
921	1406	1891	1220	1233	1220	1233	1309	1275
924	1409	1894	1220	1233	1220	1233	1309	1274

SPEICHERPLATZBEDARF BEI DEN ALTERNATIVEN SPEICHERUNGSFORMEN
PRO DATENBLOCK IN BYTES : SCHLUESSELFELDLAENGE = 4

DSE	SPB1	SPB2	SPB3	SPB4	SPB5	SPB6	SPB7	SPB8
931	1416	1901	1220	1233	1220	1233	1308	1274
959	1444	1929	1220	1233	1220	1233	1307	1274
981	1466	1951	1220	1233	1220	1233	1307	1273
987	1472	1957	1220	1233	1220	1233	1306	1273
1015	1500	1985	1220	1233	1220	1233	1305	1273
1037	1522	2007	1220	1233	1220	1233	1305	1272
1043	1528	2013	1220	1233	1220	1233	1304	1272
1045	1530	2015	1220	1233	1220	1480	1304	1528
1059	1544	2029	1220	1233	1220	1480	1304	1527
1071	1556	2041	1220	1233	1220	1480	1303	1527
1092	1577	2062	1220	1480	1220	1480	1303	1527
1099	1584	2069	1220	1480	1220	1480	1302	1527
1106	1591	2076	1220	1480	1220	1480	1302	1526
1108	1593	2078	1220	1480	1830	1480	1953	1526
1127	1612	2097	1220	1480	1830	1480	1952	1526
1132	1617	2102	1830	1480	1830	1480	1952	1526
1146	1631	2116	1830	1480	1830	1480	1951	1526
1151	1636	2121	1830	1480	1830	1480	1951	1539
1165	1650	2135	1830	1480	1830	1480	1950	1539
1184	1669	2154	1830	1480	1830	1480	1949	1539
1203	1688	2173	1830	1480	1830	1480	1948	1539
1222	1707	2192	1830	1480	1830	1480	1947	1539
1241	1726	2211	1830	1480	1830	1480	1946	1539
1242	1727	2212	1830	1480	1830	1480	1946	1538
1260	1745	2230	1830	1480	1830	1480	1945	1538
1279	1764	2249	1830	1480	1830	1480	1944	1538
1284	1769	2254	1830	1480	1830	1850	1944	1923
1298	1783	2268	1830	1480	1830	1850	1943	1923
1301	1786	2271	1830	1480	1830	1850	1943	1922
1317	1802	2287	1830	1480	1830	1850	1942	1922
1332	1817	2302	1830	1850	1830	1850	1942	1922
1336	1821	2306	1830	1850	1830	1850	1941	1922
1355	1840	2325	1830	1850	1830	1850	1940	1922
1374	1859	2344	1830	1850	1830	1850	1939	1922
1378	1863	2348	1830	1850	1830	1850	1939	1921
1393	1878	2363	1830	1850	1830	1850	1938	1921
1412	1897	2382	1830	1850	1830	1850	1937	1921
1431	1916	2401	1830	1850	1830	1850	1936	1921
1450	1935	2420	1830	1850	1830	1850	1935	1921
1455	1940	2425	1830	1850	1830	1850	1935	1920
1469	1954	2439	1830	1850	1830	1850	1934	1920
1488	1973	2458	1830	1850	1830	1850	1933	1920
1507	1992	2477	1830	1850	1830	1850	1932	1920
1526	2011	2496	1830	1850	1830	1850	1931	1920
1532	2017	2502	1830	1850	1830	1850	1931	1919
1545	2030	2515	1830	1850	1830	1850	1930	1919
1564	2049	2534	1830	1850	1830	1850	1929	1919
1583	2068	2553	1830	1850	1830	1850	1928	1919
1596	2081	2566	1830	1850	1830	1850	2026	1919
1609	2094	2579	1830	1850	1830	1850	2026	1918
1645	2130	2615	1830	1850	1830	2467	2026	2558
1690	2175	2660	1830	1850	1830	2467	2026	2557
1693	2178	2663	1830	2467	1830	2467	2026	2557
1717	2202	2687	1830	2467	3660	2467	4054	2557
1741	2226	2711	3660	2467	3660	2467	4054	2557
1748	2233	2718	3660	2467	3660	2467	4054	2556
1806	2291	2776	3660	2467	3660	2467	4054	2555
1812	2297	2782	3660	2467	3660	2467	4054	2591
1901	2386	2871	3660	2467	3660	2467	4055	2591
2085	2570	3055	3660	2467	3660	2467	4056	2591
2250	2735	3220	3660	2467	3660	3701	4056	3888
2270	2755	3240	3660	2467	3660	3701	4057	3888
2298	2783	3268	3660	3701	3660	3701	4057	3888
2454	2939	3424	3660	3701	3660	3701	4058	3888
2638	3123	3608	3660	3701	3660	3701	4059	3888
2640	3125	3610	3660	3701	3660	3701	4059	3889
2823	3308	3793	3660	3701	3660	3701	4060	3889
3007	3492	3977	3660	3701	3660	3701	4061	3889
3191	3676	4161	3660	3701	3660	3701	4062	3889
3376	3861	4346	3660	3701	3660	3701	4063	3889

SPEICHERPLATZBEDARF BEI DEN ALTERNATIVEN SPEICHERUNGSFORMEN
PRO DATENBLOCK IN BYTES : SCHLUESSELFELDLAENGE = 4

DSE	SPB1	SPB2	SPB3	SPB4	SPB5	SPB6	SPB7	SPB8
3472	3957	4442	3660	3701	3660	7403	4063	7781

SPEICHERPLATZBEDARF BEI DEN ALTERNATIVEN SPEICHERUNGSFORMEN
PRO DATENBLOCK IN BYTES : SCHLUESSELFELDLAENGE = 6

DSB	SPB1	SPB2	SPB3	SPB4	SPB5	SPB6	SPB7	SPB8
10	495	980	71	112	96	164	101	167
11	496	981	71	113	98	164	103	167
12	497	982	73	115	98	168	103	171
13	498	983	74	115	101	168	106	171
14	499	984	74	117	101	168	106	171
15	500	985	76	117	104	168	109	171
16	501	986	77	119	104	172	109	175
18	503	988	79	121	107	172	112	175
19	504	989	79	121	107	176	112	179
20	505	990	81	123	107	176	112	179
21	506	991	83	123	110	176	115	179
22	507	992	85	125	110	176	115	179
23	508	993	85	127	110	180	115	183
24	509	994	87	127	114	180	120	183
25	510	995	87	129	114	180	120	183
26	511	996	89	129	114	180	120	183
27	512	997	89	132	114	185	120	189
28	513	998	91	132	118	185	124	189
30	515	1000	91	134	118	185	124	189
31	516	1001	93	134	122	189	128	193
32	517	1002	93	137	122	189	128	193
33	518	1003	96	137	122	189	128	193
34	519	1004	96	139	122	189	128	193
35	520	1005	96	139	126	189	132	193
36	521	1006	98	139	126	194	132	198
37	522	1007	98	142	126	194	132	198
38	523	1008	101	142	126	194	132	198
39	524	1009	101	142	130	194	136	198
40	525	1010	101	145	130	200	136	204
41	526	1011	104	145	130	200	136	203
43	528	1013	107	148	135	200	142	203
44	529	1014	107	148	135	200	142	204
45	530	1015	107	151	135	205	142	210
46	531	1016	110	151	135	205	142	210
47	532	1017	110	154	135	205	142	210
48	533	1018	110	154	140	205	147	209
49	534	1019	114	154	140	205	147	209
51	536	1021	114	157	140	211	147	215
53	538	1023	118	157	146	211	153	215
54	539	1024	118	160	146	211	153	216
55	540	1025	118	160	146	211	153	215
56	541	1026	122	160	146	211	153	215
57	542	1027	122	164	146	217	153	221
58	543	1028	122	164	152	217	160	221
60	545	1030	126	164	152	217	160	221
61	546	1031	126	168	152	217	160	221
63	548	1033	126	168	152	224	160	228
64	549	1034	130	168	159	224	167	228
65	550	1035	130	172	159	224	167	228
68	553	1038	135	172	159	224	167	228
69	554	1039	135	176	159	231	167	236
71	556	1041	135	176	166	231	174	236
72	557	1042	135	180	166	231	174	236
73	558	1043	140	180	166	231	174	236
74	559	1044	140	180	166	231	175	236
76	561	1046	140	185	166	238	174	243
77	562	1047	140	185	174	238	183	243
78	563	1048	146	185	174	238	183	243
80	565	1050	146	189	174	238	183	243
83	568	1053	152	189	174	246	183	251
85	570	1055	152	194	183	246	192	251
89	574	1059	159	194	183	246	192	251
90	575	1060	159	200	183	255	192	260
91	576	1061	159	200	183	255	193	261
94	579	1064	159	200	192	255	203	261
95	580	1065	159	205	192	255	203	261
96	581	1066	166	205	192	255	203	261
99	584	1069	166	205	192	264	203	269
100	585	1070	166	211	192	264	202	269
103	588	1073	174	211	203	264	213	269

SPEICHERPLATZBEDARF BEI DEN ALTERNATIVEN SPEICHERUNGSFORMEN
PRO DATENBLOCK IN BYTES : SCHLUESSELFELDLAENGE = 6

DSB	SPB1	SPB2	SPB3	SPB4	SPB5	SPB6	SPB7	SPB8
106	591	1076	174	217	203	264	213	269
107	592	1077	174	217	203	264	213	270
108	593	1078	174	217	203	274	213	281
109	594	1079	174	217	203	274	213	280
110	595	1080	183	217	203	274	213	280
112	597	1082	183	224	203	274	213	280
113	598	1083	183	224	203	274	214	280
114	599	1084	183	224	215	274	227	280
117	602	1087	183	224	215	284	227	290
118	603	1088	183	231	215	284	227	290
119	604	1089	192	231	215	284	227	290
125	610	1095	192	238	228	284	241	290
127	612	1097	192	238	228	296	241	303
128	613	1098	203	238	228	296	241	303
130	615	1100	203	238	228	296	240	303
132	617	1102	203	246	228	296	240	303
138	623	1108	203	246	244	308	257	315
139	624	1109	215	255	244	308	257	315
141	626	1111	215	255	244	308	259	315
145	630	1115	215	255	244	308	258	314
146	631	1116	215	255	244	308	258	315
148	633	1118	215	264	244	308	258	315
150	635	1120	228	264	244	321	258	329
153	638	1123	228	264	261	321	275	329
157	642	1127	228	274	261	321	275	329
161	646	1131	228	274	261	321	275	328
162	647	1132	228	274	261	336	275	343
163	648	1133	244	274	261	336	275	343
166	651	1136	244	284	261	336	275	343
169	654	1139	244	284	281	336	297	343
171	656	1141	244	284	281	336	296	344
176	661	1146	244	296	281	336	296	344
177	662	1147	244	296	281	352	296	360
178	663	1148	261	296	281	352	296	360
179	664	1149	261	296	281	352	298	360
187	672	1157	261	308	281	352	298	360
189	674	1159	261	308	305	352	323	360
192	677	1162	261	308	305	370	323	379
194	679	1164	281	308	305	370	323	379
197	682	1167	281	308	305	370	323	378
199	684	1169	281	321	305	370	323	378
200	685	1170	281	321	305	370	323	379
201	686	1171	281	321	305	370	322	379
209	694	1179	281	321	305	389	322	399
211	696	1181	281	336	305	389	322	399
212	697	1182	281	336	332	389	350	399
214	699	1184	305	336	332	389	350	399
220	705	1190	305	336	332	389	350	398
225	710	1195	305	336	332	389	349	398
226	711	1196	305	352	332	389	349	398
227	712	1197	305	352	332	411	349	421
232	717	1202	305	352	332	411	352	421
234	719	1204	305	352	332	411	352	422
237	722	1207	332	352	332	411	352	422
239	724	1209	332	352	366	411	388	422
241	726	1211	332	370	366	411	388	422
248	733	1218	332	370	366	435	388	446
258	743	1228	332	389	366	435	388	446
260	745	1230	332	389	366	435	387	446
264	749	1234	366	389	366	435	387	446
270	755	1240	366	389	406	435	429	446
271	756	1241	366	389	406	462	429	473
276	761	1246	366	411	406	462	429	473
277	762	1247	366	411	406	462	429	474
287	772	1257	366	411	406	462	428	474
296	781	1266	406	411	406	462	428	474
298	783	1268	406	435	406	493	428	505
307	792	1277	406	435	406	493	427	505
310	795	1280	406	435	457	493	481	505
312	797	1282	406	435	457	493	487	505

SPEICHERPLATZBEDARF BEI DEN ALTERNATIVEN SPEICHERUNGSFORMEN
PRO DATENBLOCK IN BYTES : SCHLUESSELFELDLAENGE = 6

DSB	SPB1	SPB2	SPB3	SPB4	SPB5	SPB6	SPB7	SPB8
321	806	1291	406	462	457	493	487	505
322	807	1292	406	462	457	493	486	505
328	813	1298	406	462	457	528	486	541
330	815	1300	406	462	457	528	486	543
335	820	1305	457	462	457	528	486	543
337	822	1307	457	462	457	528	486	542
346	831	1316	457	462	457	528	485	542
347	832	1317	457	493	457	528	485	542
359	844	1329	457	493	522	528	554	542
361	846	1331	457	493	522	528	553	542
362	847	1332	457	493	522	569	553	584
377	862	1347	457	528	522	569	553	584
382	867	1352	457	528	522	569	552	584
385	870	1355	522	528	522	569	552	584
394	879	1364	522	528	522	569	552	583
399	884	1369	522	528	522	569	552	586
401	886	1371	522	528	522	616	552	634
403	888	1373	522	528	522	616	551	634
411	896	1381	522	569	522	616	551	634
419	904	1389	522	569	522	616	551	633
423	908	1393	522	569	610	616	644	633
430	915	1400	522	569	610	616	643	633
445	930	1415	522	569	610	616	653	633
446	931	1416	522	569	610	673	653	691
447	932	1417	522	569	610	673	652	691
448	933	1418	610	569	610	673	652	691
450	935	1420	610	616	610	673	652	691
469	954	1439	610	616	610	673	652	690
475	960	1445	610	616	610	673	651	690
490	975	1460	610	616	610	673	651	693
496	981	1466	610	673	610	673	651	693
500	985	1470	610	673	610	740	651	762
502	987	1472	610	673	610	740	650	762
507	992	1477	610	673	732	740	781	762
519	1004	1489	610	673	732	740	780	762
524	1009	1494	610	673	732	740	780	761
533	1018	1503	732	673	732	740	780	761
542	1027	1512	732	673	732	740	779	761
550	1035	1520	732	740	732	740	779	761
565	1050	1535	732	740	732	740	778	761
566	1051	1536	732	740	732	822	778	845
588	1073	1558	732	740	732	822	777	845
605	1090	1575	732	740	732	822	777	844
610	1095	1580	732	740	732	822	776	844
615	1100	1585	732	822	732	822	776	844
618	1103	1588	732	822	732	822	776	849
627	1112	1597	732	822	915	822	969	849
630	1115	1600	732	822	915	822	969	848
637	1122	1607	732	822	915	822	968	848
644	1129	1614	732	822	915	925	968	954
652	1137	1622	915	822	915	925	968	954
655	1140	1625	915	822	915	925	967	954
674	1159	1644	915	822	915	925	966	954
675	1160	1645	915	822	915	925	966	953
692	1177	1662	915	822	915	925	965	953
694	1179	1664	915	925	915	925	965	953
711	1196	1681	915	925	915	925	964	953
715	1200	1685	915	925	915	925	987	953
725	1210	1695	915	925	915	925	987	952
731	1216	1701	915	925	915	925	986	952
744	1229	1714	915	925	915	1057	986	1088
768	1253	1738	915	925	915	1057	985	1088
783	1268	1753	915	925	915	1057	985	1087
793	1278	1763	915	1057	915	1057	985	1087
805	1290	1775	915	1057	915	1057	984	1087
806	1291	1776	915	1057	1220	1057	1314	1087
807	1292	1777	915	1057	1220	1057	1313	1087
811	1296	1781	915	1057	1220	1057	1313	1094
831	1316	1801	1220	1057	1220	1057	1313	1094
835	1320	1805	1220	1057	1220	1057	1312	1094

SPEICHERPLATZBEDARF BEI DEN ALTERNATIVEN SPEICHERUNGSFORMEN
PRO DATENBLOCK IN BYTES : SCHLUESSELFELDLAENGE = 6

DSB	SPB1	SPB2	SPB3	SPB4	SPB5	SPB6	SPB7	SPB8
854	1339	1824	1220	1057	1220	1057	1312	1093
863	1348	1833	1220	1057	1220	1057	1311	1093
872	1357	1842	1220	1057	1220	1233	1311	1276
884	1369	1854	1220	1057	1220	1233	1311	1275
891	1376	1861	1220	1057	1220	1233	1310	1275
919	1404	1889	1220	1057	1220	1233	1309	1275
921	1406	1891	1220	1233	1220	1233	1309	1275
940	1425	1910	1220	1233	1220	1233	1309	1274
947	1432	1917	1220	1233	1220	1233	1308	1274
975	1460	1945	1220	1233	1220	1233	1307	1274
997	1482	1967	1220	1233	1220	1233	1307	1273
1003	1488	1973	1220	1233	1220	1233	1306	1273
1031	1516	2001	1220	1233	1220	1233	1305	1273
1043	1528	2013	1220	1233	1220	1480	1305	1528
1059	1544	2029	1220	1233	1220	1480	1304	1528
1066	1551	2036	1220	1233	1220	1480	1304	1527
1087	1572	2057	1220	1233	1220	1480	1303	1527
1092	1577	2062	1220	1480	1220	1480	1303	1527
1106	1591	2076	1220	1480	1830	1480	1953	1527
1114	1599	2084	1220	1480	1830	1480	1953	1526
1125	1610	2095	1220	1480	1830	1480	1952	1526
1132	1617	2102	1830	1480	1830	1480	1952	1526
1135	1620	2105	1830	1480	1830	1480	1952	1540
1144	1629	2114	1830	1480	1830	1480	1951	1540
1162	1647	2132	1830	1480	1830	1480	1951	1539
1163	1648	2133	1830	1480	1830	1480	1950	1539
1182	1667	2152	1830	1480	1830	1480	1949	1539
1201	1686	2171	1830	1480	1830	1480	1948	1539
1220	1705	2190	1830	1480	1830	1480	1947	1539
1239	1724	2209	1830	1480	1830	1480	1946	1539
1258	1743	2228	1830	1480	1830	1480	1945	1538
1277	1762	2247	1830	1480	1830	1480	1944	1538
1282	1767	2252	1830	1480	1830	1850	1944	1923
1296	1781	2266	1830	1480	1830	1850	1943	1923
1298	1783	2268	1830	1480	1830	1850	1943	1922
1315	1800	2285	1830	1480	1830	1850	1942	1922
1332	1817	2302	1830	1850	1830	1850	1942	1922
1334	1819	2304	1830	1850	1830	1850	1941	1922
1353	1838	2323	1830	1850	1830	1850	1940	1922
1372	1857	2342	1830	1850	1830	1850	1939	1922
1375	1860	2345	1830	1850	1830	1850	1939	1921
1391	1876	2361	1830	1850	1830	1850	1938	1921
1410	1895	2380	1830	1850	1830	1850	1937	1921
1429	1914	2399	1830	1850	1830	1850	1936	1921
1448	1933	2418	1830	1850	1830	1850	1935	1921
1452	1937	2422	1830	1850	1830	1850	1935	1920
1467	1952	2437	1830	1850	1830	1850	1934	1920
1486	1971	2456	1830	1850	1830	1850	1933	1920
1505	1990	2475	1830	1850	1830	1850	1932	1920
1524	2009	2494	1830	1850	1830	1850	1931	1920
1529	2014	2499	1830	1850	1830	1850	1931	1919
1543	2028	2513	1830	1850	1830	1850	1930	1919
1552	2037	2522	1830	1850	1830	1850	2025	1919
1571	2056	2541	1830	1850	1830	1850	2026	1919
1606	2091	2576	1830	1850	1830	1850	2026	1918
1643	2128	2613	1830	1850	1830	2467	2026	2559
1668	2153	2638	1830	1850	1830	2467	2026	2558
1693	2178	2663	1830	2467	1830	2467	2026	2558
1715	2200	2685	1830	2467	3660	2467	4053	2558
1726	2211	2696	1830	2467	3660	2467	4053	2557
1741	2226	2711	3660	2467	3660	2467	4053	2557
1756	2241	2726	3660	2467	3660	2467	4054	2557
1784	2269	2754	3660	2467	3660	2467	4054	2556
1790	2275	2760	3660	2467	3660	2467	4054	2591
1811	2296	2781	3660	2467	3660	2467	4054	2592
1940	2425	2910	3660	2467	3660	2467	4055	2592
2124	2609	3094	3660	2467	3660	2467	4056	2592
2248	2733	3218	3660	2467	3660	3701	4056	3888
2298	2783	3268	3660	3701	3660	3701	4056	3888
2309	2794	3279	3660	3701	3660	3701	4057	3888

SPEICHERPLATZBEDARF BEI DEN ALTERNATIVEN SPEICHERUNGSFORMEN
PRO DATENBLOCK IN BYTES : SCHLUESSELFELDLAENGE = 6

DSB	SPB1	SPB2	SPB3	SPB4	SPB5	SPB6	SPB7	SPB8
2493	2978	3463	3660	3701	3660	3701	4058	3888
2677	3162	3647	3660	3701	3660	3701	4059	3888
2684	3169	3654	3660	3701	3660	3701	4059	3889
2862	3347	3832	3660	3701	3660	3701	4060	3889
3046	3531	4016	3660	3701	3660	3701	4061	3889
3230	3715	4200	3660	3701	3660	3701	4062	3889
3415	3900	4385	3660	3701	3660	3701	4063	3889
3470	3955	4440	3660	3701	3660	7403	4063	7781

SPEICHERPLATZBEDARF BEI DEN ALTERNATIVEN SPEICHERUNGSFORMEN
PRO DATENBLOCK IN BYTES : SCHLUESSELFELDLAENGE = 8

DSB	SPB1	SPB2	SPB3	SPB4	SPB5	SPB6	SPB7	SPB8
10	495	980	71	112	98	168	103	171
11	496	981	71	113	101	168	106	171
12	497	982	73	115	101	168	106	171
13	498	983	74	115	104	168	109	171
14	499	984	74	117	104	172	109	175
15	500	985	76	117	104	172	109	175
16	501	986	77	119	107	172	112	175
17	502	987	77	119	107	176	112	179
18	503	988	79	121	107	176	112	179
19	504	989	79	121	110	176	116	179
20	505	990	81	123	110	176	116	179
21	506	991	83	123	110	180	116	184
22	507	992	85	125	114	180	120	184
23	508	993	85	127	114	180	120	184
24	509	994	87	127	114	180	120	184
25	510	995	87	129	114	185	120	189
26	511	996	89	129	118	185	124	189
27	512	997	89	132	118	185	124	189
28	513	998	91	132	118	185	124	189
29	514	999	91	132	122	189	128	193
30	515	1000	91	134	122	189	128	193
31	516	1001	93	134	122	189	128	193
32	517	1002	93	137	122	189	128	193
33	518	1003	96	137	126	189	132	193
34	519	1004	96	139	126	194	132	198
36	521	1006	98	139	126	194	132	198
37	522	1007	98	142	130	194	137	198
38	523	1008	101	142	130	200	137	203
40	525	1010	101	145	130	200	137	204
41	526	1011	104	145	135	200	142	204
43	528	1013	107	148	135	205	142	209
45	530	1015	107	151	135	205	142	209
46	531	1016	110	151	140	205	147	209
47	532	1017	110	154	140	205	147	209
49	534	1019	114	154	140	211	147	215
51	536	1021	114	157	146	211	153	215
53	538	1023	118	157	146	211	153	215
54	539	1024	118	160	146	211	153	215
55	540	1025	118	160	146	217	153	221
56	541	1026	122	160	152	217	160	221
57	542	1027	122	164	152	217	160	221
60	545	1030	126	164	152	217	160	221
61	546	1031	126	168	152	224	160	229
62	547	1032	126	168	159	224	167	229
64	549	1034	130	168	159	224	167	229
65	550	1035	130	172	159	224	167	229
67	552	1037	130	172	159	231	167	236
68	553	1038	135	172	159	231	168	236
69	554	1039	135	176	166	231	176	236
71	556	1041	135	176	166	231	175	236
72	557	1042	135	180	166	231	175	236
73	558	1043	140	180	166	231	175	236
74	559	1044	140	180	166	238	175	243
75	560	1045	140	180	174	238	183	243
76	561	1046	140	185	174	238	183	243
78	563	1048	146	185	174	238	183	243
80	565	1050	146	189	174	238	183	243
81	566	1051	146	189	174	246	183	252
83	568	1053	152	189	183	246	192	252
85	570	1055	152	194	183	246	193	252
88	573	1058	152	194	183	255	193	261
89	574	1059	159	194	183	255	193	261
90	575	1060	159	200	183	255	193	261
92	577	1062	159	200	192	255	203	261
94	579	1064	159	200	192	255	202	261
95	580	1065	159	205	192	255	202	261
96	581	1066	166	205	192	255	202	261
97	582	1067	166	205	192	264	202	269
100	585	1070	166	211	192	264	202	269
101	586	1071	166	211	203	264	214	269

SPEICHERPLATZBEDARF BEI DEN ALTERNATIVEN SPEICHERUNGSFORMEN
PRO DATENBLOCK IN BYTES : SCHLUESSELFELDLAENGE = 8

DSB	SPB1	SPB2	SPB3	SPB4	SPB5	SPB6	SPB7	SPB8
102	587	1072	166	211	203	264	214	270
103	588	1073	174	211	203	264	214	270
106	591	1076	174	217	203	274	215	280
110	595	1080	183	217	203	274	215	280
112	597	1082	183	224	215	274	227	280
115	600	1085	183	224	215	284	227	290
118	603	1088	183	231	215	284	227	290
119	604	1089	192	231	215	284	227	290
122	607	1092	192	231	215	284	226	290
123	608	1093	192	231	228	284	240	290
125	610	1095	192	238	228	296	240	303
128	613	1098	203	238	228	296	240	303
132	617	1102	203	246	228	296	240	303
134	619	1104	203	246	228	296	241	303
136	621	1106	203	246	244	308	259	315
137	622	1107	203	246	244	308	258	314
139	624	1109	215	255	244	308	258	314
141	626	1111	215	255	244	308	258	315
148	633	1118	215	264	244	321	258	329
150	635	1120	228	264	244	321	258	329
151	636	1121	228	264	261	321	276	329
153	638	1123	228	264	261	321	276	328
157	642	1127	228	274	261	321	276	328
160	645	1130	228	274	261	336	276	344
161	646	1131	228	274	261	336	275	344
163	648	1133	244	274	261	336	275	344
165	650	1135	244	274	261	336	275	345
166	651	1136	244	284	261	336	275	345
167	652	1137	244	284	281	336	296	345
170	655	1140	244	284	281	336	298	345
172	657	1142	244	284	281	336	298	344
175	660	1145	244	284	281	352	298	360
176	661	1146	244	296	281	352	298	360
178	663	1148	261	296	281	352	298	360
187	672	1157	261	308	305	352	323	360
190	675	1160	261	308	305	370	323	378
193	678	1163	261	308	305	370	322	378
194	679	1164	281	308	305	370	322	379
199	684	1169	281	321	305	370	322	379
207	692	1177	281	321	305	389	322	399
209	694	1179	281	321	305	389	322	398
210	695	1180	281	321	332	389	351	398
211	696	1181	281	336	332	389	351	398
214	699	1184	305	336	332	389	351	398
216	701	1186	305	336	332	389	350	398
222	707	1192	305	336	332	389	353	398
225	710	1195	305	336	332	411	353	421
226	711	1196	305	352	332	411	353	421
228	713	1198	305	352	332	411	353	422
237	722	1207	332	352	366	411	388	421
241	726	1211	332	370	366	411	388	421
246	731	1216	332	370	366	435	388	446
249	734	1219	332	370	366	435	387	446
258	743	1228	332	389	366	435	387	446
261	746	1231	332	389	366	435	387	445
264	749	1234	366	389	366	435	387	445
268	753	1238	366	389	406	435	430	445
269	754	1239	366	389	406	462	430	473
270	755	1240	366	389	406	462	430	474
276	761	1246	366	411	406	462	429	474
296	781	1266	406	411	406	493	429	506
297	782	1267	406	411	406	493	428	506
298	783	1268	406	435	406	493	428	506
299	784	1269	406	435	406	493	433	506
308	793	1278	406	435	457	493	486	506
317	802	1287	406	435	457	493	486	505
321	806	1291	406	462	457	493	486	505
323	808	1293	406	462	457	493	486	507
326	811	1296	406	462	457	528	486	542
332	817	1302	406	462	457	528	485	542

SPEICHERPLATZBEDARF BEI DEN ALTERNATIVEN SPEICHERUNGSFORMEN
PRO DATENBLOCK IN BYTES : SCHLUESSELFELDLAENGE = 8

DSB	SPB1	SPB2	SPB3	SPB4	SPB5	SPB6	SPB7	SPB8
335	820	1305	457	462	457	528	485	542
347	832	1317	457	493	457	528	485	542
356	841	1326	457	493	457	528	484	542
357	842	1327	457	493	522	528	554	542
360	845	1330	457	493	522	569	554	584
367	852	1337	457	493	522	569	553	584
377	862	1347	457	528	522	569	553	584
380	865	1350	457	528	522	569	553	583
385	870	1355	522	528	522	569	553	583
389	874	1359	522	528	522	569	552	583
391	876	1361	522	528	522	569	552	585
399	884	1369	522	528	522	616	552	634
402	887	1372	522	528	522	616	552	633
410	895	1380	522	528	522	616	551	633
411	896	1381	522	569	522	616	551	633
421	906	1391	522	569	610	616	644	633
429	914	1399	522	569	610	616	653	633
444	929	1414	522	569	610	673	653	692
448	933	1418	610	569	610	673	653	692
450	935	1420	610	616	610	673	653	692
452	937	1422	610	616	610	673	653	691
454	939	1424	610	616	610	673	652	691
481	966	1451	610	616	610	673	652	694
482	967	1452	610	616	610	673	651	694
496	981	1466	610	673	610	673	651	694
498	983	1468	610	673	610	740	651	763
503	988	1473	610	673	610	740	651	762
505	990	1475	610	673	732	740	780	762
521	1006	1491	610	673	732	740	779	762
533	1018	1503	732	673	732	740	779	762
544	1029	1514	732	673	732	740	778	762
550	1035	1520	732	740	732	740	778	761
564	1049	1534	732	740	732	822	778	845
567	1052	1537	732	740	732	822	777	845
584	1069	1554	732	740	732	822	777	844
590	1075	1560	732	740	732	822	776	844
608	1093	1578	732	740	732	822	776	848
613	1098	1583	732	740	732	822	775	848
615	1100	1585	732	822	732	822	775	848
625	1110	1595	732	822	915	822	969	848
635	1120	1605	732	822	915	822	968	848
642	1127	1612	732	822	915	925	968	955
647	1132	1617	732	822	915	925	968	954
652	1137	1622	915	822	915	925	968	954
653	1138	1623	915	822	915	925	967	954
672	1157	1642	915	822	915	925	966	954
690	1175	1660	915	822	915	925	965	954
693	1178	1663	915	822	915	925	987	954
694	1179	1664	915	925	915	925	987	954
698	1183	1668	915	925	915	925	987	953
728	1213	1698	915	925	915	925	986	953
742	1227	1712	915	925	915	1057	986	1089
756	1241	1726	915	925	915	1057	986	1088
765	1250	1735	915	925	915	1057	985	1088
793	1278	1763	915	1057	915	1057	985	1088
799	1284	1769	915	1057	915	1057	985	1095
802	1287	1772	915	1057	915	1057	984	1095
804	1289	1774	915	1057	1220	1057	1313	1095
814	1299	1784	915	1057	1220	1057	1313	1094
823	1308	1793	915	1057	1220	1057	1312	1094
831	1316	1801	1220	1057	1220	1057	1312	1094
851	1336	1821	1220	1057	1220	1057	1311	1094
870	1355	1840	1220	1057	1220	1233	1311	1276
879	1364	1849	1220	1057	1220	1233	1310	1276
900	1385	1870	1220	1057	1220	1233	1310	1275
907	1392	1877	1220	1057	1220	1233	1309	1275
921	1406	1891	1220	1233	1220	1233	1309	1275
935	1420	1905	1220	1233	1220	1233	1308	1275
957	1442	1927	1220	1233	1220	1233	1308	1274
963	1448	1933	1220	1233	1220	1233	1307	1274

SPEICHERPLATZBEDARF BEI DEN ALTERNATIVEN SPEICHERUNGSFORMEN
PRO DATENBLOCK IN BYTES : SCHLUESSELFELDLAENGE = 8

DSB	SPB1	SPB2	SPB3	SPB4	SPB5	SPB6	SPB7	SPB8
991	1476	1961	1220	1233	1220	1233	1306	1274
1014	1499	1984	1220	1233	1220	1233	1306	1273
1019	1504	1989	1220	1233	1220	1233	1305	1273
1041	1526	2011	1220	1233	1220	1480	1305	1528
1047	1532	2017	1220	1233	1220	1480	1304	1528
1073	1558	2043	1220	1233	1220	1480	1304	1527
1075	1560	2045	1220	1233	1220	1480	1303	1527
1092	1577	2062	1220	1480	1220	1480	1303	1527
1103	1588	2073	1220	1480	1220	1480	1302	1527
1104	1589	2074	1220	1480	1830	1480	1953	1527
1120	1605	2090	1220	1480	1830	1480	1953	1540
1123	1608	2093	1220	1480	1830	1480	1952	1540
1132	1617	2102	1830	1480	1830	1480	1952	1540
1142	1627	2112	1830	1480	1830	1480	1951	1540
1161	1646	2131	1830	1480	1830	1480	1950	1540
1178	1663	2148	1830	1480	1830	1480	1950	1539
1180	1665	2150	1830	1480	1830	1480	1949	1539
1199	1684	2169	1830	1480	1830	1480	1948	1539
1218	1703	2188	1830	1480	1830	1480	1947	1539
1237	1722	2207	1830	1480	1830	1480	1946	1539
1256	1741	2226	1830	1480	1830	1480	1945	1539
1274	1759	2244	1830	1480	1830	1480	1945	1538
1275	1760	2245	1830	1480	1830	1480	1944	1538
1280	1765	2250	1830	1480	1830	1850	1944	1923
1294	1779	2264	1830	1480	1830	1850	1943	1923
1295	1780	2265	1830	1480	1830	1850	1943	1922
1313	1798	2283	1830	1480	1830	1850	1942	1922
1332	1817	2302	1830	1850	1830	1850	1941	1922
1351	1836	2321	1830	1850	1830	1850	1940	1922
1370	1855	2340	1830	1850	1830	1850	1939	1922
1372	1857	2342	1830	1850	1830	1850	1939	1921
1389	1874	2359	1830	1850	1830	1850	1938	1921
1408	1893	2378	1830	1850	1830	1850	1937	1921
1427	1912	2397	1830	1850	1830	1850	1936	1921
1446	1931	2416	1830	1850	1830	1850	1935	1921
1449	1934	2419	1830	1850	1830	1850	1935	1920
1465	1950	2435	1830	1850	1830	1850	1934	1920
1484	1969	2454	1830	1850	1830	1850	1933	1920
1503	1988	2473	1830	1850	1830	1850	1932	1920
1508	1993	2478	1830	1850	1830	1850	2025	1920
1526	2011	2496	1830	1850	1830	1850	2025	1919
1603	2088	2573	1830	1850	1830	1850	2025	1918
1610	2095	2580	1830	1850	1830	1850	2026	1918
1641	2126	2611	1830	1850	1830	2467	2026	2559
1646	2131	2616	1830	1850	1830	2467	2026	2558
1693	2178	2663	1830	2467	1830	2467	2026	2558
1704	2189	2674	1830	2467	1830	2467	2026	2557
1713	2198	2683	1830	2467	3660	2467	4053	2557
1741	2226	2711	3660	2467	3660	2467	4053	2557
1762	2247	2732	3660	2467	3660	2467	4053	2556
1767	2252	2737	3660	2467	3660	2467	4053	2591
1795	2280	2765	3660	2467	3660	2467	4054	2591
1979	2464	2949	3660	2467	3660	2467	4055	2591
2163	2648	3133	3660	2467	3660	2467	4056	2591
2246	2731	3216	3660	2467	3660	3701	4056	3888
2298	2783	3268	3660	3701	3660	3701	4056	3888
2348	2833	3318	3660	3701	3660	3701	4057	3888
2532	3017	3502	3660	3701	3660	3701	4058	3888
2716	3201	3686	3660	3701	3660	3701	4059	3888
2728	3213	3698	3660	3701	3660	3701	4059	3889
2901	3386	3871	3660	3701	3660	3701	4060	3889
3085	3570	4055	3660	3701	3660	3701	4061	3889
3269	3754	4239	3660	3701	3660	3701	4062	3889
3454	3939	4424	3660	3701	3660	3701	4063	3889
3468	3953	4438	3660	3701	3660	7403	4063	7781

SPEICHERPLATZBEDARF BEI DEN ALTERNATIVEN SPEICHERUNGSFORMEN
PRO DATENBLOCK IN BYTES : SCHLUESSELFELDLAENGE = 10

DSB	SPB1	SPB2	SPB3	SPB4	SPB5	SPB6	SPB7	SPB8
10	495	980	71	112	101	168	106	171
11	496	981	71	113	104	168	109	171
12	497	982	73	115	104	172	109	175
13	498	983	74	115	104	172	109	175
14	499	984	74	117	107	172	112	175
15	500	985	76	117	107	176	112	179
16	501	986	77	119	107	176	112	179
17	502	987	77	119	110	176	116	179
18	503	988	79	121	110	176	116	179
19	504	989	79	121	110	180	116	184
20	505	990	81	123	114	180	120	184
21	506	991	83	123	114	180	120	184
22	507	992	85	125	114	180	120	184
23	508	993	85	127	114	185	120	189
24	509	994	87	127	118	185	124	189
25	510	995	87	129	118	185	124	189
26	511	996	89	129	118	185	124	189
27	512	997	89	132	122	189	128	193
28	513	998	91	132	122	189	128	193
30	515	1000	91	134	122	189	128	193
31	516	1001	93	134	126	189	133	193
32	517	1002	93	137	126	194	133	198
33	518	1003	96	137	126	194	133	198
34	519	1004	96	139	126	194	133	197
35	520	1005	96	139	130	194	137	197
36	521	1006	98	139	130	200	137	205
37	522	1007	98	142	130	200	137	205
38	523	1008	101	142	130	200	137	205
39	524	1009	101	142	135	200	142	204
40	525	1010	101	145	135	200	142	204
41	526	1011	104	145	135	205	142	209
43	528	1013	107	148	135	205	142	209
44	529	1014	107	148	140	205	147	209
45	530	1015	107	151	140	205	147	210
46	531	1016	110	151	140	205	147	209
47	532	1017	110	154	140	211	147	215
49	534	1019	114	154	146	211	154	215
51	536	1021	114	157	146	211	154	215
53	538	1023	118	157	146	217	154	221
54	539	1024	118	160	152	217	160	221
56	541	1026	122	160	152	217	160	221
57	542	1027	122	164	152	217	160	221
59	544	1029	122	164	152	224	160	229
60	545	1030	126	164	159	224	167	229
61	546	1031	126	168	159	224	167	229
62	547	1032	126	168	159	224	168	229
64	549	1034	130	168	159	224	167	229
65	550	1035	130	172	159	231	167	236
67	552	1037	130	172	166	231	175	236
68	553	1038	135	172	166	231	175	236
69	554	1039	135	176	166	231	175	236
72	557	1042	135	180	166	238	175	243
73	558	1043	140	180	174	238	183	243
76	561	1046	140	185	174	238	183	243
78	563	1048	146	185	174	238	184	243
79	564	1049	146	185	174	246	184	252
80	565	1050	146	189	174	246	184	252
81	566	1051	146	189	183	246	194	251
82	567	1052	146	189	183	246	194	252
83	568	1053	152	189	183	246	194	252
85	570	1055	152	194	183	246	194	252
86	571	1056	152	194	183	255	193	261
89	574	1059	159	194	183	255	193	261
90	575	1060	159	200	192	255	202	260
95	580	1065	159	205	192	264	202	269
96	581	1066	166	205	192	264	202	269
98	583	1068	166	205	192	264	202	270
99	584	1069	166	205	203	264	215	270
100	585	1070	166	211	203	264	215	270
102	587	1072	166	211	203	264	215	269

SPEICHERPLATZBEDARF BEI DEN ALTERNATIVEN SPEICHERUNGSFORMEN
PRO DATENBLOCK IN BYTES : SCHLUESSELFELDLAENGE = 10

DSB	SPB1	SPB2	SPB3	SPB4	SPB5	SPB6	SPB7	SPB8
103	588	1073	174	211	203	264	215	269
104	589	1074	174	211	203	274	215	280
106	591	1076	174	217	203	274	215	280
110	595	1080	183	217	215	274	227	280
112	597	1082	183	224	215	274	227	280
113	598	1083	183	224	215	284	227	290
114	599	1084	183	224	215	284	226	290
118	603	1088	183	231	215	284	226	290
119	604	1089	192	231	215	284	226	290
121	606	1091	192	231	228	284	240	290
123	608	1093	192	231	228	296	240	303
125	610	1095	192	238	228	296	240	303
126	611	1096	192	238	228	296	241	303
128	613	1098	203	238	228	296	241	303
132	617	1102	203	246	228	296	241	303
134	619	1104	203	246	244	308	258	314
136	621	1106	203	246	244	308	258	315
139	624	1109	215	255	244	308	258	315
146	631	1116	215	255	244	321	258	328
148	633	1118	215	264	244	321	258	328
149	634	1119	215	264	261	321	276	328
150	635	1120	228	264	261	321	276	328
153	638	1123	228	264	261	321	275	328
157	642	1127	228	274	261	321	275	328
158	643	1128	228	274	261	336	275	344
160	645	1130	228	274	261	336	275	345
162	647	1132	228	274	261	336	277	344
163	648	1133	244	274	261	336	277	344
165	650	1135	244	274	281	336	298	344
166	651	1136	244	284	281	336	298	344
173	658	1143	244	284	281	352	298	360
176	661	1146	244	296	281	352	298	360
178	663	1148	261	296	281	352	298	360
179	664	1149	261	296	281	352	297	360
185	670	1155	261	296	305	352	322	360
187	672	1157	261	308	305	352	322	360
138	673	1158	261	308	305	370	322	379
194	679	1164	281	308	305	370	322	379
199	684	1169	281	321	305	370	322	379
205	690	1175	281	321	305	389	321	398
208	693	1178	281	321	332	389	350	398
211	696	1181	281	336	332	389	350	398
212	697	1182	281	336	332	389	353	398
214	699	1184	305	336	332	389	353	398
222	707	1192	305	336	332	389	353	399
223	708	1193	305	336	332	411	353	422
226	711	1196	305	352	332	411	353	421
231	716	1201	305	352	332	411	352	421
235	720	1205	305	352	366	411	389	421
237	722	1207	332	352	366	411	388	421
241	726	1211	332	370	366	411	388	421
244	729	1214	332	370	366	435	388	446
250	735	1220	332	370	366	435	388	445
258	743	1228	332	389	366	435	388	445
260	745	1230	332	389	366	435	387	445
264	749	1234	366	389	366	435	387	446
266	751	1236	366	389	406	435	429	446
267	752	1237	366	389	406	462	429	474
276	761	1246	366	411	406	462	429	474
285	770	1255	366	411	406	462	428	474
286	771	1256	366	411	406	462	428	473
287	772	1257	366	411	406	462	433	473
294	779	1264	366	411	406	493	433	506
296	781	1266	406	411	406	493	433	506
298	783	1268	406	435	406	493	433	506
303	788	1273	406	435	406	493	432	506
305	790	1275	406	435	406	493	432	505
306	791	1276	406	435	457	493	487	505
316	801	1286	406	435	457	493	487	507
318	803	1288	406	435	457	493	486	507

SPEICHERPLATZBEDARF BEI DEN ALTERNATIVEN SPEICHERUNGSFORMEN
PRO DATENBLOCK IN BYTES : SCHLUESSELFELDLAENGE = 10

DSB	SPB1	SPB2	SPB3	SPB4	SPB5	SPB6	SPB7	SPB8
321	806	1291	406	462	457	493	486	507
324	809	1294	406	462	457	528	486	542
335	820	1305	457	462	457	528	486	542
341	826	1311	457	462	457	528	485	542
347	832	1317	457	493	457	528	485	542
352	837	1322	457	493	457	528	485	541
355	840	1325	457	493	522	528	554	541
358	843	1328	457	493	522	569	554	584
365	850	1335	457	493	522	569	554	583
375	860	1345	457	493	522	569	553	583
377	862	1347	457	528	522	569	553	583
383	868	1353	457	528	522	569	553	585
385	870	1355	522	528	522	569	553	585
396	881	1366	522	528	522	569	552	585
397	882	1367	522	528	522	616	552	633
411	896	1381	522	569	522	616	552	633
414	899	1384	522	569	522	616	560	633
419	904	1389	522	569	610	616	653	633
430	915	1400	522	569	610	616	653	632
434	919	1404	522	569	610	616	652	632
442	927	1412	522	569	610	673	652	691
448	933	1418	610	569	610	673	652	691
450	935	1420	610	616	610	673	652	691
461	946	1431	610	616	610	673	651	691
472	957	1442	610	616	610	673	651	694
477	962	1447	610	616	610	673	651	693
488	973	1458	610	616	610	673	650	693
496	981	1466	610	673	610	740	650	762
503	988	1473	610	673	732	740	780	762
523	1008	1493	610	673	732	740	779	762
530	1015	1500	610	673	732	740	779	761
533	1018	1503	732	673	732	740	779	761
546	1031	1516	732	673	732	740	778	761
550	1035	1520	732	740	732	740	778	761
562	1047	1532	732	740	732	822	778	846
564	1049	1534	732	740	732	822	778	845
569	1054	1539	732	740	732	822	777	845
592	1077	1562	732	740	732	822	776	845
598	1083	1568	732	740	732	822	776	849
615	1100	1585	732	822	732	822	775	849
623	1108	1593	732	822	915	822	969	849
632	1117	1602	732	822	915	822	969	848
633	1118	1603	732	822	915	822	968	848
640	1125	1610	732	822	915	925	968	954
651	1136	1621	732	822	915	925	967	954
652	1137	1622	915	822	915	925	967	954
670	1155	1640	915	822	915	925	988	954
671	1156	1641	915	822	915	925	988	953
688	1173	1658	915	822	915	925	987	953
694	1179	1664	915	925	915	925	987	953
721	1206	1691	915	925	915	925	987	952
725	1210	1695	915	925	915	925	986	952
740	1225	1710	915	925	915	1057	986	1088
762	1247	1732	915	925	915	1057	985	1088
773	1258	1743	915	925	915	1057	985	1087
787	1272	1757	915	925	915	1057	985	1094
793	1278	1763	915	1057	915	1057	985	1094
799	1284	1769	915	1057	915	1057	984	1094
802	1287	1772	915	1057	1220	1057	1313	1094
811	1296	1781	915	1057	1220	1057	1312	1094
831	1316	1801	1220	1057	1220	1057	1312	1094
839	1324	1809	1220	1057	1220	1057	1311	1094
840	1325	1810	1220	1057	1220	1057	1311	1093
867	1352	1837	1220	1057	1220	1057	1310	1093
868	1353	1838	1220	1057	1220	1233	1310	1275
895	1380	1865	1220	1057	1220	1233	1309	1275
917	1402	1887	1220	1057	1220	1233	1309	1274
921	1406	1891	1220	1233	1220	1233	1309	1274
923	1408	1893	1220	1233	1220	1233	1308	1274
951	1436	1921	1220	1233	1220	1233	1307	1274

SPEICHERPLATZBEDARF BEI DEN ALTERNATIVEN SPEICHERUNGSFORMEN
PRO DATENBLOCK IN BYTES : SCHLUESSELFELDLAENGE = 10

DSE	SPB1	SPB2	SPB3	SPB4	SPB5	SPB6	SPB7	SPB8
974	1459	1944	1220	1233	1220	1233	1307	1273
979	1464	1949	1220	1233	1220	1233	1306	1273
1007	1492	1977	1220	1233	1220	1233	1305	1273
1031	1516	2001	1220	1233	1220	1233	1305	1272
1035	1520	2005	1220	1233	1220	1233	1304	1272
1039	1524	2009	1220	1233	1220	1480	1304	1528
1063	1548	2033	1220	1233	1220	1480	1303	1528
1081	1566	2051	1220	1233	1220	1480	1303	1527
1091	1576	2061	1220	1233	1220	1480	1302	1527
1092	1577	2062	1220	1480	1220	1480	1302	1527
1102	1587	2072	1220	1480	1830	1480	1953	1527
1104	1589	2074	1220	1480	1830	1480	1953	1540
1121	1606	2091	1220	1480	1830	1480	1952	1540
1132	1617	2102	1830	1480	1830	1480	1952	1540
1140	1625	2110	1830	1480	1830	1480	1951	1540
1159	1644	2129	1830	1480	1830	1480	1950	1540
1178	1663	2148	1830	1480	1830	1480	1949	1540
1195	1680	2165	1830	1480	1830	1480	1949	1539
1197	1682	2167	1830	1480	1830	1480	1948	1539
1216	1701	2186	1830	1480	1830	1480	1947	1539
1235	1720	2205	1830	1480	1830	1480	1946	1539
1254	1739	2224	1830	1480	1830	1480	1945	1539
1273	1758	2243	1830	1480	1830	1480	1944	1539
1278	1763	2248	1830	1480	1830	1850	1944	1923
1292	1777	2262	1830	1480	1830	1850	1943	1923
1293	1778	2263	1830	1480	1830	1850	1943	1922
1311	1796	2281	1830	1480	1830	1850	1942	1922
1330	1815	2300	1830	1480	1830	1850	1941	1922
1332	1817	2302	1830	1850	1830	1850	1941	1922
1349	1834	2319	1830	1850	1830	1850	1940	1922
1368	1853	2338	1830	1850	1830	1850	1939	1922
1370	1855	2340	1830	1850	1830	1850	1939	1921
1387	1872	2357	1830	1850	1830	1850	1938	1921
1406	1891	2376	1830	1850	1830	1850	1937	1921
1425	1910	2395	1830	1850	1830	1850	1936	1921
1444	1929	2414	1830	1850	1830	1850	1935	1921
1447	1932	2417	1830	1850	1830	1850	1935	1920
1463	1948	2433	1830	1850	1830	1850	1934	1920
1464	1949	2434	1830	1850	1830	1850	2025	1920
1524	2009	2494	1830	1850	1830	1850	2025	1919
1601	2086	2571	1830	1850	1830	1850	2025	1918
1639	2124	2609	1830	1850	1830	2467	2025	2558
1649	2134	2619	1830	1850	1830	2467	2026	2558
1683	2168	2653	1830	1850	1830	2467	2026	2557
1693	2178	2663	1830	2467	1830	2467	2026	2557
1711	2196	2681	1830	2467	3660	2467	4053	2557
1741	2226	2711	3660	2467	3660	2467	4053	2556
1745	2230	2715	3660	2467	3660	2467	4053	2591
1834	2319	2804	3660	2467	3660	2467	4054	2591
2018	2503	2988	3660	2467	3660	2467	4055	2591
2202	2687	3172	3660	2467	3660	2467	4056	2591
2244	2729	3214	3660	2467	3660	3701	4056	3888
2298	2783	3268	3660	3701	3660	3701	4056	3888
2387	2872	3357	3660	3701	3660	3701	4057	3888
2571	3056	3541	3660	3701	3660	3701	4058	3888
2749	3234	3719	3660	3701	3660	3701	4058	3889
2755	3240	3725	3660	3701	3660	3701	4059	3889
2940	3425	3910	3660	3701	3660	3701	4060	3889
3124	3609	4094	3660	3701	3660	3701	4061	3889
3308	3793	4278	3660	3701	3660	3701	4062	3889
3466	3951	4436	3660	3701	3660	7403	4062	7781
3493	3978	4463	3660	3701	3660	7403	4063	7781

SPEICHERPLATZBEDARF BEI DEN ALTERNATIVEN SPEICHERUNGSFORMEN
PRO DATENBLOCK IN BYTES : SCHLUESSELFELDLAENGE = 12

DSB	SPB1	SPB2	SPB3	SPB4	SPB5	SPB6	SPB7	SPB8
10	495	980	71	112	104	172	109	175
11	496	981	71	113	104	172	109	175
12	497	982	73	115	107	172	113	175
13	498	983	74	115	107	176	113	180
14	499	984	74	117	107	176	113	180
15	500	985	76	117	110	176	116	180
16	501	986	77	119	110	176	116	180
17	502	987	77	119	110	180	116	184
18	503	988	79	121	114	180	120	184
20	505	990	81	123	114	180	120	184
21	506	991	83	123	114	185	120	189
22	507	992	85	125	118	185	124	189
23	508	993	85	127	118	185	124	189
24	509	994	87	127	118	185	124	189
25	510	995	87	129	122	189	128	193
26	511	996	89	129	122	189	128	193
27	512	997	89	132	122	189	128	193
28	513	998	91	132	122	189	128	193
29	514	999	91	132	126	189	133	193
30	515	1000	91	134	126	194	133	197
31	516	1001	93	134	126	194	133	197
32	517	1002	93	137	126	194	133	198
33	518	1003	96	137	130	194	137	198
34	519	1004	96	139	130	200	137	204
36	521	1006	98	139	130	200	137	204
37	522	1007	98	142	135	200	142	204
38	523	1008	101	142	135	200	142	204
39	524	1009	101	142	135	205	142	209
40	525	1010	101	145	135	205	142	209
41	526	1011	104	145	135	205	142	209
42	527	1012	104	145	140	205	148	209
43	528	1013	107	148	140	205	148	209
45	530	1015	107	151	140	211	148	215
46	531	1016	110	151	140	211	148	215
47	532	1017	110	154	146	211	154	215
49	534	1019	114	154	146	211	154	215
51	536	1021	114	157	146	217	154	221
52	537	1022	114	157	152	217	160	221
53	538	1023	118	157	152	217	160	221
54	539	1024	118	160	152	217	160	221
56	541	1026	122	160	152	217	160	221
57	542	1027	122	164	152	224	160	229
58	543	1028	122	164	159	224	168	229
60	545	1030	126	164	159	224	168	229
61	546	1031	126	168	159	224	168	229
63	548	1033	126	168	159	231	168	236
64	549	1034	130	168	159	231	168	236
65	550	1035	130	172	166	231	175	236
68	553	1038	135	172	166	231	175	236
69	554	1039	135	176	166	231	175	236
70	555	1040	135	176	166	238	175	243
71	556	1041	135	176	174	238	184	243
72	557	1042	135	180	174	238	184	243
73	558	1043	140	180	174	238	184	243
76	561	1046	140	185	174	238	184	243
77	562	1047	140	185	174	246	183	251
78	563	1048	146	185	174	246	183	252
79	564	1049	146	185	183	246	193	252
80	565	1050	146	189	183	246	193	252
83	568	1053	152	189	183	246	193	252
84	569	1054	152	189	183	255	193	260
85	570	1055	152	194	183	255	193	260
88	573	1058	152	194	192	255	202	260
89	574	1059	159	194	192	255	202	260
90	575	1060	159	200	192	255	202	260
91	576	1061	159	200	192	255	203	260
93	578	1063	159	200	192	264	203	271
94	579	1064	159	200	192	264	203	270
95	580	1065	159	205	192	264	203	270
96	581	1066	166	205	192	264	203	270

SPEICHERPLATZBEDARF BEI DEN ALTERNATIVEN SPEICHERUNGSFORMEN
PRO DATENBLOCK IN BYTES : SCHLUESSELFELDLAENGE = 12

DSB	SPB1	SPB2	SPB3	SPB4	SPB5	SPB6	SPB7	SPB8
97	582	1067	166	205	203	264	215	270
100	585	1070	166	211	203	264	215	270
102	587	1072	166	211	203	274	215	280
103	588	1073	174	211	203	274	215	280
105	590	1075	174	211	203	274	214	280
106	591	1076	174	217	203	274	214	280
108	593	1078	174	217	215	274	227	280
110	595	1080	183	217	215	274	227	280
111	596	1081	183	217	215	284	227	291
112	597	1082	183	224	215	284	227	291
117	602	1087	183	224	215	284	228	291
118	603	1088	183	231	215	284	228	291
119	604	1089	192	231	228	284	242	291
121	606	1091	192	231	228	296	242	303
125	610	1095	192	238	228	296	242	303
128	613	1098	203	238	228	296	242	303
130	615	1100	203	238	228	296	242	302
131	616	1101	203	238	228	296	242	303
132	617	1102	203	246	244	308	258	316
139	624	1109	215	255	244	308	258	316
142	627	1112	215	255	244	308	257	316
144	629	1114	215	255	244	321	257	328
147	632	1117	215	255	261	321	275	328
148	633	1118	215	264	261	321	275	328
150	635	1120	228	264	261	321	275	328
151	636	1121	228	264	261	321	277	328
155	640	1125	228	264	261	321	277	329
156	641	1126	228	264	261	336	277	344
157	642	1127	228	274	261	336	277	344
163	648	1133	244	274	281	336	299	344
166	651	1136	244	284	281	336	299	344
168	653	1138	244	284	281	336	298	344
171	656	1141	244	284	281	352	298	361
176	661	1146	244	296	281	352	298	361
178	663	1148	261	296	281	352	298	361
181	666	1151	261	296	281	352	298	360
183	668	1153	261	296	305	352	323	361
186	671	1156	261	296	305	370	323	379
187	672	1157	261	308	305	370	323	379
193	678	1163	261	308	305	370	322	379
194	679	1164	281	308	305	370	322	379
199	684	1169	281	321	305	370	322	379
200	685	1170	281	321	305	370	325	379
203	688	1173	281	321	305	389	325	398
206	691	1176	281	321	332	389	353	398
211	696	1181	281	336	332	389	353	398
214	699	1184	305	336	332	389	353	398
216	701	1186	305	336	332	389	353	399
217	702	1187	305	336	332	389	352	399
221	706	1191	305	336	332	411	352	421
226	711	1196	305	352	332	411	352	421
233	718	1203	305	352	366	411	388	421
237	722	1207	332	352	366	411	388	421
241	726	1211	332	370	366	411	388	421
242	727	1212	332	370	366	435	388	445
247	732	1217	332	370	366	435	387	445
257	742	1227	332	370	366	435	387	446
258	743	1228	332	389	366	435	387	446
264	749	1234	366	389	406	435	430	446
265	750	1235	366	389	406	462	430	475
272	757	1242	366	389	406	462	429	474
273	758	1243	366	389	406	462	434	474
276	761	1246	366	411	406	462	434	474
285	770	1255	366	411	406	462	433	474
292	777	1262	366	411	406	493	433	505
296	781	1266	406	411	406	493	433	505
298	783	1268	406	435	406	493	433	505
304	789	1274	406	435	457	493	487	505
309	794	1279	406	435	457	493	487	507
318	803	1288	406	435	457	493	487	506

SPEICHERPLATZBEDARF BEI DEN ALTERNATIVEN SPEICHERUNGSFORMEN
PRO DATENBLOCK IN BYTES : SCHLUESSELFELDLAENGE = 12

DSE	SPB1	SPB2	SPB3	SPB4	SPB5	SPB6	SPB7	SPB8
321	806	1291	406	462	457	493	487	506
322	807	1292	406	462	457	528	487	543
324	809	1294	406	462	457	528	486	543
335	820	1305	457	462	457	528	486	543
337	822	1307	457	462	457	528	486	542
347	832	1317	457	493	457	528	486	542
348	833	1318	457	493	457	528	485	542
353	838	1323	457	493	522	528	554	542
356	841	1326	457	493	522	569	554	584
357	842	1327	457	493	522	569	553	584
375	860	1345	457	493	522	569	553	586
377	862	1347	457	528	522	569	553	586
378	863	1348	457	528	522	569	552	586
385	870	1355	522	528	522	569	552	586
395	880	1365	522	528	522	616	560	634
396	881	1366	522	528	522	616	559	634
411	896	1381	522	569	522	616	559	634
413	898	1383	522	569	522	616	559	633
417	902	1387	522	569	610	616	653	633
435	920	1405	522	569	610	616	652	633
440	925	1410	522	569	610	673	652	691
448	933	1418	610	569	610	673	652	691
450	935	1420	610	616	610	673	652	691
459	944	1429	610	616	610	673	652	690
462	947	1432	610	616	610	673	651	690
464	949	1434	610	616	610	673	651	693
490	975	1460	610	616	610	673	650	693
494	979	1464	610	616	610	740	650	762
496	981	1466	610	673	610	740	650	762
501	986	1471	610	673	732	740	780	762
509	994	1479	610	673	732	740	780	761
521	1006	1491	610	673	732	740	779	761
533	1018	1503	732	673	732	740	779	761
543	1028	1513	732	673	732	740	778	761
550	1035	1520	732	740	732	740	778	761
556	1041	1526	732	740	732	740	778	760
560	1045	1530	732	740	732	822	778	845
566	1051	1536	732	740	732	822	777	845
585	1070	1555	732	740	732	822	777	844
588	1073	1558	732	740	732	822	777	849
589	1074	1559	732	740	732	822	776	849
605	1090	1575	732	740	732	822	776	848
612	1097	1582	732	740	732	822	775	848
615	1100	1585	732	822	732	822	775	848
621	1106	1591	732	822	915	822	970	848
625	1110	1595	732	822	915	822	969	848
638	1123	1608	732	822	915	925	969	955
643	1128	1613	732	822	915	925	989	954
652	1137	1622	915	822	915	925	989	954
674	1159	1644	915	822	915	925	988	954
694	1179	1664	915	925	915	925	988	953
711	1196	1681	915	925	915	925	987	953
738	1223	1708	915	925	915	1057	987	1089
746	1231	1716	915	925	915	1057	987	1088
748	1233	1718	915	925	915	1057	986	1088
775	1260	1745	915	925	915	1057	986	1095
785	1270	1755	915	925	915	1057	985	1095
793	1278	1763	915	1057	915	1057	985	1095
800	1285	1770	915	1057	1220	1057	1313	1094
816	1301	1786	915	1057	1220	1057	1312	1094
831	1316	1801	1220	1057	1220	1057	1312	1094
844	1329	1814	1220	1057	1220	1057	1311	1094
866	1351	1836	1220	1057	1220	1233	1311	1276
872	1357	1842	1220	1057	1220	1233	1310	1276
877	1362	1847	1220	1057	1220	1233	1310	1275
900	1385	1870	1220	1057	1220	1233	1309	1275
921	1406	1891	1220	1233	1220	1233	1309	1275
928	1413	1898	1220	1233	1220	1233	1308	1275
934	1419	1904	1220	1233	1220	1233	1308	1274
956	1441	1926	1220	1233	1220	1233	1307	1274

SPEICHERPLATZBEDARF BEI DEN ALTERNATIVEN SPEICHERUNGSFORMEN
PRO DATENBLOCK IN BYTES : SCHLUESSELFELDLAENGE = 12

DSB	SPB1	SPB2	SPB3	SPB4	SPB5	SPB6	SPB7	SPB8
984	1469	1954	1220	1233	1220	1233	1306	1274
991	1476	1961	1220	1233	1220	1233	1306	1273
1012	1497	1982	1220	1233	1220	1233	1305	1273
1037	1522	2007	1220	1233	1220	1480	1305	1528
1040	1525	2010	1220	1233	1220	1480	1304	1528
1041	1526	2011	1220	1233	1220	1480	1304	1527
1068	1553	2038	1220	1233	1220	1480	1303	1527
1088	1573	2058	1220	1233	1220	1480	1303	1540
1092	1577	2062	1220	1480	1220	1480	1303	1540
1096	1581	2066	1220	1480	1220	1480	1302	1540
1100	1585	2070	1220	1480	1830	1480	1954	1540
1108	1593	2078	1220	1480	1830	1480	1953	1540
1115	1600	2085	1220	1480	1830	1480	1953	1539
1127	1612	2097	1220	1480	1830	1480	1952	1539
1132	1617	2102	1830	1480	1830	1480	1952	1539
1146	1631	2116	1830	1480	1830	1480	1951	1539
1165	1650	2135	1830	1480	1830	1480	1950	1539
1184	1669	2154	1830	1480	1830	1480	1949	1539
1203	1688	2173	1830	1480	1830	1480	1948	1539
1211	1696	2181	1830	1480	1830	1480	1948	1538
1222	1707	2192	1830	1480	1830	1480	1947	1538
1241	1726	2211	1830	1480	1830	1480	1946	1538
1260	1745	2230	1830	1480	1830	1480	1945	1538
1276	1761	2246	1830	1480	1830	1850	1945	1923
1279	1764	2249	1830	1480	1830	1850	1944	1923
1290	1775	2260	1830	1480	1830	1850	1944	1922
1298	1783	2268	1830	1480	1830	1850	1943	1922
1317	1802	2287	1830	1480	1830	1850	1942	1922
1332	1817	2302	1830	1850	1830	1850	1942	1922
1336	1821	2306	1830	1850	1830	1850	1941	1922
1355	1840	2325	1830	1850	1830	1850	1940	1922
1367	1852	2337	1830	1850	1830	1850	1940	1921
1374	1859	2344	1830	1850	1830	1850	1939	1921
1393	1878	2363	1830	1850	1830	1850	1938	1921
1410	1895	2380	1830	1850	1830	1850	2025	1921
1444	1929	2414	1830	1850	1830	1850	2025	1920
1521	2006	2491	1830	1850	1830	1850	2025	1919
1524	2009	2494	1830	1850	1830	1850	2026	1919
1598	2083	2568	1830	1850	1830	1850	2026	1918
1637	2122	2607	1830	1850	1830	2467	2026	2559
1661	2146	2631	1830	1850	1830	2467	2026	2558
1693	2178	2663	1830	2467	1830	2467	2026	2558
1709	2194	2679	1830	2467	3660	2467	4053	2558
1719	2204	2689	1830	2467	3660	2467	4053	2557
1722	2207	2692	1830	2467	3660	2467	4053	2591
1741	2226	2711	3660	2467	3660	2467	4053	2591
1893	2378	2863	3660	2467	3660	2467	4054	2591
1920	2405	2890	3660	2467	3660	2467	4054	2592
2077	2562	3047	3660	2467	3660	2467	4055	2592
2242	2727	3212	3660	2467	3660	3701	4055	3888
2262	2747	3232	3660	2467	3660	3701	4056	3888
2298	2783	3268	3660	3701	3660	3701	4056	3888
2446	2931	3416	3660	3701	3660	3701	4057	3888
2630	3115	3600	3660	3701	3660	3701	4058	3888
2793	3278	3763	3660	3701	3660	3701	4058	3889
2815	3300	3785	3660	3701	3660	3701	4059	3889
2999	3484	3969	3660	3701	3660	3701	4060	3889
3183	3668	4153	3660	3701	3660	3701	4061	3889
3368	3853	4338	3660	3701	3660	3701	4062	3889
3464	3949	4434	3660	3701	3660	7403	4062	7781

SPEICHERPLATZBEDARF BEI DEN ALTERNATIVEN SPEICHERUNGSFORMEN
PRO DATENBLOCK IN BYTES : SCHLUESSELFELDLAENGE = 16

DSB	SPB1	SPB2	SPB3	SPB4	SPB5	SPB6	SPB7	SPB8
10	495	980	71	112	107	176	113	180
11	496	981	71	113	110	176	116	180
12	497	982	73	115	110	176	116	180
13	498	983	74	115	110	180	116	184
14	499	984	74	117	114	180	120	184
15	500	985	76	117	114	180	120	184
16	501	986	77	119	114	180	120	184
17	502	987	77	119	114	185	120	189
18	503	988	79	121	118	185	124	189
20	505	990	81	123	118	185	124	189
21	506	991	83	123	122	189	129	192
22	507	992	85	125	122	189	129	192
23	508	993	85	127	122	189	129	193
24	509	994	87	127	122	189	129	193
25	510	995	87	129	126	189	133	193
26	511	996	89	129	126	194	133	198
27	512	997	89	132	126	194	133	198
28	513	998	91	132	126	194	133	198
29	514	999	91	132	130	194	137	198
30	515	1000	91	134	130	200	137	204
31	516	1001	93	134	130	200	137	204
32	517	1002	93	137	130	200	137	204
33	518	1003	96	137	135	200	143	204
34	519	1004	96	139	135	200	143	204
35	520	1005	96	139	135	205	143	209
36	521	1006	98	139	135	205	143	209
37	522	1007	98	142	135	205	143	209
38	523	1008	101	142	140	205	148	209
40	525	1010	101	145	140	205	148	209
41	526	1011	104	145	140	211	148	215
43	528	1013	107	148	146	211	154	215
45	530	1015	107	151	146	211	154	215
46	531	1016	110	151	146	211	154	215
47	532	1017	110	154	146	217	154	222
48	533	1018	110	154	152	217	161	222
49	534	1019	114	154	152	217	161	222
51	536	1021	114	157	152	217	161	222
53	538	1023	118	157	152	224	161	229
54	539	1024	118	160	159	224	168	229
56	541	1026	122	160	159	224	168	229
57	542	1027	122	164	159	224	168	229
58	543	1028	122	164	159	224	169	229
59	544	1029	122	164	159	231	169	236
60	545	1030	126	164	159	231	169	236
61	546	1031	126	168	166	231	176	236
63	548	1033	126	168	166	231	175	236
64	549	1034	130	168	166	231	175	236
65	550	1035	130	172	166	231	175	236
66	551	1036	130	172	166	238	175	243
67	552	1037	130	172	174	238	184	243
68	553	1038	135	172	174	238	184	244
69	554	1039	135	176	174	238	184	244
72	557	1042	135	180	174	238	184	244
73	558	1043	140	180	174	246	184	252
74	559	1044	140	180	174	246	184	251
75	560	1045	140	180	183	246	193	251
76	561	1046	140	185	183	246	193	251
77	562	1047	140	185	183	246	194	251
78	563	1048	146	185	183	246	194	251
80	565	1050	146	189	183	255	194	261
83	568	1053	152	189	183	255	194	261
84	569	1054	152	189	192	255	204	261
85	570	1055	152	194	192	255	204	261
89	574	1059	159	194	192	264	203	270
90	575	1060	159	200	192	264	203	270
93	578	1063	159	200	203	264	215	270
95	580	1065	159	205	203	264	215	270
96	581	1066	166	205	203	264	215	270
98	583	1068	166	205	203	274	215	280
100	585	1070	166	211	203	274	215	280

SPEICHERPLATZBEDARF BEI DEN ALTERNATIVEN SPEICHERUNGSFORMEN
PRO DATENBLOCK IN BYTES : SCHLUESSELFELDLAENGE = 16

DSB	SPB1	SPB2	SPB3	SPB4	SPB5	SPB6	SPB7	SPB8
101	586	1071	166	211	203	274	216	280
103	588	1073	174	211	203	274	216	280
104	589	1074	174	211	215	274	228	280
106	591	1076	174	217	215	274	228	280
107	592	1077	174	217	215	284	228	291
110	595	1080	183	217	215	284	228	291
112	597	1082	183	224	215	284	228	291
115	600	1085	183	224	228	284	242	291
117	602	1087	183	224	228	296	242	302
118	603	1088	183	231	228	296	242	302
119	604	1089	192	231	228	296	242	302
120	605	1090	192	231	228	296	242	303
124	609	1094	192	231	228	296	241	303
125	610	1095	192	238	228	296	241	303
128	613	1098	203	238	244	308	258	315
132	617	1102	203	246	244	308	258	315
134	619	1104	203	246	244	308	260	315
139	624	1109	215	255	244	308	260	315
140	625	1110	215	255	244	321	260	329
143	628	1113	215	255	261	321	278	329
147	632	1117	215	255	261	321	277	329
148	633	1118	215	264	261	321	277	329
150	635	1120	228	264	261	321	277	329
152	637	1122	228	264	261	336	277	344
157	642	1127	228	274	261	336	277	344
159	644	1129	228	274	281	336	298	344
163	648	1133	244	274	281	336	298	344
166	651	1136	244	284	281	336	298	344
167	652	1137	244	284	281	352	298	360
170	655	1140	244	284	281	352	298	361
173	658	1143	244	284	281	352	297	361
176	661	1146	244	296	281	352	297	361
178	663	1148	261	296	281	352	297	361
179	664	1149	261	296	305	352	326	361
182	667	1152	261	296	305	370	326	379
187	672	1157	261	308	305	370	326	379
189	674	1159	261	308	305	370	325	379
194	679	1164	281	308	305	370	325	379
199	684	1169	281	321	305	389	325	399
202	687	1172	281	321	332	389	353	399
203	688	1173	281	321	332	389	353	400
206	691	1176	281	321	332	389	353	399
211	696	1181	281	336	332	389	353	399
214	699	1184	305	336	332	389	353	399
217	702	1187	305	336	332	411	353	422
220	705	1190	305	336	332	411	352	422
226	711	1196	305	352	332	411	352	422
229	714	1199	305	352	366	411	388	422
232	717	1202	305	352	366	411	388	421
237	722	1207	332	352	366	411	388	421
238	723	1208	332	352	366	435	388	446
241	726	1211	332	370	366	435	388	446
243	728	1213	332	370	366	435	388	447
247	732	1217	332	370	366	435	387	447
248	733	1218	332	370	366	435	391	447
258	743	1228	332	389	366	435	391	447
260	745	1230	332	389	406	435	434	447
261	746	1231	332	389	406	462	434	474
264	749	1234	366	389	406	462	434	474
276	761	1246	366	411	406	462	434	474
284	769	1254	366	411	406	462	433	474
287	772	1257	366	411	406	462	433	473
288	773	1258	366	411	406	493	433	506
293	778	1263	366	411	406	493	433	507
296	781	1266	406	411	406	493	433	507
298	783	1268	406	435	406	493	433	507
300	785	1270	406	435	457	493	487	507
318	803	1288	406	435	457	528	487	542
320	805	1290	406	435	457	528	486	542
321	806	1291	406	462	457	528	486	542

SPEICHERPLATZBEDARF BEI DEN ALTERNATIVEN SPEICHERUNGSFORMEN
PRO DATENBLOCK IN BYTES : SCHLUESSELFELDLAENGE = 16

DSB	SPB1	SPB2	SPB3	SPB4	SPB5	SPB6	SPB7	SPB8
335	820	1305	457	462	457	528	486	542
344	829	1314	457	462	457	528	485	542
347	832	1317	457	493	457	528	485	542
349	834	1319	457	493	522	528	554	541
350	835	1320	457	493	522	528	553	541
352	837	1322	457	493	522	569	553	584
358	843	1328	457	493	522	569	553	586
363	848	1333	457	493	522	569	553	585
364	849	1334	457	493	522	569	560	585
377	862	1347	457	528	522	569	560	585
385	870	1355	522	528	522	569	560	585
387	872	1357	522	528	522	569	559	585
391	876	1361	522	528	522	616	559	634
411	896	1381	522	569	522	616	559	634
413	898	1383	522	569	610	616	654	634
421	906	1391	522	569	610	616	654	633
422	907	1392	522	569	610	616	653	633
436	921	1406	522	569	610	673	653	691
444	929	1414	522	569	610	673	653	694
448	933	1418	610	569	610	673	653	694
449	934	1419	610	569	610	673	652	694
450	935	1420	610	616	610	673	652	694
461	946	1431	610	616	610	673	652	693
476	961	1446	610	616	610	673	651	693
490	975	1460	610	616	610	740	651	762
496	981	1466	610	673	610	740	651	762
497	982	1467	610	673	732	740	781	762
503	988	1473	610	673	732	740	780	762
509	994	1479	610	673	732	740	780	761
526	1011	1496	610	673	732	740	779	761
533	1018	1503	732	673	732	740	779	761
549	1034	1519	732	673	732	740	778	761
550	1035	1520	732	740	732	740	778	761
556	1041	1526	732	740	732	822	778	845
566	1051	1536	732	740	732	822	778	849
572	1057	1542	732	740	732	822	777	849
595	1080	1565	732	740	732	822	776	849
598	1083	1568	732	740	732	822	792	849
600	1085	1570	732	740	732	822	792	848
615	1100	1585	732	822	732	822	792	848
617	1102	1587	732	822	915	822	990	848
632	1117	1602	732	822	915	822	989	848
634	1119	1604	732	822	915	925	989	954
652	1137	1622	915	822	915	925	989	954
669	1154	1639	915	822	915	925	988	954
682	1167	1652	915	822	915	925	988	953
694	1179	1664	915	925	915	925	988	953
706	1191	1676	915	925	915	925	987	953
733	1218	1703	915	925	915	925	987	952
734	1219	1704	915	925	915	1057	987	1088
743	1228	1713	915	925	915	1057	986	1088
748	1233	1718	915	925	915	1057	986	1095
775	1260	1745	915	925	915	1057	986	1094
780	1265	1750	915	925	915	1057	985	1094
793	1278	1763	915	1057	915	1057	985	1094
796	1281	1766	915	1057	1220	1057	1313	1094
821	1306	1791	915	1057	1220	1057	1312	1094
831	1316	1801	1220	1057	1220	1057	1312	1094
841	1326	1811	1220	1057	1220	1057	1312	1093
849	1334	1819	1220	1057	1220	1057	1311	1093
862	1347	1832	1220	1057	1220	1233	1311	1276
877	1362	1847	1220	1057	1220	1233	1310	1276
900	1385	1870	1220	1057	1220	1233	1310	1275
905	1390	1875	1220	1057	1220	1233	1309	1275
921	1406	1891	1220	1233	1220	1233	1309	1275
933	1418	1903	1220	1233	1220	1233	1308	1275
957	1442	1927	1220	1233	1220	1233	1308	1274
961	1446	1931	1220	1233	1220	1233	1307	1274
989	1474	1959	1220	1233	1220	1233	1306	1274
1014	1499	1984	1220	1233	1220	1233	1306	1273

SPEICHERPLATZBEDARF BEI DEN ALTERNATIVEN SPEICHERUNGSFORMEN
PRO DATENBLOCK IN BYTES : SCHLUESSELFELDLAENGE = 16

DSB	SPB1	SPB2	SPB3	SPB4	SPB5	SPB6	SPB7	SPB8
1017	1502	1987	1220	1233	1220	1233	1305	1273
1033	1518	2003	1220	1233	1220	1480	1305	1528
1045	1530	2015	1220	1233	1220	1480	1304	1527
1054	1539	2024	1220	1233	1220	1480	1304	1540
1073	1558	2043	1220	1233	1220	1480	1303	1540
1092	1577	2062	1220	1480	1220	1480	1303	1540
1096	1581	2066	1220	1480	1830	1480	1954	1540
1105	1590	2075	1220	1480	1830	1480	1953	1540
1124	1609	2094	1220	1480	1830	1480	1952	1540
1126	1611	2096	1220	1480	1830	1480	1952	1539
1132	1617	2102	1830	1480	1830	1480	1952	1539
1143	1628	2113	1830	1480	1830	1480	1951	1539
1162	1647	2132	1830	1480	1830	1480	1950	1539
1181	1666	2151	1830	1480	1830	1480	1949	1539
1200	1685	2170	1830	1480	1830	1480	1948	1539
1219	1704	2189	1830	1480	1830	1480	1947	1539
1222	1707	2192	1830	1480	1830	1480	1947	1538
1238	1723	2208	1830	1480	1830	1480	1946	1538
1257	1742	2227	1830	1480	1830	1480	1945	1538
1272	1757	2242	1830	1480	1830	1850	1945	1923
1276	1761	2246	1830	1480	1830	1850	1944	1923
1295	1780	2265	1830	1480	1830	1850	1943	1923
1314	1799	2284	1830	1480	1830	1850	1942	1923
1322	1807	2292	1830	1480	1830	1850	2025	1923
1332	1817	2302	1830	1850	1830	1850	2025	1923
1340	1825	2310	1830	1850	1830	1850	2025	1922
1417	1902	2387	1830	1850	1830	1850	2025	1921
1494	1979	2464	1830	1850	1830	1850	2025	1920
1571	2056	2541	1830	1850	1830	1850	2025	1919
1582	2067	2552	1830	1850	1830	1850	2026	1919
1633	2118	2603	1830	1850	1830	2467	2026	2559
1654	2139	2624	1830	1850	1830	2467	2026	2558
1672	2157	2642	1830	1850	1830	2467	2026	2591
1693	2178	2663	1830	2467	1830	2467	2026	2591
1705	2190	2675	1830	2467	3660	2467	4052	2591
1741	2226	2711	3660	2467	3660	2467	4052	2591
1766	2251	2736	3660	2467	3660	2467	4053	2591
1951	2436	2921	3660	2467	3660	2467	4054	2591
2030	2515	3000	3660	2467	3660	2467	4054	2592
2135	2620	3105	3660	2467	3660	2467	4055	2592
2238	2723	3208	3660	2467	3660	3701	4055	3888
2298	2783	3268	3660	3701	3660	3701	4055	3888
2319	2804	3289	3660	3701	3660	3701	4056	3888
2467	2952	3437	3660	3701	3660	3701	4056	3889
2504	2989	3474	3660	3701	3660	3701	4057	3889
2688	3173	3658	3660	3701	3660	3701	4058	3889
2872	3357	3842	3660	3701	3660	3701	4059	3889
3056	3541	4026	3660	3701	3660	3701	4060	3889
3241	3726	4211	3660	3701	3660	3701	4061	3889
3341	3826	4311	3660	3701	3660	3701	4061	3890
3425	3910	4395	3660	3701	3660	3701	4062	3890
3460	3945	4430	3660	3701	3660	7403	4062	7781

SPEICHERPLATZBEDARF BEI DEN ALTERNATIVEN SPEICHERUNGSFORMEN
PRO DATENBLOCK IN BYTES : SCHLUESSELFELDLAENGE = 20

DSB	SPB1	SPB2	SPB3	SPB4	SPB5	SPB6	SPB7	SPB8
10	495	980	71	112	114	180	121	184
11	496	981	71	113	114	180	121	184
12	497	982	73	115	114	180	121	184
13	498	983	74	115	114	185	121	188
14	499	984	74	117	118	185	125	188
15	500	985	76	117	118	185	125	189
16	501	986	77	119	118	185	125	189
17	502	987	77	119	122	189	129	193
18	503	988	79	121	122	189	129	193
20	505	990	81	123	122	189	129	193
21	506	991	83	123	126	189	133	193
22	507	992	85	125	126	194	133	198
23	508	993	85	127	126	194	133	198
24	509	994	87	127	126	194	133	198
25	510	995	87	129	130	194	138	198
26	511	996	89	129	130	200	138	204
27	512	997	89	132	130	200	138	204
28	513	998	91	132	130	200	138	204
29	514	999	91	132	135	200	143	204
30	515	1000	91	134	135	200	143	204
31	516	1001	93	134	135	205	143	209
32	517	1002	93	137	135	205	143	209
33	518	1003	96	137	135	205	143	209
34	519	1004	96	139	140	205	148	209
36	521	1006	98	139	140	205	148	209
37	522	1007	98	142	140	211	148	216
38	523	1008	101	142	140	211	148	216
39	524	1009	101	142	146	211	154	216
40	525	1010	101	145	146	211	154	216
41	526	1011	104	145	146	211	154	216
43	528	1013	107	148	146	217	154	222
44	529	1014	107	148	152	217	161	222
45	530	1015	107	151	152	217	162	222
46	531	1016	110	151	152	217	162	222
47	532	1017	110	154	152	217	162	222
48	533	1018	110	154	152	217	161	222
49	534	1019	114	154	152	224	161	229
50	535	1020	114	154	159	224	168	229
51	536	1021	114	157	159	224	168	229
53	538	1023	118	157	159	224	168	229
54	539	1024	118	160	159	224	168	229
55	540	1025	118	160	159	231	168	237
56	541	1026	122	160	159	231	168	236
57	542	1027	122	164	166	231	176	236
59	544	1029	122	164	166	231	176	237
60	545	1030	126	164	166	231	176	237
61	546	1031	126	168	166	231	176	237
62	547	1032	126	168	166	238	176	244
63	548	1033	126	168	174	238	185	244
64	549	1034	130	168	174	238	185	244
65	550	1035	130	172	174	238	185	243
68	553	1038	135	172	174	238	185	243
69	554	1039	135	176	174	246	185	251
71	556	1041	135	176	183	246	195	251
72	557	1042	135	180	183	246	195	251
73	558	1043	140	180	183	246	195	251
74	559	1044	140	180	183	246	194	252
75	560	1045	140	180	183	246	194	251
76	561	1046	140	185	183	255	194	261
78	563	1048	146	185	183	255	194	261
80	565	1050	146	189	192	255	203	261
83	568	1053	152	189	192	255	203	261
85	570	1055	152	194	192	264	203	270
86	571	1056	152	194	192	264	204	270
89	574	1059	159	194	203	264	216	270
90	575	1060	159	200	203	264	216	270
94	579	1064	159	200	203	274	216	281
95	580	1065	159	205	203	274	216	281
96	581	1066	166	205	203	274	216	281
100	585	1070	166	211	215	274	229	281

SPEICHERPLATZBEDARF BEI DEN ALTERNATIVEN SPEICHERUNGSFORMEN
PRO DATENBLOCK IN BYTES : SCHLUESSELFELDLAENGE = 20

DSE	SPB1	SPB2	SPB3	SPB4	SPB5	SPB6	SPB7	SPB8
103	588	1073	174	211	215	284	229	291
104	589	1074	174	211	215	284	229	290
106	591	1076	174	217	215	284	228	290
110	595	1080	183	217	215	284	228	291
111	596	1081	183	217	228	284	242	291
112	597	1082	183	224	228	284	242	291
113	598	1083	183	224	228	296	242	304
116	601	1086	183	224	228	296	244	304
118	603	1088	183	231	228	296	244	303
119	604	1089	192	231	228	296	244	303
121	606	1091	192	231	228	296	243	303
124	609	1094	192	231	244	308	259	315
125	610	1095	192	238	244	308	259	315
128	613	1098	203	238	244	308	259	315
132	617	1102	203	246	244	308	259	316
134	619	1104	203	246	244	308	259	315
136	621	1106	203	246	244	321	259	329
139	624	1109	215	255	261	321	278	329
148	633	1118	215	264	261	336	278	345
150	635	1120	228	264	261	336	278	345
153	638	1123	228	264	261	336	277	345
154	639	1124	228	264	261	336	277	344
155	640	1125	228	264	281	336	298	344
157	642	1127	228	274	281	336	298	344
159	644	1129	228	274	281	336	301	345
160	645	1130	228	274	281	336	300	345
163	648	1133	244	274	281	352	300	361
166	651	1136	244	284	281	352	300	361
174	659	1144	244	284	281	352	300	360
175	660	1145	244	284	305	352	325	360
176	661	1146	244	296	305	352	325	360
178	663	1148	261	296	305	370	325	379
187	672	1157	261	308	305	370	325	379
191	676	1161	261	308	305	370	325	380
193	678	1163	261	308	305	370	324	380
194	679	1164	281	308	305	370	324	380
195	680	1165	281	308	305	389	324	399
198	683	1168	281	308	332	389	353	399
199	684	1169	281	321	332	389	353	399
211	696	1181	281	336	332	389	353	399
213	698	1183	281	336	332	411	353	421
214	699	1184	305	336	332	411	353	421
223	708	1193	305	336	332	411	352	421
224	709	1194	305	336	332	411	356	421
225	710	1195	305	336	366	411	392	421
226	711	1196	305	352	366	411	392	421
230	715	1200	305	352	366	411	392	422
234	719	1204	305	352	366	435	392	447
237	722	1207	332	352	366	435	392	447
240	725	1210	332	352	366	435	392	446
241	726	1211	332	370	366	435	392	446
244	729	1214	332	370	366	435	391	446
256	741	1226	332	370	406	435	433	446
257	742	1227	332	370	406	462	433	475
258	743	1228	332	389	406	462	433	475
261	746	1231	332	389	406	462	433	474
264	749	1234	366	389	406	462	433	474
276	761	1246	366	411	406	462	433	476
279	764	1249	366	411	406	462	433	475
281	766	1251	366	411	406	462	432	475
283	768	1253	366	411	406	462	432	507
284	769	1254	366	411	406	493	432	507
296	781	1266	406	411	457	493	487	507
298	783	1268	406	435	457	493	487	507
303	788	1273	406	435	457	493	487	506
314	799	1284	406	435	457	528	487	543
315	800	1285	406	435	457	528	486	543
320	805	1290	406	435	457	528	486	542
321	806	1291	406	462	457	528	486	542
333	818	1303	406	462	457	528	492	542

SPEICHERPLATZBEDARF BEI DEN ALTERNATIVEN SPEICHERUNGSFORMEN
PRO DATENBLOCK IN BYTES : SCHLUESSELFELDLAENGE = 20

DSB	SPB1	SPB2	SPB3	SPB4	SPB5	SPB6	SPB7	SPB8
335	820	1305	457	462	457	528	492	542
343	828	1313	457	462	457	528	492	544
345	830	1315	457	462	522	528	562	544
346	831	1316	457	462	522	528	561	544
347	832	1317	457	493	522	528	561	544
348	833	1318	457	493	522	569	561	586
377	862	1347	457	528	522	569	560	586
378	863	1348	457	528	522	569	560	585
385	870	1355	522	528	522	569	560	585
387	872	1357	522	528	522	616	560	633
409	894	1379	522	528	610	616	653	633
411	896	1381	522	569	610	616	653	633
427	912	1397	522	569	610	616	653	635
432	917	1402	522	569	610	673	653	694
435	920	1405	522	569	610	673	652	694
448	933	1418	610	569	610	673	652	694
450	935	1420	610	616	610	673	652	694
463	948	1433	610	616	610	673	651	694
471	956	1441	610	616	610	673	651	693
486	971	1456	610	616	610	740	651	762
490	975	1460	610	616	610	740	650	762
493	978	1463	610	616	732	740	780	762
496	981	1466	610	673	732	740	780	762
508	993	1478	610	673	732	740	779	762
514	999	1484	610	673	732	740	779	761
531	1016	1501	610	673	732	740	778	761
533	1018	1503	732	673	732	740	778	761
545	1030	1515	732	673	732	740	778	765
550	1035	1520	732	740	732	740	778	764
552	1037	1522	732	740	732	822	778	849
553	1038	1523	732	740	732	822	792	849
593	1078	1563	732	740	732	822	791	849
601	1086	1571	732	740	732	822	791	848
613	1098	1583	732	740	915	822	990	848
615	1100	1585	732	822	915	822	990	848
626	1111	1596	732	822	915	822	989	848
630	1115	1600	732	822	915	925	989	954
652	1137	1622	915	822	915	925	989	954
663	1148	1633	915	822	915	925	988	954
678	1163	1648	915	822	915	925	988	953
694	1179	1664	915	925	915	925	988	953
700	1185	1670	915	925	915	925	987	953
724	1209	1694	915	925	915	925	987	958
730	1215	1700	915	925	915	1057	987	1095
737	1222	1707	915	925	915	1057	986	1095
761	1246	1731	915	925	915	1057	986	1094
774	1259	1744	915	925	915	1057	985	1094
792	1277	1762	915	925	1220	1057	1313	1094
793	1278	1763	915	1057	1220	1057	1313	1094
797	1282	1767	915	1057	1220	1057	1312	1094
825	1310	1795	915	1057	1220	1057	1311	1094
827	1312	1797	915	1057	1220	1057	1311	1093
831	1316	1801	1220	1057	1220	1057	1311	1093
853	1338	1823	1220	1057	1220	1057	1310	1093
858	1343	1828	1220	1057	1220	1233	1310	1276
877	1362	1847	1220	1057	1220	1233	1310	1275
881	1366	1851	1220	1057	1220	1233	1309	1275
909	1394	1879	1220	1057	1220	1233	1308	1275
921	1406	1891	1220	1233	1220	1233	1308	1275
933	1418	1903	1220	1233	1220	1233	1308	1274
937	1422	1907	1220	1233	1220	1233	1307	1274
965	1450	1935	1220	1233	1220	1233	1306	1274
990	1475	1960	1220	1233	1220	1233	1306	1273
993	1478	1963	1220	1233	1220	1233	1305	1273
1021	1506	1991	1220	1233	1220	1233	1304	1273
1023	1508	1993	1220	1233	1220	1233	1304	1283
1029	1514	1999	1220	1233	1220	1480	1304	1541
1049	1534	2019	1220	1233	1220	1480	1303	1541
1062	1547	2032	1220	1233	1220	1480	1303	1540
1077	1562	2047	1220	1233	1220	1480	1302	1540

SPEICHERPLATZBEDARF BEI DEN ALTERNATIVEN SPEICHERUNGSFORMEN
PRO DATENBLOCK IN BYTES : SCHLUESSELFELDLAENGE = 20

DSB	SPB1	SPB2	SPB3	SPB4	SPB5	SPB6	SPB7	SPB8
1092	1577	2062	1220	1480	1830	1480	1954	1540
1101	1586	2071	1220	1480	1830	1480	1953	1540
1120	1605	2090	1220	1480	1830	1480	1952	1540
1132	1617	2102	1830	1480	1830	1480	1952	1540
1139	1624	2109	1830	1480	1830	1480	1951	1540
1158	1643	2128	1830	1480	1830	1480	1950	1539
1177	1662	2147	1830	1480	1830	1480	1949	1539
1196	1681	2166	1830	1480	1830	1480	1948	1539
1215	1700	2185	1830	1480	1830	1480	1947	1539
1234	1719	2204	1830	1480	1830	1480	2024	1539
1254	1739	2224	1830	1480	1830	1480	2024	1538
1268	1753	2238	1830	1480	1830	1850	2024	1923
1291	1776	2261	1830	1480	1830	1850	2025	1923
1332	1817	2302	1830	1850	1830	1850	2025	1923
1334	1819	2304	1830	1850	1830	1850	2025	1922
1411	1896	2381	1830	1850	1830	1850	2025	1921
1488	1973	2458	1830	1850	1830	1850	2025	1920
1565	2050	2535	1830	1850	1830	1850	2025	1919
1627	2112	2597	1830	1850	1830	1850	2025	1943
1629	2114	2599	1830	1850	1830	2467	2025	2590
1660	2145	2630	1830	1850	1830	2467	2026	2590
1682	2167	2652	1830	1850	1830	2467	2026	2591
1693	2178	2663	1830	2467	1830	2467	2026	2591
1701	2186	2671	1830	2467	3660	2467	4052	2591
1741	2226	2711	3660	2467	3660	2467	4052	2591
1844	2329	2814	3660	2467	3660	2467	4053	2591
2028	2513	2998	3660	2467	3660	2467	4054	2591
2213	2698	3183	3660	2467	3660	2467	4055	2591
2234	2719	3204	3660	2467	3660	3701	4055	3888
2298	2783	3268	3660	3701	3660	3701	4055	3888
2397	2882	3367	3660	3701	3660	3701	4056	3888
2555	3040	3525	3660	3701	3660	3701	4056	3889
2581	3066	3551	3660	3701	3660	3701	4057	3889
2766	3251	3736	3660	3701	3660	3701	4058	3889
2950	3435	3920	3660	3701	3660	3701	4059	3889
3134	3619	4104	3660	3701	3660	3701	4060	3889
3319	3804	4289	3660	3701	3660	3701	4061	3889
3429	3914	4399	3660	3701	3660	3701	4061	3890
3456	3941	4426	3660	3701	3660	7403	4061	7781

B.

Kosten des Platzbedarfs

Abkuerzungen

DSB	Datensatzlaenge in Bytes (des physikalischen Datensatzes)
KGPG	Speicherplatzkosten in GE auf 11er Magnetplattenstapeln bei gestreuter Speicherungsform in Abhaengigkeit von der Laenge des physikalischen Datensatzes und des Schluesselfeldes
KGPK	Speicherplatzkosten in GE auf 6er Magnetplattenstapeln bei gestreuter Speicherungsform in Abhaengigkeit von der Laenge des physikalischen Datensatzes und des Schluesselfeldes
KIPG	Speicherplatzkosten in GE bei 11er Magnetplattenstapeln bei Index-sequentieller Speicherungsform in Abhaengigkeit von der Laenge des physikalischen Datensatzes und des Schluesselfeldes
KIPK	Speicherplatzkosten in GE auf 6er Magnetplattenstapeln bei Index-sequentieller Speicherungsform in Abhaengigkeit von der Laenge des physikalischen Datensatzes und des Schluesselfeldes
KSPG	Speicherplatzkosten in GE auf 11er Magnetplattenstapeln bei sequentieller Speicherungsform in Abhaengigkeit von der Datensatzlaenge (phys.)
KSPK	Speicherplatzkosten in GE auf 6er Magnetplattenstapeln bei sequentieller Speicherungsform in Abhaengigkeit von der Datensatzlaenge (phys.)
ZKGPG	Durchschnittliche Kosten des Zugriffs auf einen Satz einer gestreut organisierten Datei auf 11er Platten in GE
ZKGPK	Durchschnittliche Kosten des Zugriffs auf einen Satz einer gestreut organisierten Datei auf 6er Platten in GE
ZKSMSA	Durchschnittliche Kosten des Zugriffs auf einen Satz einer sequentiell organisierten Datei auf Magnetband, wenn vom Anfang des Bandes gesucht wird, bei 630 Bytes/cm Schreibdichte in GE
ZKSMSM	Durchschnittliche Kosten des Zugriffs auf einen Satz einer echt sequentiell organisierten Datei auf Magnetband, wenn mehrere Saetze hintereinander gelesen werden, bei 630 Bytes/cm Schreibdichte in GE
ZKSPG	Durchschnittliche Kosten des Zugriffs auf einen Satz einer sequentiell organisierten Datei auf 11er Platten in GE
ZKSPK	Durchschnittliche Kosten des Zugriffs auf einen Satz einer sequentiell organisierten Datei auf 6er Platten in GE

KOSTEN DES SPEICHERPLATZBEDARFS BEI DEN ALTERNATIVEN SPEICHERUNGSFORMEN
PRO DATENBLOCK IN GE : SCHLUESSELFELDLAENGE = 0

DSB	KSPK	KSPG	KGPK	KGPG	KIPK	KIPG
50	0.00018860	0.00014458	0.00018860	0.00014458	0.00023327	0.00019152
100	0.00027463	0.00019809	0.00027463	0.00019809	0.00033253	0.00024409
150	0.00037720	0.00024785	0.00037720	0.00024785	0.00042517	0.00029572
200	0.00046488	0.00030136	0.00046488	0.00030136	0.00052940	0.00035487
250	0.00054925	0.00034736	0.00054925	0.00034736	0.00063693	0.00039430
300	0.00067167	0.00040838	0.00067167	0.00040838	0.00070973	0.00044500
350	0.00075605	0.00046283	0.00075605	0.00046283	0.00080237	0.00050696
400	0.00086358	0.00049569	0.00086358	0.00049569	0.00091487	0.00054733
450	0.00100917	0.00057831	0.00100917	0.00057831	0.00106376	0.00059427
500	0.00100917	0.00063182	0.00100917	0.00063182	0.00107700	0.00064778
550	0.00121100	0.00069472	0.00121100	0.00069472	0.00128875	0.00071443
600	0.00121100	0.00069472	0.00121100	0.00069472	0.00128545	0.00079235
650	0.00121100	0.00077170	0.00121100	0.00077170	0.00160143	0.00089187
700	0.00151375	0.00086840	0.00151375	0.00086840	0.00159812	0.00089562
750	0.00151375	0.00086840	0.00151375	0.00086840	0.00159316	0.00102142
800	0.00151375	0.00099232	0.00151375	0.00099232	0.00162956	0.00102048
850	0.00201833	0.00099232	0.00201833	0.00099232	0.00217053	0.00101955
900	0.00201833	0.00099232	0.00201833	0.00099232	0.00216723	0.00119698
950	0.00201833	0.00115755	0.00201833	0.00115755	0.00216392	0.00119698
1000	0.00201833	0.00115755	0.00201833	0.00115755	0.00216061	0.00119604
1050	0.00201833	0.00115755	0.00201833	0.00115755	0.00215730	0.00143450
1100	0.00201833	0.00138944	0.00201833	0.00138944	0.00215565	0.00143356
1150	0.00302750	0.00138944	0.00302750	0.00138944	0.00322933	0.00143168
1200	0.00302750	0.00138944	0.00302750	0.00138944	0.00322437	0.00144483
1250	0.00302750	0.00138944	0.00302750	0.00138944	0.00322106	0.00144389
1300	0.00302750	0.00138944	0.00302750	0.00138944	0.00321610	0.00180533
1350	0.00302750	0.00173680	0.00302750	0.00173680	0.00321113	0.00180439
1400	0.00302750	0.00173680	0.00302750	0.00173680	0.00320782	0.00180439
1450	0.00302750	0.00173680	0.00302750	0.00173680	0.00320286	0.00180345
1500	0.00302750	0.00173680	0.00302750	0.00173680	0.00319955	0.00180251
1550	0.00302750	0.00173680	0.00302750	0.00173680	0.00319459	0.00180251
1600	0.00302750	0.00173680	0.00302750	0.00173680	0.00318963	0.00180157
1650	0.00302750	0.00173680	0.00302750	0.00173680	0.00318632	0.00240147
1700	0.00302750	0.00231604	0.00302750	0.00231604	0.00335341	0.00240053
1750	0.00605499	0.00231604	0.00605499	0.00231604	0.00670682	0.00240053
1800	0.00605499	0.00231604	0.00605499	0.00231604	0.00670847	0.00239959
1850	0.00605499	0.00231604	0.00605499	0.00231604	0.00670847	0.00239865
1900	0.00605499	0.00231604	0.00605499	0.00231604	0.00670847	0.00243245
1950	0.00605499	0.00231604	0.00605499	0.00231604	0.00670847	0.00243245
2000	0.00605499	0.00231604	0.00605499	0.00231604	0.00671013	0.00243245
2050	0.00605499	0.00231604	0.00605499	0.00231604	0.00671013	0.00243245
2100	0.00605499	0.00231604	0.00605499	0.00231604	0.00671013	0.00243245
2150	0.00605499	0.00231604	0.00605499	0.00231604	0.00671013	0.00243245
2200	0.00605499	0.00231604	0.00605499	0.00231604	0.00671178	0.00243245
2250	0.00605499	0.00231604	0.00605499	0.00231604	0.00671178	0.00243245
2300	0.00605499	0.00347453	0.00605499	0.00347453	0.00671178	0.00365102
2350	0.00605499	0.00347453	0.00605499	0.00347453	0.00671344	0.00365102
2400	0.00605499	0.00347453	0.00605499	0.00347453	0.00671344	0.00365102
2450	0.00605499	0.00347453	0.00605499	0.00347453	0.00671344	0.00365102
2500	0.00605499	0.00347453	0.00605499	0.00347453	0.00671344	0.00365102
2550	0.00605499	0.00347453	0.00605499	0.00347453	0.00671509	0.00365102
2600	0.00605499	0.00347453	0.00605499	0.00347453	0.00671509	0.00365102
2650	0.00605499	0.00347453	0.00605499	0.00347453	0.00671509	0.00365102
2700	0.00605499	0.00347453	0.00605499	0.00347453	0.00671509	0.00365102
2750	0.00605499	0.00347453	0.00605499	0.00347453	0.00671674	0.00365102
2800	0.00605499	0.00347453	0.00605499	0.00347453	0.00671674	0.00365102
2850	0.00605499	0.00347453	0.00605499	0.00347453	0.00671674	0.00365102
2900	0.00605499	0.00347453	0.00605499	0.00347453	0.00671840	0.00365102
2950	0.00605499	0.00347453	0.00605499	0.00347453	0.00671840	0.00365196
3000	0.00605499	0.00347453	0.00605499	0.00347453	0.00671840	0.00365196
3050	0.00605499	0.00347453	0.00605499	0.00347453	0.00671840	0.00365196
3100	0.00605499	0.00347453	0.00605499	0.00347453	0.00672005	0.00365196
3150	0.00605499	0.00347453	0.00605499	0.00347453	0.00672005	0.00365196
3200	0.00605499	0.00347453	0.00605499	0.00347453	0.00672005	0.00365196
3250	0.00605499	0.00347453	0.00605499	0.00347453	0.00672005	0.00365196
3300	0.00605499	0.00347453	0.00605499	0.00347453	0.00672171	0.00365196
3350	0.00605499	0.00347453	0.00605499	0.00347453	0.00672171	0.00365196
3400	0.00605499	0.00347453	0.00605499	0.00347453	0.00672171	0.00365196
3450	0.00605499	0.00347453	0.00605499	0.00347453	0.00672336	0.00365196
3500	0.00605499	0.00347453	0.00605499	0.00347453	0.00672336	0.00730580

KOSTEN DES SPEICHERPLATZBEDARFS BEI DEN ALTERNATIVEN SPEICHERUNGSFORMEN
PRO DATENBLOCK IN GE : SCHLUESSELFELDLAENGE = 2

DSB	KSPK	KSPG	KGPK	KGPG	KIPK	KIPG
50	0.00018860	0.00014458	0.00022334	0.00019246	0.00023327	0.00019527
100	0.00027463	0.00019809	0.00031764	0.00023940	0.00033253	0.00024503
150	0.00037720	0.00024785	0.00040367	0.00028915	0.00042352	0.00029572
200	0.00046488	0.00030136	0.00050458	0.00034736	0.00053271	0.00035487
250	0.00054925	0.00034736	0.00060550	0.00038585	0.00063528	0.00039524
300	0.00067167	0.00040838	0.00067167	0.00043373	0.00070807	0.00044406
350	0.00075605	0.00046283	0.00075605	0.00049569	0.00080237	0.00050883
400	0.00086358	0.00049569	0.00086358	0.00053418	0.00091321	0.00054733
450	0.00100917	0.00057831	0.00100917	0.00063182	0.00106376	0.00064966
500	0.00100917	0.00063182	0.00100917	0.00063182	0.00107700	0.00064872
550	0.00121100	0.00069472	0.00121100	0.00069472	0.00128875	0.00071443
600	0.00121100	0.00069472	0.00121100	0.00077170	0.00128545	0.00079329
650	0.00121100	0.00077170	0.00151375	0.00086840	0.00160143	0.00089562
700	0.00151375	0.00086840	0.00151375	0.00086840	0.00159647	0.00089468
750	0.00151375	0.00086840	0.00151375	0.00099232	0.00159316	0.00102142
800	0.00151375	0.00099232	0.00151375	0.00099232	0.00162956	0.00102048
850	0.00201833	0.00099232	0.00201833	0.00099232	0.00217053	0.00102706
900	0.00201833	0.00099232	0.00201833	0.00115755	0.00216723	0.00119792
950	0.00201833	0.00115755	0.00201833	0.00115755	0.00216392	0.00119698
1000	0.00201833	0.00115755	0.00201833	0.00115755	0.00216061	0.00119604
1050	0.00201833	0.00115755	0.00201833	0.00138944	0.00215895	0.00143450
1100	0.00201833	0.00138944	0.00201833	0.00138944	0.00215565	0.00143262
1150	0.00302750	0.00138944	0.00302750	0.00138944	0.00322768	0.00143168
1200	0.00302750	0.00138944	0.00302750	0.00138944	0.00322437	0.00144483
1250	0.00302750	0.00138944	0.00302750	0.00138944	0.00321941	0.00144389
1300	0.00302750	0.00138944	0.00302750	0.00173680	0.00321444	0.00180533
1350	0.00302750	0.00173680	0.00302750	0.00173680	0.00321113	0.00180439
1400	0.00302750	0.00173680	0.00302750	0.00173680	0.00320617	0.00180345
1450	0.00302750	0.00173680	0.00302750	0.00173680	0.00320286	0.00180345
1500	0.00302750	0.00173680	0.00302750	0.00173680	0.00319790	0.00180251
1550	0.00302750	0.00173680	0.00302750	0.00173680	0.00319294	0.00180157
1600	0.00302750	0.00173680	0.00302750	0.00173680	0.00318963	0.00180157
1650	0.00302750	0.00173680	0.00302750	0.00231604	0.00335176	0.00240241
1700	0.00302750	0.00231604	0.00302750	0.00231604	0.00335176	0.00240147
1750	0.00605499	0.00231604	0.00605499	0.00231604	0.00670682	0.00240053
1800	0.00605499	0.00231604	0.00605499	0.00231604	0.00670682	0.00239959
1850	0.00605499	0.00231604	0.00605499	0.00231604	0.00670682	0.00243245
1900	0.00605499	0.00231604	0.00605499	0.00231604	0.00670847	0.00243245
1950	0.00605499	0.00231604	0.00605499	0.00231604	0.00670847	0.00243245
2000	0.00605499	0.00231604	0.00605499	0.00231604	0.00670847	0.00243245
2050	0.00605499	0.00231604	0.00605499	0.00231604	0.00671013	0.00243245
2100	0.00605499	0.00231604	0.00605499	0.00231604	0.00671013	0.00243245
2150	0.00605499	0.00231604	0.00605499	0.00231604	0.00671013	0.00243245
2200	0.00605499	0.00231604	0.00605499	0.00231604	0.00671013	0.00243339
2250	0.00605499	0.00231604	0.00605499	0.00231604	0.00671178	0.00243339
2300	0.00605499	0.00347453	0.00605499	0.00347453	0.00671178	0.00365009
2350	0.00605499	0.00347453	0.00605499	0.00347453	0.00671178	0.00365009
2400	0.00605499	0.00347453	0.00605499	0.00347453	0.00671178	0.00365009
2450	0.00605499	0.00347453	0.00605499	0.00347453	0.00671344	0.00365009
2500	0.00605499	0.00347453	0.00605499	0.00347453	0.00671344	0.00365009
2550	0.00605499	0.00347453	0.00605499	0.00347453	0.00671344	0.00365009
2600	0.00605499	0.00347453	0.00605499	0.00347453	0.00671509	0.00365102
2650	0.00605499	0.00347453	0.00605499	0.00347453	0.00671509	0.00365102
2700	0.00605499	0.00347453	0.00605499	0.00347453	0.00671509	0.00365102
2750	0.00605499	0.00347453	0.00605499	0.00347453	0.00671509	0.00365102
2800	0.00605499	0.00347453	0.00605499	0.00347453	0.00671674	0.00365102
2850	0.00605499	0.00347453	0.00605499	0.00347453	0.00671674	0.00365102
2900	0.00605499	0.00347453	0.00605499	0.00347453	0.00671674	0.00365102
2950	0.00605499	0.00347453	0.00605499	0.00347453	0.00671674	0.00365102
3000	0.00605499	0.00347453	0.00605499	0.00347453	0.00671840	0.00365102
3050	0.00605499	0.00347453	0.00605499	0.00347453	0.00671840	0.00365102
3100	0.00605499	0.00347453	0.00605499	0.00347453	0.00671840	0.00365102
3150	0.00605499	0.00347453	0.00605499	0.00347453	0.00671840	0.00365102
3200	0.00605499	0.00347453	0.00605499	0.00347453	0.00672005	0.00365102
3250	0.00605499	0.00347453	0.00605499	0.00347453	0.00672005	0.00365102
3300	0.00605499	0.00347453	0.00605499	0.00347453	0.00672005	0.00365102
3350	0.00605499	0.00347453	0.00605499	0.00347453	0.00672171	0.00365102
3400	0.00605499	0.00347453	0.00605499	0.00347453	0.00672171	0.00365102
3450	0.00605499	0.00347453	0.00605499	0.00347453	0.00672171	0.00365102
3500	0.00605499	0.00347453	0.00605499	0.00694999	0.00672171	0.00730580

KOSTEN DES SPEICHERPLATZBEDARFS BEI DEN ALTERNATIVEN SPEICHERUNGSFORMEN
PRO DATENBLOCK IN GE : SCHLUESSELFELDLAENGE = 4

DSE	KSPK	KSPG	KGPK	KGPG	KIPK	KIPG
50	0.00018860	0.00014458	0.00023161	0.00019246	0.00024319	0.00019621
100	0.00027463	0.00019809	0.00031764	0.00023940	0.00033584	0.00024503
150	0.00037720	0.00024785	0.00040367	0.00028915	0.00042683	0.00029572
200	0.00046488	0.00030136	0.00050458	0.00034736	0.00053271	0.00035581
250	0.00054925	0.00034736	0.00060550	0.00040838	0.00064190	0.00041871
300	0.00067167	0.00040838	0.00067167	0.00046283	0.00070807	0.00047504
350	0.00075605	0.00046283	0.00075605	0.00049569	0.00080237	0.00050977
400	0.00086358	0.00049569	0.00086358	0.00053418	0.00091321	0.00054733
450	0.00100917	0.00057831	0.00100917	0.00063182	0.00106211	0.00064872
500	0.00100917	0.00063182	0.00100917	0.00063182	0.00107534	0.00065059
550	0.00121100	0.00069472	0.00121100	0.00069472	0.00128875	0.00071443
600	0.00121100	0.00069472	0.00121100	0.00077170	0.00128545	0.00079235
650	0.00121100	0.00077170	0.00151375	0.00086840	0.00160143	0.00089656
700	0.00151375	0.00086840	0.00151375	0.00086840	0.00159647	0.00089562
750	0.00151375	0.00086840	0.00151375	0.00099232	0.00163121	0.00102236
800	0.00151375	0.00099232	0.00151375	0.00099232	0.00162956	0.00102142
850	0.00201833	0.00099232	0.00201833	0.00099232	0.00216888	0.00102706
900	0.00201833	0.00099232	0.00201833	0.00115755	0.00216723	0.00119698
950	0.00201833	0.00115755	0.00201833	0.00115755	0.00216392	0.00119604
1000	0.00201833	0.00115755	0.00201833	0.00115755	0.00216061	0.00119510
1050	0.00201833	0.00115755	0.00201833	0.00138944	0.00215730	0.00143450
1100	0.00201833	0.00138944	0.00201833	0.00138944	0.00215399	0.00143356
1150	0.00302750	0.00138944	0.00302750	0.00138944	0.00322768	0.00143262
1200	0.00302750	0.00138944	0.00302750	0.00138944	0.00322437	0.00144483
1250	0.00302750	0.00138944	0.00302750	0.00138944	0.00321941	0.00144389
1300	0.00302750	0.00138944	0.00302750	0.00173680	0.00321444	0.00180533
1350	0.00302750	0.00173680	0.00302750	0.00173680	0.00321113	0.00180439
1400	0.00302750	0.00173680	0.00302750	0.00173680	0.00320617	0.00180345
1450	0.00302750	0.00173680	0.00302750	0.00173680	0.00320121	0.00180345
1500	0.00302750	0.00173680	0.00302750	0.00173680	0.00319790	0.00180251
1550	0.00302750	0.00173680	0.00302750	0.00173680	0.00319294	0.00180157
1600	0.00302750	0.00173680	0.00302750	0.00173680	0.00335176	0.00180157
1650	0.00302750	0.00173680	0.00302750	0.00231604	0.00335176	0.00240147
1700	0.00302750	0.00231604	0.00302750	0.00231604	0.00335176	0.00240053
1750	0.00605499	0.00231604	0.00605499	0.00231604	0.00670682	0.00239959
1800	0.00605499	0.00231604	0.00605499	0.00231604	0.00670682	0.00239959
1850	0.00605499	0.00231604	0.00605499	0.00231604	0.00670682	0.00243245
1900	0.00605499	0.00231604	0.00605499	0.00231604	0.00670682	0.00243245
1950	0.00605499	0.00231604	0.00605499	0.00231604	0.00670847	0.00243245
2000	0.00605499	0.00231604	0.00605499	0.00231604	0.00670847	0.00243245
2050	0.00605499	0.00231604	0.00605499	0.00231604	0.00670847	0.00243245
2100	0.00605499	0.00231604	0.00605499	0.00231604	0.00671013	0.00243245
2150	0.00605499	0.00231604	0.00605499	0.00231604	0.00671013	0.00243245
2200	0.00605499	0.00231604	0.00605499	0.00231604	0.00671013	0.00243245
2250	0.00605499	0.00231604	0.00605499	0.00347453	0.00671013	0.00365009
2300	0.00605499	0.00347453	0.00605499	0.00347453	0.00671178	0.00365009
2350	0.00605499	0.00347453	0.00605499	0.00347453	0.00671178	0.00365009
2400	0.00605499	0.00347453	0.00605499	0.00347453	0.00671178	0.00365009
2450	0.00605499	0.00347453	0.00605499	0.00347453	0.00671178	0.00365009
2500	0.00605499	0.00347453	0.00605499	0.00347453	0.00671344	0.00365009
2550	0.00605499	0.00347453	0.00605499	0.00347453	0.00671344	0.00365009
2600	0.00605499	0.00347453	0.00605499	0.00347453	0.00671344	0.00365009
2650	0.00605499	0.00347453	0.00605499	0.00347453	0.00671509	0.00365102
2700	0.00605499	0.00347453	0.00605499	0.00347453	0.00671509	0.00365102
2750	0.00605499	0.00347453	0.00605499	0.00347453	0.00671509	0.00365102
2800	0.00605499	0.00347453	0.00605499	0.00347453	0.00671509	0.00365102
2850	0.00605499	0.00347453	0.00605499	0.00347453	0.00671674	0.00365102
2900	0.00605499	0.00347453	0.00605499	0.00347453	0.00671674	0.00365102
2950	0.00605499	0.00347453	0.00605499	0.00347453	0.00671674	0.00365102
3000	0.00605499	0.00347453	0.00605499	0.00347453	0.00671674	0.00365102
3050	0.00605499	0.00347453	0.00605499	0.00347453	0.00671840	0.00365102
3100	0.00605499	0.00347453	0.00605499	0.00347453	0.00671840	0.00365102
3150	0.00605499	0.00347453	0.00605499	0.00347453	0.00671840	0.00365102
3200	0.00605499	0.00347453	0.00605499	0.00347453	0.00672005	0.00365102
3250	0.00605499	0.00347453	0.00605499	0.00347453	0.00672005	0.00365102
3300	0.00605499	0.00347453	0.00605499	0.00347453	0.00672005	0.00365102
3350	0.00605499	0.00347453	0.00605499	0.00347453	0.00672005	0.00365102
3400	0.00605499	0.00347453	0.00605499	0.00347453	0.00672171	0.00365102
3450	0.00605499	0.00347453	0.00605499	0.00347453	0.00672171	0.00365102
3500	0.00605499	0.00347453	0.00605499	0.00694999	0.00672171	0.00730487

KOSTEN DES SPEICHERPLATZBEDARFS BEI DEN ALTERNATIVEN SPEICHERUNGSFORMEN
PRO DATENBLOCK IN GE : SCHLUESSELFELDLAENGE = 6

DSB	KSPK	KSPG	KGPK	KGPG	KIPK	KIPG
50	0.00018860	0.00014458	0.00023161	0.00019246	0.00024319	0.00019621
100	0.00027463	0.00019809	0.00031764	0.00024785	0.00033418	0.00025254
150	0.00037720	0.00024785	0.00040367	0.00030136	0.00042683	0.00030887
200	0.00046488	0.00030136	0.00050458	0.00034736	0.00053436	0.00035581
250	0.00054925	0.00034736	0.00060550	0.00040838	0.00064190	0.00041871
300	0.00067167	0.00040838	0.00067167	0.00046283	0.00070807	0.00047410
350	0.00075605	0.00046283	0.00075605	0.00049569	0.00080237	0.00050883
400	0.00086358	0.00049569	0.00086358	0.00053418	0.00091321	0.00055014
450	0.00100917	0.00057831	0.00100917	0.00063182	0.00107865	0.00064872
500	0.00100917	0.00063182	0.00100917	0.00069472	0.00107700	0.00071537
550	0.00121100	0.00069472	0.00121100	0.00069472	0.00128875	0.00071443
600	0.00121100	0.00069472	0.00121100	0.00077170	0.00128545	0.00079329
650	0.00121100	0.00077170	0.00151375	0.00086840	0.00160143	0.00089562
700	0.00151375	0.00086840	0.00151375	0.00086840	0.00159647	0.00089468
750	0.00151375	0.00086840	0.00151375	0.00099232	0.00163121	0.00102142
800	0.00151375	0.00099232	0.00151375	0.00099232	0.00162956	0.00102048
850	0.00201833	0.00099232	0.00201833	0.00099232	0.00217053	0.00102706
900	0.00201833	0.00099232	0.00201833	0.00115755	0.00216723	0.00119698
950	0.00201833	0.00115755	0.00201833	0.00115755	0.00216392	0.00119604
1000	0.00201833	0.00115755	0.00201833	0.00115755	0.00216226	0.00119510
1050	0.00201833	0.00115755	0.00201833	0.00138944	0.00215895	0.00143450
1100	0.00201833	0.00138944	0.00201833	0.00138944	0.00215565	0.00143356
1150	0.00302750	0.00138944	0.00302750	0.00138944	0.00322768	0.00144576
1200	0.00302750	0.00138944	0.00302750	0.00138944	0.00322437	0.00144483
1250	0.00302750	0.00138944	0.00302750	0.00138944	0.00321941	0.00144483
1300	0.00302750	0.00138944	0.00302750	0.00173680	0.00321444	0.00180439
1350	0.00302750	0.00173680	0.00302750	0.00173680	0.00321113	0.00180439
1400	0.00302750	0.00173680	0.00302750	0.00173680	0.00320617	0.00180345
1450	0.00302750	0.00173680	0.00302750	0.00173680	0.00320121	0.00180345
1500	0.00302750	0.00173680	0.00302750	0.00173680	0.00319790	0.00180251
1550	0.00302750	0.00173680	0.00302750	0.00173680	0.00319294	0.00180157
1600	0.00302750	0.00173680	0.00302750	0.00173680	0.00335176	0.00180157
1650	0.00302750	0.00173680	0.00302750	0.00231604	0.00335176	0.00240241
1700	0.00302750	0.00231604	0.00302750	0.00231604	0.00335176	0.00240147
1750	0.00605499	0.00231604	0.00605499	0.00231604	0.00670516	0.00240053
1800	0.00605499	0.00231604	0.00605499	0.00231604	0.00670682	0.00243245
1850	0.00605499	0.00231604	0.00605499	0.00231604	0.00670682	0.00243339
1900	0.00605499	0.00231604	0.00605499	0.00231604	0.00670682	0.00243339
1950	0.00605499	0.00231604	0.00605499	0.00231604	0.00670847	0.00243339
2000	0.00605499	0.00231604	0.00605499	0.00231604	0.00670847	0.00243339
2050	0.00605499	0.00231604	0.00605499	0.00231604	0.00670847	0.00243339
2100	0.00605499	0.00231604	0.00605499	0.00231604	0.00670847	0.00243339
2150	0.00605499	0.00231604	0.00605499	0.00231604	0.00671013	0.00243339
2200	0.00605499	0.00231604	0.00605499	0.00231604	0.00671013	0.00243339
2250	0.00605499	0.00231604	0.00605499	0.00347453	0.00671013	0.00365009
2300	0.00605499	0.00347453	0.00605499	0.00347453	0.00671013	0.00365009
2350	0.00605499	0.00347453	0.00605499	0.00347453	0.00671178	0.00365009
2400	0.00605499	0.00347453	0.00605499	0.00347453	0.00671178	0.00365009
2450	0.00605499	0.00347453	0.00605499	0.00347453	0.00671178	0.00365009
2500	0.00605499	0.00347453	0.00605499	0.00347453	0.00671344	0.00365009
2550	0.00605499	0.00347453	0.00605499	0.00347453	0.00671344	0.00365009
2600	0.00605499	0.00347453	0.00605499	0.00347453	0.00671344	0.00365009
2650	0.00605499	0.00347453	0.00605499	0.00347453	0.00671344	0.00365009
2700	0.00605499	0.00347453	0.00605499	0.00347453	0.00671509	0.00365102
2750	0.00605499	0.00347453	0.00605499	0.00347453	0.00671509	0.00365102
2800	0.00605499	0.00347453	0.00605499	0.00347453	0.00671509	0.00365102
2850	0.00605499	0.00347453	0.00605499	0.00347453	0.00671509	0.00365102
2900	0.00605499	0.00347453	0.00605499	0.00347453	0.00671674	0.00365102
2950	0.00605499	0.00347453	0.00605499	0.00347453	0.00671674	0.00365102
3000	0.00605499	0.00347453	0.00605499	0.00347453	0.00671674	0.00365102
3050	0.00605499	0.00347453	0.00605499	0.00347453	0.00671840	0.00365102
3100	0.00605499	0.00347453	0.00605499	0.00347453	0.00671840	0.00365102
3150	0.00605499	0.00347453	0.00605499	0.00347453	0.00671840	0.00365102
3200	0.00605499	0.00347453	0.00605499	0.00347453	0.00671840	0.00365102
3250	0.00605499	0.00347453	0.00605499	0.00347453	0.00672005	0.00365102
3300	0.00605499	0.00347453	0.00605499	0.00347453	0.00672005	0.00365102
3350	0.00605499	0.00347453	0.00605499	0.00347453	0.00672005	0.00365102
3400	0.00605499	0.00347453	0.00605499	0.00347453	0.00672005	0.00365102
3450	0.00605499	0.00347453	0.00605499	0.00347453	0.00672171	0.00365102
3500	0.00605499	0.00347453	0.00605499	0.00694999	0.00672171	0.00730487

KOSTEN DES SPEICHERPLATZBEDARFS BEI DEN ALTERNATIVEN SPEICHERUNGSFORMEN
PRO DATENBLOCK IN GE : SCHLUESSELFELDLAENGE = 8

DSE	KSPK	KSPG	KGPK	KGPG	KIPK	KIPG
50	0.00018860	0.00014458	0.00023161	0.00019809	0.00024319	0.00020184
100	0.00027463	0.00019809	0.00031764	0.00024785	0.00033418	0.00025254
150	0.00037720	0.00024785	0.00040367	0.00030136	0.00042683	0.00030887
200	0.00046488	0.00030136	0.00050458	0.00034736	0.00053271	0.00035581
250	0.00054925	0.00034736	0.00060550	0.00040838	0.00064024	0.00041871
300	0.00067167	0.00040838	0.00067167	0.00046283	0.00071634	0.00047504
350	0.00075605	0.00046283	0.00075605	0.00049569	0.00080237	0.00050883
400	0.00086358	0.00049569	0.00086358	0.00057831	0.00091321	0.00059520
450	0.00100917	0.00057831	0.00100917	0.00063182	0.00108030	0.00064966
500	0.00100917	0.00063182	0.00100917	0.00069472	0.00107700	0.00071631
550	0.00121100	0.00069472	0.00121100	0.00069472	0.00128710	0.00071443
600	0.00121100	0.00069472	0.00121100	0.00077170	0.00128379	0.00079235
650	0.00121100	0.00077170	0.00151375	0.00086840	0.00160143	0.00089562
700	0.00151375	0.00086840	0.00151375	0.00086840	0.00163286	0.00089468
750	0.00151375	0.00086840	0.00151375	0.00099232	0.00163121	0.00102236
800	0.00151375	0.00099232	0.00151375	0.00099232	0.00162956	0.00102799
850	0.00201833	0.00099232	0.00201833	0.00099232	0.00217053	0.00102706
900	0.00201833	0.00099232	0.00201833	0.00115755	0.00216723	0.00119698
950	0.00201833	0.00115755	0.00201833	0.00115755	0.00216392	0.00119698
1000	0.00201833	0.00115755	0.00201833	0.00115755	0.00216061	0.00119604
1050	0.00201833	0.00115755	0.00201833	0.00138944	0.00215730	0.00143450
1100	0.00201833	0.00138944	0.00201833	0.00138944	0.00215565	0.00143356
1150	0.00302750	0.00138944	0.00302750	0.00138944	0.00322768	0.00144576
1200	0.00302750	0.00138944	0.00302750	0.00138944	0.00322271	0.00144483
1250	0.00302750	0.00138944	0.00302750	0.00138944	0.00321941	0.00144483
1300	0.00302750	0.00138944	0.00302750	0.00173680	0.00321444	0.00180439
1350	0.00302750	0.00173680	0.00302750	0.00173680	0.00321113	0.00180439
1400	0.00302750	0.00173680	0.00302750	0.00173680	0.00320617	0.00180345
1450	0.00302750	0.00173680	0.00302750	0.00173680	0.00320121	0.00180251
1500	0.00302750	0.00173680	0.00302750	0.00173680	0.00319790	0.00180251
1550	0.00302750	0.00173680	0.00302750	0.00173680	0.00335010	0.00180157
1600	0.00302750	0.00173680	0.00302750	0.00173680	0.00335010	0.00180157
1650	0.00302750	0.00173680	0.00302750	0.00231604	0.00335176	0.00240147
1700	0.00302750	0.00231604	0.00302750	0.00231604	0.00335176	0.00240147
1750	0.00605499	0.00231604	0.00605499	0.00231604	0.00670516	0.00240053
1800	0.00605499	0.00231604	0.00605499	0.00231604	0.00670682	0.00243245
1850	0.00605499	0.00231604	0.00605499	0.00231604	0.00670682	0.00243245
1900	0.00605499	0.00231604	0.00605499	0.00231604	0.00670682	0.00243245
1950	0.00605499	0.00231604	0.00605499	0.00231604	0.00670682	0.00243245
2000	0.00605499	0.00231604	0.00605499	0.00231604	0.00670847	0.00243245
2050	0.00605499	0.00231604	0.00605499	0.00231604	0.00670847	0.00243245
2100	0.00605499	0.00231604	0.00605499	0.00231604	0.00670847	0.00243245
2150	0.00605499	0.00231604	0.00605499	0.00231604	0.00670847	0.00243245
2200	0.00605499	0.00231604	0.00605499	0.00231604	0.00671013	0.00243245
2250	0.00605499	0.00231604	0.00605499	0.00347453	0.00671013	0.00365009
2300	0.00605499	0.00347453	0.00605499	0.00347453	0.00671013	0.00365009
2350	0.00605499	0.00347453	0.00605499	0.00347453	0.00671178	0.00365009
2400	0.00605499	0.00347453	0.00605499	0.00347453	0.00671178	0.00365009
2450	0.00605499	0.00347453	0.00605499	0.00347453	0.00671178	0.00365009
2500	0.00605499	0.00347453	0.00605499	0.00347453	0.00671178	0.00365009
2550	0.00605499	0.00347453	0.00605499	0.00347453	0.00671344	0.00365009
2600	0.00605499	0.00347453	0.00605499	0.00347453	0.00671344	0.00365009
2650	0.00605499	0.00347453	0.00605499	0.00347453	0.00671344	0.00365009
2700	0.00605499	0.00347453	0.00605499	0.00347453	0.00671344	0.00365009
2750	0.00605499	0.00347453	0.00605499	0.00347453	0.00671509	0.00365102
2800	0.00605499	0.00347453	0.00605499	0.00347453	0.00671509	0.00365102
2850	0.00605499	0.00347453	0.00605499	0.00347453	0.00671509	0.00365102
2900	0.00605499	0.00347453	0.00605499	0.00347453	0.00671509	0.00365102
2950	0.00605499	0.00347453	0.00605499	0.00347453	0.00671674	0.00365102
3000	0.00605499	0.00347453	0.00605499	0.00347453	0.00671674	0.00365102
3050	0.00605499	0.00347453	0.00605499	0.00347453	0.00671674	0.00365102
3100	0.00605499	0.00347453	0.00605499	0.00347453	0.00671840	0.00365102
3150	0.00605499	0.00347453	0.00605499	0.00347453	0.00671840	0.00365102
3200	0.00605499	0.00347453	0.00605499	0.00347453	0.00671840	0.00365102
3250	0.00605499	0.00347453	0.00605499	0.00347453	0.00671840	0.00365102
3300	0.00605499	0.00347453	0.00605499	0.00347453	0.00672005	0.00365102
3350	0.00605499	0.00347453	0.00605499	0.00347453	0.00672005	0.00365102
3400	0.00605499	0.00347453	0.00605499	0.00347453	0.00672005	0.00365102
3450	0.00605499	0.00347453	0.00605499	0.00347453	0.00672005	0.00365102
3500	0.00605499	0.00347453	0.00605499	0.00694999	0.00672171	0.00730487

KOSTEN DES SPEICHERPLATZBEDARFS BEI DEN ALTERNATIVEN SPEICHERUNGSFORMEN
PRO DATENBLOCK IN GE : SCHLUESSELFELDLAENGE = 10

DSB	KSPK	KSPG	KGPK	KGPG	KIPK	KIPG
50	0.00018860	0.00014458	0.00024154	0.00019809	0.00025477	0.00020184
100	0.00027463	0.00019809	0.00033584	0.00024785	0.00035569	0.00025348
150	0.00037720	0.00024785	0.00043179	0.00030136	0.00045661	0.00030793
200	0.00046488	0.00030136	0.00050458	0.00034736	0.00053271	0.00035581
250	0.00054925	0.00034736	0.00060550	0.00040838	0.00064190	0.00041777
300	0.00067167	0.00040838	0.00067167	0.00046283	0.00071634	0.00047504
350	0.00075605	0.00046283	0.00075605	0.00049569	0.00080237	0.00050883
400	0.00086358	0.00049569	0.00086358	0.00057831	0.00091321	0.00059427
450	0.00100917	0.00057831	0.00100917	0.00063182	0.00107865	0.00064872
500	0.00100917	0.00063182	0.00100917	0.00069472	0.00107534	0.00071537
550	0.00121100	0.00069472	0.00121100	0.00069472	0.00128710	0.00071443
600	0.00121100	0.00069472	0.00121100	0.00077170	0.00128379	0.00079705
650	0.00121100	0.00077170	0.00151375	0.00086840	0.00160143	0.00089562
700	0.00151375	0.00086840	0.00151375	0.00086840	0.00163286	0.00089468
750	0.00151375	0.00086840	0.00151375	0.00099232	0.00163121	0.00102142
800	0.00151375	0.00099232	0.00151375	0.00099232	0.00162790	0.00102706
850	0.00201833	0.00099232	0.00201833	0.00099232	0.00216888	0.00102612
900	0.00201833	0.00099232	0.00201833	0.00115755	0.00216557	0.00119698
950	0.00201833	0.00115755	0.00201833	0.00115755	0.00216392	0.00119604
1000	0.00201833	0.00115755	0.00201833	0.00115755	0.00216061	0.00119510
1050	0.00201833	0.00115755	0.00201833	0.00138944	0.00215730	0.00143450
1100	0.00201833	0.00138944	0.00201833	0.00138944	0.00215399	0.00143356
1150	0.00302750	0.00138944	0.00302750	0.00138944	0.00322768	0.00144576
1200	0.00302750	0.00138944	0.00302750	0.00138944	0.00322271	0.00144483
1250	0.00302750	0.00138944	0.00302750	0.00138944	0.00321941	0.00144483
1300	0.00302750	0.00138944	0.00302750	0.00173680	0.00321444	0.00180439
1350	0.00302750	0.00173680	0.00302750	0.00173680	0.00320948	0.00180439
1400	0.00302750	0.00173680	0.00302750	0.00173680	0.00320617	0.00180345
1450	0.00302750	0.00173680	0.00302750	0.00173680	0.00320121	0.00180251
1500	0.00302750	0.00173680	0.00302750	0.00173680	0.00335010	0.00180251
1550	0.00302750	0.00173680	0.00302750	0.00173680	0.00335010	0.00180157
1600	0.00302750	0.00173680	0.00302750	0.00173680	0.00335010	0.00180157
1650	0.00302750	0.00173680	0.00302750	0.00231604	0.00335176	0.00240147
1700	0.00302750	0.00231604	0.00302750	0.00231604	0.00335176	0.00240053
1750	0.00605499	0.00231604	0.00605499	0.00231604	0.00670516	0.00243245
1800	0.00605499	0.00231604	0.00605499	0.00231604	0.00670516	0.00243245
1850	0.00605499	0.00231604	0.00605499	0.00231604	0.00670682	0.00243245
1900	0.00605499	0.00231604	0.00605499	0.00231604	0.00670682	0.00243245
1950	0.00605499	0.00231604	0.00605499	0.00231604	0.00670682	0.00243245
2000	0.00605499	0.00231604	0.00605499	0.00231604	0.00670682	0.00243245
2050	0.00605499	0.00231604	0.00605499	0.00231604	0.00670847	0.00243245
2100	0.00605499	0.00231604	0.00605499	0.00231604	0.00670847	0.00243245
2150	0.00605499	0.00231604	0.00605499	0.00231604	0.00670847	0.00243245
2200	0.00605499	0.00231604	0.00605499	0.00231604	0.00670847	0.00243245
2250	0.00605499	0.00231604	0.00605499	0.00347453	0.00671013	0.00365009
2300	0.00605499	0.00347453	0.00605499	0.00347453	0.00671013	0.00365009
2350	0.00605499	0.00347453	0.00605499	0.00347453	0.00671013	0.00365009
2400	0.00605499	0.00347453	0.00605499	0.00347453	0.00671178	0.00365009
2450	0.00605499	0.00347453	0.00605499	0.00347453	0.00671178	0.00365009
2500	0.00605499	0.00347453	0.00605499	0.00347453	0.00671178	0.00365009
2550	0.00605499	0.00347453	0.00605499	0.00347453	0.00671178	0.00365009
2600	0.00605499	0.00347453	0.00605499	0.00347453	0.00671344	0.00365009
2650	0.00605499	0.00347453	0.00605499	0.00347453	0.00671344	0.00365009
2700	0.00605499	0.00347453	0.00605499	0.00347453	0.00671344	0.00365009
2750	0.00605499	0.00347453	0.00605499	0.00347453	0.00671344	0.00365102
2800	0.00605499	0.00347453	0.00605499	0.00347453	0.00671509	0.00365102
2850	0.00605499	0.00347453	0.00605499	0.00347453	0.00671509	0.00365102
2900	0.00605499	0.00347453	0.00605499	0.00347453	0.00671509	0.00365102
2950	0.00605499	0.00347453	0.00605499	0.00347453	0.00671674	0.00365102
3000	0.00605499	0.00347453	0.00605499	0.00347453	0.00671674	0.00365102
3050	0.00605499	0.00347453	0.00605499	0.00347453	0.00671674	0.00365102
3100	0.00605499	0.00347453	0.00605499	0.00347453	0.00671674	0.00365102
3150	0.00605499	0.00347453	0.00605499	0.00347453	0.00671840	0.00365102
3200	0.00605499	0.00347453	0.00605499	0.00347453	0.00671840	0.00365102
3250	0.00605499	0.00347453	0.00605499	0.00347453	0.00671840	0.00365102
3300	0.00605499	0.00347453	0.00605499	0.00347453	0.00671840	0.00365102
3350	0.00605499	0.00347453	0.00605499	0.00347453	0.00672005	0.00365102
3400	0.00605499	0.00347453	0.00605499	0.00347453	0.00672005	0.00365102
3450	0.00605499	0.00347453	0.00605499	0.00347453	0.00672005	0.00365102
3500	0.00605499	0.00347453	0.00605499	0.00694999	0.00672171	0.00730487

KOSTEN DES SPEICHERPLATZBEDARFS BEI DEN ALTERNATIVEN SPEICHERUNGSFORMEN
PRO DATENBLOCK IN GE : SCHLUESSELFELDLAENGE = 12

DSB	KSPK	KSPG	KGPK	KGPG	KIPK	KIPG
50	0.00018860	0.00014458	0.00024154	0.00019809	0.00025477	0.00020184
100	0.00027463	0.00019809	0.00033584	0.00024785	0.00035569	0.00025348
150	0.00037720	0.00024785	0.00043179	0.00030136	0.00045495	0.00030793
200	0.00046488	0.00030136	0.00050458	0.00034736	0.00053767	0.00035581
250	0.00054925	0.00034736	0.00060550	0.00040838	0.00064024	0.00041777
300	0.00067167	0.00040838	0.00067167	0.00046283	0.00071634	0.00047410
350	0.00075605	0.00046283	0.00075605	0.00049569	0.00080237	0.00050883
400	0.00086358	0.00049569	0.00086358	0.00057831	0.00092479	0.00059520
450	0.00100917	0.00057831	0.00100917	0.00063182	0.00107865	0.00064872
500	0.00100917	0.00063182	0.00100917	0.00069472	0.00107534	0.00071537
550	0.00121100	0.00069472	0.00121100	0.00069472	0.00128710	0.00071443
600	0.00121100	0.00069472	0.00121100	0.00077170	0.00128379	0.00079705
650	0.00121100	0.00077170	0.00151375	0.00086840	0.00163617	0.00089562
700	0.00151375	0.00086840	0.00151375	0.00086840	0.00163452	0.00089468
750	0.00151375	0.00086840	0.00151375	0.00099232	0.00163121	0.00102142
800	0.00151375	0.00099232	0.00201833	0.00099232	0.00217219	0.00102706
850	0.00201833	0.00099232	0.00201833	0.00099232	0.00216888	0.00102706
900	0.00201833	0.00099232	0.00201833	0.00115755	0.00216557	0.00119698
950	0.00201833	0.00115755	0.00201833	0.00115755	0.00216392	0.00119604
1000	0.00201833	0.00115755	0.00201833	0.00115755	0.00216061	0.00119510
1050	0.00201833	0.00115755	0.00201833	0.00138944	0.00215730	0.00143356
1100	0.00201833	0.00138944	0.00302750	0.00138944	0.00323264	0.00144576
1150	0.00302750	0.00138944	0.00302750	0.00138944	0.00322768	0.00144483
1200	0.00302750	0.00138944	0.00302750	0.00138944	0.00322437	0.00144483
1250	0.00302750	0.00138944	0.00302750	0.00138944	0.00321941	0.00144389
1300	0.00302750	0.00138944	0.00302750	0.00173680	0.00321444	0.00180439
1350	0.00302750	0.00173680	0.00302750	0.00173680	0.00321113	0.00180439
1400	0.00302750	0.00173680	0.00302750	0.00173680	0.00320617	0.00180345
1450	0.00302750	0.00173680	0.00302750	0.00173680	0.00335010	0.00180251
1500	0.00302750	0.00173680	0.00302750	0.00173680	0.00335010	0.00180251
1550	0.00302750	0.00173680	0.00302750	0.00173680	0.00335176	0.00180157
1600	0.00302750	0.00173680	0.00302750	0.00173680	0.00335176	0.00180063
1650	0.00302750	0.00173680	0.00302750	0.00231604	0.00335176	0.00240241
1700	0.00302750	0.00231604	0.00302750	0.00231604	0.00335176	0.00240147
1750	0.00605499	0.00231604	0.00605499	0.00231604	0.00670516	0.00243245
1800	0.00605499	0.00231604	0.00605499	0.00231604	0.00670516	0.00243245
1850	0.00605499	0.00231604	0.00605499	0.00231604	0.00670516	0.00243245
1900	0.00605499	0.00231604	0.00605499	0.00231604	0.00670682	0.00243245
1950	0.00605499	0.00231604	0.00605499	0.00231604	0.00670682	0.00243339
2000	0.00605499	0.00231604	0.00605499	0.00231604	0.00670682	0.00243339
2050	0.00605499	0.00231604	0.00605499	0.00231604	0.00670682	0.00243339
2100	0.00605499	0.00231604	0.00605499	0.00231604	0.00670847	0.00243339
2150	0.00605499	0.00231604	0.00605499	0.00231604	0.00670847	0.00243339
2200	0.00605499	0.00231604	0.00605499	0.00231604	0.00670847	0.00243339
2250	0.00605499	0.00231604	0.00605499	0.00347453	0.00670847	0.00365009
2300	0.00605499	0.00347453	0.00605499	0.00347453	0.00671013	0.00365009
2350	0.00605499	0.00347453	0.00605499	0.00347453	0.00671013	0.00365009
2400	0.00605499	0.00347453	0.00605499	0.00347453	0.00671013	0.00365009
2450	0.00605499	0.00347453	0.00605499	0.00347453	0.00671178	0.00365009
2500	0.00605499	0.00347453	0.00605499	0.00347453	0.00671178	0.00365009
2550	0.00605499	0.00347453	0.00605499	0.00347453	0.00671178	0.00365009
2600	0.00605499	0.00347453	0.00605499	0.00347453	0.00671178	0.00365009
2650	0.00605499	0.00347453	0.00605499	0.00347453	0.00671344	0.00365009
2700	0.00605499	0.00347453	0.00605499	0.00347453	0.00671344	0.00365009
2750	0.00605499	0.00347453	0.00605499	0.00347453	0.00671344	0.00365009
2800	0.00605499	0.00347453	0.00605499	0.00347453	0.00671344	0.00365102
2850	0.00605499	0.00347453	0.00605499	0.00347453	0.00671509	0.00365102
2900	0.00605499	0.00347453	0.00605499	0.00347453	0.00671509	0.00365102
2950	0.00605499	0.00347453	0.00605499	0.00347453	0.00671509	0.00365102
3000	0.00605499	0.00347453	0.00605499	0.00347453	0.00671674	0.00365102
3050	0.00605499	0.00347453	0.00605499	0.00347453	0.00671674	0.00365102
3100	0.00605499	0.00347453	0.00605499	0.00347453	0.00671674	0.00365102
3150	0.00605499	0.00347453	0.00605499	0.00347453	0.00671674	0.00365102
3200	0.00605499	0.00347453	0.00605499	0.00347453	0.00671840	0.00365102
3250	0.00605499	0.00347453	0.00605499	0.00347453	0.00671840	0.00365102
3300	0.00605499	0.00347453	0.00605499	0.00347453	0.00671840	0.00365102
3350	0.00605499	0.00347453	0.00605499	0.00347453	0.00671840	0.00365102
3400	0.00605499	0.00347453	0.00605499	0.00347453	0.00672005	0.00365102
3450	0.00605499	0.00347453	0.00605499	0.00347453	0.00672005	0.00365102
3500	0.00605499	0.00347453	0.00605499	0.00694999	0.00672005	0.00730487

KOSTEN DES SPEICHERPLATZBEDARFS BEI DEN ALTERNATIVEN SPEICHERUNGSFORMEN
PRO DATENBLOCK IN GE : SCHLUESSELFELDLAENGE = 16

DSB	KSPK	KSPG	KGPK	KGPG	KIPK	KIPG
50	0.00018860	0.00014458	0.00025146	0.00020372	0.00026635	0.00020842
100	0.00027463	0.00019809	0.00033584	0.00025723	0.00035569	0.00026287
150	0.00037720	0.00024785	0.00043179	0.00030136	0.00045826	0.00030887
200	0.00046488	0.00030136	0.00050458	0.00036520	0.00053767	0.00037458
250	0.00054925	0.00034736	0.00060550	0.00040838	0.00064686	0.00041965
300	0.00067167	0.00040838	0.00075605	0.00046283	0.00080568	0.00047598
350	0.00075605	0.00046283	0.00086358	0.00049569	0.00091487	0.00050790
400	0.00086358	0.00049569	0.00086358	0.00057831	0.00092479	0.00059520
450	0.00100917	0.00057831	0.00100917	0.00063182	0.00107865	0.00065153
500	0.00100917	0.00063182	0.00121100	0.00069472	0.00129206	0.00071537
550	0.00121100	0.00069472	0.00121100	0.00069472	0.00128710	0.00071443
600	0.00121100	0.00069472	0.00121100	0.00077170	0.00131026	0.00079611
650	0.00121100	0.00077170	0.00151375	0.00086840	0.00163617	0.00089562
700	0.00151375	0.00086840	0.00151375	0.00086840	0.00163452	0.00089468
750	0.00151375	0.00086840	0.00151375	0.00099232	0.00163121	0.00102799
800	0.00151375	0.00099232	0.00201833	0.00099232	0.00217219	0.00102706
850	0.00201833	0.00099232	0.00201833	0.00099232	0.00216888	0.00102612
900	0.00201833	0.00099232	0.00201833	0.00115755	0.00216723	0.00119698
950	0.00201833	0.00115755	0.00201833	0.00115755	0.00216392	0.00119698
1000	0.00201833	0.00115755	0.00201833	0.00115755	0.00216061	0.00119604
1050	0.00201833	0.00115755	0.00201833	0.00138944	0.00215730	0.00143356
1100	0.00201833	0.00138944	0.00302750	0.00138944	0.00323264	0.00144576
1150	0.00302750	0.00138944	0.00302750	0.00138944	0.00322768	0.00144483
1200	0.00302750	0.00138944	0.00302750	0.00138944	0.00322271	0.00144483
1250	0.00302750	0.00138944	0.00302750	0.00138944	0.00321941	0.00144389
1300	0.00302750	0.00138944	0.00302750	0.00173680	0.00321444	0.00180533
1350	0.00302750	0.00173680	0.00302750	0.00173680	0.00335010	0.00180439
1400	0.00302750	0.00173680	0.00302750	0.00173680	0.00335010	0.00180439
1450	0.00302750	0.00173680	0.00302750	0.00173680	0.00335010	0.00180345
1500	0.00302750	0.00173680	0.00302750	0.00173680	0.00335010	0.00180251
1550	0.00302750	0.00173680	0.00302750	0.00173680	0.00335010	0.00180251
1600	0.00302750	0.00173680	0.00302750	0.00173680	0.00335176	0.00180157
1650	0.00302750	0.00173680	0.00302750	0.00231604	0.00335176	0.00240241
1700	0.00302750	0.00231604	0.00302750	0.00231604	0.00335176	0.00243245
1750	0.00605499	0.00231604	0.00605499	0.00231604	0.00670351	0.00243245
1800	0.00605499	0.00231604	0.00605499	0.00231604	0.00670516	0.00243245
1850	0.00605499	0.00231604	0.00605499	0.00231604	0.00670516	0.00243245
1900	0.00605499	0.00231604	0.00605499	0.00231604	0.00670516	0.00243245
1950	0.00605499	0.00231604	0.00605499	0.00231604	0.00670516	0.00243245
2000	0.00605499	0.00231604	0.00605499	0.00231604	0.00670682	0.00243245
2050	0.00605499	0.00231604	0.00605499	0.00231604	0.00670682	0.00243339
2100	0.00605499	0.00231604	0.00605499	0.00231604	0.00670682	0.00243339
2150	0.00605499	0.00231604	0.00605499	0.00231604	0.00670847	0.00243339
2200	0.00605499	0.00231604	0.00605499	0.00231604	0.00670847	0.00243339
2250	0.00605499	0.00231604	0.00605499	0.00347453	0.00670847	0.00365009
2300	0.00605499	0.00347453	0.00605499	0.00347453	0.00670847	0.00365009
2350	0.00605499	0.00347453	0.00605499	0.00347453	0.00671013	0.00365009
2400	0.00605499	0.00347453	0.00605499	0.00347453	0.00671013	0.00365009
2450	0.00605499	0.00347453	0.00605499	0.00347453	0.00671013	0.00365009
2500	0.00605499	0.00347453	0.00605499	0.00347453	0.00671013	0.00365102
2550	0.00605499	0.00347453	0.00605499	0.00347453	0.00671178	0.00365102
2600	0.00605499	0.00347453	0.00605499	0.00347453	0.00671178	0.00365102
2650	0.00605499	0.00347453	0.00605499	0.00347453	0.00671178	0.00365102
2700	0.00605499	0.00347453	0.00605499	0.00347453	0.00671344	0.00365102
2750	0.00605499	0.00347453	0.00605499	0.00347453	0.00671344	0.00365102
2800	0.00605499	0.00347453	0.00605499	0.00347453	0.00671344	0.00365102
2850	0.00605499	0.00347453	0.00605499	0.00347453	0.00671344	0.00365102
2900	0.00605499	0.00347453	0.00605499	0.00347453	0.00671509	0.00365102
2950	0.00605499	0.00347453	0.00605499	0.00347453	0.00671509	0.00365102
3000	0.00605499	0.00347453	0.00605499	0.00347453	0.00671509	0.00365102
3050	0.00605499	0.00347453	0.00605499	0.00347453	0.00671509	0.00365102
3100	0.00605499	0.00347453	0.00605499	0.00347453	0.00671674	0.00365102
3150	0.00605499	0.00347453	0.00605499	0.00347453	0.00671674	0.00365102
3200	0.00605499	0.00347453	0.00605499	0.00347453	0.00671674	0.00365102
3250	0.00605499	0.00347453	0.00605499	0.00347453	0.00671840	0.00365102
3300	0.00605499	0.00347453	0.00605499	0.00347453	0.00671840	0.00365102
3350	0.00605499	0.00347453	0.00605499	0.00347453	0.00671840	0.00365196
3400	0.00605499	0.00347453	0.00605499	0.00347453	0.00671840	0.00365196
3450	0.00605499	0.00347453	0.00605499	0.00347453	0.00672005	0.00365196
3500	0.00605499	0.00347453	0.00605499	0.00694999	0.00672005	0.00730487

KOSTEN DES SPEICHERPLATZBEDARFS BEI DEN ALTERNATIVEN SPEICHERUNGSFORMEN
PRO DATENBLOCK IN GE : SCHLUESSELFELDLAENGE = 20

DSB	KSPK	KSPG	KGPK	KGPG	KIPK	KIPG
50	0.00018860	0.00014458	0.00026304	0.00021029	0.00027793	0.00021499
100	0.00027463	0.00019809	0.00035569	0.00025723	0.00037885	0.00026381
150	0.00037720	0.00024785	0.00043179	0.00031544	0.00045992	0.00032389
200	0.00046488	0.00030136	0.00054925	0.00036520	0.00058399	0.00037458
250	0.00054925	0.00034736	0.00060550	0.00040838	0.00064686	0.00041871
300	0.00067167	0.00040838	0.00075605	0.00046283	0.00080568	0.00047598
350	0.00075605	0.00046283	0.00086358	0.00053418	0.00092810	0.00055014
400	0.00086358	0.00049569	0.00086358	0.00057831	0.00092645	0.00059427
450	0.00100917	0.00057831	0.00100917	0.00063182	0.00107865	0.00065153
500	0.00100917	0.00063182	0.00121100	0.00069472	0.00129041	0.00071537
550	0.00121100	0.00069472	0.00121100	0.00069472	0.00128710	0.00071725
600	0.00121100	0.00069472	0.00121100	0.00077170	0.00130861	0.00079705
650	0.00121100	0.00077170	0.00151375	0.00086840	0.00163617	0.00089562
700	0.00151375	0.00086840	0.00151375	0.00086840	0.00163286	0.00089468
750	0.00151375	0.00086840	0.00151375	0.00099232	0.00163121	0.00102799
800	0.00151375	0.00099232	0.00201833	0.00099232	0.00217053	0.00102706
850	0.00201833	0.00099232	0.00201833	0.00099232	0.00216888	0.00102612
900	0.00201833	0.00099232	0.00201833	0.00115755	0.00216557	0.00119698
950	0.00201833	0.00115755	0.00201833	0.00115755	0.00216226	0.00119604
1000	0.00201833	0.00115755	0.00201833	0.00115755	0.00215895	0.00119510
1050	0.00201833	0.00115755	0.00201833	0.00138944	0.00215565	0.00144670
1100	0.00201833	0.00138944	0.00302750	0.00138944	0.00323264	0.00144576
1150	0.00302750	0.00138944	0.00302750	0.00138944	0.00322768	0.00144576
1200	0.00302750	0.00138944	0.00302750	0.00138944	0.00322271	0.00144483
1250	0.00302750	0.00138944	0.00302750	0.00138944	0.00334845	0.00144483
1300	0.00302750	0.00138944	0.00302750	0.00173680	0.00335010	0.00180533
1350	0.00302750	0.00173680	0.00302750	0.00173680	0.00335010	0.00180439
1400	0.00302750	0.00173680	0.00302750	0.00173680	0.00335010	0.00180439
1450	0.00302750	0.00173680	0.00302750	0.00173680	0.00335010	0.00180345
1500	0.00302750	0.00173680	0.00302750	0.00173680	0.00335010	0.00180251
1550	0.00302750	0.00173680	0.00302750	0.00173680	0.00335010	0.00180251
1600	0.00302750	0.00173680	0.00302750	0.00173680	0.00335010	0.00180157
1650	0.00302750	0.00173680	0.00302750	0.00231604	0.00335010	0.00243151
1700	0.00302750	0.00231604	0.00302750	0.00231604	0.00335176	0.00243245
1750	0.00605499	0.00231604	0.00605499	0.00231604	0.00670351	0.00243245
1800	0.00605499	0.00231604	0.00605499	0.00231604	0.00670351	0.00243245
1850	0.00605499	0.00231604	0.00605499	0.00231604	0.00670516	0.00243245
1900	0.00605499	0.00231604	0.00605499	0.00231604	0.00670516	0.00243245
1950	0.00605499	0.00231604	0.00605499	0.00231604	0.00670516	0.00243245
2000	0.00605499	0.00231604	0.00605499	0.00231604	0.00670516	0.00243245
2050	0.00605499	0.00231604	0.00605499	0.00231604	0.00670682	0.00243245
2100	0.00605499	0.00231604	0.00605499	0.00231604	0.00670682	0.00243245
2150	0.00605499	0.00231604	0.00605499	0.00231604	0.00670682	0.00243245
2200	0.00605499	0.00231604	0.00605499	0.00231604	0.00670682	0.00243245
2250	0.00605499	0.00231604	0.00605499	0.00347453	0.00670847	0.00365009
2300	0.00605499	0.00347453	0.00605499	0.00347453	0.00670847	0.00365009
2350	0.00605499	0.00347453	0.00605499	0.00347453	0.00670847	0.00365009
2400	0.00605499	0.00347453	0.00605499	0.00347453	0.00671013	0.00365009
2450	0.00605499	0.00347453	0.00605499	0.00347453	0.00671013	0.00365009
2500	0.00605499	0.00347453	0.00605499	0.00347453	0.00671013	0.00365009
2550	0.00605499	0.00347453	0.00605499	0.00347453	0.00671013	0.00365009
2600	0.00605499	0.00347453	0.00605499	0.00347453	0.00671178	0.00365102
2650	0.00605499	0.00347453	0.00605499	0.00347453	0.00671178	0.00365102
2700	0.00605499	0.00347453	0.00605499	0.00347453	0.00671178	0.00365102
2750	0.00605499	0.00347453	0.00605499	0.00347453	0.00671178	0.00365102
2800	0.00605499	0.00347453	0.00605499	0.00347453	0.00671344	0.00365102
2850	0.00605499	0.00347453	0.00605499	0.00347453	0.00671344	0.00365102
2900	0.00605499	0.00347453	0.00605499	0.00347453	0.00671344	0.00365102
2950	0.00605499	0.00347453	0.00605499	0.00347453	0.00671509	0.00365102
3000	0.00605499	0.00347453	0.00605499	0.00347453	0.00671509	0.00365102
3050	0.00605499	0.00347453	0.00605499	0.00347453	0.00671509	0.00365102
3100	0.00605499	0.00347453	0.00605499	0.00347453	0.00671509	0.00365102
3150	0.00605499	0.00347453	0.00605499	0.00347453	0.00671674	0.00365102
3200	0.00605499	0.00347453	0.00605499	0.00347453	0.00671674	0.00365102
3250	0.00605499	0.00347453	0.00605499	0.00347453	0.00671674	0.00365102
3300	0.00605499	0.00347453	0.00605499	0.00347453	0.00671674	0.00365102
3350	0.00605499	0.00347453	0.00605499	0.00347453	0.00671840	0.00365102
3400	0.00605499	0.00347453	0.00605499	0.00347453	0.00671840	0.00365102
3450	0.00605499	0.00347453	0.00605499	0.00347453	0.00671840	0.00365196
3500	0.00605499	0.00347453	0.00605499	0.00694999	0.00671840	0.00730487

KOSTEN DES SPEICHERPLATZBEDARFS BEI DEN ALTERNATIVEN SPEICHERUNGSFORMEN
PRO DATENBYTE IN GE : SCHLUESSELFELDLAENGE = 0

DSB	KSPK/BYTE	KSPG/BYTE	KGPK/BYTE	KGPG/BYTE	KIPK/BYTE	KIPG/BYTE
50	0.00000377	0.00000289	0.00000377	0.00000289	0.00000467	0.00000383
100	0.00000275	0.00000198	0.00000275	0.00000198	0.00000333	0.00000244
150	0.00000251	0.00000165	0.00000251	0.00000165	0.00000283	0.00000197
200	0.00000232	0.00000151	0.00000232	0.00000151	0.00000265	0.00000177
250	0.00000220	0.00000139	0.00000220	0.00000139	0.00000255	0.00000158
300	0.00000224	0.00000136	0.00000224	0.00000136	0.00000237	0.00000148
350	0.00000216	0.00000132	0.00000216	0.00000132	0.00000229	0.00000145
400	0.00000216	0.00000124	0.00000216	0.00000124	0.00000229	0.00000137
450	0.00000224	0.00000129	0.00000224	0.00000129	0.00000236	0.00000132
500	0.00000202	0.00000126	0.00000202	0.00000126	0.00000215	0.00000130
550	0.00000220	0.00000126	0.00000220	0.00000126	0.00000234	0.00000130
600	0.00000202	0.00000116	0.00000202	0.00000116	0.00000214	0.00000132
650	0.00000186	0.00000119	0.00000186	0.00000119	0.00000246	0.00000137
700	0.00000216	0.00000124	0.00000216	0.00000124	0.00000228	0.00000128
750	0.00000202	0.00000116	0.00000202	0.00000116	0.00000212	0.00000136
800	0.00000189	0.00000124	0.00000189	0.00000124	0.00000204	0.00000128
850	0.00000237	0.00000117	0.00000237	0.00000117	0.00000255	0.00000120
900	0.00000224	0.00000110	0.00000224	0.00000110	0.00000241	0.00000133
950	0.00000212	0.00000122	0.00000212	0.00000122	0.00000228	0.00000126
1000	0.00000202	0.00000116	0.00000202	0.00000116	0.00000216	0.00000120
1050	0.00000192	0.00000110	0.00000192	0.00000110	0.00000205	0.00000137
1100	0.00000183	0.00000126	0.00000183	0.00000126	0.00000196	0.00000130
1150	0.00000263	0.00000121	0.00000263	0.00000121	0.00000281	0.00000124
1200	0.00000252	0.00000116	0.00000252	0.00000116	0.00000269	0.00000120
1250	0.00000242	0.00000111	0.00000242	0.00000111	0.00000258	0.00000116
1300	0.00000233	0.00000107	0.00000233	0.00000107	0.00000247	0.00000139
1350	0.00000224	0.00000129	0.00000224	0.00000129	0.00000238	0.00000134
1400	0.00000216	0.00000124	0.00000216	0.00000124	0.00000229	0.00000129
1450	0.00000209	0.00000120	0.00000209	0.00000120	0.00000221	0.00000124
1500	0.00000202	0.00000116	0.00000202	0.00000116	0.00000213	0.00000120
1550	0.00000195	0.00000112	0.00000195	0.00000112	0.00000206	0.00000116
1600	0.00000189	0.00000109	0.00000189	0.00000109	0.00000199	0.00000113
1650	0.00000183	0.00000105	0.00000183	0.00000105	0.00000193	0.00000146
1700	0.00000178	0.00000136	0.00000178	0.00000136	0.00000197	0.00000141
1750	0.00000346	0.00000132	0.00000346	0.00000132	0.00000383	0.00000137
1800	0.00000336	0.00000129	0.00000336	0.00000129	0.00000373	0.00000133
1850	0.00000327	0.00000125	0.00000327	0.00000125	0.00000363	0.00000130
1900	0.00000319	0.00000122	0.00000319	0.00000122	0.00000353	0.00000128
1950	0.00000311	0.00000119	0.00000311	0.00000119	0.00000344	0.00000125
2000	0.00000303	0.00000116	0.00000303	0.00000116	0.00000336	0.00000122
2050	0.00000295	0.00000113	0.00000295	0.00000113	0.00000327	0.00000119
2100	0.00000288	0.00000110	0.00000288	0.00000110	0.00000320	0.00000116
2150	0.00000282	0.00000108	0.00000282	0.00000108	0.00000312	0.00000113
2200	0.00000275	0.00000105	0.00000275	0.00000105	0.00000305	0.00000111
2250	0.00000269	0.00000103	0.00000269	0.00000103	0.00000298	0.00000108
2300	0.00000263	0.00000151	0.00000263	0.00000151	0.00000292	0.00000159
2350	0.00000258	0.00000148	0.00000258	0.00000148	0.00000286	0.00000155
2400	0.00000252	0.00000145	0.00000252	0.00000145	0.00000280	0.00000152
2450	0.00000247	0.00000142	0.00000247	0.00000142	0.00000274	0.00000149
2500	0.00000242	0.00000139	0.00000242	0.00000139	0.00000269	0.00000146
2550	0.00000237	0.00000136	0.00000237	0.00000136	0.00000263	0.00000143
2600	0.00000233	0.00000134	0.00000233	0.00000134	0.00000258	0.00000140
2650	0.00000228	0.00000131	0.00000228	0.00000131	0.00000253	0.00000138
2700	0.00000224	0.00000129	0.00000224	0.00000129	0.00000249	0.00000135
2750	0.00000220	0.00000126	0.00000220	0.00000126	0.00000244	0.00000133
2800	0.00000216	0.00000124	0.00000216	0.00000124	0.00000240	0.00000130
2850	0.00000212	0.00000122	0.00000212	0.00000122	0.00000236	0.00000128
2900	0.00000209	0.00000120	0.00000209	0.00000120	0.00000232	0.00000126
2950	0.00000205	0.00000118	0.00000205	0.00000118	0.00000228	0.00000124
3000	0.00000202	0.00000116	0.00000202	0.00000116	0.00000224	0.00000122
3050	0.00000199	0.00000114	0.00000199	0.00000114	0.00000220	0.00000120
3100	0.00000195	0.00000112	0.00000195	0.00000112	0.00000217	0.00000118
3150	0.00000192	0.00000110	0.00000192	0.00000110	0.00000213	0.00000116
3200	0.00000189	0.00000109	0.00000189	0.00000109	0.00000210	0.00000114
3250	0.00000186	0.00000107	0.00000186	0.00000107	0.00000207	0.00000112
3300	0.00000183	0.00000105	0.00000183	0.00000105	0.00000204	0.00000111
3350	0.00000181	0.00000104	0.00000181	0.00000104	0.00000201	0.00000109
3400	0.00000178	0.00000102	0.00000178	0.00000102	0.00000198	0.00000107
3450	0.00000176	0.00000101	0.00000176	0.00000101	0.00000195	0.00000106
3500	0.00000173	0.00000099	0.00000173	0.00000099	0.00000192	0.00000209

KOSTEN DES SPEICHERPLATZBEDARFS BEI DEN ALTERNATIVEN SPEICHERUNGSFORMEN
PRO DATENBYTE IN GE : SCHLUESSELFELDLAENGE = 2

DSB	KSPK/BYTE	KSPG/BYTE	KGPK/BYTE	KGPG/BYTE	KIPK/BYTE	KIPG/BYTE
50	0.00000377	0.00000289	0.00000447	0.00000385	0.00000467	0.00000391
100	0.00000275	0.00000198	0.00000318	0.00000239	0.00000333	0.00000245
150	0.00000251	0.00000165	0.00000269	0.00000193	0.00000282	0.00000197
200	0.00000232	0.00000151	0.00000252	0.00000174	0.00000266	0.00000177
250	0.00000220	0.00000139	0.00000242	0.00000154	0.00000254	0.00000158
300	0.00000224	0.00000136	0.00000224	0.00000145	0.00000236	0.00000148
350	0.00000216	0.00000132	0.00000216	0.00000142	0.00000229	0.00000145
400	0.00000216	0.00000124	0.00000216	0.00000134	0.00000228	0.00000137
450	0.00000224	0.00000129	0.00000224	0.00000140	0.00000236	0.00000144
500	0.00000202	0.00000126	0.00000202	0.00000126	0.00000215	0.00000130
550	0.00000220	0.00000126	0.00000220	0.00000126	0.00000234	0.00000130
600	0.00000202	0.00000116	0.00000202	0.00000129	0.00000214	0.00000132
650	0.00000186	0.00000119	0.00000233	0.00000134	0.00000246	0.00000138
700	0.00000216	0.00000124	0.00000216	0.00000124	0.00000228	0.00000128
750	0.00000202	0.00000116	0.00000202	0.00000132	0.00000212	0.00000136
800	0.00000189	0.00000124	0.00000189	0.00000124	0.00000204	0.00000128
850	0.00000237	0.00000117	0.00000237	0.00000117	0.00000255	0.00000121
900	0.00000224	0.00000110	0.00000224	0.00000129	0.00000241	0.00000133
950	0.00000212	0.00000122	0.00000212	0.00000122	0.00000228	0.00000126
1000	0.00000202	0.00000116	0.00000202	0.00000116	0.00000216	0.00000120
1050	0.00000192	0.00000110	0.00000192	0.00000132	0.00000206	0.00000137
1100	0.00000183	0.00000126	0.00000183	0.00000126	0.00000196	0.00000130
1150	0.00000263	0.00000121	0.00000263	0.00000121	0.00000281	0.00000124
1200	0.00000252	0.00000116	0.00000252	0.00000116	0.00000269	0.00000120
1250	0.00000242	0.00000111	0.00000242	0.00000111	0.00000258	0.00000116
1300	0.00000233	0.00000107	0.00000233	0.00000134	0.00000247	0.00000139
1350	0.00000224	0.00000129	0.00000224	0.00000129	0.00000238	0.00000134
1400	0.00000216	0.00000124	0.00000216	0.00000124	0.00000229	0.00000129
1450	0.00000209	0.00000120	0.00000209	0.00000120	0.00000221	0.00000124
1500	0.00000202	0.00000116	0.00000202	0.00000116	0.00000213	0.00000120
1550	0.00000195	0.00000112	0.00000195	0.00000112	0.00000206	0.00000116
1600	0.00000189	0.00000109	0.00000189	0.00000109	0.00000199	0.00000113
1650	0.00000183	0.00000105	0.00000183	0.00000140	0.00000203	0.00000146
1700	0.00000178	0.00000136	0.00000178	0.00000136	0.00000197	0.00000141
1750	0.00000346	0.00000132	0.00000346	0.00000132	0.00000383	0.00000137
1800	0.00000336	0.00000129	0.00000336	0.00000129	0.00000373	0.00000133
1850	0.00000327	0.00000125	0.00000327	0.00000125	0.00000363	0.00000131
1900	0.00000319	0.00000122	0.00000319	0.00000122	0.00000353	0.00000128
1950	0.00000311	0.00000119	0.00000311	0.00000119	0.00000344	0.00000125
2000	0.00000303	0.00000116	0.00000303	0.00000116	0.00000335	0.00000122
2050	0.00000295	0.00000113	0.00000295	0.00000113	0.00000327	0.00000119
2100	0.00000288	0.00000110	0.00000288	0.00000110	0.00000320	0.00000116
2150	0.00000282	0.00000108	0.00000282	0.00000108	0.00000312	0.00000113
2200	0.00000275	0.00000105	0.00000275	0.00000105	0.00000305	0.00000111
2250	0.00000269	0.00000103	0.00000269	0.00000103	0.00000298	0.00000108
2300	0.00000263	0.00000151	0.00000263	0.00000151	0.00000292	0.00000159
2350	0.00000258	0.00000148	0.00000258	0.00000148	0.00000286	0.00000155
2400	0.00000252	0.00000145	0.00000252	0.00000145	0.00000280	0.00000152
2450	0.00000247	0.00000142	0.00000247	0.00000142	0.00000274	0.00000149
2500	0.00000242	0.00000139	0.00000242	0.00000139	0.00000269	0.00000146
2550	0.00000237	0.00000136	0.00000237	0.00000136	0.00000263	0.00000143
2600	0.00000233	0.00000134	0.00000233	0.00000134	0.00000258	0.00000140
2650	0.00000228	0.00000131	0.00000228	0.00000131	0.00000253	0.00000138
2700	0.00000224	0.00000129	0.00000224	0.00000129	0.00000249	0.00000135
2750	0.00000220	0.00000126	0.00000220	0.00000126	0.00000244	0.00000133
2800	0.00000216	0.00000124	0.00000216	0.00000124	0.00000240	0.00000130
2850	0.00000212	0.00000122	0.00000212	0.00000122	0.00000236	0.00000128
2900	0.00000209	0.00000120	0.00000209	0.00000120	0.00000232	0.00000126
2950	0.00000205	0.00000118	0.00000205	0.00000118	0.00000228	0.00000124
3000	0.00000202	0.00000116	0.00000202	0.00000116	0.00000224	0.00000122
3050	0.00000199	0.00000114	0.00000199	0.00000114	0.00000220	0.00000120
3100	0.00000195	0.00000112	0.00000195	0.00000112	0.00000217	0.00000118
3150	0.00000192	0.00000110	0.00000192	0.00000110	0.00000213	0.00000116
3200	0.00000189	0.00000109	0.00000189	0.00000109	0.00000210	0.00000114
3250	0.00000186	0.00000107	0.00000186	0.00000107	0.00000207	0.00000112
3300	0.00000183	0.00000105	0.00000183	0.00000105	0.00000204	0.00000111
3350	0.00000181	0.00000104	0.00000181	0.00000104	0.00000201	0.00000109
3400	0.00000178	0.00000102	0.00000178	0.00000102	0.00000198	0.00000107
3450	0.00000176	0.00000101	0.00000176	0.00000101	0.00000195	0.00000106
3500	0.00000173	0.00000099	0.00000173	0.00000199	0.00000192	0.00000209

KOSTEN DES SPEICHERPLATZBEDARFS BEI DEN ALTERNATIVEN SPEICHERUNGSFORMEN
PRO DATENBYTE IN GE : SCHLUESSELFELDLAENGE = 4

DSB	KSPK/BYTE	KSPG/BYTE	KGPK/BYTE	KGPG/BYTE	KIPK/BYTE	KIPG/BYTE
50	0.00000377	0.00000289	0.00000463	0.00000385	0.00000486	0.00000392
100	0.00000275	0.00000198	0.00000318	0.00000239	0.00000336	0.00000245
150	0.00000251	0.00000165	0.00000269	0.00000193	0.00000285	0.00000197
200	0.00000232	0.00000151	0.00000252	0.00000174	0.00000266	0.00000178
250	0.00000220	0.00000139	0.00000242	0.00000163	0.00000257	0.00000167
300	0.00000224	0.00000136	0.00000224	0.00000154	0.00000236	0.00000158
350	0.00000216	0.00000132	0.00000216	0.00000142	0.00000229	0.00000146
400	0.00000216	0.00000124	0.00000216	0.00000134	0.00000228	0.00000137
450	0.00000224	0.00000129	0.00000224	0.00000140	0.00000236	0.00000144
500	0.00000202	0.00000126	0.00000202	0.00000126	0.00000215	0.00000130
550	0.00000220	0.00000126	0.00000220	0.00000126	0.00000234	0.00000130
600	0.00000202	0.00000116	0.00000202	0.00000129	0.00000214	0.00000132
650	0.00000186	0.00000119	0.00000233	0.00000134	0.00000246	0.00000138
700	0.00000216	0.00000124	0.00000216	0.00000124	0.00000228	0.00000128
750	0.00000202	0.00000116	0.00000202	0.00000132	0.00000217	0.00000136
800	0.00000189	0.00000124	0.00000189	0.00000124	0.00000204	0.00000128
850	0.00000237	0.00000117	0.00000237	0.00000117	0.00000255	0.00000121
900	0.00000224	0.00000110	0.00000224	0.00000129	0.00000241	0.00000133
950	0.00000212	0.00000122	0.00000212	0.00000122	0.00000228	0.00000126
1000	0.00000202	0.00000116	0.00000202	0.00000116	0.00000216	0.00000120
1050	0.00000192	0.00000110	0.00000192	0.00000132	0.00000205	0.00000137
1100	0.00000183	0.00000126	0.00000183	0.00000126	0.00000196	0.00000130
1150	0.00000263	0.00000121	0.00000263	0.00000121	0.00000281	0.00000125
1200	0.00000252	0.00000116	0.00000252	0.00000116	0.00000269	0.00000120
1250	0.00000242	0.00000111	0.00000242	0.00000111	0.00000258	0.00000116
1300	0.00000233	0.00000107	0.00000233	0.00000134	0.00000247	0.00000139
1350	0.00000224	0.00000129	0.00000224	0.00000129	0.00000238	0.00000134
1400	0.00000216	0.00000124	0.00000216	0.00000124	0.00000229	0.00000129
1450	0.00000209	0.00000120	0.00000209	0.00000120	0.00000221	0.00000124
1500	0.00000202	0.00000116	0.00000202	0.00000116	0.00000213	0.00000120
1550	0.00000195	0.00000112	0.00000195	0.00000112	0.00000206	0.00000116
1600	0.00000189	0.00000109	0.00000189	0.00000109	0.00000209	0.00000113
1650	0.00000183	0.00000105	0.00000183	0.00000140	0.00000203	0.00000146
1700	0.00000178	0.00000136	0.00000178	0.00000136	0.00000197	0.00000141
1750	0.00000346	0.00000132	0.00000346	0.00000132	0.00000383	0.00000137
1800	0.00000336	0.00000129	0.00000336	0.00000129	0.00000373	0.00000133
1850	0.00000327	0.00000125	0.00000327	0.00000125	0.00000363	0.00000131
1900	0.00000319	0.00000122	0.00000319	0.00000122	0.00000353	0.00000128
1950	0.00000311	0.00000119	0.00000311	0.00000119	0.00000344	0.00000125
2000	0.00000303	0.00000116	0.00000303	0.00000116	0.00000335	0.00000122
2050	0.00000295	0.00000113	0.00000295	0.00000113	0.00000327	0.00000119
2100	0.00000288	0.00000110	0.00000288	0.00000110	0.00000320	0.00000116
2150	0.00000282	0.00000108	0.00000282	0.00000108	0.00000312	0.00000113
2200	0.00000275	0.00000105	0.00000275	0.00000105	0.00000305	0.00000111
2250	0.00000269	0.00000103	0.00000269	0.00000154	0.00000298	0.00000162
2300	0.00000263	0.00000151	0.00000263	0.00000151	0.00000292	0.00000159
2350	0.00000258	0.00000148	0.00000258	0.00000148	0.00000286	0.00000155
2400	0.00000252	0.00000145	0.00000252	0.00000145	0.00000280	0.00000152
2450	0.00000247	0.00000142	0.00000247	0.00000142	0.00000274	0.00000149
2500	0.00000242	0.00000139	0.00000242	0.00000139	0.00000269	0.00000146
2550	0.00000237	0.00000136	0.00000237	0.00000136	0.00000263	0.00000143
2600	0.00000233	0.00000134	0.00000233	0.00000134	0.00000258	0.00000140
2650	0.00000228	0.00000131	0.00000228	0.00000131	0.00000253	0.00000138
2700	0.00000224	0.00000129	0.00000224	0.00000129	0.00000249	0.00000135
2750	0.00000220	0.00000126	0.00000220	0.00000126	0.00000244	0.00000133
2800	0.00000216	0.00000124	0.00000216	0.00000124	0.00000240	0.00000130
2850	0.00000212	0.00000122	0.00000212	0.00000122	0.00000236	0.00000128
2900	0.00000209	0.00000120	0.00000209	0.00000120	0.00000232	0.00000126
2950	0.00000205	0.00000118	0.00000205	0.00000118	0.00000228	0.00000124
3000	0.00000202	0.00000116	0.00000202	0.00000116	0.00000224	0.00000122
3050	0.00000199	0.00000114	0.00000199	0.00000114	0.00000220	0.00000120
3100	0.00000195	0.00000112	0.00000195	0.00000112	0.00000217	0.00000118
3150	0.00000192	0.00000110	0.00000192	0.00000110	0.00000213	0.00000116
3200	0.00000189	0.00000109	0.00000189	0.00000109	0.00000210	0.00000114
3250	0.00000186	0.00000107	0.00000186	0.00000107	0.00000207	0.00000112
3300	0.00000183	0.00000105	0.00000183	0.00000105	0.00000204	0.00000111
3350	0.00000181	0.00000104	0.00000181	0.00000104	0.00000201	0.00000109
3400	0.00000178	0.00000102	0.00000178	0.00000102	0.00000198	0.00000107
3450	0.00000176	0.00000101	0.00000176	0.00000101	0.00000195	0.00000106
3500	0.00000173	0.00000099	0.00000173	0.00000199	0.00000192	0.00000209

KOSTEN DES SPEICHERPLATZBEDARFS BEI DEN ALTERNATIVEN SPEICHERUNGSFORMEN
PRO DATENBYTE IN GE : SCHLUESSELFELDLAENGE = 6

DSB	KSPK/BYTE	KSPG/BYTE	KGPK/BYTE	KGPG/BYTE	KIPK/BYTE	KIPG/BYTE
50	0.00000377	0.00000289	0.00000463	0.00000385	0.00000486	0.00000392
100	0.00000275	0.00000198	0.00000318	0.00000248	0.00000334	0.00000253
150	0.00000251	0.00000165	0.00000269	0.00000201	0.00000285	0.00000206
200	0.00000232	0.00000151	0.00000252	0.00000174	0.00000267	0.00000178
250	0.00000220	0.00000139	0.00000242	0.00000163	0.00000257	0.00000167
300	0.00000224	0.00000136	0.00000224	0.00000154	0.00000236	0.00000158
350	0.00000216	0.00000132	0.00000216	0.00000142	0.00000229	0.00000145
400	0.00000216	0.00000124	0.00000216	0.00000134	0.00000228	0.00000138
450	0.00000224	0.00000129	0.00000224	0.00000140	0.00000240	0.00000144
500	0.00000202	0.00000126	0.00000202	0.00000139	0.00000215	0.00000143
550	0.00000220	0.00000126	0.00000220	0.00000126	0.00000234	0.00000130
600	0.00000202	0.00000116	0.00000202	0.00000129	0.00000214	0.00000132
650	0.00000186	0.00000119	0.00000233	0.00000134	0.00000246	0.00000138
700	0.00000216	0.00000124	0.00000216	0.00000124	0.00000228	0.00000128
750	0.00000202	0.00000116	0.00000202	0.00000132	0.00000217	0.00000136
800	0.00000189	0.00000124	0.00000189	0.00000124	0.00000204	0.00000128
850	0.00000237	0.00000117	0.00000237	0.00000117	0.00000255	0.00000121
900	0.00000224	0.00000110	0.00000224	0.00000129	0.00000241	0.00000133
950	0.00000212	0.00000122	0.00000212	0.00000122	0.00000228	0.00000126
1000	0.00000202	0.00000116	0.00000202	0.00000116	0.00000216	0.00000120
1050	0.00000192	0.00000110	0.00000192	0.00000132	0.00000206	0.00000137
1100	0.00000183	0.00000126	0.00000183	0.00000126	0.00000196	0.00000130
1150	0.00000263	0.00000121	0.00000263	0.00000121	0.00000281	0.00000126
1200	0.00000252	0.00000116	0.00000252	0.00000116	0.00000269	0.00000120
1250	0.00000242	0.00000111	0.00000242	0.00000111	0.00000258	0.00000116
1300	0.00000233	0.00000107	0.00000233	0.00000134	0.00000247	0.00000139
1350	0.00000224	0.00000129	0.00000224	0.00000129	0.00000238	0.00000134
1400	0.00000216	0.00000124	0.00000216	0.00000124	0.00000229	0.00000129
1450	0.00000209	0.00000120	0.00000209	0.00000120	0.00000221	0.00000124
1500	0.00000202	0.00000116	0.00000202	0.00000116	0.00000213	0.00000120
1550	0.00000195	0.00000112	0.00000195	0.00000112	0.00000206	0.00000116
1600	0.00000189	0.00000109	0.00000189	0.00000109	0.00000209	0.00000113
1650	0.00000183	0.00000105	0.00000183	0.00000140	0.00000203	0.00000146
1700	0.00000178	0.00000136	0.00000178	0.00000136	0.00000197	0.00000141
1750	0.00000346	0.00000132	0.00000346	0.00000132	0.00000383	0.00000137
1800	0.00000336	0.00000129	0.00000336	0.00000129	0.00000373	0.00000135
1850	0.00000327	0.00000125	0.00000327	0.00000125	0.00000363	0.00000132
1900	0.00000319	0.00000122	0.00000319	0.00000122	0.00000353	0.00000128
1950	0.00000311	0.00000119	0.00000311	0.00000119	0.00000344	0.00000125
2000	0.00000303	0.00000116	0.00000303	0.00000116	0.00000335	0.00000122
2050	0.00000295	0.00000113	0.00000295	0.00000113	0.00000327	0.00000119
2100	0.00000288	0.00000110	0.00000288	0.00000110	0.00000319	0.00000116
2150	0.00000282	0.00000108	0.00000282	0.00000108	0.00000312	0.00000113
2200	0.00000275	0.00000105	0.00000275	0.00000105	0.00000305	0.00000111
2250	0.00000269	0.00000103	0.00000269	0.00000154	0.00000298	0.00000162
2300	0.00000263	0.00000151	0.00000263	0.00000151	0.00000292	0.00000159
2350	0.00000258	0.00000148	0.00000258	0.00000148	0.00000286	0.00000155
2400	0.00000252	0.00000145	0.00000252	0.00000145	0.00000280	0.00000152
2450	0.00000247	0.00000142	0.00000247	0.00000142	0.00000274	0.00000149
2500	0.00000242	0.00000139	0.00000242	0.00000139	0.00000269	0.00000146
2550	0.00000237	0.00000136	0.00000237	0.00000136	0.00000263	0.00000143
2600	0.00000233	0.00000134	0.00000233	0.00000134	0.00000258	0.00000140
2650	0.00000228	0.00000131	0.00000228	0.00000131	0.00000253	0.00000138
2700	0.00000224	0.00000129	0.00000224	0.00000129	0.00000249	0.00000135
2750	0.00000220	0.00000126	0.00000220	0.00000126	0.00000244	0.00000133
2800	0.00000216	0.00000124	0.00000216	0.00000124	0.00000240	0.00000130
2850	0.00000212	0.00000122	0.00000212	0.00000122	0.00000236	0.00000128
2900	0.00000209	0.00000120	0.00000209	0.00000120	0.00000232	0.00000126
2950	0.00000205	0.00000118	0.00000205	0.00000118	0.00000228	0.00000124
3000	0.00000202	0.00000116	0.00000202	0.00000116	0.00000224	0.00000122
3050	0.00000199	0.00000114	0.00000199	0.00000114	0.00000220	0.00000120
3100	0.00000195	0.00000112	0.00000195	0.00000112	0.00000217	0.00000118
3150	0.00000192	0.00000110	0.00000192	0.00000110	0.00000213	0.00000116
3200	0.00000189	0.00000109	0.00000189	0.00000109	0.00000210	0.00000114
3250	0.00000186	0.00000107	0.00000186	0.00000107	0.00000207	0.00000112
3300	0.00000183	0.00000105	0.00000183	0.00000105	0.00000204	0.00000111
3350	0.00000181	0.00000104	0.00000181	0.00000104	0.00000201	0.00000109
3400	0.00000178	0.00000102	0.00000178	0.00000102	0.00000198	0.00000107
3450	0.00000176	0.00000101	0.00000176	0.00000101	0.00000195	0.00000106
3500	0.00000173	0.00000099	0.00000173	0.00000199	0.00000192	0.00000209

KOSTEN DES SPEICHERPLATZBEDARFS BEI DEN ALTERNATIVEN SPEICHERUNGSFORMEN
PRO DATENBYTE IN GE : SCHLUESSELFELDLAENGE = 8

DSE	KSPK/BYTE	KSPG/BYTE	KGPK/BYTE	KGPG/BYTE	KIPK/BYTE	KIPG/BYTE
50	0.00000377	0.00000289	0.00000463	0.00000396	0.00000486	0.00000404
100	0.00000275	0.00000198	0.00000318	0.00000248	0.00000334	0.00000253
150	0.00000251	0.00000165	0.00000269	0.00000201	0.00000285	0.00000206
200	0.00000232	0.00000151	0.00000252	0.00000174	0.00000266	0.00000178
250	0.00000220	0.00000139	0.00000242	0.00000163	0.00000256	0.00000167
300	0.00000224	0.00000136	0.00000224	0.00000154	0.00000239	0.00000158
350	0.00000216	0.00000132	0.00000216	0.00000142	0.00000229	0.00000145
400	0.00000216	0.00000124	0.00000216	0.00000145	0.00000228	0.00000149
450	0.00000224	0.00000129	0.00000224	0.00000140	0.00000240	0.00000144
500	0.00000202	0.00000126	0.00000202	0.00000139	0.00000215	0.00000143
550	0.00000220	0.00000126	0.00000220	0.00000126	0.00000234	0.00000130
600	0.00000202	0.00000116	0.00000202	0.00000129	0.00000214	0.00000132
650	0.00000186	0.00000119	0.00000233	0.00000134	0.00000246	0.00000138
700	0.00000216	0.00000124	0.00000216	0.00000124	0.00000233	0.00000128
750	0.00000202	0.00000116	0.00000202	0.00000132	0.00000217	0.00000136
800	0.00000189	0.00000124	0.00000189	0.00000124	0.00000204	0.00000128
850	0.00000237	0.00000117	0.00000237	0.00000117	0.00000255	0.00000121
900	0.00000224	0.00000110	0.00000224	0.00000129	0.00000241	0.00000133
950	0.00000212	0.00000122	0.00000212	0.00000122	0.00000228	0.00000126
1000	0.00000202	0.00000116	0.00000202	0.00000116	0.00000216	0.00000120
1050	0.00000192	0.00000110	0.00000192	0.00000132	0.00000205	0.00000137
1100	0.00000183	0.00000126	0.00000183	0.00000126	0.00000196	0.00000130
1150	0.00000263	0.00000121	0.00000263	0.00000121	0.00000281	0.00000126
1200	0.00000252	0.00000116	0.00000252	0.00000116	0.00000269	0.00000120
1250	0.00000242	0.00000111	0.00000242	0.00000111	0.00000258	0.00000116
1300	0.00000233	0.00000107	0.00000233	0.00000134	0.00000247	0.00000139
1350	0.00000224	0.00000129	0.00000224	0.00000129	0.00000238	0.00000134
1400	0.00000216	0.00000124	0.00000216	0.00000124	0.00000229	0.00000129
1450	0.00000209	0.00000120	0.00000209	0.00000120	0.00000221	0.00000124
1500	0.00000202	0.00000116	0.00000202	0.00000116	0.00000213	0.00000120
1550	0.00000195	0.00000112	0.00000195	0.00000112	0.00000216	0.00000116
1600	0.00000189	0.00000109	0.00000189	0.00000109	0.00000209	0.00000113
1650	0.00000183	0.00000105	0.00000183	0.00000140	0.00000203	0.00000146
1700	0.00000178	0.00000136	0.00000178	0.00000136	0.00000197	0.00000141
1750	0.00000346	0.00000132	0.00000346	0.00000132	0.00000383	0.00000137
1800	0.00000336	0.00000129	0.00000336	0.00000129	0.00000373	0.00000135
1850	0.00000327	0.00000125	0.00000327	0.00000125	0.00000363	0.00000131
1900	0.00000319	0.00000122	0.00000319	0.00000122	0.00000353	0.00000128
1950	0.00000311	0.00000119	0.00000311	0.00000119	0.00000344	0.00000125
2000	0.00000303	0.00000116	0.00000303	0.00000116	0.00000335	0.00000122
2050	0.00000295	0.00000113	0.00000295	0.00000113	0.00000327	0.00000119
2100	0.00000288	0.00000110	0.00000288	0.00000110	0.00000319	0.00000116
2150	0.00000282	0.00000108	0.00000282	0.00000108	0.00000312	0.00000113
2200	0.00000275	0.00000105	0.00000275	0.00000105	0.00000305	0.00000111
2250	0.00000269	0.00000103	0.00000269	0.00000154	0.00000298	0.00000162
2300	0.00000263	0.00000151	0.00000263	0.00000151	0.00000292	0.00000159
2350	0.00000258	0.00000148	0.00000258	0.00000148	0.00000286	0.00000155
2400	0.00000252	0.00000145	0.00000252	0.00000145	0.00000280	0.00000152
2450	0.00000247	0.00000142	0.00000247	0.00000142	0.00000274	0.00000149
2500	0.00000242	0.00000139	0.00000242	0.00000139	0.00000268	0.00000146
2550	0.00000237	0.00000136	0.00000237	0.00000136	0.00000263	0.00000143
2600	0.00000233	0.00000134	0.00000233	0.00000134	0.00000258	0.00000140
2650	0.00000228	0.00000131	0.00000228	0.00000131	0.00000253	0.00000138
2700	0.00000224	0.00000129	0.00000224	0.00000129	0.00000249	0.00000135
2750	0.00000220	0.00000126	0.00000220	0.00000126	0.00000244	0.00000133
2800	0.00000216	0.00000124	0.00000216	0.00000124	0.00000240	0.00000130
2850	0.00000212	0.00000122	0.00000212	0.00000122	0.00000236	0.00000128
2900	0.00000209	0.00000120	0.00000209	0.00000120	0.00000232	0.00000126
2950	0.00000205	0.00000118	0.00000205	0.00000118	0.00000228	0.00000124
3000	0.00000202	0.00000116	0.00000202	0.00000116	0.00000224	0.00000122
3050	0.00000199	0.00000114	0.00000199	0.00000114	0.00000220	0.00000120
3100	0.00000195	0.00000112	0.00000195	0.00000112	0.00000217	0.00000118
3150	0.00000192	0.00000110	0.00000192	0.00000110	0.00000213	0.00000116
3200	0.00000189	0.00000109	0.00000189	0.00000109	0.00000210	0.00000114
3250	0.00000186	0.00000107	0.00000186	0.00000107	0.00000207	0.00000112
3300	0.00000183	0.00000105	0.00000183	0.00000105	0.00000204	0.00000111
3350	0.00000181	0.00000104	0.00000181	0.00000104	0.00000201	0.00000109
3400	0.00000178	0.00000102	0.00000178	0.00000102	0.00000198	0.00000107
3450	0.00000176	0.00000101	0.00000176	0.00000101	0.00000195	0.00000106
3500	0.00000173	0.00000099	0.00000173	0.00000199	0.00000192	0.00000209

KOSTEN DES SPEICHERPLATZBEDARFS BEI DEN ALTERNATIVEN SPEICHERUNGSFORMEN
PRO DATENBYTE IN GE : SCHLUESSELFELDLAENGE = 10

DSB	KSPK/BYTE	KSPG/BYTE	KGPK/BYTE	KGPG/BYTE	KIPK/BYTE	KIPG/BYTE
50	0.00000377	0.00000289	0.00000483	0.00000396	0.00000510	0.00000404
100	0.00000275	0.00000198	0.00000336	0.00000248	0.00000356	0.00000253
150	0.00000251	0.00000165	0.00000288	0.00000201	0.00000304	0.00000205
200	0.00000232	0.00000151	0.00000252	0.00000174	0.00000266	0.00000178
250	0.00000220	0.00000139	0.00000242	0.00000163	0.00000257	0.00000167
300	0.00000224	0.00000136	0.00000224	0.00000154	0.00000239	0.00000158
350	0.00000216	0.00000132	0.00000216	0.00000142	0.00000229	0.00000145
400	0.00000216	0.00000124	0.00000216	0.00000145	0.00000228	0.00000149
450	0.00000224	0.00000129	0.00000224	0.00000140	0.00000240	0.00000144
500	0.00000202	0.00000126	0.00000202	0.00000139	0.00000215	0.00000143
550	0.00000220	0.00000126	0.00000220	0.00000126	0.00000234	0.00000130
600	0.00000202	0.00000116	0.00000202	0.00000129	0.00000214	0.00000133
650	0.00000186	0.00000119	0.00000233	0.00000134	0.00000246	0.00000138
700	0.00000216	0.00000124	0.00000216	0.00000124	0.00000233	0.00000128
750	0.00000202	0.00000116	0.00000202	0.00000132	0.00000217	0.00000136
800	0.00000189	0.00000124	0.00000189	0.00000124	0.00000203	0.00000128
850	0.00000237	0.00000117	0.00000237	0.00000117	0.00000255	0.00000121
900	0.00000224	0.00000110	0.00000224	0.00000129	0.00000241	0.00000133
950	0.00000212	0.00000122	0.00000212	0.00000122	0.00000228	0.00000126
1000	0.00000202	0.00000116	0.00000202	0.00000116	0.00000216	0.00000120
1050	0.00000192	0.00000110	0.00000192	0.00000132	0.00000205	0.00000137
1100	0.00000183	0.00000126	0.00000183	0.00000126	0.00000196	0.00000130
1150	0.00000263	0.00000121	0.00000263	0.00000121	0.00000281	0.00000126
1200	0.00000252	0.00000116	0.00000252	0.00000116	0.00000269	0.00000120
1250	0.00000242	0.00000111	0.00000242	0.00000111	0.00000258	0.00000116
1300	0.00000233	0.00000107	0.00000233	0.00000134	0.00000247	0.00000139
1350	0.00000224	0.00000129	0.00000224	0.00000129	0.00000238	0.00000134
1400	0.00000216	0.00000124	0.00000216	0.00000124	0.00000229	0.00000129
1450	0.00000209	0.00000120	0.00000209	0.00000120	0.00000221	0.00000124
1500	0.00000202	0.00000116	0.00000202	0.00000116	0.00000223	0.00000120
1550	0.00000195	0.00000112	0.00000195	0.00000112	0.00000216	0.00000116
1600	0.00000189	0.00000109	0.00000189	0.00000109	0.00000209	0.00000113
1650	0.00000183	0.00000105	0.00000183	0.00000140	0.00000203	0.00000146
1700	0.00000178	0.00000136	0.00000178	0.00000136	0.00000197	0.00000141
1750	0.00000346	0.00000132	0.00000346	0.00000132	0.00000383	0.00000139
1800	0.00000336	0.00000129	0.00000336	0.00000129	0.00000373	0.00000135
1850	0.00000327	0.00000125	0.00000327	0.00000125	0.00000363	0.00000131
1900	0.00000319	0.00000122	0.00000319	0.00000122	0.00000353	0.00000128
1950	0.00000311	0.00000119	0.00000311	0.00000119	0.00000344	0.00000125
2000	0.00000303	0.00000116	0.00000303	0.00000116	0.00000335	0.00000122
2050	0.00000295	0.00000113	0.00000295	0.00000113	0.00000327	0.00000119
2100	0.00000288	0.00000110	0.00000288	0.00000110	0.00000319	0.00000116
2150	0.00000282	0.00000108	0.00000282	0.00000108	0.00000312	0.00000113
2200	0.00000275	0.00000105	0.00000275	0.00000105	0.00000305	0.00000111
2250	0.00000269	0.00000103	0.00000269	0.00000154	0.00000298	0.00000162
2300	0.00000263	0.00000151	0.00000263	0.00000151	0.00000292	0.00000159
2350	0.00000258	0.00000148	0.00000258	0.00000148	0.00000286	0.00000155
2400	0.00000252	0.00000145	0.00000252	0.00000145	0.00000280	0.00000152
2450	0.00000247	0.00000142	0.00000247	0.00000142	0.00000274	0.00000149
2500	0.00000242	0.00000139	0.00000242	0.00000139	0.00000268	0.00000146
2550	0.00000237	0.00000136	0.00000237	0.00000136	0.00000263	0.00000143
2600	0.00000233	0.00000134	0.00000233	0.00000134	0.00000258	0.00000140
2650	0.00000228	0.00000131	0.00000228	0.00000131	0.00000253	0.00000138
2700	0.00000224	0.00000129	0.00000224	0.00000129	0.00000249	0.00000135
2750	0.00000220	0.00000126	0.00000220	0.00000126	0.00000244	0.00000133
2800	0.00000216	0.00000124	0.00000216	0.00000124	0.00000240	0.00000130
2850	0.00000212	0.00000122	0.00000212	0.00000122	0.00000236	0.00000128
2900	0.00000209	0.00000120	0.00000209	0.00000120	0.00000232	0.00000126
2950	0.00000205	0.00000118	0.00000205	0.00000118	0.00000228	0.00000124
3000	0.00000202	0.00000116	0.00000202	0.00000116	0.00000224	0.00000122
3050	0.00000199	0.00000114	0.00000199	0.00000114	0.00000220	0.00000120
3100	0.00000195	0.00000112	0.00000195	0.00000112	0.00000217	0.00000118
3150	0.00000192	0.00000110	0.00000192	0.00000110	0.00000213	0.00000116
3200	0.00000189	0.00000109	0.00000189	0.00000109	0.00000210	0.00000114
3250	0.00000186	0.00000107	0.00000186	0.00000107	0.00000207	0.00000112
3300	0.00000183	0.00000105	0.00000183	0.00000105	0.00000204	0.00000111
3350	0.00000181	0.00000104	0.00000181	0.00000104	0.00000201	0.00000109
3400	0.00000178	0.00000102	0.00000178	0.00000102	0.00000198	0.00000107
3450	0.00000176	0.00000101	0.00000176	0.00000101	0.00000195	0.00000106
3500	0.00000173	0.00000099	0.00000173	0.00000199	0.00000192	0.00000209

KOSTEN DES SPEICHERPLATZBEDARFS BEI DEN ALTERNATIVEN SPEICHERUNGSFORMEN
PRO DATENBYTE IN GE : SCHLUESSELFELDLAENGE = 12

DSB	KSPK/BYTE	KSPG/BYTE	KGPK/BYTE	KGPG/BYTE	KIPK/BYTE	KIPG/BYTE
50	0.00000377	0.00000289	0.00000483	0.00000396	0.00000510	0.00000404
100	0.00000275	0.00000198	0.00000336	0.00000248	0.00000356	0.00000253
150	0.00000251	0.00000165	0.00000288	0.00000201	0.00000303	0.00000205
200	0.00000232	0.00000151	0.00000252	0.00000174	0.00000269	0.00000178
250	0.00000220	0.00000139	0.00000242	0.00000163	0.00000256	0.00000167
300	0.00000224	0.00000136	0.00000224	0.00000154	0.00000239	0.00000158
350	0.00000216	0.00000132	0.00000216	0.00000142	0.00000229	0.00000145
400	0.00000216	0.00000124	0.00000216	0.00000145	0.00000231	0.00000149
450	0.00000224	0.00000129	0.00000224	0.00000140	0.00000240	0.00000144
500	0.00000202	0.00000126	0.00000202	0.00000139	0.00000215	0.00000143
550	0.00000220	0.00000126	0.00000220	0.00000126	0.00000234	0.00000130
600	0.00000202	0.00000116	0.00000202	0.00000129	0.00000214	0.00000133
650	0.00000186	0.00000119	0.00000233	0.00000134	0.00000252	0.00000138
700	0.00000216	0.00000124	0.00000216	0.00000124	0.00000234	0.00000128
750	0.00000202	0.00000116	0.00000202	0.00000132	0.00000217	0.00000136
800	0.00000189	0.00000124	0.00000252	0.00000124	0.00000272	0.00000128
850	0.00000237	0.00000117	0.00000237	0.00000117	0.00000255	0.00000121
900	0.00000224	0.00000110	0.00000224	0.00000129	0.00000241	0.00000133
950	0.00000212	0.00000122	0.00000212	0.00000122	0.00000228	0.00000126
1000	0.00000202	0.00000116	0.00000202	0.00000116	0.00000216	0.00000120
1050	0.00000192	0.00000110	0.00000192	0.00000132	0.00000205	0.00000137
1100	0.00000183	0.00000126	0.00000275	0.00000126	0.00000294	0.00000131
1150	0.00000263	0.00000121	0.00000263	0.00000121	0.00000281	0.00000126
1200	0.00000252	0.00000116	0.00000252	0.00000116	0.00000269	0.00000120
1250	0.00000242	0.00000111	0.00000242	0.00000111	0.00000258	0.00000116
1300	0.00000233	0.00000107	0.00000233	0.00000134	0.00000247	0.00000139
1350	0.00000224	0.00000129	0.00000224	0.00000129	0.00000238	0.00000134
1400	0.00000216	0.00000124	0.00000216	0.00000124	0.00000229	0.00000129
1450	0.00000209	0.00000120	0.00000209	0.00000120	0.00000231	0.00000124
1500	0.00000202	0.00000116	0.00000202	0.00000116	0.00000223	0.00000120
1550	0.00000195	0.00000112	0.00000195	0.00000112	0.00000216	0.00000116
1600	0.00000189	0.00000109	0.00000189	0.00000109	0.00000209	0.00000113
1650	0.00000183	0.00000105	0.00000183	0.00000140	0.00000203	0.00000146
1700	0.00000178	0.00000136	0.00000178	0.00000136	0.00000197	0.00000141
1750	0.00000346	0.00000132	0.00000346	0.00000132	0.00000383	0.00000139
1800	0.00000336	0.00000129	0.00000336	0.00000129	0.00000373	0.00000135
1850	0.00000327	0.00000125	0.00000327	0.00000125	0.00000362	0.00000131
1900	0.00000319	0.00000122	0.00000319	0.00000122	0.00000353	0.00000128
1950	0.00000311	0.00000119	0.00000311	0.00000119	0.00000344	0.00000125
2000	0.00000303	0.00000116	0.00000303	0.00000116	0.00000335	0.00000122
2050	0.00000295	0.00000113	0.00000295	0.00000113	0.00000327	0.00000119
2100	0.00000288	0.00000110	0.00000288	0.00000110	0.00000319	0.00000116
2150	0.00000282	0.00000108	0.00000282	0.00000108	0.00000312	0.00000113
2200	0.00000275	0.00000105	0.00000275	0.00000105	0.00000305	0.00000111
2250	0.00000269	0.00000103	0.00000269	0.00000154	0.00000298	0.00000162
2300	0.00000263	0.00000151	0.00000263	0.00000151	0.00000292	0.00000159
2350	0.00000258	0.00000148	0.00000258	0.00000148	0.00000286	0.00000155
2400	0.00000252	0.00000145	0.00000252	0.00000145	0.00000280	0.00000152
2450	0.00000247	0.00000142	0.00000247	0.00000142	0.00000274	0.00000149
2500	0.00000242	0.00000139	0.00000242	0.00000139	0.00000268	0.00000146
2550	0.00000237	0.00000136	0.00000237	0.00000136	0.00000263	0.00000143
2600	0.00000233	0.00000134	0.00000233	0.00000134	0.00000258	0.00000140
2650	0.00000228	0.00000131	0.00000228	0.00000131	0.00000253	0.00000138
2700	0.00000224	0.00000129	0.00000324	0.00000129	0.00000249	0.00000135
2750	0.00000220	0.00000126	0.00000220	0.00000126	0.00000244	0.00000133
2800	0.00000216	0.00000124	0.00000216	0.00000124	0.00000240	0.00000130
2850	0.00000212	0.00000122	0.00000212	0.00000122	0.00000236	0.00000128
2900	0.00000209	0.00000120	0.00000209	0.00000120	0.00000232	0.00000126
2950	0.00000205	0.00000118	0.00000205	0.00000118	0.00000228	0.00000124
3000	0.00000202	0.00000116	0.00000202	0.00000116	0.00000224	0.00000122
3050	0.00000199	0.00000114	0.00000199	0.00000114	0.00000220	0.00000120
3100	0.00000195	0.00000112	0.00000195	0.00000112	0.00000217	0.00000118
3150	0.00000192	0.00000110	0.00000192	0.00000110	0.00000213	0.00000116
3200	0.00000189	0.00000109	0.00000189	0.00000109	0.00000210	0.00000114
3250	0.00000186	0.00000107	0.00000186	0.00000107	0.00000207	0.00000112
3300	0.00000183	0.00000105	0.00000183	0.00000105	0.00000204	0.00000111
3350	0.00000181	0.00000104	0.00000181	0.00000104	0.00000201	0.00000109
3400	0.00000178	0.00000102	0.00000178	0.00000102	0.00000198	0.00000107
3450	0.00000176	0.00000101	0.00000176	0.00000101	0.00000195	0.00000106
3500	0.00000173	0.00000099	0.00000173	0.00000199	0.00000192	0.00000209

KOSTEN DES SPEICHERPLATZBEDARFS BEI DEN ALTERNATIVEN SPEICHERUNGSFORMEN
PRO DATENBYTE IN GE : SCHLUESSELFELDLAENGE = 16

DSB	KSPK/BYTE	KSPG/BYTE	KGPK/BYTE	KGPG/BYTE	KIPK/BYTE	KIPG/BYTE
50	0.00000377	0.00000289	0.00000503	0.00000407	0.00000533	0.00000417
100	0.00000275	0.00000198	0.00000336	0.00000257	0.00000356	0.00000263
150	0.00000251	0.00000165	0.00000288	0.00000201	0.00000306	0.00000206
200	0.00000232	0.00000151	0.00000252	0.00000183	0.00000269	0.00000187
250	0.00000220	0.00000139	0.00000242	0.00000163	0.00000259	0.00000168
300	0.00000224	0.00000136	0.00000252	0.00000154	0.00000269	0.00000159
350	0.00000216	0.00000132	0.00000247	0.00000142	0.00000261	0.00000145
400	0.00000216	0.00000124	0.00000216	0.00000145	0.00000231	0.00000149
450	0.00000224	0.00000129	0.00000224	0.00000140	0.00000240	0.00000145
500	0.00000202	0.00000126	0.00000242	0.00000139	0.00000258	0.00000143
550	0.00000220	0.00000126	0.00000220	0.00000126	0.00000234	0.00000130
600	0.00000202	0.00000116	0.00000202	0.00000129	0.00000218	0.00000133
650	0.00000186	0.00000119	0.00000233	0.00000134	0.00000252	0.00000138
700	0.00000216	0.00000124	0.00000216	0.00000124	0.00000234	0.00000128
750	0.00000202	0.00000116	0.00000202	0.00000132	0.00000217	0.00000137
800	0.00000189	0.00000124	0.00000252	0.00000124	0.00000272	0.00000128
850	0.00000237	0.00000117	0.00000237	0.00000117	0.00000255	0.00000121
900	0.00000224	0.00000110	0.00000224	0.00000129	0.00000241	0.00000133
950	0.00000212	0.00000122	0.00000212	0.00000122	0.00000228	0.00000126
1000	0.00000202	0.00000116	0.00000202	0.00000116	0.00000216	0.00000120
1050	0.00000192	0.00000110	0.00000192	0.00000132	0.00000205	0.00000137
1100	0.00000183	0.00000126	0.00000275	0.00000126	0.00000294	0.00000131
1150	0.00000263	0.00000121	0.00000263	0.00000121	0.00000281	0.00000126
1200	0.00000252	0.00000116	0.00000252	0.00000116	0.00000269	0.00000120
1250	0.00000242	0.00000111	0.00000242	0.00000111	0.00000258	0.00000116
1300	0.00000233	0.00000107	0.00000233	0.00000134	0.00000247	0.00000139
1350	0.00000224	0.00000129	0.00000224	0.00000129	0.00000248	0.00000134
1400	0.00000216	0.00000124	0.00000216	0.00000124	0.00000239	0.00000129
1450	0.00000209	0.00000120	0.00000209	0.00000120	0.00000231	0.00000124
1500	0.00000202	0.00000116	0.00000202	0.00000116	0.00000223	0.00000120
1550	0.00000195	0.00000112	0.00000195	0.00000112	0.00000216	0.00000116
1600	0.00000189	0.00000109	0.00000189	0.00000109	0.00000209	0.00000113
1650	0.00000183	0.00000105	0.00000183	0.00000140	0.00000203	0.00000146
1700	0.00000178	0.00000136	0.00000178	0.00000136	0.00000197	0.00000143
1750	0.00000346	0.00000132	0.00000346	0.00000132	0.00000383	0.00000139
1800	0.00000336	0.00000129	0.00000336	0.00000129	0.00000373	0.00000135
1850	0.00000327	0.00000125	0.00000327	0.00000125	0.00000362	0.00000131
1900	0.00000319	0.00000122	0.00000319	0.00000122	0.00000353	0.00000128
1950	0.00000311	0.00000119	0.00000311	0.00000119	0.00000344	0.00000125
2000	0.00000303	0.00000116	0.00000303	0.00000116	0.00000335	0.00000122
2050	0.00000295	0.00000113	0.00000295	0.00000113	0.00000327	0.00000119
2100	0.00000288	0.00000110	0.00000288	0.00000110	0.00000319	0.00000116
2150	0.00000282	0.00000108	0.00000282	0.00000108	0.00000312	0.00000113
2200	0.00000275	0.00000105	0.00000275	0.00000105	0.00000305	0.00000111
2250	0.00000269	0.00000103	0.00000269	0.00000154	0.00000298	0.00000162
2300	0.00000263	0.00000151	0.00000263	0.00000151	0.00000292	0.00000159
2350	0.00000258	0.00000148	0.00000258	0.00000148	0.00000286	0.00000155
2400	0.00000252	0.00000145	0.00000252	0.00000145	0.00000280	0.00000152
2450	0.00000247	0.00000142	0.00000247	0.00000142	0.00000274	0.00000149
2500	0.00000242	0.00000139	0.00000242	0.00000139	0.00000268	0.00000146
2550	0.00000237	0.00000136	0.00000237	0.00000136	0.00000263	0.00000143
2600	0.00000233	0.00000134	0.00000233	0.00000134	0.00000258	0.00000140
2650	0.00000228	0.00000131	0.00000228	0.00000131	0.00000253	0.00000138
2700	0.00000224	0.00000129	0.00000224	0.00000129	0.00000249	0.00000135
2750	0.00000220	0.00000126	0.00000220	0.00000126	0.00000244	0.00000133
2800	0.00000216	0.00000124	0.00000216	0.00000124	0.00000240	0.00000130
2850	0.00000212	0.00000122	0.00000212	0.00000122	0.00000236	0.00000128
2900	0.00000209	0.00000120	0.00000209	0.00000120	0.00000232	0.00000126
2950	0.00000205	0.00000118	0.00000205	0.00000118	0.00000228	0.00000124
3000	0.00000202	0.00000116	0.00000202	0.00000116	0.00000224	0.00000122
3050	0.00000199	0.00000114	0.00000199	0.00000114	0.00000220	0.00000120
3100	0.00000195	0.00000112	0.00000195	0.00000112	0.00000217	0.00000118
3150	0.00000192	0.00000110	0.00000192	0.00000110	0.00000213	0.00000116
3200	0.00000189	0.00000109	0.00000189	0.00000109	0.00000210	0.00000114
3250	0.00000186	0.00000107	0.00000186	0.00000107	0.00000207	0.00000112
3300	0.00000183	0.00000105	0.00000183	0.00000105	0.00000204	0.00000111
3350	0.00000181	0.00000104	0.00000181	0.00000104	0.00000201	0.00000109
3400	0.00000178	0.00000102	0.00000178	0.00000102	0.00000198	0.00000107
3450	0.00000176	0.00000101	0.00000176	0.00000101	0.00000195	0.00000106
3500	0.00000173	0.00000099	0.00000173	0.00000199	0.00000192	0.00000209

KOSTEN DES SPEICHERPLATZBEDARFS BEI DEN ALTERNATIVEN SPEICHERUNGSFORMEN
PRO DATENBYTE IN GE : SCHLUESSELFELDLAENGE = 20

DSB	KSPK/BYTE	KSPG/BYTE	KGPK/BYTE	KGPG/BYTE	KIPK/BYTE	KIPG/BYTE
50	0.00000377	0.00000289	0.00000526	0.00000421	0.00000556	0.00000430
100	0.00000275	0.00000198	0.00000356	0.00000257	0.00000379	0.00000264
150	0.00000251	0.00000165	0.00000288	0.00000210	0.00000307	0.00000216
200	0.00000232	0.00000151	0.00000275	0.00000183	0.00000292	0.00000187
250	0.00000220	0.00000139	0.00000242	0.00000163	0.00000259	0.00000167
300	0.00000224	0.00000136	0.00000252	0.00000154	0.00000269	0.00000159
350	0.00000216	0.00000132	0.00000247	0.00000153	0.00000265	0.00000157
400	0.00000216	0.00000124	0.00000216	0.00000145	0.00000232	0.00000149
450	0.00000224	0.00000129	0.00000224	0.00000140	0.00000240	0.00000145
500	0.00000202	0.00000126	0.00000242	0.00000139	0.00000258	0.00000143
550	0.00000220	0.00000126	0.00000220	0.00000126	0.00000234	0.00000130
600	0.00000202	0.00000116	0.00000202	0.00000129	0.00000218	0.00000133
650	0.00000186	0.00000119	0.00000233	0.00000134	0.00000252	0.00000138
700	0.00000216	0.00000124	0.00000216	0.00000124	0.00000233	0.00000128
750	0.00000202	0.00000116	0.00000202	0.00000132	0.00000217	0.00000137
800	0.00000189	0.00000124	0.00000252	0.00000124	0.00000271	0.00000128
850	0.00000237	0.00000117	0.00000237	0.00000117	0.00000255	0.00000121
900	0.00000224	0.00000110	0.00000224	0.00000129	0.00000241	0.00000133
950	0.00000212	0.00000122	0.00000212	0.00000122	0.00000228	0.00000126
1000	0.00000202	0.00000116	0.00000202	0.00000116	0.00000216	0.00000120
1050	0.00000192	0.00000110	0.00000192	0.00000132	0.00000205	0.00000138
1100	0.00000183	0.00000126	0.00000275	0.00000126	0.00000294	0.00000131
1150	0.00000263	0.00000121	0.00000263	0.00000121	0.00000281	0.00000126
1200	0.00000252	0.00000116	0.00000252	0.00000116	0.00000269	0.00000120
1250	0.00000242	0.00000111	0.00000242	0.00000111	0.00000268	0.00000116
1300	0.00000233	0.00000107	0.00000233	0.00000134	0.00000258	0.00000139
1350	0.00000224	0.00000129	0.00000224	0.00000129	0.00000248	0.00000134
1400	0.00000216	0.00000124	0.00000216	0.00000124	0.00000239	0.00000129
1450	0.00000209	0.00000120	0.00000209	0.00000120	0.00000231	0.00000124
1500	0.00000202	0.00000116	0.00000202	0.00000116	0.00000223	0.00000120
1550	0.00000195	0.00000112	0.00000195	0.00000112	0.00000216	0.00000116
1600	0.00000189	0.00000109	0.00000189	0.00000109	0.00000209	0.00000113
1650	0.00000183	0.00000105	0.00000183	0.00000140	0.00000203	0.00000147
1700	0.00000178	0.00000136	0.00000178	0.00000136	0.00000197	0.00000143
1750	0.00000346	0.00000132	0.00000346	0.00000132	0.00000383	0.00000139
1800	0.00000336	0.00000129	0.00000336	0.00000129	0.00000372	0.00000135
1850	0.00000327	0.00000125	0.00000327	0.00000125	0.00000362	0.00000131
1900	0.00000319	0.00000122	0.00000319	0.00000122	0.00000353	0.00000128
1950	0.00000311	0.00000119	0.00000311	0.00000119	0.00000344	0.00000125
2000	0.00000303	0.00000116	0.00000303	0.00000116	0.00000335	0.00000122
2050	0.00000295	0.00000113	0.00000295	0.00000113	0.00000327	0.00000119
2100	0.00000288	0.00000110	0.00000288	0.00000110	0.00000319	0.00000116
2150	0.00000282	0.00000108	0.00000282	0.00000108	0.00000312	0.00000113
2200	0.00000275	0.00000105	0.00000275	0.00000105	0.00000305	0.00000111
2250	0.00000269	0.00000103	0.00000269	0.00000154	0.00000298	0.00000162
2300	0.00000263	0.00000151	0.00000263	0.00000151	0.00000292	0.00000159
2350	0.00000258	0.00000148	0.00000258	0.00000148	0.00000285	0.00000155
2400	0.00000252	0.00000145	0.00000252	0.00000145	0.00000280	0.00000152
2450	0.00000247	0.00000142	0.00000247	0.00000142	0.00000274	0.00000149
2500	0.00000242	0.00000139	0.00000242	0.00000139	0.00000268	0.00000146
2550	0.00000237	0.00000136	0.00000237	0.00000136	0.00000263	0.00000143
2600	0.00000233	0.00000134	0.00000233	0.00000134	0.00000258	0.00000140
2650	0.00000228	0.00000131	0.00000228	0.00000131	0.00000253	0.00000138
2700	0.00000224	0.00000129	0.00000224	0.00000129	0.00000249	0.00000135
2750	0.00000220	0.00000126	0.00000220	0.00000126	0.00000244	0.00000133
2800	0.00000216	0.00000124	0.00000216	0.00000124	0.00000240	0.00000130
2850	0.00000212	0.00000122	0.00000212	0.00000122	0.00000236	0.00000128
2900	0.00000209	0.00000120	0.00000209	0.00000120	0.00000231	0.00000126
2950	0.00000205	0.00000118	0.00000205	0.00000118	0.00000228	0.00000124
3000	0.00000202	0.00000116	0.00000202	0.00000116	0.00000224	0.00000122
3050	0.00000199	0.00000114	0.00000199	0.00000114	0.00000220	0.00000120
3100	0.00000195	0.00000112	0.00000195	0.00000112	0.00000217	0.00000118
3150	0.00000192	0.00000110	0.00000192	0.00000110	0.00000213	0.00000116
3200	0.00000189	0.00000109	0.00000189	0.00000109	0.00000210	0.00000114
3250	0.00000186	0.00000107	0.00000186	0.00000107	0.00000207	0.00000112
3300	0.00000183	0.00000105	0.00000183	0.00000105	0.00000204	0.00000111
3350	0.00000181	0.00000104	0.00000181	0.00000104	0.00000201	0.00000109
3400	0.00000178	0.00000102	0.00000178	0.00000102	0.00000198	0.00000107
3450	0.00000176	0.00000101	0.00000176	0.00000101	0.00000195	0.00000106
3500	0.00000173	0.00000099	0.00000173	0.00000199	0.00000192	0.00000209

C.

Zugriffszeit der Speicherungsformen

Abkuerzungen

BAD	Blockanzahl in einer Datei
DSB	Datensatzlaenge in Bytes (des physikalischen Datensatzes)
DZSM	Durchschnittlicher Zeitbedarf fuer den einzelnen Zugriff auf einen Block einer Magnetbanddatei in Sekunden bei einer Magnetbandeinheit mit 360 Bytes/cm und 60 KB/s
DZSPG	Durchschnittlicher Zeitbedarf fuer den einzelnen Zugriff auf einen Block einer sequentiell organisierten Plattendatei auf 11er Stapeln in Sekunden
DZSPK	Durchschnittlicher Zeitbedarf fuer den einzelnen Zugriff auf einen Block einer sequentiell organisierten Plattendatei auf 6er Stapeln in Sekunden

DURCHSCHNITTLICHE ZUGRIFFSZEIT DER SEQUENTIELLEN SPEICHERUNGSFORM IN SEKUNDEN

		DSB	DZSM	DZSPK	DZSPG
BAD=	500				
		200	2.83	0.54	0.30
		400	3.67	0.99	0.49
		600	4.50	1.39	0.70
		800	5.33	1.73	0.99
		1000	6.17	2.30	1.15
		1200	7.00	3.45	1.39
		1400	7.83	3.45	1.73
		1600	8.67	3.45	1.73
		1800	9.50	6.89	2.30
		2000	10.33	6.89	2.30
BAD=	1000	DSB	DZSM	DZSPK	DZSPG
		200	5.67	1.06	0.60
		400	7.33	1.97	0.99
		600	9.00	2.76	1.39
		800	10.67	3.45	1.97
		1000	12.33	4.59	2.30
		1200	14.00	6.89	2.76
		1400	15.67	6.89	3.45
		1600	17.33	6.89	3.45
		1800	19.00	13.76	4.59
		2000	20.67	13.76	4.59
BAD=	1500	DSB	DZSM	DZSPK	DZSPG
		200	8.50	1.59	0.91
		400	11.00	2.96	1.48
		600	13.50	4.14	2.08
		800	16.00	5.17	2.96
		1000	18.50	6.89	3.45
		1200	21.00	10.33	4.14
		1400	23.50	10.33	5.17
		1600	26.00	10.33	5.17
		1800	28.50	20.64	6.89
		2000	31.00	20.64	6.89
BAD=	2000	DSB	DZSM	DZSPK	DZSPG
		200	11.33	2.12	1.20
		400	14.67	3.93	1.97
		600	18.00	5.51	2.76
		800	21.33	6.89	3.93
		1000	24.67	9.17	4.59
		1200	28.00	13.76	5.51
		1400	31.33	13.76	6.89
		1600	34.67	13.76	6.89
		1800	38.00	27.51	9.17
		2000	41.33	27.51	9.17
BAD=	2500	DSB	DZSM	DZSPK	DZSPG
		200	14.17	2.65	1.50
		400	18.33	4.92	2.46
		600	22.50	6.89	3.45
		800	26.67	8.61	4.92
		1000	30.83	11.47	5.73
		1200	35.00	17.20	6.89
		1400	39.17	17.20	8.61
		1600	43.33	17.20	8.61
		1800	47.50	34.39	11.47
		2000	51.67	34.39	11.47

DURCHSCHNITTLICHE ZUGRIFFSZEIT DER SEQUENTIELLEN SPEICHERUNGSFORM IN SEKUNDEN

BAD=	DSB	DZSM	DZSPK	DZSPG
3000	200	17.00	3.18	1.80
	400	22.00	5.90	2.96
	600	27.00	8.26	4.14
	800	32.00	10.33	5.90
	1000	37.00	13.76	6.89
	1200	42.00	20.64	8.26
	1400	47.00	20.64	10.33
	1600	52.00	20.64	10.33
	1800	57.00	41.26	13.76
	2000	62.00	41.26	13.76

BAD=	DSB	DZSM	DZSPK	DZSPG
3500	200	19.83	3.71	2.10
	400	25.67	6.89	3.45
	600	31.50	9.64	4.83
	800	37.33	12.04	6.89
	1000	43.17	16.05	8.03
	1200	49.00	24.08	9.64
	1400	54.83	24.08	12.04
	1600	60.67	24.08	12.04
	1800	66.50	48.14	16.05
	2000	72.33	48.14	16.05

BAD=	DSB	DZSM	DZSPK	DZSPG
4000	200	22.67	4.23	2.39
	400	29.33	7.86	3.93
	600	36.00	11.01	5.51
	800	42.67	13.76	7.86
	1000	49.33	18.34	9.17
	1200	56.00	27.51	11.01
	1400	62.67	27.51	13.76
	1600	69.33	27.51	13.76
	1800	76.00	55.01	18.34
	2000	82.67	55.01	18.34

BAD=	DSB	DZSM	DZSPK	DZSPG
4500	200	25.50	4.77	2.69
	400	33.00	8.84	4.43
	600	40.50	12.39	6.20
	800	48.00	15.48	8.84
	1000	55.50	20.64	10.33
	1200	63.00	30.95	12.39
	1400	70.50	30.95	15.48
	1600	78.00	30.95	15.48
	1800	85.50	61.89	20.64
	2000	93.00	61.89	20.64

BAD=	DSB	DZSM	DZSPK	DZSPG
5000	200	28.33	5.29	3.00
	400	36.67	9.83	4.92
	600	45.00	13.76	6.89
	800	53.33	17.20	9.83
	1000	61.67	22.92	11.47
	1200	70.00	34.39	13.76
	1400	78.33	34.39	17.20
	1600	86.67	34.39	17.20
	1800	95.00	68.76	22.92
	2000	103.33	68.76	22.92

DURCHSCHNITTLICHE ZUGRIFFSZEIT DER SEQUENTIELLEN SPEICHERUNGSFORM IN SEKUNDEN

BAD=	5500	DSB	DZSM	DZSPK	DZSPG
		200	31.17	5.83	3.30
		400	40.33	10.81	5.40
		600	49.50	15.14	7.58
		800	58.67	18.92	10.81
		1000	67.83	25.22	12.61
		1200	77.00	37.83	15.14
		1400	86.17	37.83	18.92
		1600	95.33	37.83	18.92
		1800	104.50	75.64	25.22
		2000	113.67	75.64	25.22
BAD=	6000	DSB	DZSM	DZSPK	DZSPG
		200	34.00	6.35	3.59
		400	44.00	11.80	5.90
		600	54.00	16.51	8.26
		800	64.00	20.64	11.80
		1000	74.00	27.51	13.76
		1200	84.00	41.26	16.51
		1400	94.00	41.26	20.64
		1600	104.00	41.26	20.64
		1800	114.00	82.51	27.51
		2000	124.00	82.51	27.51
BAD=	6500	DSB	DZSM	DZSPK	DZSPG
		200	36.83	6.89	3.89
		400	47.67	12.77	6.39
		600	58.50	17.89	8.95
		800	69.33	22.36	12.77
		1000	80.17	29.80	14.90
		1200	91.00	44.70	17.89
		1400	101.83	44.70	22.36
		1600	112.67	44.70	22.36
		1800	123.50	89.39	29.80
		2000	134.33	89.39	29.80
BAD=	7000	DSB	DZSM	DZSPK	DZSPG
		200	39.67	7.41	4.19
		400	51.33	13.76	6.89
		600	63.00	19.26	9.64
		800	74.67	24.08	13.76
		1000	86.33	32.09	16.05
		1200	98.00	48.14	19.26
		1400	109.67	48.14	24.08
		1600	121.33	48.14	24.08
		1800	133.00	96.26	32.09
		2000	144.67	96.26	32.09
BAD=	7500	DSB	DZSM	DZSPK	DZSPG
		200	42.50	7.93	4.50
		400	55.00	14.74	7.37
		600	67.50	20.64	10.33
		800	80.00	25.79	14.74
		1000	92.50	34.39	17.20
		1200	105.00	51.58	20.64
		1400	117.50	51.58	25.79
		1600	130.00	51.58	25.79
		1800	142.50	103.14	34.39
		2000	155.00	103.14	34.39

DURCHSCHNITTLICHE ZUGRIFFSZEIT DER SEQUENTIELLEN SPEICHERUNGSFORM IN SEKUNDEN

BAD=	DSB	DZSM	DZSPK	DZSPG
8000	200	45.33	8.47	4.78
	400	58.67	15.72	7.86
	600	72.00	22.01	11.01
	800	85.33	27.51	15.72
	1000	98.67	36.67	18.34
	1200	112.00	55.01	22.01
	1400	125.33	55.01	27.51
	1600	138.67	55.01	27.51
	1800	152.00	110.01	36.67
	2000	165.33	110.01	36.67

BAD=	DSB	DZSM	DZSPK	DZSPG
8500	200	48.17	8.99	5.09
	400	62.33	16.71	8.36
	600	76.50	23.39	11.70
	800	90.67	29.23	16.71
	1000	104.83	38.97	19.48
	1200	119.00	58.45	23.39
	1400	133.17	58.45	29.23
	1600	147.33	58.45	29.23
	1800	161.50	116.89	38.97
	2000	175.67	116.89	38.97

BAD=	DSB	DZSM	DZSPK	DZSPG
9000	200	51.00	9.53	5.39
	400	66.00	17.68	8.84
	600	81.00	24.76	12.39
	800	96.00	30.95	17.68
	1000	111.00	41.26	20.64
	1200	126.00	61.89	24.76
	1400	141.00	61.89	30.95
	1600	156.00	61.89	30.95
	1800	171.00	123.76	41.26
	2000	186.00	123.76	41.26

BAD=	DSB	DZSM	DZSPK	DZSPG
9500	200	53.83	10.05	5.69
	400	69.67	18.67	9.34
	600	85.50	26.14	13.08
	800	101.33	32.67	18.67
	1000	117.17	43.55	21.78
	1200	133.00	65.33	26.14
	1400	148.83	65.33	32.67
	1600	164.67	65.33	32.67
	1800	180.50	130.64	43.55
	2000	196.33	130.64	43.55

BAD=	DSB	DZSM	DZSPK	DZSPG
10000	200	56.67	10.59	5.98
	400	73.33	19.65	9.83
	600	90.00	27.51	13.76
	800	106.67	34.39	19.65
	1000	123.33	45.84	22.92
	1200	140.00	68.76	27.51
	1400	156.67	68.76	34.39
	1600	173.33	68.76	34.39
	1800	190.00	137.51	45.84
	2000	206.67	137.51	45.84

DURCHSCHNITTLICHE SEEK-ZEITEN (SZGK(N) U. SZGG(N)) IN EINEM PLATTEN-STAPEL MIT N ZYLINDERN EINER GESTREUT ORGANISIERTEN DATEI

ANZAHL DER VON DER DATEI BELEGTEN ZYLINDER	DURCHSCHNITTLICHE SEEK-ZEIT BEI PLATTENEINHEITEN MIT 6ER STAPEL IN SEC.	DURCHSCHNITTLICHE SEEK-ZEIT BEI PLATTENEINHEITEN MIT 11ER STAPEL IN SEC.
1	0.0	0.0
2	0.01250	0.01250
3	0.01822	0.01709
4	0.02225	0.01970
5	0.02515	0.02151
6	0.02721	0.02292
7	0.02880	0.02410
8	0.03010	0.02512
9	0.03121	0.02604
10	0.03219	0.02681
11	0.03305	0.02747
12	0.03384	0.02803
13	0.03457	0.02853
14	0.03526	0.02898
15	0.03591	0.02939
16	0.03653	0.02976
17	0.03713	0.03011
18	0.03772	0.03044
19	0.03829	0.03075
20	0.03885	0.03105
21	0.03940	0.03133
22	0.03994	0.03160
23	0.04047	0.03186
24	0.04100	0.03212
25	0.04152	0.03236
26	0.04203	0.03261
27	0.04255	0.03285
28	0.04305	0.03308
29	0.04355	0.03331
30	0.04404	0.03354
31	0.04451	0.03377
32	0.04497	0.03399
33	0.04542	0.03421
34	0.04586	0.03443
35	0.04628	0.03465
36	0.04669	0.03487
37	0.04708	0.03508
38	0.04747	0.03530
39	0.04784	0.03551
40	0.04821	0.03572
41	0.04856	0.03594
42	0.04890	0.03615
43	0.04923	0.03635
44	0.04956	0.03656
45	0.04987	0.03677
46	0.05018	0.03697
47	0.05048	0.03718
48	0.05077	0.03738
49	0.05105	0.03758
50	0.05132	0.03777
51	0.05159	0.03797
52	0.05185	0.03816
53	0.05211	0.03836
54	0.05236	0.03855
55	0.05260	0.03874
56	0.05284	0.03892
57	0.05307	0.03911
58	0.05330	0.03929
59	0.05352	0.03948
60	0.05373	0.03966
61	0.05395	0.03984
62	0.05415	0.04001
63	0.05436	0.04019
64	0.05456	0.04037
65	0.05475	0.04054
66	0.05495	0.04071
67	0.05513	0.04088
68	0.05532	0.04105

DURCHSCHNITTLICHE SEEK-ZEITEN (SZGK(N) U. SZGG(N)) IN EINEM PLATTEN-STAPEL MIT N ZYLINDERN EINER GESTREUT ORGANISIERTEN DATEI

ANZAHL DER VON DER DATEI BE-LEGTEN ZYLINDER	DURCHSCHNITTLICHE SEEK-ZEIT BEI PLATTENEIN-HEITEN MIT 6ER STAPEL IN SEC.	DURCHSCHNITTLICHE SEEK-ZEIT BEI PLATTENEIN-HEITEN MIT 11ER STAPEL IN SEC.
69	0.05550	0.04122
70	0.05568	0.04139
71	0.05585	0.04155
72	0.05602	0.04172
73	0.05619	0.04188
74	0.05636	0.04204
75	0.05652	0.04220
76	0.05668	0.04236
77	0.05684	0.04252
78	0.05699	0.04268
79	0.05715	0.04284
80	0.05730	0.04300
81	0.05745	0.04315
82	0.05759	0.04331
83	0.05774	0.04346
84	0.05788	0.04361
85	0.05802	0.04376
86	0.05816	0.04392
87	0.05830	0.04407
88	0.05844	0.04422
89	0.05857	0.04437
90	0.05871	0.04452
91	0.05884	0.04467
92	0.05897	0.04481
93	0.05911	0.04496
94	0.05924	0.04511
95	0.05937	0.04526
96	0.05950	0.04540
97	0.05963	0.04555
98	0.05976	0.04570
99	0.05989	0.04584
100	0.06001	0.04599
101	0.06014	0.04614
102	0.06027	0.04628
103	0.06040	0.04643
104	0.06052	0.04657
105	0.06065	0.04672
106	0.06078	0.04686
107	0.06091	0.04701
108	0.06103	0.04715
109	0.06116	0.04730
110	0.06129	0.04744
111	0.06141	0.04759
112	0.06154	0.04773
113	0.06166	0.04787
114	0.06179	0.04802
115	0.06192	0.04816
116	0.06204	0.04831
117	0.06217	0.04845
118	0.06230	0.04860
119	0.06243	0.04874
120	0.06255	0.04889
121	0.06268	0.04903
122	0.06281	0.04918
123	0.06293	0.04932
124	0.06306	0.04947
125	0.06319	0.04961
126	0.06331	0.04976
127	0.06344	0.04990
128	0.06357	0.05005
129	0.06370	0.05019
130	0.06382	0.05034
131	0.06395	0.05048
132	0.06408	0.05063
133	0.06421	0.05077
134	0.06433	0.05092
135	0.06446	0.05107
136	0.06459	0.05121

DURCHSCHNITTLICHE SEEK-ZEITEN (SZGK(N) U. SZGG(N)) IN EINEM PLATTEN-STAPEL MIT N ZYLINDERN EINER GESTREUT ORGANISIERTEN DATEI

ANZAHL DER VON DER DATEI BELEGTEN ZYLINDER	DURCHSCHNITTLICHE SEEK-ZEIT BEI PLATTENEINHEITEN MIT 6ER STAPEL IN SEC.	DURCHSCHNITTLICHE SEEK-ZEIT BEI PLATTENEINHEITEN MIT 11ER STAPEL IN SEC.
137	0.06472	0.05136
138	0.06485	0.05150
139	0.06498	0.05165
140	0.06511	0.05180
141	0.06524	0.05194
142	0.06536	0.05209
143	0.06549	0.05224
144	0.06562	0.05239
145	0.06575	0.05253
146	0.06588	0.05268
147	0.06601	0.05283
148	0.06614	0.05297
149	0.06628	0.05312
150	0.06641	0.05327
151	0.06654	0.05342
152	0.06667	0.05357
153	0.06680	0.05371
154	0.06693	0.05386
155	0.06706	0.05401
156	0.06720	0.05416
157	0.06733	0.05431
158	0.06746	0.05446
159	0.06759	0.05460
160	0.06773	0.05475
161	0.06786	0.05490
162	0.06799	0.05505
163	0.06813	0.05520
164	0.06826	0.05535
165	0.06839	0.05550
166	0.06853	0.05565
167	0.06866	0.05580
168	0.06880	0.05595
169	0.06893	0.05610
170	0.06907	0.05625
171	0.06920	0.05640
172	0.06934	0.05655
173	0.06947	0.05670
174	0.06961	0.05685
175	0.06975	0.05700
176	0.06988	0.05715
177	0.07002	0.05730
178	0.07016	0.05746
179	0.07029	0.05761
180	0.07043	0.05776
181	0.07057	0.05791
182	0.07070	0.05806
183	0.07084	0.05821
184	0.07098	0.05836
185	0.07112	0.05852
186	0.07126	0.05867
187	0.07139	0.05882
188	0.07153	0.05897
189	0.07167	0.05912
190	0.07181	0.05928
191	0.07195	0.05943
192	0.07209	0.05958
193	0.07223	0.05973
194	0.07237	0.05989
195	0.07251	0.06004
196	0.07265	0.06019
197	0.07279	0.06035
198	0.07293	0.06050
199	0.07307	0.06065
200	0.07321	0.06081

MITTLERE ZUGRIFFSZEIT BEI EINER GESTREUT ORGANISIERTEN DATEI MIT N ZYLINDERN AUF EINEM PLATTENSTAPEL

ANZAHL DER VON DER DATEI BELEGTEN ZYLINDER	MITTLERE ZUGRIFFSZEIT BEI PLATTENEINHEITEN MIT 6ER STAPEL IN SEC.	MITTLERE ZUGRIFFSZEIT BEI PLATTENEINHEITEN MIT 11ER STAPEL IN SEC.
1	0.01250	0.01250
2	0.02500	0.02500
3	0.03072	0.02959
4	0.03475	0.03220
5	0.03765	0.03401
6	0.03971	0.03542
7	0.04130	0.03660
8	0.04260	0.03762
9	0.04371	0.03854
10	0.04469	0.03931
11	0.04555	0.03997
12	0.04634	0.04053
13	0.04707	0.04103
14	0.04776	0.04148
15	0.04841	0.04189
16	0.04903	0.04226
17	0.04963	0.04261
18	0.05022	0.04294
19	0.05079	0.04325
20	0.05135	0.04355
21	0.05190	0.04383
22	0.05244	0.04410
23	0.05297	0.04436
24	0.05350	0.04462
25	0.05402	0.04486
26	0.05453	0.04511
27	0.05505	0.04535
28	0.05555	0.04558
29	0.05605	0.04581
30	0.05654	0.04604
31	0.05701	0.04627
32	0.05747	0.04649
33	0.05792	0.04671
34	0.05836	0.04693
35	0.05878	0.04715
36	0.05919	0.04737
37	0.05958	0.04758
38	0.05997	0.04780
39	0.06034	0.04801
40	0.06071	0.04822
41	0.06106	0.04844
42	0.06140	0.04865
43	0.06173	0.04885
44	0.06206	0.04906
45	0.06237	0.04927
46	0.06268	0.04947
47	0.06298	0.04968
48	0.06327	0.04988
49	0.06355	0.05008
50	0.06382	0.05027
51	0.06409	0.05047
52	0.06435	0.05066
53	0.06461	0.05086
54	0.06486	0.05105
55	0.06510	0.05124
56	0.06534	0.05142
57	0.06557	0.05161
58	0.06580	0.05179
59	0.06602	0.05198
60	0.06623	0.05216
61	0.06645	0.05234
62	0.06665	0.05251
63	0.06686	0.05269
64	0.06706	0.05287
65	0.06725	0.05304
66	0.06745	0.05321
67	0.06763	0.05338
68	0.06782	0.05355

MITTLERE ZUGRIFFSZEIT BEI EINER GESTREUT ORGANISIERTEN DATEI MIT N ZYLINDERN AUF EINEM PLATTENSTAPEL

ANZAHL DER VON DER DATEI BELEGTEN ZYLINDER	MITTLERE ZUGRIFFSZEIT BEI PLATTENEINHEITEN MIT 6ER STAPEL IN SEC.	MITTLERE ZUGRIFFSZEIT BEI PLATTENEINHEITEN MIT 11ER STAPEL IN SEC.
69	0.06800	0.05372
70	0.06818	0.05389
71	0.06835	0.05405
72	0.06852	0.05422
73	0.06869	0.05438
74	0.06886	0.05454
75	0.06902	0.05470
76	0.06918	0.05486
77	0.06934	0.05502
78	0.06949	0.05518
79	0.06965	0.05534
80	0.06980	0.05550
81	0.06995	0.05565
82	0.07009	0.05581
83	0.07024	0.05596
84	0.07038	0.05611
85	0.07052	0.05626
86	0.07066	0.05642
87	0.07080	0.05657
88	0.07094	0.05672
89	0.07107	0.05687
90	0.07121	0.05702
91	0.07134	0.05717
92	0.07147	0.05731
93	0.07161	0.05746
94	0.07174	0.05761
95	0.07187	0.05776
96	0.07200	0.05790
97	0.07213	0.05805
98	0.07226	0.05820
99	0.07239	0.05834
100	0.07251	0.05849
101	0.07264	0.05864
102	0.07277	0.05878
103	0.07290	0.05893
104	0.07302	0.05907
105	0.07315	0.05922
106	0.07328	0.05936
107	0.07341	0.05951
108	0.07353	0.05965
109	0.07366	0.05980
110	0.07379	0.05994
111	0.07391	0.06009
112	0.07404	0.06023
113	0.07416	0.06037
114	0.07429	0.06052
115	0.07442	0.06066
116	0.07454	0.06081
117	0.07467	0.06095
118	0.07480	0.06110
119	0.07493	0.06124
120	0.07505	0.06139
121	0.07518	0.06153
122	0.07531	0.06168
123	0.07543	0.06182
124	0.07556	0.06197
125	0.07569	0.06211
126	0.07581	0.06226
127	0.07594	0.06240
128	0.07607	0.06255
129	0.07620	0.06269
130	0.07632	0.06284
131	0.07645	0.06298
132	0.07658	0.06313
133	0.07671	0.06327
134	0.07683	0.06342
135	0.07696	0.06357
136	0.07709	0.06371

MITTLERE ZUGRIFFSZEIT BEI EINER GESTREUT ORGANISIERTEN DATEI MIT N ZYLINDERN AUF EINEM PLATTENSTAPEL

ANZAHL DER VON DER DATEI BELEGTEN ZYLINDER	MITTLERE ZUGRIFFSZEIT BEI PLATTENEINHEITEN MIT 6ER STAPEL IN SEC.	MITTLERE ZUGRIFFSZEIT BEI PLATTENEINHEITEN MIT 11ER STAPEL IN SEC.
137	0.07722	0.06386
138	0.07735	0.06400
139	0.07748	0.06415
140	0.07761	0.06430
141	0.07774	0.06444
142	0.07786	0.06459
143	0.07799	0.06474
144	0.07812	0.06489
145	0.07825	0.06503
146	0.07838	0.06518
147	0.07851	0.06533
148	0.07864	0.06547
149	0.07878	0.06562
150	0.07891	0.06577
151	0.07904	0.06592
152	0.07917	0.06607
153	0.07930	0.06621
154	0.07943	0.06636
155	0.07956	0.06651
156	0.07970	0.06666
157	0.07983	0.06681
158	0.07996	0.06696
159	0.08009	0.06710
160	0.08023	0.06725
161	0.08036	0.06740
162	0.08049	0.06755
163	0.08063	0.06770
164	0.08076	0.06785
165	0.08089	0.06800
166	0.08103	0.06815
167	0.08116	0.06830
168	0.08130	0.06845
169	0.08143	0.06860
170	0.08157	0.06875
171	0.08170	0.06890
172	0.08184	0.06905
173	0.08197	0.06920
174	0.08211	0.06935
175	0.08225	0.06950
176	0.08238	0.06965
177	0.08252	0.06980
178	0.08266	0.06996
179	0.08279	0.07011
180	0.08293	0.07026
181	0.08307	0.07041
182	0.08320	0.07056
183	0.08334	0.07071
184	0.08348	0.07086
185	0.08362	0.07102
186	0.08376	0.07117
187	0.08389	0.07132
188	0.08403	0.07147
189	0.08417	0.07162
190	0.08431	0.07178
191	0.08445	0.07193
192	0.08459	0.07208
193	0.08473	0.07223
194	0.08487	0.07239
195	0.08501	0.07254
196	0.08515	0.07269
197	0.08529	0.07285
198	0.08543	0.07300
199	0.08557	0.07315
200	0.08571	0.07331

DURCHSCHNITTLICHE SEEK-ZEIT FUER EINE DATEI MIT
0 ZYLINDERN FUER ZYLINDERINDEX UND DATEN
AUF EINEM PLATTENSTAPEL

ANZAHL DER VON DER DATEI BELEGTEN ZYLINDER	DURCHSCHNITTLICHE SEEK-ZEIT BEI PLATTENEINHEITEN MIT 6ER STAPEL IN SEC.	DURCHSCHNITTLICHE SEEK-ZEIT BEI PLATTENEINHEITEN MIT 11ER STAPEL IN SEC.
10	0.03904	0.03211
11	0.03971	0.03242
12	0.04038	0.03272
13	0.04106	0.03301
14	0.04174	0.03329
15	0.04243	0.03357
16	0.04311	0.03385
17	0.04380	0.03412
18	0.04449	0.03439
19	0.04518	0.03466
20	0.04587	0.03493
21	0.04656	0.03520
22	0.04725	0.03547
23	0.04795	0.03575
24	0.04864	0.03602
25	0.04934	0.03630
26	0.05003	0.03658
27	0.05068	0.03687
28	0.05129	0.03715
29	0.05186	0.03743
30	0.05237	0.03772
31	0.05284	0.03801
32	0.05329	0.03829
33	0.05372	0.03858
34	0.05413	0.03887
35	0.05452	0.03916
36	0.05489	0.03945
37	0.05524	0.03974
38	0.05558	0.04003
39	0.05590	0.04032
40	0.05622	0.04061
41	0.05652	0.04090
42	0.05681	0.04118
43	0.05709	0.04145
44	0.05736	0.04172
45	0.05762	0.04199
46	0.05787	0.04225
47	0.05811	0.04250
48	0.05835	0.04276
49	0.05858	0.04300
50	0.05881	0.04325
51	0.05903	0.04349
52	0.05924	0.04373
53	0.05945	0.04396
54	0.05965	0.04420
55	0.05985	0.04443
56	0.06004	0.04466
57	0.06023	0.04488
58	0.06041	0.04511
59	0.06059	0.04533
60	0.06077	0.04555
61	0.06094	0.04576
62	0.06111	0.04598
63	0.06128	0.04619
64	0.06144	0.04641
65	0.06160	0.04662
66	0.06176	0.04683
67	0.06192	0.04704
68	0.06207	0.04724
69	0.06222	0.04745
70	0.06237	0.04765
71	0.06251	0.04785
72	0.06266	0.04806
73	0.06280	0.04826
74	0.06294	0.04846
75	0.06308	0.04866
76	0.06321	0.04885

DURCHSCHNITTLICHE SEEK-ZEIT FUER EINE DATEI MIT
Q ZYLINDERN FUER ZYLINDERINDEX UND DATEN
AUF EINEM PLATTENSTAPEL

ANZAHL DER VON DER DATEI BELEGTEN ZYLINDER	DURCHSCHNITTLICHE SEEK-ZEIT BEI PLATTENEINHEITEN MIT 6ER STAPEL IN SEC.	DURCHSCHNITTLICHE SEEK-ZEIT BEI PLATTENEINHEITEN MIT 11ER STAPEL IN SEC.
77	0.06335	0.04905
78	0.06348	0.04925
79	0.06361	0.04944
80	0.06374	0.04964
81	0.06388	0.04983
82	0.06401	0.05003
83	0.06415	0.05022
84	0.06429	0.05042
85	0.06443	0.05062
86	0.06458	0.05082
87	0.06473	0.05102
88	0.06488	0.05122
89	0.06503	0.05142
90	0.06519	0.05162
91	0.06535	0.05182
92	0.06550	0.05202
93	0.06567	0.05222
94	0.06583	0.05243
95	0.06599	0.05263
96	0.06616	0.05284
97	0.06633	0.05304
98	0.06650	0.05324
99	0.06667	0.05345
100	0.06684	0.05365
101	0.06702	0.05386
102	0.06720	0.05407
103	0.06737	0.05428
104	0.06755	0.05449
105	0.06773	0.05469
106	0.06791	0.05491
107	0.06810	0.05512
108	0.06828	0.05533
109	0.06847	0.05554
110	0.06865	0.05575
111	0.06884	0.05597
112	0.06903	0.05618
113	0.06922	0.05640
114	0.06941	0.05661
115	0.06960	0.05683
116	0.06980	0.05705
117	0.06999	0.05726
118	0.07018	0.05748
119	0.07037	0.05770
120	0.07055	0.05792
121	0.07074	0.05814
122	0.07093	0.05836
123	0.07113	0.05858
124	0.07132	0.05880
125	0.07151	0.05902
126	0.07171	0.05925
127	0.07190	0.05947
128	0.07210	0.05969
129	0.07229	0.05991
130	0.07249	0.06014
131	0.07269	0.06036
132	0.07289	0.06059
133	0.07309	0.06081
134	0.07329	0.06104
135	0.07349	0.06126
136	0.07369	0.06149
137	0.07390	0.06171
138	0.07410	0.06194
139	0.07431	0.06217
140	0.07451	0.06240
141	0.07472	0.06262
142	0.07492	0.06285
143	0.07513	0.06308

DURCHSCHNITTLICHE SEEK-ZEIT FUER EINE DATEI MIT
Q ZYLINDERN FUER ZYLINDERINDEX UND DATEN
AUF EINEM PLATTENSTAPEL

ANZAHL DER VON DER DATEI BELEGTEN ZYLINDER	DURCHSCHNITTLICHE SEEK-ZEIT BEI PLATTENEINHEITEN MIT 6ER STAPEL IN SEC.	DURCHSCHNITTLICHE SEEK-ZEIT BEI PLATTENEINHEITEN MIT 11ER STAPEL IN SEC.
144	0.07534	0.06331
145	0.07554	0.06354
146	0.07575	0.06377
147	0.07596	0.06400
148	0.07617	0.06423
149	0.07638	0.06446
150	0.07659	0.06469
151	0.07680	0.06492
152	0.07702	0.06515
153	0.07723	0.06538
154	0.07744	0.06561
155	0.07765	0.06584
156	0.07786	0.06607
157	0.07808	0.06631
158	0.07829	0.06654
159	0.07851	0.06677
160	0.07872	0.06700
161	0.07894	0.06724
162	0.07916	0.06747
163	0.07937	0.06770
164	0.07959	0.06794
165	0.07981	0.06817
166	0.08003	0.06840
167	0.08025	0.06864
168	0.08046	0.06887
169	0.08068	0.06911
170	0.08090	0.06934
171	0.08112	0.06958
172	0.08134	0.06981
173	0.08156	0.07005
174	0.08178	0.07028
175	0.08201	0.07052
176	0.08223	0.07075
177	0.08245	0.07099
178	0.08267	0.07122
179	0.08289	0.07146
180	0.08312	0.07170
181	0.08334	0.07193
182	0.08356	0.07217
183	0.08379	0.07241
184	0.08401	0.07264
185	0.08423	0.07288
186	0.08446	0.07312
187	0.08468	0.07336
188	0.08491	0.07359
189	0.08513	0.07383
190	0.08536	0.07407
191	0.08559	0.07431
192	0.08581	0.07455
193	0.08609	0.07478
194	0.08632	0.07503
195	0.08655	0.07527
196	0.08678	0.07551
197	0.08701	0.07575
198	0.08725	0.07599
199	0.08748	0.07624

MITTLERE GESAMTZUGRIFFSZEIT FUER INDEX-SEQUENTIELL ORGANISIERTE DATEIEN AUF R PLATTENSTAPELN

ANZAHL DER VON DER DATEI BELEGTEN PLATTEN	MITTLERE ZUGRIFFSZEIT BEI PLATTENEINHEITEN MIT 6ER STAPEL IN SEC.	MITTLERE ZUGRIFFSZEIT BEI PLATTENEINHEITEN MIT 11ER STAPEL IN SEC.
1	0.21332	0.20199
2	0.20562	0.19374
3	0.20306	0.19100
4	0.20178	0.18962
5	0.20101	0.18880
6	0.20050	0.18825
7	0.20013	0.18786
8	0.19985	0.18756
9	0.19964	0.18733
10	0.19947	0.18715

D.

Kosten der Zugriffszeit

Abkuerzungen

BAD	Blockanzahl in einer Datei
DSB	Datensatzlaenge in Bytes (des physikalischen Datensatzes)

KOSTEN DER ZUGRIFFSZEIT BEI SEQUENTIELLER SPEICHERUNG IN GE

BAD= 500

DSB	ZKSMSA	ZKSMSM	ZKSEK	ZKSPG
200	.000255052	.000170029	.000048624	.000022747
400	.000330067	.000220039	.000089768	.000037223
600	.000405082	.000270049	.000125924	.000052733
800	.000480097	.000320059	.000157094	.000074446
1000	.000555112	.000370068	.000208211	.000086854
1200	.000630128	.000420061	.000312940	.000104432
1400	.000705143	.000470065	.000312940	.000130281
1600	.000780158	.000520068	.000312940	.000130281
1800	.000855173	.000570074	.000624634	.000172674
2000	.000930189	.000620083	.000624634	.000172674

BAD= 1000

DSB	ZKSMSA	ZKSMSM	ZKSEK	ZKSPG
200	.000510103	.000340038	.000096002	.000045495
400	.000660134	.000440054	.000178289	.000074446
600	.000810164	.000540074	.000250601	.000104432
800	.000960195	.000640094	.000312940	.000147859
1000	.001110225	.000740112	.000416422	.000172674
1200	.001260256	.000840132	.000624634	.000207829
1400	.001410286	.000940152	.000624634	.000259528
1600	.001560316	.001040170	.000624634	.000259528
1800	.001710346	.001140191	.001248020	.000345348
2000	.001860377	.001240212	.001248020	.000345348

BAD= 1500

DSB	ZKSMSA	ZKSMSM	ZKSEK	ZKSPG
200	.000765155	.000510077	.000144626	.000068242
400	.000990201	.000660109	.000268056	.000111670
600	.001215246	.000810019	.000375279	.000156131
800	.001440292	.000959987	.000468787	.000222305
1000	.001665337	.001110006	.000624634	.000259528
1200	.001890382	.001260015	.000936327	.000311227
1400	.002115428	.001410025	.000936327	.000388775
1600	.002340474	.001560048	.000936327	.000388775
1800	.002565519	.001710057	.001871408	.000518022
2000	.002790565	.001860077	.001871408	.000518022

BAD= 2000

DSB	ZKSMSA	ZKSMSM	ZKSEK	ZKSPG
200	.001020207	.000679963	.000192003	.000089956
400	.001320268	.000879973	.000356577	.000147859
600	.001620328	.001079982	.000499956	.000207829
800	.001920389	.001280025	.000624634	.000295717
1000	.002220450	.001480061	.000831598	.000345348
1200	.002520510	.001680075	.001248020	.000414625
1400	.002820571	.001880119	.001248020	.000518022
1600	.003120633	.002080159	.001248020	.000518022
1800	.003420693	.002280186	.002494795	.000689663
2000	.003720755	.002480233	.002494795	.000689663

BAD= 2500

DSB	ZKSMSA	ZKSMSM	ZKSEK	ZKSPG
200	.001275258	.000849977	.000240627	.000112703
400	.001650333	.001100010	.000446345	.000185082
600	.002025410	.001350060	.000624634	.000259528
800	.002400486	.001600104	.000780480	.000370164
1000	.002775563	.001850140	.001039810	.000431168
1200	.003150638	.002100195	.001559714	.000518022
1400	.003525715	.002350240	.001559714	.000647269
1600	.003900790	.002600285	.001559714	.000647269
1800	.004275866	.002850335	.003118183	.000862337
2000	.004650943	.003100385	.003118183	.000862337

KOSTEN DER ZUGRIFFSZEIT BEI SEQUENTIELLER SPEICHERUNG IN GE

BAD= 3000

DSB	ZKSMSA	ZKSMSM	ZKSPK	ZKSPG
200	.001530309	.001020023	.000288005	.000135451
400	.001980401	.001320082	.000534866	.000222305
600	.002430492	.001620131	.000749311	.000311227
800	.002880584	.001920172	.000936327	.000443576
1000	.003330675	.002220249	.001248020	.000518022
1200	.003780766	.002520297	.001871408	.000621420
1400	.004230857	.002819874	.001871408	.000776516
1600	.004680946	.003119580	.001871408	.000776516
1800	.005131040	.003419391	.003741571	.001035010
2000	.005581129	.003719295	.003741571	.001035010

BAD= 3500

DSB	ZKSMSA	ZKSMSM	ZKSPK	ZKSPG
200	.001785361	.001190072	.000336629	.000158198
400	.002310468	.001540133	.000624634	.000259528
600	.002835574	.001890208	.000873988	.000362926
800	.003360681	.002239608	.001092173	.000518022
1000	.003885788	.002589330	.001454985	.000603842
1200	.004410893	.002939231	.002183102	.000724817
1400	.004935998	.003289126	.002183102	.000905763
1600	.005461108	.003639080	.002183102	.000905763
1800	.005986214	.003989119	.004364956	.001206651
2000	.006511319	.004339021	.004364956	.001206651

BAD= 4000

DSB	ZKSMSA	ZKSMSM	ZKSPK	ZKSPG
200	.002040412	.001360123	.000384006	.000179912
400	.002640534	.001759566	.000713155	.000295717
600	.003240657	.002159275	.000998665	.000414625
800	.003840779	.002559158	.001248020	.000591435
1000	.004440896	.002959114	.001663196	.000689663
1200	.005041022	.003359033	.002494795	.000828215
1400	.005641140	.003759057	.002494795	.001035010
1600	.006241262	.004159126	.002494795	.001035010
1800	.006841388	.004559122	.004988343	.001379325
2000	.007441510	.004959125	.004988343	.001379325

BAD= 4500

DSB	ZKSMSA	ZKSMSM	ZKSPK	ZKSPG
200	.002295465	.001529427	.000432630	.000202660
400	.002970602	.001979226	.000801675	.000332940
600	.003645739	.002429106	.001123343	.000466323
800	.004320875	.002879088	.001403867	.000664847
1000	.004996013	.003329115	.001871408	.000776516
1200	.005671147	.003779140	.002806489	.000931613
1400	.006346285	.004229184	.002806489	.001164258
1600	.007021423	.004679199	.002806489	.001164258
1800	.007696558	.005129207	.005611725	.001551999
2000	.008371696	.005579263	.005611725	.001551999

BAD= 5000

DSB	ZKSMSA	ZKSMSM	ZKSPK	ZKSPG
200	.002550516	.001699234	.000480008	.000225407
400	.003300668	.002199157	.000891443	.000370164
600	.004050821	.002699103	.001248020	.000518022
800	.004800972	.003199127	.001559714	.000739293
1000	.005551126	.003699189	.002078373	.000862337
1200	.006301276	.004199233	.003118183	.001035010
1400	.007051427	.004699264	.003118183	.001293505
1600	.007801581	.005199321	.003118183	.001293505
1800	.008551732	.005699418	.006235115	.001723640
2000	.009301886	.006199505	.006235115	.001723640

KOSTEN DER ZUGRIFFSZEIT BEI SEQUENTIELLER SPEICHERUNG IN GF

BAD= 5500	DSB	ZKSMSA	ZKSMSM	ZKSEK	ZKSPG
	200	.002805567	.001869184	.000528632	.000248154
	400	.003630735	.002419150	.000979964	.000406353
	600	.004455902	.002969180	.001372698	.000569721
	800	.005281068	.003519243	.001715561	.000812706
	1000	.006106235	.004069310	.002286584	.000948157
	1200	.006931406	.004619375	.003429877	.001138408
	1400	.007756572	.005169470	.003429877	.001422752
	1600	.008581739	.005719535	.003429877	.001422752
	1800	.009406906	.006269641	.006858502	.001896314
	2000	.010232072	.006819725	.006858502	.001896314

BAD= 6000	DSB	ZKSMSA	ZKSMSM	ZKSEK	ZKSPG
	200	.003060619	.002039180	.000576010	.000269868
	400	.003960799	.002639227	.001069732	.000443576
	600	.004860982	.003239269	.001497375	.000621420
	800	.005761165	.003839261	.001871408	.000887152
	1000	.006661348	.004439432	.002494795	.001035010
	1200	.007561531	.005039502	.003741571	.001241806
	1400	.008461714	.005639613	.003741571	.001551999
	1600	.009361897	.006239727	.003741571	.001551999
	1800	.010262080	.006839786	.007481888	.002068988
	2000	.011162262	.007439937	.007481888	.002068988

BAD= 6500	DSB	ZKSMSA	ZKSMSM	ZKSEK	ZKSPG
	200	.003315671	.002209236	.000624634	.000292615
	400	.004290868	.002859303	.001158253	.000480799
	600	.005266067	.003509385	.001622053	.000673118
	800	.006241262	.004159473	.002027255	.000960565
	1000	.007216461	.004809562	.002701760	.001120831
	1200	.008191660	.005459677	.004053261	.001345204
	1400	.009166859	.006109770	.004053261	.001681247
	1600	.010142054	.006759878	.004053261	.001681247
	1800	.011117253	.007409994	.008105278	.002240629
	2000	.012092452	.008060116	.008105278	.002240629

BAD= 7000	DSB	ZKSMSA	ZKSMSM	ZKSEK	ZKSPG
	200	.003570723	.002379288	.000672011	.000315363
	400	.004620936	.003079382	.001248020	.000518022
	600	.005671147	.003779487	.001746730	.000724817
	800	.006721362	.004479568	.002183102	.001035010
	1000	.007771574	.005179677	.002909972	.001206651
	1200	.008821789	.005879819	.004364956	.001448601
	1400	.009872001	.006579921	.004364956	.001810494
	1600	.010922216	.007280059	.004364956	.001810494
	1800	.011972427	.007978670	.008728664	.002413303
	2000	.013022639	.008675769	.008728664	.002413303

BAD= 7500	DSB	ZKSMSA	ZKSMSM	ZKSEK	ZKSPG
	200	.003825774	.002549359	.000719389	.000338110
	400	.004951000	.003299470	.001336542	.000554212
	600	.006076228	.004049584	.001871408	.000776516
	800	.007201459	.004799698	.002338948	.001108423
	1000	.008326687	.005549833	.003118183	.001293505
	1200	.009451915	.006299969	.004676651	.001551999
	1400	.010577142	.007047925	.004676651	.001939741
	1600	.011702370	.007795330	.004676651	.001939741
	1800	.012827601	.008543845	.009352051	.002585977
	2000	.013952829	.009292830	.009352051	.002585977

KOSTEN DER ZUGRIFFSZEIT BEI SEQUENTIELLER SPEICHERUNG IN GE

BAD= 8000	DSB	ZKSMSA	ZKSMSM	ZKSPK	ZKSPG
	200	.004080825	.002719429	.000768013	.000359824
	400	.005281068	.003519560	.001425063	.000591435
	600	.006481312	.004319657	.001996085	.000828215
	800	.007681556	.005119808	.002494795	.001181836
	1000	.008881800	.005919989	.003325148	.001379325
	1200	.010082044	.006715856	.004988343	.001655397
	1400	.011282288	.007514119	.004988343	.002068988
	1600	.012482531	.008313008	.004988343	.002068988
	1800	.013682775	.009112116	.009975437	.002757618
	2000	.014883019	.009911496	.009975437	.002757618

BAD= 8500	DSB	ZKSMSA	ZKSMSM	ZKSPK	ZKSPG
	200	.004335877	.002889509	.000815390	.000382571
	400	.005611133	.003739639	.001514831	.000628658
	600	.006886393	.004589777	.002120763	.000879914
	800	.008161653	.005438410	.002650642	.001256282
	1000	.009436913	.006285157	.003533358	.001465145
	1200	.010712173	.007133607	.005300034	.001758795
	1400	.011987429	.007982608	.005300034	.002198236
	1600	.013262689	.008831844	.005300034	.002198236
	1800	.014537949	.009681348	.010598827	.002930291
	2000	.015813205	.010530893	.010598827	.002930291

BAD= 9000	DSB	ZKSMSA	ZKSMSM	ZKSPK	ZKSPG
	200	.004590929	.003059564	.000864014	.000405319
	400	.005941201	.003959730	.001603351	.000664847
	600	.007291477	.004858375	.002245440	.000931613
	800	.008641750	.005754951	.002806489	.001329694
	1000	.009992026	.006653514	.003741571	.001551999
	1200	.011342298	.007552486	.005611725	.001862193
	1400	.012692574	.008451831	.005611725	.002327483
	1600	.014042847	.009351265	.005611725	.002327483
	1800	.015393119	.010250766	.011222214	.003102966
	2000	.016743395	.011150554	.011222214	.003102966

BAD= 9500	DSB	ZKSMSA	ZKSMSM	ZKSPK	ZKSPG
	200	.004845981	.003229646	.000911391	.000428066
	400	.006271269	.004179817	.001693119	.000702070
	600	.007696558	.005125284	.002370118	.000983312
	800	.009121850	.006073639	.002962336	.001404141
	1000	.010547139	.007022571	.003948532	.001637820
	1200	.011972427	.007971916	.005923420	.001965591
	1400	.013397716	.008921586	.005923420	.002456730
	1600	.014823005	.009870723	.005923420	.002456730
	1800	.016248293	.010820728	.011845600	.003274607
	2000	.017673582	.011770707	.011845600	.003274607

BAD= 10000	DSB	ZKSMSA	ZKSMSM	ZKSPK	ZKSPG
	200	.005101029	.003399709	.000960015	.000449780
	400	.006601334	.004396129	.001781641	.000739293
	600	.008101642	.005394008	.002494795	.001035010
	800	.009601947	.006392825	.003118183	.001477554
	1000	.011102252	.007392045	.004156742	.001723640
	1200	.012602556	.008391432	.006235115	.002068988
	1400	.014102858	.009391297	.006235115	.002585977
	1600	.015603162	.010391071	.006235115	.002585977
	1800	.017103467	.011390507	.012468990	.003447280
	2000	.018603772	.012390703	.012468990	.003447280

DURCH DIE ZUGRIFFSGESCHWINDIGKEIT BEI GESTREUTER SPEICHERUNGSFORM BEDINGTE KOSTEN EINER DATEI MIT N ZYLINDERN AUF EINEM PLATTENSTAPEL IN GE

N	ZKGPK	ZKGPG
5	.000003414	.000002558
10	.000004052	.000002956
15	.000004389	.000003150
20	.000004656	.000003275
25	.000004898	.000003374
30	.000005127	.000003462
35	.000005330	.000003546
40	.000005505	.000003626
45	.000005656	.000003705
50	.000005787	.000003781
55	.000005903	.000003853
60	.000006006	.000003922
65	.000006098	.000003988
70	.000006182	.000004052
75	.000006258	.000004114
80	.000006329	.000004173
85	.000006394	.000004231
90	.000006457	.000004288
95	.000006517	.000004343
100	.000006575	.000004398
105	.000006633	.000004453
110	.000006690	.000004507
115	.000006748	.000004562
120	.000006805	.000004616
125	.000006863	.000004671
130	.000006921	.000004725
135	.000006979	.000004780
140	.000007037	.000004835
145	.000007096	.000004890
150	.000007155	.000004946
155	.000007214	.000005001
160	.000007275	.000005057
165	.000007335	.000005114
170	.000007396	.000005170
175	.000007458	.000005227
180	.000007520	.000005283
185	.000007582	.000005340
190	.000007645	.000005398
195	.000007708	.000005455
200	.000007772	.000005513

KOSTEN DER ZUGRIFFSZEIT FUER INDEX-SEQUENTIELL
ORGANISIERTE DATEIEN AUF R PLATTENSTAPELN

ANZAHL DER VON DER DATEI BELEGTEN PLATTEN	KOSTEN DER ZUGRIFFSZEIT BEI PLATTENEINHEITEN MIT 6ER STAPEL IN SEC.	KOSTEN DER ZUGRIFFSZEIT BEI PLATTENEINHEITEN MIT 11ER STAPEL IN SEC.
1	.000019342	.000015189
2	.000037290	.000029139
3	.000055237	.000043088
4	.000073185	.000057037
5	.000091132	.000070986
6	.000109079	.000084936
7	.000127027	.000098885
8	.000144974	.000112834
9	.000162921	.000126783
10	.000180869	.000140733

E.

Durchschnittliche Seek-Zeit auf die Zylinder einer Datei von alternativen Ruhepositionen

ZYLINDERZAHL DER DATEI	RUHEPOSITION	SEEK-ZEIT BEI 6ER PLATTEN IN SEK.	SEEK-ZEIT BEI 11ER PLATTEN IN SEK.
20	2	0.04128997	0.03220496
20	4	0.03928997	0.03111496
20	6	0.03798996	0.03048996
20	8	0.03710996	0.03030495
20	10	0.03678997	0.03035995
20	12	0.03687997	0.03035495
20	14	0.03747997	0.03034995
20	16	0.03863996	0.03074495
20	18	0.04007996	0.03159995
20	20	0.04291996	0.03292996
40	2	0.05342571	0.03865483
40	4	0.05179822	0.03752236
40	6	0.05039470	0.03663232
40	8	0.04907520	0.03597233
40	10	0.04790969	0.03544235
40	12	0.04682317	0.03491986
40	14	0.04586565	0.03450735
40	16	0.04509463	0.03420486
40	18	0.04460463	0.03401236
40	20	0.04439466	0.03392985
40	22	0.04446468	0.03395736
40	24	0.04481468	0.03409486
40	26	0.04544470	0.03434236
40	28	0.04632521	0.03469982
40	30	0.04735968	0.03516729
40	32	0.04847314	0.03571727
40	34	0.04971564	0.03627727
40	36	0.05111210	0.03704729
40	38	0.05252256	0.03805730
40	40	0.05450702	0.03931477
60	2	0.05881364	0.04401855
60	4	0.05763529	0.04302406
60	6	0.05660627	0.04217288
60	8	0.05563327	0.04145673
60	10	0.05476293	0.04080890
60	12	0.05396193	0.04014775
60	14	0.05326358	0.03954158
60	16	0.05266790	0.03899042
60	18	0.05217490	0.03849424
60	20	0.05178456	0.03805307
60	22	0.05149690	0.03767309
60	24	0.05131189	0.03737310
60	26	0.05122956	0.03715308
60	28	0.05123022	0.03701307
60	30	0.05124952	0.03695305
60	32	0.05123749	0.03697304
60	34	0.05122749	0.03707304
60	36	0.05125780	0.03725306
60	38	0.05139146	0.03751306
60	40	0.05162778	0.03785303
60	42	0.05196679	0.03826670
60	44	0.05240847	0.03873537
60	46	0.05295283	0.03925904
60	48	0.05359985	0.03983769
60	50	0.05434952	0.04047136
60	52	0.05518519	0.04114168
60	54	0.05610685	0.04180034
60	56	0.05713118	0.04258067
60	58	0.05816485	0.04350268
60	60	0.05958117	0.04457133
80	2	0.06220762	0.04832878
80	4	0.06125387	0.04742043
80	6	0.06041211	0.04661953
80	8	0.05961234	0.04591992
80	10	0.05888959	0.04527154
80	12	0.05821884	0.04461317
80	14	0.05762507	0.04399606

ZYLINDERZAHL DER DATEI	RUHEPOSITION	SEEK-ZEIT BEI 6ER PLATTEN IN SEK.	SEEK-ZEIT BEI 11ER PLATTEN IN SEK.
80	16	0.05710831	0.04342018
80	18	0.05666854	0.04288556
80	20	0.05630579	0.04239218
80	22	0.05602004	0.04194132
80	24	0.05581127	0.04153669
80	26	0.05567952	0.04117831
80	28	0.05561002	0.04086618
80	30	0.05555449	0.04060028
80	32	0.05548798	0.04038067
80	34	0.05543548	0.04020729
80	36	0.05539696	0.04008017
80	38	0.05537245	0.03999929
80	40	0.05536193	0.03996465
80	42	0.05536543	0.03997616
80	44	0.05538293	0.04003392
80	46	0.05541444	0.04013791
80	48	0.05545995	0.04028816
80	50	0.05551944	0.04048467
80	52	0.05558044	0.04072741
80	54	0.05564294	0.04101640
80	56	0.05573568	0.04135165
80	58	0.05590595	0.04173316
80	60	0.05615320	0.04216089
80	62	0.05647746	0.04263364
80	64	0.05687872	0.04314763
80	66	0.05735698	0.04370289
80	68	0.05791224	0.04429939
80	70	0.05854449	0.04493713
80	72	0.05924125	0.04560237
80	74	0.06000249	0.04625885
80	76	0.06084075	0.04700662
80	78	0.06168600	0.04786062
80	80	0.06281823	0.04882463
100	2	0.06541955	0.05242914
100	4	0.06447458	0.05152865
100	6	0.06363356	0.05071913
100	8	0.06284058	0.04999564
100	10	0.06212358	0.04931815
100	12	0.06146257	0.04863765
100	14	0.06087757	0.04799515
100	16	0.06036856	0.04739065
100	18	0.05993555	0.04682415
100	20	0.05957855	0.04629564
100	22	0.05929396	0.04580495
100	24	0.05907094	0.04535126
100	26	0.05890954	0.04493455
100	28	0.05879793	0.04455484
100	30	0.05869751	0.04421212
100	32	0.05858829	0.04390642
100	34	0.05849028	0.04363773
100	36	0.05840347	0.04340604
100	38	0.05832785	0.04321134
100	40	0.05826343	0.04305363
100	42	0.05821024	0.04293013
100	44	0.05816823	0.04283263
100	46	0.05813744	0.04276112
100	48	0.05811784	0.04271564
100	50	0.05810943	0.04269613
100	52	0.05811224	0.04270263
100	54	0.05812624	0.04273513
100	56	0.05815144	0.04279362
100	58	0.05818785	0.04287812
100	60	0.05823543	0.04298861
100	62	0.05829424	0.04312782
100	64	0.05836424	0.04330402
100	66	0.05844543	0.04351722
100	68	0.05853784	0.04376742

ZYLINDERZAHL DER DATEI	RUHEPO-SITION	SEEK-ZEIT BEI 6ER PLATTEN IN SEK.	SEEK-ZEIT BEI 11ER PLATTEN IN SEK.
100	70	0.05864143	0.04405462
100	72	0.05874623	0.04437881
100	74	0.05885223	0.04474000
100	76	0.05898244	0.04513821
100	78	0.05917465	0.04557341
100	80	0.05942846	0.04604562
100	82	0.05974746	0.04655510
100	84	0.06014248	0.04710259
100	86	0.06061349	0.04768809
100	88	0.06116050	0.04831159
100	90	0.06178351	0.04897309
100	92	0.06247251	0.04966159
100	94	0.06322747	0.05034808
100	96	0.06405848	0.05111258
100	98	0.06490946	0.05196708
100	100	0.06600451	0.05291459
120	2	0.06921619	0.05673295
120	4	0.06827039	0.05581796
120	6	0.06740290	0.05498045
120	8	0.06657535	0.05421629
120	10	0.06581122	0.05349212
120	12	0.06509370	0.05276712
120	14	0.06443954	0.05207546
120	16	0.06384867	0.05141713
120	18	0.06332117	0.05079213
120	20	0.06285703	0.05020046
120	22	0.06245621	0.04964255
120	24	0.06211870	0.04911964
120	26	0.06184454	0.04863171
120	28	0.06162386	0.04817879
120	30	0.06142452	0.04776087
120	32	0.06122983	0.04737794
120	34	0.06105650	0.04703002
120	36	0.06090448	0.04671712
120	38	0.06077381	0.04643920
120	40	0.06066446	0.04619627
120	42	0.06057347	0.04598502
120	44	0.06049179	0.04579545
120	46	0.06041946	0.04562752
120	48	0.06035646	0.04548128
120	50	0.06030279	0.04535668
120	52	0.06025846	0.04525377
120	54	0.06022345	0.04517252
120	56	0.06019778	0.04511293
120	58	0.06018145	0.04507503
120	60	0.06017444	0.04505876
120	62	0.06017677	0.04506418
120	64	0.06018844	0.04509126
120	66	0.06020943	0.04514001
120	68	0.06023977	0.04521044
120	70	0.06027943	0.04530252
120	72	0.06032844	0.04541627
120	74	0.06038677	0.04555167
120	76	0.06045444	0.04570876
120	78	0.06053145	0.04588751
120	80	0.06061778	0.04608793
120	82	0.06071644	0.04631334
120	84	0.06083645	0.04657376
120	86	0.06097778	0.04686917
120	88	0.06114046	0.04719959
120	90	0.06132446	0.04756501
120	92	0.06152146	0.04796542
120	94	0.06173146	0.04840083
120	96	0.06197362	0.04887125
120	98	0.06227946	0.04937667
120	100	0.06264859	0.04991708
120	102	0.06303115	0.05049208

ZYLINDERZAHL DER DATEI	RUHEPOSITION	SEEK-ZEIT BEI 6ER PLATTEN IN SEK.	SEEK-ZEIT BEI 11ER PLATTEN IN SEK.
120	104	0.06357694	0.05110041
120	106	0.06413615	0.05174208
120	108	0.06475866	0.05241708
120	110	0.06544447	0.05312541
120	112	0.06618530	0.05385791
120	114	0.06698114	0.05459040
120	116	0.06784034	0.05538957
120	118	0.06871617	0.05626540
120	120	0.06977862	0.05722041
140	2	0.07322097	0.06123531
140	4	0.07227457	0.06030818
140	6	0.07140237	0.05944746
140	8	0.07056451	0.05864960
140	10	0.06978095	0.05788603
140	12	0.06903738	0.05712175
140	14	0.06834811	0.05638604
140	16	0.06771308	0.05567890
140	18	0.06713235	0.05500032
140	20	0.06660593	0.05435033
140	22	0.06613380	0.05372961
140	24	0.06570876	0.05314033
140	26	0.06533092	0.05258247
140	28	0.06499892	0.05205604
140	30	0.06468523	0.05156103
140	32	0.06437546	0.05109745
140	34	0.06408405	0.05066532
140	36	0.06381088	0.05026460
140	38	0.06355602	0.04989532
140	40	0.06331944	0.04955745
140	42	0.06310117	0.04924867
140	44	0.06290114	0.04896203
140	46	0.06271946	0.04869752
140	48	0.06255603	0.04845517
140	50	0.06241090	0.04823496
140	52	0.06228404	0.04803688
140	54	0.06217547	0.04786095
140	56	0.06208518	0.04770716
140	58	0.06201318	0.04757552
140	60	0.06195946	0.04746601
140	62	0.06192147	0.04737779
140	64	0.06189146	0.04730816
140	66	0.06186946	0.04725708
140	68	0.06185546	0.04722459
140	70	0.06184945	0.04721065
140	72	0.06185145	0.04721529
140	74	0.06186144	0.04723851
140	76	0.06187945	0.04728030
140	78	0.06190545	0.04734066
140	80	0.06193945	0.04741959
140	82	0.06198402	0.04751801
140	84	0.06204687	0.04763857
140	86	0.06212802	0.04778128
140	88	0.06222746	0.04794615
140	90	0.06234517	0.04813315
140	92	0.06248117	0.04834229
140	94	0.06263542	0.04857357
140	96	0.06280798	0.04882701
140	98	0.06299883	0.04910257
140	100	0.06320798	0.04940029
140	102	0.06343544	0.04972243
140	104	0.06368113	0.05007601
140	106	0.06394517	0.05046101
140	108	0.06422746	0.05087743
140	110	0.06452799	0.05132529
140	112	0.06483972	0.05180458
140	114	0.06516260	0.05231528
140	116	0.06551301	0.05285743

ZYLINDERZAHL DER DATEI	RUHEPO-SITION	SEEK-ZEIT BEI 6ER PLATTEN IN SEK.	SEEK-ZEIT BEI 11ER PLATTEN IN SEK.
140	118	0.06591803	0.05343100
140	120	0.06636304	0.05403600
140	122	0.06686229	0.05467171
140	124	0.06741589	0.05533600
140	126	0.06802374	0.05602885
140	128	0.06868589	0.05675028
140	130	0.06940234	0.05750028
140	132	0.07016587	0.05827099
140	134	0.07097661	0.05904170
140	136	0.07184160	0.05986955
140	138	0.07272089	0.06076312
140	140	0.07377446	0.06172456
160	2	0.07747144	0.06586206
160	4	0.07651830	0.06492579
160	6	0.07563329	0.06404769
160	8	0.07477516	0.06322455
160	10	0.07396454	0.06243147
160	12	0.07318890	0.06163771
160	14	0.07246077	0.06086896
160	16	0.07178015	0.06012522
160	18	0.07114702	0.05940647
160	20	0.07056141	0.05871272
160	22	0.07002324	0.05804460
160	24	0.06953263	0.05740397
160	26	0.06908947	0.05679085
160	28	0.06868649	0.05620522
160	30	0.06829947	0.05564709
160	32	0.06791598	0.05511646
160	34	0.06754845	0.05461334
160	36	0.06719697	0.05413772
160	38	0.06686145	0.05368959
160	40	0.06654197	0.05326896
160	42	0.06623846	0.05287409
160	44	0.06594467	0.05249984
160	46	0.06566072	0.05214621
160	48	0.06539267	0.05181322
160	50	0.06514072	0.05150084
160	52	0.06490469	0.05120908
160	54	0.06468469	0.05093796
160	56	0.06448072	0.05068745
160	58	0.06429267	0.05045758
160	60	0.06412071	0.05024833
160	62	0.06396466	0.05005939
160	64	0.06382471	0.04988983
160	66	0.06370068	0.04973964
160	68	0.06359267	0.04960883
160	70	0.06350070	0.04949740
160	72	0.06342471	0.04940532
160	74	0.06336468	0.04933263
160	76	0.06332070	0.04927932
160	78	0.06329268	0.04924539
160	80	0.06328070	0.04923083
160	82	0.06328470	0.04923569
160	84	0.06330466	0.04925994
160	86	0.06334066	0.04930356
160	88	0.06339270	0.04936657
160	90	0.06346071	0.04944894
160	92	0.06354469	0.04955069
160	94	0.06364471	0.04967181
160	96	0.06376070	0.04981232
160	98	0.06389266	0.04997219
160	100	0.06404066	0.05015144
160	102	0.06420469	0.05035038
160	104	0.06438470	0.05056994
160	106	0.06458068	0.05081013
160	108	0.06479269	0.05107094
160	110	0.06502068	0.05135238

ZYLINDERZAHL DER DATEI	RUHEPOSITION	SEEK-ZEIT BEI 6ER PLATTEN IN SEK.	SEEK-ZEIT BEI 11ER PLATTEN IN SEK.
160	112	0.06526470	0.05165445
160	114	0.06552470	0.05197713
160	116	0.06580067	0.05232044
160	118	0.06609267	0.05268437
160	120	0.06638819	0.05306894
160	122	0.06669968	0.05347581
160	124	0.06702721	0.05391020
160	126	0.06737071	0.05437206
160	128	0.06773019	0.05486144
160	130	0.06810570	0.05537832
160	132	0.06849092	0.05592269
160	134	0.06888592	0.05649456
160	136	0.06930506	0.05709393
160	138	0.06977195	0.05772081
160	140	0.07028633	0.05837518
160	142	0.07084817	0.05905643
160	144	0.07145756	0.05976267
160	146	0.07211447	0.06049393
160	148	0.07281882	0.06125017
160	150	0.07357073	0.06203142
160	152	0.07436383	0.06283075
160	154	0.07519823	0.06363016
160	156	0.07607698	0.06447953
160	158	0.07697135	0.06538641
160	160	0.07801825	0.06635267
180	2	0.08189118	0.07057178
180	4	0.08093286	0.06962848
180	6	0.08003229	0.06873679
180	8	0.07915843	0.06789398
180	10	0.07832676	0.06707788
180	12	0.07752621	0.06626123
180	14	0.07676786	0.06546676
180	16	0.07605171	0.06469458
180	18	0.07537782	0.06394458
180	20	0.07474619	0.06321681
180	22	0.07415670	0.06251180
180	24	0.07360947	0.06183125
180	26	0.07310730	0.06117514
180	28	0.07263792	0.06054347
180	30	0.07218283	0.05993624
180	32	0.07173079	0.05935346
180	34	0.07129306	0.05879513
180	36	0.07086945	0.05826125
180	38	0.07046014	0.05775180
180	40	0.07006502	0.05726679
180	42	0.06968409	0.05680469
180	44	0.06931746	0.05636091
180	46	0.06896502	0.05593546
180	48	0.06862676	0.05552835
180	50	0.06830275	0.05513958
180	52	0.06799299	0.05476913
180	54	0.06769747	0.05441702
180	56	0.06741613	0.05408324
180	58	0.06714898	0.05376780
180	60	0.06689608	0.05347068
180	62	0.06665742	0.05319190
180	64	0.06642747	0.05293146
180	66	0.06620610	0.05268935
180	68	0.06599897	0.05246557
180	70	0.06580609	0.05226013
180	72	0.06562746	0.05207301
180	74	0.06546301	0.05190423
180	76	0.06531280	0.05175379
180	78	0.06517678	0.05162168
180	80	0.06505501	0.05150791
180	82	0.06494945	0.05141290
180	84	0.06486613	0.05133790

ZYLINDERZAHL DER DATEI	RUHEPOSITION	SEEK-ZEIT BEI 6ER PLATTEN IN SEK.	SEEK-ZEIT BEI 11ER PLATTEN IN SEK.
180	86	0.06480503	0.05128289
180	88	0.06476611	0.05124790
180	90	0.06474948	0.05123290
180	92	0.06475502	0.05123789
180	94	0.06478280	0.05126289
180	96	0.06483281	0.05130789
180	98	0.06490499	0.05137289
180	100	0.06499946	0.05145789
180	102	0.06511414	0.05156250
180	104	0.06524301	0.05168545
180	106	0.06538612	0.05182672
180	108	0.06554341	0.05198634
180	110	0.06571501	0.05216428
180	112	0.06590080	0.05236056
180	114	0.06610078	0.05257517
180	116	0.06631500	0.05280811
180	118	0.06654346	0.05305939
180	120	0.06677496	0.05332901
180	122	0.06702077	0.05361694
180	124	0.06728077	0.05392322
180	126	0.06755501	0.05424783
180	128	0.06784344	0.05459078
180	130	0.06814611	0.05495206
180	132	0.06846297	0.05533167
180	134	0.06879407	0.05572962
180	136	0.06913942	0.05614589
180	138	0.06949902	0.05658050
180	140	0.06987274	0.05703344
180	142	0.07026076	0.05750622
180	144	0.07066298	0.05800344
180	146	0.07107943	0.05852511
180	148	0.07151008	0.05907122
180	150	0.07195497	0.05964177
180	152	0.07240856	0.06023677
180	154	0.07287079	0.06085621
180	156	0.07335168	0.06150010
180	158	0.07387775	0.06216844
180	160	0.07444614	0.06286120
180	162	0.07505667	0.06357783
180	164	0.07570946	0.06431675
180	166	0.07640445	0.06507784
180	168	0.07714170	0.06586117
180	170	0.07792115	0.06666672
180	172	0.07873726	0.06748843
180	174	0.07959002	0.06831008
180	176	0.08048505	0.06917620
180	178	0.08139116	0.07009339
180	180	0.08243281	0.07106340
200	2	0.08649772	0.07535756
200	4	0.08552271	0.07440102
200	6	0.08460575	0.07349306
200	8	0.08366734	0.07263106
200	10	0.08281887	0.07179505
200	12	0.08199841	0.07096004
200	14	0.08121592	0.07014507
200	16	0.08047146	0.06935006
200	18	0.07976502	0.06857502
200	20	0.07909650	0.06782007
200	22	0.07846600	0.06708556
200	24	0.07787347	0.06637305
200	26	0.07731903	0.06568253
200	28	0.07679659	0.06501406
200	30	0.07628697	0.06436753
200	32	0.07578015	0.06374305
200	34	0.07528615	0.06314057
200	36	0.07480496	0.06256002
200	38	0.07433659	0.06200157

ZYLINDERZAHL DER DATEI	RUHEPO- SITION	SEEK-ZEIT BEI 6ER PLATTEN IN SEK.	SEEK-ZEIT BEI 11ER PLATTEN IN SEK.
200	40	0.07388097	0.06146507
200	42	0.07343817	0.06094917
200	44	0.07300818	0.06044977
200	46	0.07259345	0.05996687
200	48	0.07218903	0.05950047
200	50	0.07179743	0.05905057
200	52	0.07141864	0.05861717
200	54	0.07105267	0.05820026
200	56	0.07069945	0.05779986
200	58	0.07035905	0.05741597
200	60	0.07003146	0.05704856
200	62	0.06971663	0.05669766
200	64	0.06941462	0.05636326
200	66	0.06912541	0.05604536
200	68	0.06884903	0.05574396
200	70	0.06858546	0.05545906
200	72	0.06833464	0.05519066
200	74	0.06809664	0.05493876
200	76	0.06787145	0.05470336
200	78	0.06765902	0.05448446
200	80	0.06745946	0.05428207
200	82	0.06727445	0.05409681
200	84	0.06710446	0.05393056
200	86	0.06694943	0.05378330
200	88	0.06681442	0.05365506
200	90	0.06669945	0.05354581
200	92	0.06660444	0.05345556
200	94	0.06652945	0.05338431
200	96	0.06647444	0.05333206
200	98	0.06643945	0.05329880
200	100	0.06642443	0.05328456
200	102	0.06642944	0.05328931
200	104	0.06645447	0.05331306
200	106	0.06649947	0.05335581
200	108	0.06656444	0.05341756
200	110	0.06664944	0.05349831
200	112	0.06675446	0.05359806
200	114	0.06687945	0.05371680
200	116	0.06702447	0.05385455
200	118	0.06718946	0.05401130
200	120	0.06736445	0.05418705
200	122	0.06755763	0.05438120
200	124	0.06776363	0.05459185
200	126	0.06798244	0.05481900
200	128	0.06821406	0.05506265
200	130	0.06845844	0.05532280
200	132	0.06871563	0.05559945
200	134	0.06898564	0.05589261
200	136	0.06926847	0.05620225
200	138	0.06956404	0.05652840
200	140	0.06987244	0.05687105
200	142	0.07019365	0.05723020
200	144	0.07052761	0.05760584
200	146	0.07087445	0.05799800
200	148	0.07123405	0.05840665
200	150	0.07160646	0.05883180
200	152	0.07199162	0.05927345
200	154	0.07238966	0.05973160
200	156	0.07279795	0.06020625
200	158	0.07322156	0.06069739
200	160	0.07365793	0.06120504
200	162	0.07410711	0.06173055
200	164	0.07456917	0.06227804
200	166	0.07504392	0.06284750
200	168	0.07553154	0.06343901
200	170	0.07603192	0.06405252
200	172	0.07654011	0.06468803

ZYLINDERZAHL DER DATEI	RUHEPOSITION	SEEK-ZEIT BEI 6ER PLATTEN IN SEK.	SEEK-ZEIT BEI 11ER PLATTEN IN SEK.
200	174	0.07705617	0.06534553
200	176	0.07759142	0.06602502
200	178	0.07816494	0.06672651
200	180	0.07877648	0.06744999
200	182	0.07942593	0.06819499
200	184	0.08011341	0.06896001
200	186	0.08083880	0.06974500
200	188	0.08160216	0.07055002
200	190	0.08240354	0.07137501
200	192	0.08323771	0.07221502
200	194	0.08415562	0.07305700
200	196	0.08506507	0.07394099
200	198	0.08599001	0.07487303
200	200	0.08704287	0.07585454

Literaturverzeichnis

[1] Ahrens,F. - Walter,H.: Datenbanksysteme, Berlin-New York 1971

[2] Angermann,A. - Crusen,W.G. - Schmidt,W.: Analyse zum Datenvolumen und Datenverkehr. Beitraege zur integrierten Datenverarbeitung in der oeffentlichen Verwaltung Bayerns, Heft 2, Heidelberg 1970

[3] Angermann,A.: Gutachten ueber den alternativen Einsatz der Datenverarbeitungssysteme IBM 360/40 bzw. Siemens 4004/45 in der Bundesversicherungsanstalt fuer Angestellte, Heidelberg 1969

[4] Aronofsky,J.S.: Hg.,Progress in Operations Research (Relationship between OR and the Computer), Vol. III, New York 1969.

[5] Blackford,S.H.: Verfahren zur Eingabe und Entnahme aller Daten einer endlosen Spur eines magnetischen Umlaufspeichers. Auslegeschrift 1302512 des Deutschen Patentamts, Muenchen 1970.

[6] Buchholz,A.: File Organisation. IBM Systems J. II 86 - 111, 1963

[7] Buerger,E.: Informationsspeicher fuer Datenverarbeitung und Rechentechnik. Reihe Automatisierungstechnik Bd. 93, Braunschweig 1970.

[8] Century Data Systems Inc.: Model 111 Disk Drive Maintenance Manual. Nr. MM 111-471-D-250, USA 1970.

[9] Clark,W.A.: The functional structure of OS/360. P. III Data Management. IBM Systems J. V 30 - 51, 1966

[10] Fischbach,F. - Buettgen,P.: Integrierte Datenspeicherung, IDS, Mainz 1967.

[11] Fischbach,F. - Buettgen,P.: Lehrbuch fuer die elektronische Datenverarbeitung, Mainz 1967.

[12] Germain,C.B.: Das Programmier-Handbuch der IBM/360, Muenchen 1970.

[13] Goettling,A.: Neuer optischer Speicher fuer Computer. Elektronische Datenverarbeitung 24 - 26 1969.

[14] Graf,G.: Magnetplattenspeicher-Zugriffszeiten. IBM-Form 81 578, 1969.

[15] Heaps,H.S. - Thiel,L.H.: Optimum Procedures for Economic Information Retrieval. Inform. Stor. Retr. VI 137 - 153, Great Britain 1970.

[16] Hester,L. - Harris,W.: Interchangeable Random Access Disks. Datamation IX 26 - 32, 1963.

[17] Horre,A.: Methoden zur Adressierung von Speichern mit direktem Zugriff. data praxis D 14/4126, Muenchen 1971.

[18] IBM: Komponentenbeschreibung System/360, IBM 2841 Speichersteuereinheit,Ein/Ausgabe-Operationen, IBM 2311 Magnetplatteneinheit, IBM 2302 Magnetplattenspeicher Modell 3 und 4, IBM 2321 Magnetstreifenspeicher, IBM 2303 Magnettrommelspeicher. IBM Form 79842/2, Sachcode 07.

[19] IBM: Systemliteratur, IBM-System/360, Maschinenlogik und Aufbau der Instruktionen. IBM-Form 79814/2, Sachcode 01.

[20] IBM: Systemliteratur, IBM-Betriebs-System/360 Supervisor und Daten-Management Dienste. IBM-Form 79983/1, Sachcode 36.

[21] IFIP Administrative Data-Processing Group (IAG): File Organisation. Selected papers from file 68 I.A.G. Conference. Occasional Publication No. 3. Amsterdam 1969.

[22] Knuth,D.E.: The Art of Computer Programming. I Fundamental Algorithms and II Seminumerical Algorithms, Reading Menlo-Park-London-Don Mills 1968.

[23] Loebel,G. - Mueller,P. - Schmidt,H.: Lexikon der Datenverarbeitung, Berlin-Muenchen 1969.

[24] Mertens,P.: Industrielle Datenverarbeitung, Wiesbaden 1969.

[25] Ortner,G.: Optimierungskriterien in der Organisation der betrieblichen Datenverarbeitung, Berlin-New York 1971.

[26] Patt,I.: Variable Length Tree Structure Having Minimal Search Time. Communications of ACM XII 72 - 76, 1969.

[27] Peterson,J.: Adressing for Random Access Storage. IBM-Journal of Research and Develop. I 36 - 48, 1971.

[31] Rothenberg,D.H.: An Efficiency Model and a Performance Function for an Information Retrieval System. Inform. Stor. Retr. V 109 - 122, Great Britain 1969.

[29] Schuff,H.K.: Grossraumspeicher und ihre Verwendung in der Datenverarbeitung. Elektronische Datenverarbeitung 49 - 58, 1962.

[30] Siemens: System 4004, GBS, BBS, PBS, BPBS, TBS Cobol-Beschreibung. Bestell-Nr. D 14/4067, Muenchen 1971.

[31] Siemens: System 4004, Grosspeicherorganisation-Beschreibung. Bestell-Nr. 2/2600-769, Muenchen 1969.

[32] Siemens: System 4004, 4004/35-55 BBS, BPBS indiziert-sequentielles Ein- Ausgabe- System- Beschreibung. Bestell-Nr. 2/2605/200, Muenchen 1968.

[33] Siemens: System 4004, 4004/35-45-55 Organisationsprogramm (Band-Platte-Betriebssystem) - Beschreibung. Bestell-Nr. 2-2605-136, Muenchen 1967.

[34] Siemens: System 4004, Grosspeichersteuerung 4004/551, Plattenspeicher 4004/564, Magnetkartenspeicher 4004/568 Beschreibung. Bestell-Nr. 2-2600-220, Muenchen 1968.

[35] Siemens: System 4004, System Konventionen Beschreibung. Bestell-Nr. D 14/4099, Muenchen 1971.

[36] Siemens: System 4004 Plattenspeichersteuerung 4574, Adapter 4573, Plattenspeicher 4575 Beschreibung. Bestell-Nr. D 14/4050, Muenchen 1970.

[37] Siemens: System 4004 Grosspeichersteuerung 551, Plattenspeicher 564, Trommelspeicher 567, Magnetkartenspeicher 568 Beschreibung. Bestell-Nr. D 14/4154, Muenchen 1971.

[38] Siemens: System 4004 Magnetbandgeraete, Magnetbandsteuerungen, Magnetbaender Beschreibung. Bestell-Nr. 2-2600-177, Muenchen 1967.

[39] Stanfel,L.E.: On a Quantitative Approach to Impro ving Document Retrieval Performance. Inf Stor. Retr. IV 281 - 286, Great Britain 1968.

[40] Thome,R.: Datennetze fuer Fernverarbeitung, Muen chen 1972.

[41] Vickery,B.C.: Zur Theorie von Dokumentationssyste men. Hrsg. Deutsche Gesellschaft fuer Doku mentation e.V., Muenchen-Berlin 1970.

[42] Wagner,G.: The Information Retrieval Problem. I Dessau Hilden (Hrsg.) Proc. of the Elsinor Conference on Automated Data Processing i Hospitals, 556 - 579, Copenhagen 1967.

[43] Wagner,H.: Technik der Speicherung und Wiederge winnung von Daten im direkten Zugriff. dat praxis D 14/4010, Muenchen 1970.

[44] Wedekind,H.: Die Konstruktion eines optimalen Zu griffsbaumes fuer Datenorganisationen inner halb einer Datenbank. Elektronische Datenver arbeitung 555 - 563, 1969.

[45] Wettstein,H.: Suchverfahren im Arbeitsspeicher elektronischer Rechenanlagen. Elektronische Datenverarbeitung 97 - 103, 1962.

DIE INTERNATIONALE UNTERNEHMUNG

Herausgegeben von Eugen H. Sieber

Band 1 **Empirische Untersuchungen des Auslandsgeschäfts internationaler Unternehmen deutscher Herkunft**

1973 – in Vorbereitung – Arbeitstitel

Band 2 **Gerd Hederer (Bearbeiter) · Die internationale Unternehmung**

Ein besonderer Unternehmenstyp?

1973 – in Vorbereitung

Band 3 **G. Müller-Heumann · Die Programmpolitik der internationalen Unternehmung**

1972 – ca. 212 Seiten – broschiert ca. 32, – DM

Band 4 **Peter Dornis · Public relations der internationalen Unternehmung**

1971 – XII, 227 Seiten – broschiert 39,60 DM – ISBN 3-445-00875-2

Band 5 **Kurt Schneider · Probleme bei der Organisation der Leitung internationaler Unternehmungen**

1973 – in Vorbereitung

VERLAG ANTON HAIN · 6554 MEISENHEIM

BEITRÄGE ZUR DATENVERARBEITUNG
UND UNTERNEHMENSFORSCHUNG

Herausgegeben von Adolf Angermann

Band 1 **Rainer Thome · Kostenoptimale Dateiorganisation**

Band 2 **Wolfgang G. Crusen · Systemanalyse integrierter Datenverarbeitung bei standardisierbaren Aufgaben**
1972 – ca. VIII, 188 Seiten – broschiert ca. 24, – DM

Band 3 **Werner Schmidt · Revidierte Transportalgorithmen**
1972 – in Vorbereitung

Band 4 **Hans G. Bartels · A priori Informationen zur Linearen Programmierung**
1972 – in Vorbereitung

Band 5 **Claus Köhler · Integriertes Krankenhausinformationssystem**
1972 – in Vorbereitung

Band 6 **Rolf Zaun-Axler · Investitionsrechnung bei Einsatz von Leistungselektronik**
1973 – in Vorbereitung

Band 7 **Adolf Angermann · Betriebliche Wachstumsmodelle**
1973 – in Vorbereitung

Band 8 **Rainer Thome · Cost benefit Analyse von Großdateien**
1973 – in Vorbereitung

VERLAG ANTON HAIN · 6554 MEISENHEIM